21世纪应用型人才培养规划教材

 浙江省"十一五"重点教材建设项目

演讲与口才技能实训教程

（第二版）

包 镭 编著

内容简介

本书是口才技能实训教材,是根据近年来本门课程教学改革的最新进展并结合作者多年的教学经验,专门为本科、高职高专院校、口才培训机构编写的。本书完全按照教学方式,从实际训练的角度,以适应教学和实际需要对接所要求的项目教学、任务驱动、工学结合为方向,对"演讲与口才"技能进行系统的指导和训练。

修订后本书的内容主要分为三大模块:模块一是口语的认识性训练;模块二为口才的基础训练,模块三为实用口才训练,内容涉及各类常用口语的训练。

本书可作为各类本科院校、高等职业学校、高等专科学校、成人高校以及口才培训机构等各专业的素质教育课和技能培训课教材,亦可供演讲爱好者参考使用。

图书在版编目(CIP)数据

演讲与口才技能实训教程/包镭编著. —2 版. —北京:北京大学出版社,2013.1
ISBN 978-7-301-21819-8

Ⅰ.①演… Ⅱ.①包… Ⅲ.①演讲学-高等职业教育-教材②口才学-高等职业教育-教材 Ⅳ.①H019

中国版本图书馆 CIP 数据核字(2012)第 304411 号

书　　　名:	演讲与口才技能实训教程(第二版)
著作责任者:	包　镭　编著
策 划 编 辑:	胡伟晔
责 任 编 辑:	胡伟晔(huweiye73@sina.com)
标 准 书 号:	ISBN 978-7-301-21819-8/G·3555
出 版 发 行:	北京大学出版社
地　　　址:	北京市海淀区成府路 205 号　100871
网　　　站:	http://www.pup.cn　新浪官方微博:@北京大学出版社
电 子 信 箱:	zyjy@pup.cn
电　　　话:	邮购部 62752015　发行部 62750672　编辑部 62765126　出版部 62754962
印 刷 者:	河北滦县鑫华书刊印刷厂
经 销 者:	新华书店
	787 毫米×1092 毫米　16 开本　20 印张　498 千字
	2007 年 8 月第 1 版
	2013 年 1 月第 2 版　2022 年 6 月第 15 次印刷　总第 27 次印刷
定　　　价:	36.00 元

未经许可,不得以任何方式复制或抄袭本书之部分或全部内容。
版权所有,侵权必究
举报电话: 010-62752024　电子信箱: fd@pup.pku.edu.cn

第二版前言

随着社会的发展，各个领域的竞争日趋激烈，口才、演讲无疑是每个人追求成功、提高生活品质的一种不可替代的强力武器。谁都希望自己能谈笑风生、能言善辩。综观古今中外，口才是一切优秀人才必备的重要素质，在现代社会，更是当代人必备的重要能力之一。随着市场经济的深入，人际交往日益频繁，口才已越来越受到人们的重视。由于口才能全面、综合地反映出一个人的德、才、学、识，因此，一方面人们借助口才以表现自我、实现自我；另一方面，口才作为了解一个人志向、才能的最直接、最有效的"窗口"，也成为衡量现代人智能、情感的重要尺度。可以这样说，没有口才便不可能成为完美的人才。怎样才能拥有令人羡慕的口才呢？口才的训练与人才的培养是同步的，只要勤奋地研读、演练，一定能通向口才成功的道路。而本书在演讲与口才训练方面所做的探索，正是立足于培养现代人才的需要，为追求成功助你一臂之力。

演讲与口才技能是一项综合性、实用性、实践性很强的职业技能，其实训环节是大学生学习不可缺少的实践性学习环节。通过实训，能使学生熟练地运用口语表达技能，提高口语表达能力，从而使学生更好地展示所学的知识以及自己良好的思想品德和文化素养，走向社会，交际办事，更好地适应社会主义市场经济发展的要求，这对于学生及社会都具有十分重要的作用。

修订后全书共分"口才认识篇"、"口才的基础训练"、"各类实用口才的训练"三大模块，突显项目教学、任务驱动、工学结合的特点。"口才认识篇"模块总领全书，着眼于对口才的认识和重视；"口才的基础训练"模块是口才运用的前提和理论及实践依据，它始终贯穿于整个教程，着眼于提高素养，培养和提高口语表达能力；"各类实用口才的训练"模块是具体的运用，有针对性地培养学生在人际交往的不同场合运用口才的技巧，使之具有适应现代社会发展所需要的各种言语能力。其具体内容的安排，表现为理论模块、技能模块以及能力模块结构，充分体现出实践性课程的教学目标要求——"口才为实用、口才展素质"的理念；教材内容注重思维训练和素质培养，以坚定自信、自强不息、坚韧不拔的优秀心理品质的培养，以及良好的职业道德和正确的世界观、价值观和审美观的培养作为素质教育的目标；注重培养和提高语感能力及语言表现力，如朗读和朗诵的技能、演讲口才技能、辩论口才技能、营销口才技能、求职应聘口才技能、谈判口才技能、管理口才技能项目的安排等，目的是为了培养良好的倾听能力、阅读能力、调查取材和获取信息的能力、思维能力、应变能力等，从而形成本教材的能力和职业技能的目标追求。

修订后的教材可操作性更强，精讲多练，教材理论部分的阐述系统、精要，紧扣时代与社会，实训部分的内容融实战性、技巧性、知识性和趣味性等于一体，更注重新鲜感和实用性，实用必需的口语训练更好地展示了各类职业口才的特点和魅力。在编写上为了尽可能向学生展示口才的魅力,激发学生兴趣,设计了大量新颖、独到的详细的、有针对性和系统性的口语案例分析和实训情景,还有一些活动设计(如口才魅力秀、口才心理素质训练营、趣味速读竞赛、诗文朗诵会、听力大比拼、"秀我……"朗诵表演、演讲会、辩论赛、大型庆典活动的组织安排、承办大型集体婚礼项目的营销活动、求职应聘面试应答活动、大型集体婚礼项目相关事宜的谈判活动、企业大型庆典活动情景剧场),由易而难、由简而繁,循序渐进,以培养学生的综合职业能力为主导,在"做中学"、"学中做",满足学生职业生涯发展的需要,把学生导入"职业角色",激发学生完成一系列"工作任务",进而顺利地进行角色转换,让学生在学习口才的过程中,养成良好的职业意识和职业习惯,形成良好的心理素质、快速反应能力和创新思维,真正体验口才艺术的精髓和内涵,享受到智慧、激情所带来的快乐,树立自信心,激发潜能,从而能更好地适应职场、立身职场、成就职场,为将来奉献社会、发展自己打下良好的基础。

  在写作中,参考了一些口才学界同人的著作,引用了他人许多相关的口才训练材料,王晓彬老师完成了该教材教学配套用多媒体电子课件的制作,在此一并致谢。

编 者

2012 年 10 月 1 日

目　录

模块一　口才认识篇

项目一　魅力口才体验 ……………………………………………………………（2）
　　第一节　口才的含义及其功能 ………………………………………………（4）
　　第二节　口才的特征 …………………………………………………………（5）
　　第三节　口才与文才的比较 …………………………………………………（7）
　　第四节　训练口才的要素 ……………………………………………………（8）
　　第五节　训练口才的要诀和技巧 ……………………………………………（10）
　　思考与练习 ……………………………………………………………………（15）
　　知识拓展 ………………………………………………………………………（15）
　　相关链接 ………………………………………………………………………（16）

模块二　口才的基础训练

项目二　口才的心理素质训练 ………………………………………………………（18）
　　第一节　口才家必备的心理素质 ……………………………………………（19）
　　第二节　口才活动中常见的心理障碍及自我调节法 ………………………（20）
　　第三节　口才家心理素质的培养 ……………………………………………（24）
　　知识拓展 ………………………………………………………………………（26）
　　相关链接 ………………………………………………………………………（27）

项目三　语音训练 ……………………………………………………………………（28）
　　第一节　发声训练 ……………………………………………………………（29）
　　第二节　普通话能力的训练 …………………………………………………（33）
　　知识拓展 ………………………………………………………………………（34）
　　相关链接 ………………………………………………………………………（36）

项目四　朗诵能力的训练及语感力的培养 …………………………………………（38）
　　第一节　朗读的训练 …………………………………………………………（39）
　　第二节　朗诵技巧的训练 ……………………………………………………（43）
　　第三节　语感的训练 …………………………………………………………（50）
　　知识拓展 ………………………………………………………………………（76）
　　相关链接 ………………………………………………………………………（77）

1

项目五　倾听能力的训练 ……………………………………………………………… (79)

第一节　良好的听话态度 …………………………………………………………… (80)
第二节　倾听的"听众意识" ………………………………………………………… (80)
第三节　听其言，察其人 …………………………………………………………… (81)
第四节　倾听的技巧 ………………………………………………………………… (82)
第五节　倾听能力的训练方法 ……………………………………………………… (82)
知识拓展 ……………………………………………………………………………… (84)
相关链接 ……………………………………………………………………………… (84)

项目六　态势语的训练 ……………………………………………………………… (86)

第一节　态势语的作用 ……………………………………………………………… (87)
第二节　态势语的类型、表现及训练 ……………………………………………… (88)
知识拓展 ……………………………………………………………………………… (95)
相关链接 ……………………………………………………………………………… (96)

项目七　演讲口才 …………………………………………………………………… (97)

第一节　演讲学概述 ………………………………………………………………… (98)
第二节　演讲的基本要求及技巧 …………………………………………………… (103)
第三节　叙事说话训练 ……………………………………………………………… (107)
第四节　指定内容的演讲训练 ……………………………………………………… (108)
第五节　指定主题的演讲训练 ……………………………………………………… (123)
第六节　即兴演讲训练 ……………………………………………………………… (124)
知识拓展 ……………………………………………………………………………… (145)
相关链接 ……………………………………………………………………………… (147)

项目八　辩论口才 …………………………………………………………………… (149)

第一节　辩论的含义及特点 ………………………………………………………… (150)
第二节　论辩的基本原则 …………………………………………………………… (151)
第三节　论辩的类型 ………………………………………………………………… (152)
第四节　论辩能力的构成 …………………………………………………………… (152)
第五节　辩论的技巧及其训练 ……………………………………………………… (163)
第六节　有损辩论风度的几种表现 ………………………………………………… (169)
知识拓展 ……………………………………………………………………………… (177)
相关链接 ……………………………………………………………………………… (181)

模块三　各类实用口才的训练

项目九　谈话口才 …………………………………………………………………… (186)

第一节　谈话概述 …………………………………………………………………… (187)
第二节　交际型谈话 ………………………………………………………………… (191)
第三节　公务型谈话 ………………………………………………………………… (212)

第四节　商务型谈话 ………………………………………………… (215)
　　知识拓展 ……………………………………………………………… (223)
　　相关链接 ……………………………………………………………… (227)

项目十　营销口才 …………………………………………………………… (231)
　　第一节　营销语言的基本要求 ………………………………………… (232)
　　第二节　营销的语言说服 ……………………………………………… (233)
　　知识拓展 ……………………………………………………………… (241)
　　相关链接 ……………………………………………………………… (244)

项目十一　求职、应聘口才 ………………………………………………… (246)
　　第一节　求职面试前的准备及行动 …………………………………… (247)
　　第二节　求职面试的注意点 …………………………………………… (248)
　　第三节　面谈时的禁忌 ………………………………………………… (250)
　　第四节　求职应聘应对技巧 …………………………………………… (252)
　　知识拓展 ……………………………………………………………… (262)
　　相关链接 ……………………………………………………………… (264)

项目十二　谈判口才 ………………………………………………………… (266)
　　第一节　谈判的含义及特点 …………………………………………… (267)
　　第二节　谈判的类型 …………………………………………………… (267)
　　第三节　谈判的原则 …………………………………………………… (267)
　　第四节　谈判的口才技巧 ……………………………………………… (268)
　　知识拓展 ……………………………………………………………… (280)
　　相关链接 ……………………………………………………………… (282)

项目十三　管理口才 ………………………………………………………… (288)
　　第一节　管理口才的含义及意义 ……………………………………… (289)
　　第二节　管理语言的形式、内容和特征 ……………………………… (290)
　　第三节　管理的口才艺术 ……………………………………………… (292)
　　知识拓展 ……………………………………………………………… (300)
　　相关链接 ……………………………………………………………… (303)

附录 …………………………………………………………………………… (306)

参考文献 ……………………………………………………………………… (312)

【模块一 口才认识篇】

项目一　魅力口才体验

【目的要求】

通过学习，了解口才的真实内涵及功能，把握口才的特征，了解口才训练的内容、方法和技巧，树立练好口才的信心，为将来更好地发挥个人才干做好准备。

【活动设计】

博诚文化发展有限公司举办了一场以"说说我的'最'……"为主题的趣味口才魅力秀即兴演讲活动，让员工感受通过适当、适宜、得体的语言表达，使语言更具感染力和吸引力从而更富魅力的语言表达方式。

20世纪90年代初,美国斯坦福大学荣誉退休商学教授哈勒尔博士针对一批毕业十年的企管硕士进行研究,试图找出成就显赫人士的特质。他发现,学习成绩的好坏与成就无关,说话能力非凡几乎是"功成名就者"的共同点。这些人个性随和,使人容易亲近,而且也相当健谈。他们不但能与同事、朋友、亲人、老板一一攀谈,也可以在观众面前侃侃而谈。

据此,我们似乎可以导出一道成功方程式:

口才超群＝成功＋富裕

美国有份调查问卷征询许多成功人士:"哪项技巧对你的成就帮助最大?"他们也都异口同声地回答:"说话能力!"想成功,就必须培养个人的说话技巧。

美国普林斯顿大学曾对1万份人事档案进行分析。结果显示:智力、专业技术、经验只占成功因素的25%,其余75%取决于良好的人际沟通。

管理上有一个著名的"双50%"的说法,即经理人50%以上的时间用在了沟通上,如开会、谈判、指示、评估。可是,工作中50%以上的障碍也是在沟通中产生的。管理的实际操作中,无论是计划、组织、指挥、决策,还是协调、激励、控制,无不要求管理人员具有良好的语言沟通技能。

哈佛大学、斯坦福大学所做的正式研究也证明,说话能力与沟通能力是制胜的关键。当然,为人应该踏踏实实,但这需"日久见人心",也许在当今竞争激烈的时代,往往是你还来不及展示自己的才华就已被淘汰出局,此时的你只有借助口才及时地"毛遂自荐",方能"脱颖而出"。对于已具备良好素质的人们,口才更能使你如虎添翼。

知识经济时代是信息急遽增加、信息流转加快的时代,人们对信息的期待、接受、传达和交流已变得越来越迫切,而人们的社交范围也随之扩大,交际渠道增多,交流对象多样,交谈的场合多变,交往更加频繁,口才成为人们交际、交流、交谈、交往的最便捷的工具和手段,其好坏对于一个人的成长、成才、成功也极为重要。特别是在社交和公关场合,能说会道、能言善辩、出口成章、伶牙俐齿、谈吐得体的人,往往能更为充分地展示自己的才学、才智、才识、才能和才华,在激烈的社会竞争中左右逢源、驾轻就熟,从而广结人缘,达成事业的成功,创造人生的辉煌;而那些不善言辞的、谈吐木讷或期期艾艾、言不及义,或话不投机就如坐针毡,或沉默不语坐失良机的行为,其结果只能是与大家格格不入,使自己处于被动的境地,想办的事办不了,因而影响自己的事业和前程。

人是飘浮在语言中的,语言是人类奇妙的花朵。

生活在社会中的每一个人,除非他有心理或生理的缺陷,否则他必定要说话,但要把话说得恰如其分和漂亮,产生说话者本人所希望和预期的效果,却不是一件简单的事。做到这一点的人可谓是有口才。今天的社会生活,人与人之间、人与社会之间的关系非常密切,在经济生活中,要取得事业的成功、生活的快乐充实,是离不开口头语言的交流的,口才恰恰又可在其中展现无穷的魅力。口才是一种重要的才能,是做一个合格、优秀的人的一种基本的必备的属性。口才是人的主观能动性的最重要、最显著、最常见、最集中的体现。

从一个现代人应具备的基本能力就能透视出口才的魅力,如宣传能力、组织能力、推广能力、交际能力、自控应变能力、创造能力、表达能力等都体现了口才参与的频繁及重要。随着人们相互合作机会的增加,人们口头表达能力就显得更加重要。有了才干,没有口才,虽然也可以达到目的,但有才干兼有口才的人,成功的希望更多,其才干可以通过言谈得以快速、直接、充分地显示。也许人的外在形象给人以先入为主的印象——因为这是第一形象,但随之而来人们更注重的是人的内在素质,此时,口才就能充分、淋漓尽致地展示真实的我们。

口才更具有直接实用性和间接实用性的价值。口才确实是人类生活中最难能可贵的艺术或技术,它应成为某些职业工作者的专长,如政治家、教师、律师、演员、推销员等。当今的社会,充满机遇,但更充满了挑战,尤其在当今知识爆炸的时代,竞争激烈,正如俗话所说的"七分本事,三分机遇"。在竞争中,谁把握住了机会,谁就把握住了命运的主动权。机遇稍纵即逝,能否抓住机遇,对每一个渴求在事业上有所建树的人来说至关重要,而机遇的获得,在很大程度上是通过口才来实现的。卓越的口才已被列为现代开拓型人才所必备的素质之一。在各类社会活动中,在处理公共关系时,都需要阐述自己的主张,宣传教育,说服引导,通过口语对各项工作、各类人员进行有效的管理,甚至需要为坚持真理进行辩论和论战。在现代社会中,一个口齿伶俐、反应迅捷、富有幽默感的人,总是受人欢迎的。可以说,口才使人们在社会交往中如鱼得水、如虎添翼,其功效大至为群众、为社会、为国家谋福,小至利己,帮助个人的顺利发展。因而,口才是通向成功之路的重要阶梯,这一切也使得我们越来越迫切地希望提高自己这方面的能力。因此,完全有理由说,时代召唤人才,人才需要口才。

因此,没有口才的人生,是喑哑的人生。

第一节　口才的含义及其功能

口才与演讲,有时也可以统称为口才或口语交际。古今中外的远见卓识者都对其给予了重视。古代中国有云:"一言可以兴邦,一言可以丧邦。""一言之辩,重于九鼎之宝;三寸之舌,强于百万之师。"口才在美国社会的地位一向极为重要,在第二次世界大战时,与美元、原子弹并列为赖以生存和竞争的三大战略武器;在当今,仍与美元、电脑成为竞争和发展的三大法宝。美国是全球演讲业最发达的国家,每年仅"直接演讲业"的产值就达二十多亿美元,"演讲"商品化程度极高,其社会作用可谓大矣。在现代社会中,口才渗透在每个人的生活中,涉及个人的前途,国家的生存和发展。

那么,是不是**一个人话多就是有口才,口才好呢?口才到底是什么?**

简而言之,**口才即为口语表达的才能**。具体地说,是指**在交谈、演讲、论辩等口语交际活动中,表达者根据特定的交际任务,切合特定的语境,运用恰当、得体、有效的言辞策略,准确、得体、确切、生动地运用连贯、标准的有声语言,并辅之以适当的体态语言表情达意,达到特定交际目的,取得圆满交际效果的口头表达能力**。它是一个人的素养、能力和智慧的一种全面、综合的反映。由此可见,是口才者必定是人才。

现代社会中,口才是一个人应具备的重要能力,尤其是创造型、开拓型人才的必备素质。社会是丰富多彩的,人物是形形色色的,一个人如果不善于同这个万花筒般的社会中的各种各样的人打交道,那么他/她必将陷入孤陋寡闻、自以为是的境地。人与人之间只有不断地交流,才能将自己的空间开拓得更为广阔,一个人只有感觉到自己是被了解、被需要,才会更努力地去奋斗、去争取。口才标志着人类社会的进步,尤其对于政治家、教育家、外交家、秘书、商务人士而言,在社会交往中是不可缺少的素质和能力。因此,口才具有**表白、认识、交际、信息交流、指令、情感、美感**等多项功能。

第二节　口才的特征

怎样才称得上有口才？

　　复旦大学的俞吾金教授说："我觉得一个人具有口才，从外在形式看是有一口流利而又符合逻辑且生动形象的话，但从深层次看应该是具有广博的知识和驾驭这些知识的能力。"因此，口才好比是一片海洋，表达是浪花，内涵是海水。

　　对一切的谈吐，人们最喜欢的是那些出自真诚而又经过选择的言语。言语是严肃的，有口才的人绝不滥用它。在交流时，最重要的是说得少又说得好，言简意赅，一语中的，那才可被称为说话的艺术。

　　因此，**口才的特征**应是：情真、切境、得体。

一、情真

　　进行语言交流时，要真心实意、真情真意。唯有真诚才具备磁石般的影响，使信息、观点等为对方所接受，从而促使对方产生创造性思维和积极行动。其语言所表现出来的情感兴趣能激动或激励对方，从而促使双方产生情感共鸣、趣味相投效应，建立起融洽和谐的人际关系。著名演讲家李燕杰说："在演讲和一切艺术活动中，唯真情，才能使听众信服。"

　　若要使人动心，必先使自己动情。第二次世界大战期间，年近四十的英国首相丘吉尔在对秘书口授反击法西斯战争动员的讲稿时，"像小孩一样，哭得涕泪横流"。他的这次演讲动人心魄，极大地鼓舞了英国人民的斗志。高明的口才家，应该用真诚的情感，竭诚的态度感化、振奋、激励人们，对真、善、美，热情讴歌，对假、恶、丑，无情鞭挞，使黑白褒贬，泾渭分明，用自己的心灵去弹拨他人的心灵，用自己的灵魂去感染他人的灵魂，达到感情上的融合。

　　真诚的态度是成功交际者的妙诀。成功的讲话者必须和听众融为一体，在情感上达到高度的一致。口才艺术的发挥，也在于实现这些基本的一般性的人际关系。

二、切境

　　切境，就是要求说话时与所处的特定语言环境相切合，要适应交际语境，即到什么山上唱什么歌。只有在和环境相适应时语言才能获得好的效果，否则，即使话语的意思再好，也难以达到预想的目标。

　　口才艺术的发挥，更重要的是在特定的言语交际环境中可以产生精妙绝伦、令人拍案称奇的表达效果。

　　20世纪60年代，我国外交部长陈毅访问亚洲某国。在当地的公众集会上，一位宗教界的领袖代表万名僧众向陈毅外长赠献佛像。这事立即令万众瞩目。只见陈毅外长虔诚而十分高兴地双手捧过佛像，并大声地说："靠老佛爷保佑，从此我再也不怕帝国主义了。"语音刚落，全场大笑，气氛十分活跃。共产党人是唯物主义者，不信佛，但这是一个外交场合，又身处一个佛教国家，这一场合的特殊性决定了陈毅外长应运用上述语言表达形式，把对该国人民信仰的尊重和共产党人不忘自己信仰宗旨这两层意思融为一体，并以诙谐、幽默的形式表达出来，收到了极佳的效果。

口语活动时，只有切合语境，因人、因时、因地、因事，讲究策略地将特殊语境中的特殊意义准确恰当地表现出来，才能将口语内涵最大程度、最恰切地表达出来，从而达到最佳的口语表达效果，这才是积极、有效的口才。

当然，口才的发挥往往具有临场性、机智性。在完全没有预先思想准备的情况下所表现出来的口才艺术，是良好的道德情操、深厚的文化素养、渊博的知识和卓越的才能瞬间撞击出的灵感思维的火花，这些宝贵的语言因此成为口才艺术宝库中的珍品。

三、得体

得体，即指言语适当、妥帖、恰到好处，语言平实，用语色彩中性化，能恰如其分地表达意思。语言运用的得体，就是把对语言表达手段和语言材料的选择放置在一种既保持话语内各组成部分与风格色彩的统一，又与题旨情境相切合的双重适应关系中去考虑，衡量得失利弊，寻求最佳表达方式。如对员工的迟到行为，可以有以下的不同处理：

一位经理沉着脸对一个迟到了一分钟的员工厉声说："迟到啦！——扣奖金！"把她说哭了。

另一位经理对一个因理发迟到的青年职工笑嘻嘻地说："小伙子，这次改发型了，挺大方的。但是今天迟到了，快去办公室，多加把劲把材料赶出来。"

再一位经理对一个跑得气喘吁吁、满头大汗的员工慢声细语地安慰说："别着急！看你跑得上气不接下气的，准是家里有什么事耽误了时间吧？"

三位经理抓出勤、抓纪律，目的一致，做得也有道理，但效果不同。第一位经理并没有使对方认识到自己的不对，让人感到的只是委屈；第二位经理使对方不仅接受了批评，还立即落实在行动上"将功补过"；第三位经理言辞情真意切，这位员工必是尽心尽力地去工作以报答经理的知遇之情。同样的意思，不同的说法，效果大不一样，所以要做到言语表达上的恰如其分，关键要做到以下两个方面：一是叙说实事求是，既不夸大，也不过分客气谦虚，忠实地反映事物的本来面目；二是要留有余地，不把话说绝。

口才应当用来争取和维护正当的国家、民族、集体和个人利益，口才展示应当体现真、善、美的行为目标与文化品格，口才操作应当给人以生理上的快感和心理上的愉悦。它不仅仅是一种物质性的社会实践活动，更应当是一种追求高尚、纯洁、健康的精神文化行为。它应当有是非，有爱憎，有思想，有理性，绝不用来损人利己，危害社会，制造负面后果。首先，要具备**真诚性**。人际交往，若无真诚可言，轻则没有意义，中则事与愿违，重则互相伤害。其次，要具备**善意性**。与人为善，是极高尚的人性。口才的展示要取得好的社会效果，充分显现主体美丽的人性与人格，那么，善意性的坚持也是不可或缺的。要想在人际间建立起"一种合乎人的本性的关系"，"你就只能用爱来交换信任，等等。如果你想得到艺术的享受，你本身就必须是一个有艺术修养的人。如果你想感化别人，你本身就必须是一个能实际上鼓舞和推动别人前进的人"（马克思语）。这段话的内涵包括了：（1）人性的真谛是一种善意，人的行为的出发点，应是使自己与别人一起都向好的方向走；（2）人际关系是相互的，对等的，有付出，才能有收获，付出的是什么，收获的才能是什么；（3）人与人之间，爱和信任是重要的，人应当通过善待别人，来博得别人对自己的善待；（4）处理人际关系，也是一种艺术，只有在有效地帮助了别人时，才可能获得艺术的享受；（5）要掌握这种艺术，首先必须提高自己的艺术修养，懂得并善于给别人以实际的帮助。言语交流的佳境，是口才的展示，所处理的,实际上就是人际关系。再次,要有**美感性**。对美的追求,是人性的本能之一,也是人的优秀的生命品质的体现,是人的行为的高境界,并具有感召力。最后,应保持**独特性**。这是使每个人引起对其自身关注与厚爱的最重要的魅力之源。因为,独特作为审美的范畴,它是产生美感的最重要的源泉之一;同时,作为文化的范畴,它是产生特殊的实用价值和道德、伦理价值的最重要的现实根据之一。人际交往过程中的人格魅力,往往也寄寓于独特性当中;具有独特个性的行为主体,往往会借此获得他人、对方的好感、爱意与尊敬。

第三节　口才与文才的比较

文才是书面的文字表达能力,它包括逻辑思维能力、语言表达能力、修辞表达能力;而口才除了必须具备上述三方面能力外,还应具有表演能力、交际能力、应变能力。

一、表演能力

据美国心理学家统计:

$$100\%口语表达效果＝8\%内容＋37\%语调＋55\%表情$$

例如:在一次世界艺术家的聚会上,晚餐过后,一对意大利夫妇应邀为在场的艺术家们用意大利语演唱了一段歌剧。歌者优雅动人,歌声婉转动听,一曲终了,所有的人都深深沉浸在优美的乐曲中。许久,方有人问起二人所唱的曲目为哪部歌剧,夫妻笑言是当晚所用餐的菜单。简单的菜单之所以声情并茂,令人回味无穷,就是因为演唱者自然优雅,并巧妙地将优美的曲调融入其中,用富有感情的表现使得无生命的菜单焕发出了富有生命力的感染。

因此,口语活动中要注意通过美好的形象和语音、语调增强语言的表现效果。其具体可以通过对态势语的训练和语言表达效果的训练得以加强。

二、交际能力

交际能力与口才是互为因果的。因此,进行语言交流活动必须了解一些人情世故。具体可遵循以下交际原理:

1. 注意给人以优越感。在和人交流中,可以合理地夸大其优点,这是你善解人意的表现,这是对人性自恋自大的理解。

2. 要注意地位网络。在群体中,了解每个人的身份、地位十分重要,其中包括领导成员、核心成员、主要成员、一般成员、低身份者等,使自己的说话得体。

3. 在社会大舞台上,社会、群体对你有着相应的角色期待,所以每个人应扮演好自己应有的角色,进而把握好自己应该说的话、允许说的话以及禁止说的话。

三、应变能力

这是口语活动中重要的口才因素。因社会中存在着不同的听众类别,其中有你的崇拜者,也有你的拥护者和支持者,有关心你的人,更多的是与你没有太多关系的一般人员,当然不排除冷漠者和敌对者,因此,口语活动中,应注意听众的反应,尤其是各类不同听众的反应,在言语活动中,及时变换角度、侧重点以及语音、语调。如:李燕杰去某医院演讲,选材时就临时增加了医院的材料,及时调整针对的角度;到大学演讲,则根据学生的个性穿插朗诵优美或激情的诗歌来渲染气氛,从而达到良好的演讲效果。

那么,**如何使自己具有一副好口才呢?**

第四节 训练口才的要素

口才是一个人综合素质的反映,它集道德修养、文化积累、知识结构、思维方式、价值判断、心理素质、语言艺术和仪态仪表为一体,充分显示出个人的魅力和风格。这好比是一座"金字塔":又宽又厚的塔底是知识的积累,它包括知识结构、思想观念、道德情操、心理素质等;塔身是思维能力,它包括思辨能力、想象和联想能力;塔顶则是口头表达能力。在这三个层面中,知识积累、思维能力属于内在的素质修养,须借助口头表达能力得以外化;而口头表达能力的提高,必须从素质修养入手。

在影响口语表达的诸方面要素中,人格(人品)素养、学识素养、思维素养、心理素养四大要素最为重要。

一、人格素养

人格,对每一个人都很重要,人们要学习文化知识、专业理论,培养自己的综合能力,还要学习做人,学习做一个有理想、有道德、守纪律的高尚的人。口才的产生和实现,都必须以真、善、美作为价值衡量的尺度。失去了这点,也就失去了它的属于人的本质特征。有人格的力量作为基础,口语交际和演讲活动就具有魅力。

二、学识素养

口才的实质,就是对自身各种能力、素质的综合发挥,在很大程度上是对自身知识积累的综合调动。首先要有讲话的内容,即知识。如获得首届国际大专辩论赛冠军的复旦大学代表队,在参加比赛前,进行了多方面的严格训练,其中最重要的一项就是针对队员知识结构的缺陷进行补课,在短短的八十多天的训练时间里,共有三十多位专家为参赛者开设了50多次讲座,内容涉及政治、经济、军事、文化、哲学、美学、环境学、生命科学、心理学、历史学、人口学、国际政治、港澳台问题、语言表达等,如此广博的知识以及这些知识之间的融会贯通,为参赛者打下了坚实的知识基础,因而他们在辩论赛上时而主动出击,时而有力防卫,游刃有余,从容不迫。学识渊博了,思想才能博大精深,才能见人之所未见,讲人之所未讲,口头表达才能做到内容充实,见解精辟,旁征博引,丰富多彩。知识丰富,见多识广,可以使口语表达更加生动,使人受启发,感受趣味。因此,知识积累是口头表达的本钱,是口头表达的一种极为重要的资源。

而最佳的知识结构一定要呈现出层次感:第一,专业知识层面,不仅要精通,而且能在一定的范围内作专门的深入研究。第二,相关知识层面,几千年来人类文化的积累,使各学科的知识既相互联系,又相互渗透。汲取、借用相关学科的知识也成为每个人知识积累的必要组成部分。如关于口才的学习就离不开语言学、逻辑学、思维学、心理学、社会学、公关学等,因此应尽可能地多涉及这些知识,以提高自己、丰富自己。第三,多种知识层面,这意味着学无止境,不断丰富自己的知识。

三、思维素养

心理学家认为,口头表达是受复杂的生理和心理活动制约的。思维是口语表达的内容,口语表达是思维的形式,没有思维这一内容,就没有口语表达这一形式。因此,特别要求思维的敏捷和灵活。要提高口语表达能力,首先必须提高思维能力。

思维能力包括逻辑思维能力、形象思维能力和灵感思维能力。

以概念为元素进行的思维称为逻辑思维,这是一种理性思维。它主要运用概念、判断和推理,从已知到未知,掌握事物的本质特征。逻辑思维不可战胜的逻辑力量源于概念的明确、判断的准确和推理的正确。

以表象为元素进行的思维称为形象思维。它是以意象为主要材料,用生动丰满的形象来反映客观事物及其规律的一种思维方式。联想和想象是进行形象思维的基本手段,因此,所谓形象思维,实际上就是联想和想象的思维。丰富的联想、想象能力能开阔视野,拓展思维,凸现形象,丰富口语表达的内容,增强反映生活的深广度。在形象思维的过程中,联想和想象往往是珠联璧合、相得益彰的。如首届国际大专辩论会初赛"温饱是谈道德的必要条件",反方复旦大学队的第一场一辩的陈词:"雨果说过,'善良的道德是社会的基础'。道德是石,敲出希望之火,道德是火,点燃生命之灯,道德是灯,照亮人类之路,道德是路,引我们走向灿烂的明天。"这里,由"石"而"火"而"灯"而"路",想象一路进行,连串展开,它挥洒出一连串贴切而生动的比喻,而联想,接通了这些性质相似的比喻。想象和联想携手合作,对雨果"善良的道德是社会的基础"这句话作了形象的诠释和淋漓尽致的引申和发挥。联想和想象思维的生命力在于它的创造性。随着联想和想象思维的展开,口语表述者浮想联翩,众多的意象在作者强烈的情感驱动下,共赴一途,积极能动地为自己的表达主题和表达目的服务,让听众在其创造的新形象中受到感染,产生共鸣。如著名的黑人领袖马丁·路德·金在其著名的演讲词《我有一个梦想》的结尾处,就充分展示了联想和想象的神奇,他超越"今天",创造未来,展开合理的想象,向世人展示了一幅极其美好的世界大同的"明天"的生活图景。

想象和联想不仅会产生极大的感染力,还会产生强大的推动力,正如马丁·路德·金自己指出的:这"梦想"是"从绝望的深山中劈出一块希望之石",有了这个"梦想",我们就能把我们国家不协调的刺耳声变成一首亲兄弟似的美妙的交响曲。

灵感是人们在探求新知的过程中的一种顿悟现象,是积极的思维状态,外物的刺激和触发,丰富的知识储存三者共同作用的结果。因此,对话、辩论中的随机应变、巧妙对答,演讲中的临场发挥、适时调控都离不开灵感思维的参与。请看下面两段对话:

青年:扬州大明寺有尊大肚佛,两侧有副对联。上联是"大腹能忍忍尽人间难忍之事",下联是"慈颜常笑笑尽天下可笑之人"。你能做到吗?

刘吉:我如果能做到,我不就成佛了吗?

……

青年:你谈的问题都挺新,看来,你主张"喜新厌旧"。

刘吉:是这样。我国有一位著名的学者说:"除了对自己的爱人和文物之外,对什么都应喜新厌旧,否则社会就不能发展。"

青年:有人说你们的思想政治工作是五官科——摆官架子,口腔科——耍嘴皮子,小儿科——骗小孩子。你认为恰如其分吗?

刘吉:今天的思想政治工作,我认为是理疗科——以理服人,能医百病、潜移默化、增进健康,请你放心。

当时的刘吉是社科院的党委副书记。改革开放后,他以答青年问的方式与青年学生进行对话,受到青年学生的热烈欢迎,在社会上产生了极大的反响。从上面的两段对话中,可感受到刘吉视青年为朋友,对青年学生充满关怀爱护之心,还可以看出他乐观自信,思维敏捷。在他的对话中,没有唯恐越雷池一步的古板,没有高人一等的令人厌恶的说教和训斥;相反,他以一种豁达宽容的态度,寓渊博的学识和过人的才情、娴熟的口语表达技巧于思想政治教育之中,常常在灵光一闪之间,妙语如珠。他的答问,闪射出灵感思维的智慧火花。正是灵感思维的参与,使刘吉同志在瞬间即把发问者的敌视或不满情绪化为乌有,让听众在愉快幽默的气氛中,有所感有所思,受到深刻的启迪和教育。

灵感思维是智力修养的高级阶段。有突发性、偶然性、短暂性等特点,但不可忽视的是它的创造性。然而如果没有平时长期的积累,不认真"修炼",临场之际思想涣散、心不在焉,就根本不可能产生灵感。

逻辑思维能力和形象思维能力是人类最基本的思维能力。这两种思维能力时常经纬交织、相辅相成地发挥着它们各自不同的作用,以满足人类认识客观现实、反映客观规律的种种需要。此外,灵感思维的参与又使思维具有敏捷性,这对口语表达无疑是极有助益的。

因此,要对各种思维能力认真研究,自觉培养和锻炼自己的思维能力,使口语表达呈现出条理性、敏捷性和逻辑性,这是口语表达者提高自己口语水平的一条重要的途径。

四、心理素养

良好的心理素质是提高口才的重要因素。心理素质是口才家素质修养中的一个十分重要的方面。优秀的口才家不仅要以良好的人格素质、思想道德素质和文化素质作保证,而且还要具备良好的心理素质,如:**自信意识、吸引意识、反馈意识**。

第五节 训练口才的要诀和技巧

一、训练口才的要诀

(一)要勇于走到人群中参与交谈

为了了解说话高手的成功秘诀,取得他们的最佳建议与提示,曾有美国的学者以问卷形式对他们进行了调查,结果发现了一个共同点,他们的成就可以归功于他们的沟通能力。美国职业演说家及销售训练员沃克发现,真诚的人希望能与对方做有益的双向交谈。美国诺卡保险公司的总裁纽顿说:"口语沟通是传达新观念或新策略的关键力量,也是个人拓展视野、结交新知的有力法宝。"与人的交谈能带给人们优质的人际关系,使其享有更多的朋友、频繁的活动和较高的社会地位,也更有机会从事喜爱的活动。

（二）阅读是说话的基础

一个人的知识丰富、信息量大、具有真知灼见，说出话来就会有内容、有见识，古今中外、天文地理、旁征博引、信手拈来，言之有物、言之有理。有学识的人，理论修养高，对事物的认识和分析深刻、透彻，对生活有独到的见解，使人听后受益匪浅。

有学识的人，善于阐明事理，论证严谨，逻辑性强，讲话很有说服力。

有学识的人，语言表达能力强，说起话来，语言流畅，运用自如，妙趣横生，形象生动而且幽默诙谐。

有学识的人，文化修养高，眼界宽广，心胸开阔，豪爽热情，开朗大方，谈吐中充满了感染力和感召力。

有学识的人，看问题既能由此及彼，又能由过去看到未来，说话能引导人向前看，激发人上进。

因此，"要用一种全面、完整的知识作底蕴，作为源泉。有了丰富的知识，才能信手拈来，口若悬河。"（复旦大学俞吾金教授）要尽可能地阅读各类自己工作领域或领域之外的书籍杂志。曾有说话高手说："为了与人谈话，消息一定得十分灵通才行，为了消息灵通，一定得多读书。"

（三）害羞无碍沟通

绝大多数的人初次上台都有过害羞的经历，或至今依然害羞。对于初学演讲与口才的人来说，害羞是一种克服恐惧的反应。许多事业有成的名人原本极其害羞。如在保险界中备受推崇的医疗纠纷保险公司的副总裁利文斯顿，他非常开朗，但他说他小时候"害羞得不得了，连话都不敢讲"。他为了改变自己的缺点，鼓起勇气与人谈话，注意观察别人尤其是说话高手的自信的外表、仪态及风度，并注意聆听这些人及其谈话对象的反应，对自己的说话进行及时的修正。他博览群书，积极参与各种社交活动，终于，说话能力开启了利文斯顿的个人和职业生涯。

为了个人，也为了事业，克服害羞有利无弊，要勇于与人交谈。

如何克服害羞呢？ 一是要了解自己必须克服害羞，因为说话能力是就业的最基本环节。二是要与人为善。微笑，以眼神相视。害羞的人较能专注于说话的对象，不会边谈边飘动眼光。三是要经常练习讲述身边发生的事，或引用别人的生活经验。内容可以丰富多样，如对工作环境、老板、度假、小孩的想法，或引用电视节目中的台词，自然、有趣、有激情或引人侧目。四是要多参加表演或即兴演讲，随处、随意进行。

（四）克服怯场

与别人谈话发憷，在陌生人面前说话紧张，特别是面对大庭广众发言，心慌意乱，眼睛不知看谁，手不知放在哪儿，想说的话丢三落四，甚至脑子一片空白，不知所云，这恐怕是很多人初次当众讲话都有过的怯场的体验。紧张是人类的通病。由于面对众多的听众，身处特殊的环境，表达者都会产生一种胆怯害怕的心理，以至失去自控能力，要么是高估了听众，担心自己表达不好，表现出自卑；要么是由于即时即事地讲，不能整体把握，出现前后不协调、语句贫乏、思维混乱等情况；要么是对表达环境适应不过来，在掌声、笑声或光线的压抑下不知所措。如古罗马雄辩家西塞罗开始演讲时脸色苍白，四肢和整个心灵都在颤抖；美国讽刺作家马克·吐温第一次当众朗诵时口中像塞满了棉花；美国的口才大师詹宁斯·伯瑞安初次上台演讲时两个膝盖颤抖地碰在一起……怯场的经历几乎人人都有。既然大多数人在最初讲话时都有这种体验,那就说明这不是某个人的缺陷,只是那些成功的口才大师多上过几次场,也就多拥有了几分克服怯场的经验,并使这种心态缩小到最低限度,不至于外露而已。要坚持下去,多些机会锻炼,再当众讲话心里也不会那么慌了,讲话也就有条理了,从容不迫了。

多数人认为,怯场是阻碍自己发展的绊脚石。其实不然,从心理学的角度分析,事实上怯场非常有助于自我的成长,基本上是一种自我防卫的表现。容易怯场的人,其反射神经的灵敏度相当高,从医学的角度而言,可以说是百分之百的健康。之所以会怯场,只是因为为了保护自己不受到伤害,也正是因为懂得保护自己,所以在适应了之后就能更好地表现自己,借助口才的力量发展自己。

因此,在众人面前讲话,要克服畏惧心理,要建立自信心,就只有真刀真枪地练,才能真正提高口语表达能力。

二、训练口才的八大技巧

(一)逻辑技巧

思维与语言是不可分的。逻辑的原意为思想、思维、理性、言语。人的思维的逻辑性必须通过语言来体现;而语言表达又必须符合逻辑。因此,在语言交际或论辩语体中,必须十分注重运用逻辑技巧,只有这样,才能使自己的话具有说服力。口语表达必须遵循逻辑规律——同一律、排中律、矛盾律、充足理由律,识别各种逻辑谬误——偷换概念、偷换论题、自相矛盾、模棱两可、理由虚假、推不出、外延扩大、轻率归纳、并非因果、悖论、类比不当、循环定义、定义不对称、歧义等,从而使表达思维严密、清晰。

(二)语言技巧

口语作为语言交际工具,是一种直接化的表达方式,是说话者与听话者直接交际的媒介。它是人们在社会交往中凭借语言传递信息、交流思想和感情的一种言语形式。在表达中,有其独特的要求,如要求语音标准、规范、清晰、悦耳,语意内涵明晰,语气轻重相宜,语调变化有致,速度快慢合适,节奏和谐,停顿恰当,情感鲜明适度。在交际实务中,如谈判、演讲、对话、交谈等形式,口语表达不但要求合乎逻辑、清楚明白,而且要求做到生动形象、内容充实、富有哲理、有机智感、符合个性,这样才能给人留下深刻的印象,收到更好的交际效果。如答问突出"奇",则往往能出奇制胜。

(三)修辞技巧

修辞是人们在组织、调整、修饰语言,以提高语言表达效果的过程中形成的具有特定结构、特定方法、特定功能、符合一定类聚系统要求的言语模式。

在口语表达中,根据特定的内容和环境选用修辞格,将会加强表达效果。如某位大学生在求职场上,很自信地对招聘公司的负责人说:"我希望贵公司能相中我这匹千里马。"他把自己比喻为"千里马",已把自信心通过一个简单的比喻显示了出来。演讲等实用口语中常用的修辞格有比喻、排比、设问、反问、反复、幽默等,就是为了增强表达效果。

如演讲词《论男子汉》中有这么一段:

但是,什么是真正的男子汉呢?一位青年说:"阿基米德曾说过,'给我一个支点,我要撬动地球',男子汉应当就是这个支点。"好!但是,要用这个支点撬出来的是一个如"文革"时期的"红彤彤的新世界"呢!他们是真正的男子汉吗?不,他们不是真正的男子汉。他们也许忠诚,也许还勇敢,然而他们却愚昧,带着奴隶的烙印,没有理性的思维和判断。

这一段的演讲,演讲者用了两个设问,一问比一问深入,第一个设问用他人的话语作答,引出了第二个设问,且带出了真正的答案,使听众对"男子汉"的概念理解更深入更具体,营造了气氛,收到了良好的表达效果。

又如《强者之歌》中有这么一段:

可是,亲爱的同学,你是否想过,老师在人类历史上的伟大贡献和巨大作用?哪一个成才者没有受过教育?哪一个伟人离得开老师的启迪和指引?哪一个民族不要知识?哪一门知识又不需要千千万万的教师去"传道、授业、解惑"?没有园丁的辛勤汗水,哪有祖国春天里的满园桃李?没有知识的繁衍、连续和推陈出新,社会又如何发展、前进?

这里用了反问和一连串的排比,增强了气势,渲染了感情,突出了演讲的中心——歌颂人民教师的伟大贡献。所以,在演讲词中,经常性地设问或排比是为了加强表现力度。

(四) 态势技巧

态势语,指进行交流思想、语言表达时人或人体的某一部分的每一个有意或无意的动作行为,它又叫"体态语"或"人体语言"。态势语包括体态、表情、动作等。态势语不是一般的动作,它是有特定表意性的身体语言,是用来辅助交流思想,表露人的内心情感的。所以,在口语交际中,态势语作为一种无声语言,对思想感情的表达、交际者自我形象的塑造都起着很大的作用,能收到"此时无声胜有声"的效果。

1. 作为伴随语言,辅助言语的表达,如微笑语,在交际场上十分重要,它是人与人之间最好的沟通方式。在公关活动中,在进行求职面试时,在接待客人时,在主持节目时……假如能先给公众一个微笑,感染对方,将会缩短与对方的距离,增添融洽的气氛。

2. 作为独立的交际工具,可直接替代有声语言。如朝鲜战争中的一次中美谈判,谈判桌上互相对峙,气氛紧张,双方都在沉默,这是一场忍耐力和意志力的较量。中、朝代表个个挺直身子,目光冷冽严峻,直逼视着美国代表。在长时间沉默的对峙后,美国代表最后忍耐不了,宣布休会。在言语交际活动中,在不便说或不愿说等的情况下,适当使用态势语,也会收到独特的效果。如有位名人,常被记者采访,但当被问到私人秘密时,他都是以"淡淡一笑"予以回答。这种态势语,在无声语言的情况下便收到了"此时无声胜有声"的效果。

总之,在一般情况下,态势语是说话者自然而然流露出来的,优雅得体地运用它,便能很好地渲染、强调话语的内容。

(五) 声调技巧

声调是指语句中声音高低升降的变化。句中有了升降变化,语言就有了动听的调子,显得抑扬顿挫,富于音乐美,能更细致地表达不同的语气和思想感情,以便听众更好地理解和回味作品。

处理句调时,每一句话都应联系上下文,看看是在什么语言环境下说的,说话人的用意是什么。经过分析体会后,真实可靠的语调才能产生,而不能单凭标点符号,生搬硬套。

(六) 幽默技巧

幽默指的是运用轻快而诙谐的方式,通过影射、讽刺、夸张、双关等手法批评和揭示现实生活中的乖谬和不通情理的现象的技法。幽默的特点是寓庄于谐。它是一种含笑的讽刺,能使人发笑,发笑之后能使人回味,在轻快中达到目的。

幽默作为一种笑的艺术,是对社会生活的一种戏剧性的反映,是人类智慧的结晶,是主体乐观主义精神的体现。说话高手必是擅长幽默的人。在现代社会,幽默已成为人们生活和工作的一种需要,幽默的言语不仅使话题生动有趣,引人欣然发笑,而且还以哲理和情趣的统一沁人心脾,意味深长,耐人寻味,怡情益智,有效地缩短交谈者之间的距离。幽默能化解矛盾,使人际关系更加融洽。如:

周末的百货公司柜台前,人山人海,毫无秩序,有一位中年妇女挤到柜台前生气地对售货小姐说:"在你们这里根本找不到límào(礼帽/礼貌)。"售货小姐沉默了一下,对那位妇女说:"请问你有这种límào(礼帽/礼貌)的样品吗?"那位女士愣了一下,不好意思地走了。

无数的事实证明:人们喜欢说话幽默的人,而讨厌说话干巴巴、枯燥、单调、平庸,动辄板起面孔教训人的交谈者。心理学的许多研究资料表明:在人们的交往中,人们喜欢具有幽默感的人。美国329家大公司的经理们参加了一项关于幽默的调查,其结果显示:97%的人相信,幽默感在企业的管理工作中有着重要的价值;60%的人相信,幽默能决定一个人事业成功的程度。

因此,言语的幽默是一种人生态度,是口才表达主题不可或缺的一种美好的素质。

(七) 策略技巧

语言的表达其实是一种策略。无论是对说话者的言语是否进行的选择,还是对表达时间的选择,或是对内容的选择,无不体现出说话者的主观意志和其对效果的把握。

口才的言语策略,能使口才步入更高的境界,显示出艺术的特征。

所谓**口才艺术**,就是指在特定言语交际环境中的一种富有创造性的发挥和表现,并且建构成林林总总各具鲜明特色的辅之以恰当的态势语的言语策略。

口才艺术所表现出来的**言语策略**,大体可分为三种类型。

1. 建立在逻辑思维基础之上的言语策略。主要有:创题阐述、逆题辩驳、顺题立论、直言说理、偷换概念、引申归谬、以谬制谬、类比析辩、二难述辩、对比述辩、概念辨析等。

2. 建立在修辞基础之上的言语策略。主要有:反语正说、语词直用、语意直解、仿语应对、设喻述辩、讽喻明理、双关述辩、语词曲解、换义述辩、数概述辩、换算述辩等。

3. 建立在哲学、伦理学、社会学、心理学、行为科学、领导科学、谋略学、运筹学、文学、写作学、系统学、控制论、信息论等与言语相关的人文科学理论基础之上的言语策略。主要有:真情激导、联对论辩、以退为进、借题发挥、迂回诱导、角色转换、无效应对、创设话题、就地创例、美誉推崇、耻辱同受、针锋相对、饱含哲理、自我嘲讽、自谦尊人。

上述三种类型的言语策略,在形式上表现为相对独立的鲜明特色,但在内蕴上却给人一脉贯通之感,即基本上符合逻辑,以逻辑征服为内核。

言语策略创造和丰富了口才艺术,口才艺术的发挥则具有引人注目的准确无误的实用价值。这就是在特定的言语交际环境中,创造性地运用恰当得体的言语策略体现特定的交际意图,实现特定的交际目的,从而取得圆满的交际效果。离开这一点,无论如何也谈不上具有或发挥了口才艺术。

(八) 倾听技巧

倾听就是凭借听觉器官接收言语信息,进而通过思维活动达到认知、理解的全过程。倾听是接收,说话是传播。听和说是相辅相成、密不可分的。著名的幽默大师马克·吐温说:"给予说话人恰当的颂扬,并尽量倾听说话人嘴中说得最多的话,而不加以反驳。"他认为这是人际交往中获得知己朋友最有效的方法。美国传播学家理查德·L.威瓦尔把普通人的一天的传播活动列出了一张比例表:

内 容	交 谈	书 写	倾 听	阅 读
时 间	35％	9％	40％	16％

从上表中可以看出，人们用于倾听的时间多于其他任何一项活动。因此，在交谈中，要学会听，听可以了解对手，可以收集信息，可以准备发表意见，还可以赢得尊重。因此，无论是获得知识、获得信息，还是与人相处以及实际的生活状况，都离不开倾听。

思考与练习
SIKAO YU LIANXI

1. 完成"口才"问卷调查（见附录一）。
2. 口才与人才的关系是什么？训练口才的重要意义是什么？
3. 口才的特点是什么？
4. 谈谈训练口才的内容及方法。
5. 找出若干古今中外历史上能够口若悬河、滔滔不绝的人士，分析他们的共性，谈谈如何才能提高口才。
6. 参加一次义务促销或宣传活动，在口语活动中，实践并感受口才的魅力。
7. 活动设计：口才魅力秀

博诚文化发展有限公司举办了一场以"说说我的'最'……"为主题的趣味口才魅力秀即兴演讲活动，让员工感受通过适当、适宜、得体的语言表达，使语言更具感染力和吸引力从而更富魅力的语言表达方式。（"最"的内容可以很随意，如"最喜欢的人或物品，最有趣的一件事，最难忘、最窝囊、最快乐的一次经历……"，尽可能让自己的内容吸引听众。选题须临时抽签决定。抽签后给予练习者5分钟时间打腹稿做准备。）

知识拓展
ZHISHI TUOZHAN

深厚的内涵成就你的妙语如珠

内涵是一个人思想的主体，反映了一个人的能力以及才华、人品。口才只是内涵的一种表达和沟通的方式，讲话能反映人的内心所在，从言行可以看出人品。所以说，没有深厚的内涵，也就无法成就最好的口才。

妙语如珠、清新脱俗、妙趣横生的口语表达源于：

1. 敏而好学，不断增强知识积累

俗话说："读书破万卷，下笔如有神。"说话与读书一样，需要平时点点滴滴不断地对知识进行学习和积累。"万丈高楼平地起"、"不积跬步，无以至千里；不积小流，无以成江海"。一个人想要不断提高自己的演讲与口才能力，就必须多读书、多看报、关注时事，尽可能做到读万卷书识万般理。

2. 善于观察生活，加强生活积累

为什么你发起的话题没有回音？为什么你讲完一句话，大家都选择沉默？为什么你总是找不到与他人之间的共鸣？原因就在于缺乏对生活的积累，净说些不着边际的话，因此很难与人进行交流。要想有好的口才，就要加强生活积累，主动走出去，积极面对生活，体会生活，品味生活中的酸甜苦辣，用智慧奏出乐观生动的旋律，用眼睛欣赏斑斓的色彩，用耳朵聆听动听的声音，用心灵感受跳动的脉搏。生活不是缺少美，而是缺少发现美的眼睛，只有用心才能感受到美,因为生活是最能感染人的。

3. 把握时尚,聆听时代脉搏

"潮"是时尚,当今社会发展飞速,若你停滞不前,仍是用20世纪的口气和词语与现代人交流,谁还愿意听你讲话?明显落伍会被时代淘汰。懂潮流的人年纪再大都会显得很年轻。所有跟时代潮流同步的人都是同龄人,都是最年轻和活力四射的人。把握时尚,说话带有时尚元素,能让你激情洋溢、青春常在。

4. 以情动人,加强情感积累

"言为心声""以情感人"。从表面上看,口才不过是用嘴在描述,而实际上,是用心,用情感去和听众进行交流,进而达成共鸣。感情的产生,源于以往经历的不断累积。如只有自己受伤以后你才能理解他人的悲伤,没有丰富情感经历的人不可能有丰富逼真的情感语言,而没有相当丰富的情感表达也不可能成为出色的演讲家,更无法打动听众。所以,要会感受,能体验。

(摘自苏豫编著《办公室里的口才课》,北京工业大学出版社2011年6月第一版,P.6-9)

相关链接
XIANGGUAN LIANJIE

名人的演讲收益

1990—1997年出任英国首相的梅杰离任后,他的口才立刻引起商界的兴趣。同年,他与美国前国务卿贝克等人受邀在伦敦出席对美国大选选情进行分析演讲,虽然演讲费没有对外透露,但梅杰承认的确收入丰厚。梅杰时常在不同场合(如晚宴)发表演说,得到了非常可观的收入。据《观察家报》(The Observer)估计,梅杰在每场演说中,只要发表一些"有关环球经济,富知识性和洞察力的演说"(knowledgeable insights into the global economy),便大约可得3万英镑酬劳。

1997—2008年在位的英国前首相布莱尔,现今他身兼摩根大通和苏黎世银行两大跨国财团的高级顾问,每周进账超过两万英镑,每场全球商业演讲坐收近8万英镑。2009年他还创办了自己的咨询公司"托尼·布莱尔协会",将唐宁街时代的老部下揽在了自己的旗下。其实,布莱尔夫妇早就打算靠演讲来赚取下半生的生活费了。

克林顿、施罗德、格林斯潘等政坛名人卸任后也通过演讲大把赚钱。德国前总理施罗德、以色列前总理巴拉克、英国前首相撒切尔夫人的演讲价位大体相当,在东欧国家前政要演讲收入排行榜上高居榜首,远远超出东欧前总统演讲或公开活动的2.5万欧元酬金的平均标准。像美国前国务卿鲍威尔这样的政治人物,每次亮相均可得到5.6万英镑的报酬。联合国前秘书长安南2012年4月份的演讲报价为16万美元。戈尔巴乔夫的单场演讲收费标准约为10万欧元。美国前总统克林顿是每小时25万欧元的标准。最近6年来,克林顿仅靠演讲就狂赚3000万美元,他在离任美国总统后的第一年内就曾59次登台演讲。在美国各地进行有偿演讲的人中,这位前美国总统是酬劳最高的演说者之一。他单次演讲的最高酬劳是2006年9月在伦敦,一次讲话就获得了23万英镑。克林顿演讲年收入逾千万,是所有名人中酬劳最高的。

(摘自:http://news.QQ.com 2007年09月05日14:21中国新闻网,新华网2001.03.16 16:12:56)

【模块二 口才的基础训练】

项目二 口才的心理素质训练

【训练目标】

树立口才学习的信心,以热情积极的态度训练口才,激发个人才干。在口语交流中具有良好的心理自控能力,克服心理障碍,敢上台,敢开口,大方自如地在大众面前进行各类口语活动。

【活动设计】

为了激发员工的工作热情,提高其工作主动性和积极性,博诚文化发展有限公司人力资源部设计了"口才的心理素质训练·与陌生人交谈"的项目活动让员工参与。

第一节　口才家必备的心理素质

　　心理素质是口才家素质修养中一个十分重要的方面。优秀的口才家不仅要以良好的人格素质、思想道德素质和文化素质作保证，还要以良好的心理素质作基础。所以进行心理训练是十分重要的。

　　心理训练就如同训练足球运动员要具备"射门意识"、商人须有"赚钱意识"、军人应有"进攻意识"一样，应具备**自信意识、吸引意识、反馈意识**等心理需求。口才的**心理素质**特点是：充分的自信心，强烈的成功欲，豁达的胸襟，不怕失败的韧性，坚强的自控力。

一、充分的自信心

　　自信心具有理性思维色彩，指的是在任何活动中，使自己处在良好的竞技状态，这在演讲、辩论中尤为重要。具有自信心的人，往往在语言活动中神态自若、心绪镇静、记忆准确、表达流畅，兴奋点压制在最佳状态。

　　自信心的强弱会成为认识和实践活动中的一种习惯性心理，成为性格特点。在讲话中，自信心强会使自己的演讲水平得到正常的发挥甚至超水平的发挥。

二、强烈的成功欲

　　这是自我价值实现的一种满足感，是属于马斯洛的"人的需要层次论"中最高层次的需要，它可以帮助人塑造一种追求完美的心理品格和良好的心理素质。

　　具备强烈的成功欲有15个方面的特征：能准确、充分地知觉现实，对世界的知觉以较完善的生命认识为代表；对自己、对别人、对大自然表现出较大的宽容；具有真情实感，在情感表达上具有自发性、单纯性和自然性；全力以赴地献身于任务、事业和使命，以问题为中心，不以自我为中心；具有超然于世的品质和独处的需要，在任何情况下都保持安详和庄重；具有自主的独立于环境和文化的特征，善于把握自己的生活和命运；具有永不衰退的欣赏力，对生活始终保持心醉和神往；以审美的眼光看待事物，常有周期性的神秘和向往；对全人类表现出怜悯、同情和真切的爱，和所有的人打成一片；仅和为数不多的人发生深重的个人友谊；愿意向任何值得学习的人学习，具有接受民主价值的倾向；具有强烈的审美感；对世事富有哲学的幽默感；具有创造性，这是其人格的自发性、单纯性和洞察性的表现；具有独立的价值观，不愿依附于现有文化。

　　成功欲在人们的思想行为中有着巨大的推进作用，是促进一切事业成功的主观动机，当然，也是造就出色口才的内在动力。

三、豁达的胸襟

　　豁达的胸襟表现为持论公允、宽厚待人、知错必改。

四、不怕失败的韧性

　　每个口才家都有过失败的经历，但他们却能从失误或失败中及时总结经验教训，并在实践中刻苦地磨炼自己,不断地提高口才,最后终于获得成功。

五、坚强的自控力

自控力是口才家合理控制自己的情绪、情感和意志所具有的良好的心理适应能力。这是保证口才家正常调动自己的思维,组织和运用自己语言的决定性因素。

〔美〕罗洛·美在《爱与意志》中说:"意志是组织自己走向某一目标的能力。""如果你只有愿望而没有意志,你就是一个受欲望摆布的、不自主的儿童,而作为一个'成年的老顽童',你最后可能变成一个机器人。"

自控力强的演讲者,既能做到"我所不愿为",又能做到"不为所愿为",因而能适应客观环境,主动调节自己的情绪和情感,得体地言谈。

第二节　口才活动中常见的心理障碍及自我调节法

一、自卑感及其调适方法

据科学研究表明:90%以上的人都为自卑而苦恼。"金无足赤,人无完人",任何人都有其自卑的原因:相貌、身材、地位、阅历、环境、能力、体力等。自卑感易使人孤僻、离群,抑制自信心和荣誉感,这种消极心态带入表达过程中往往会使表达失败。具体的调节方法如下。

1. 培养自我意识,增强主体能动意识。这有利于更好地认识自身。
2. 自我强化。通过自己的行为结果来控制自己的行为。

如古希腊著名的演讲家德摩西梯尼,其先天条件极差,口吃。但为了提高自己的口才,他每天在大海边,口含石子,面对大海的狂风猛浪呼喊着进行语言练习,终于,他改掉口吃,并成为古希腊十大演讲家之首。这一事实有力地证明了一个人的演讲能力的提高完全是可以事在人为的。

3. 自我暗示和自我激励。可以经常地用以下的话提醒自己:

"我行!"

"我并不比别人差!"

"他行我更行!"

"我已做好了充分的准备,不会出错的。"

"我已走到了最恶劣的地步,下面不会再有更糟的情况出现,只会越来越好,让自己充满信心吧!"

二、羞怯感及其调适方法

美国的一个心理调查表明:在宴会上与陌生人相处时,有四分之三的成年人会感到局促不安;至于在演讲场合,因羞怯而造成失败的也屡见不鲜,这甚至会犹如"过敏反应",所以应加以控制和消解。其调节方法有:提高认识水平,自我暗示,精心准备。

(一) 提高认识水平

羞怯感的产生来自于心理环境、生理、认知三个因素。其中认知起关键作用。其实羞怯是无知的表现。所以一要分析病症,二要勤于实践,不断总结经验,培养控制情绪的能力。只有这样,才能在变化的环境中,仍然保持心理平衡。

（二）自我暗示

羞怯往往产生于讲话者的注意力过分集中于自己的成败上。有经验的演讲者总把自己的思想集中在演讲本身,从不让"个人得失"干扰自己演讲的思路。

华盛顿说:"当我对听众演讲时,我不考虑我的说辞来日将有怎样的评论。因为我只知道有眼前的听众,而我的说辞,正是为眼前的听众而说的。"

同时,演讲者也不要否定自我的形象,即做到"台上目中无人,台下虚怀若谷",以意志力战胜羞怯感。

（三）精心准备

事实上,缺乏周全的准备,也往往容易导致焦虑而引起害羞。克服害羞的速成方法有:

1. 了解自己必须克服害羞。

2. 与人为善。微笑,以眼神相视。害羞的人不太能专注于说话的对象,边谈会边飘动眼光以作回避。因此,要让眼光能专注于说话对象。

3. 练习讲述身边发生的事,或引用别人的生活经验。内容可以是:对工作环境、老板、度假、小孩的想法,或引用电视节目中的台词。可有趣、有激情或引人侧目,然要把趣味点、重点放在后面。

4. 参加表演或即兴演讲。

5. 一再练习。微笑、打招呼,且随处与人攀谈,运动、散步时都可以。

三、恐惧感及其调适方法

担心表现不佳是口才活动中常见的毛病。事实上,许多具有丰富舞台经验的老手也有这样的毛病,最富实践经验的语言高手也要和紧张的情绪作战,如:

在一场晚上召开的会议上,一位女士开门进入一间屋子后,惊讶地看到当晚要在会上作关键性发言的演讲者正在屋子里发了疯似地来回踱步,她便问他为什么会这么紧张。"你这是什么意思？谁紧张了？"他不解地问道。"如果你不紧张的话，"她回答道,"你在女士洗手间里做什么？"

所以,要学会调整好自己的情绪,努力克服恐惧。

克服恐惧感的调节方法有：保持内心隐秘的力量,情境预设,巧用肢体语言,练习5个"P",建立"信心卡片"。

（一）保持内心隐秘的力量

在一群观众前发言似乎是最富公众性的行为之一,然而你仍然有权保持自己的隐私。你无须向大家公开解释自己的紧张和焦虑,而是可以将其作为自己的一个秘密隐藏在内心深处。让其他人察觉自己的焦虑情绪对你没有任何好处；反之,如果你表现得非常自信,就能够确实感受到对自己的信心。很少有人会显示出过分的焦躁不安,无论事实上他/她的内心有多么惶恐。所以,不要屈服,不要显示内心的恐惧,并且请对此缄口不言。

（二）情境预设

设想总会有某种实现的方式。如果认为台下的观众对你充满敌意,你可能会采取防卫性的姿态,从而必定会使得观众疏远你。事实上,如果希望如愿以偿地给别人留下得体的印象,你不妨试一下情境预设。这对于许多演讲者都是很有用的。闭上眼睛,回忆一番上场演讲中的积极面和听众们善意的回应,并且试想听众都是和蔼可亲、心胸开阔和愿意接纳外界事物的。将该场景当成现实保留在脑海里。情境预设同时也很适用于尝试那些你不敢开口的新笑话或开场白。设想一下听众的积极回应吧,你已成功了一半。要能想象自己站在"黄金起跳点"(奥林匹克跳水运动员的起跳点——直接影响着跳水的成功)——当我站在讲演台上时,我总是假设一切都处于我的掌控之下,我是一位多么优雅、独具魅力、温暖亲切同时又热情洋溢的表演者啊!情境预设的要害恰恰在于控制你头脑里对于自己的印象,切忌让你自以为的听众正在思考的内容影响到你对自己的看法。

设想你正在出演渴望的角色,好戏正在上演。无须担忧自己看上去会显得装模作样,要知道我们每个人性格上都是多面体。你希望表现出自信的一面,那么你已经越来越信心十足。经过练习之后,自信会在你身上自然显现,而情境预设正是获得信心的强有力的武器。

(三)巧用肢体语言

这是可以使举止更加优雅自如的表现,具体是这样进行的:

1. 正确的呼吸。注意用鼻子深呼吸,这样一来你不会轻易感到口渴。

2. 逐步放松。暗暗使劲收紧身体各个部分,从足部开始,再逐一放松。濡湿出汗的情况和紧张情绪将会因此得到缓解。

3. 放松颈部肌肉。从一侧肩膀至另一侧肩膀活动头部,这可以有助于放松你的喉咙和声带。

(四)练习5个"P"

1. **呼吸(Prana)**。用鼻子呼吸为何有利于舒解恐惧的原因之一在于,鼻孔和人体边缘系统是相连的,而大脑该部位恰恰可以控制人的情绪。因此,深呼吸能使你保持镇静,帮助缓解和控制紧张的情绪。

2. **感知(Perception)**。感知指的是我们如何领悟周围发生的一切。任何两个人可能在同样的时间里遭遇同样的经历,然而其中一位可能会把它当做一次离奇的冒险,而另一位则觉得这一切可怕之极。公众演说正是这样的一种融入了当事人主观感受的经历。如果你总是觉得观众很大程度上是带着自己的判断力来的,那么你肯定容易体会到紧张。其实大部分观众之所以坐在台下,并非是为了判断你讲得优劣与否——他们仅仅希望能够学习某些新鲜的观点或知识,或者是盼望能够轻松一笑。他们希望你表现出色。所以,请你把注意力集中在将要讲演的内容,而非你自以为的他们可能会怎么看待你这件事情上。

3. **心理武装(Psyche Yourself Up)**。别把自己当成你心目中自己的样子,而是应依据你希望成为的理想状态的形象。讲演没有结束之前,你就可以假设自己已经听到了满场的欢呼和掌声。在空闲时间里一定要充分运用你的情境预设的创意能力,而且还要善于见缝插针,利用每个空余的时间段来做做白日梦。

4. **充分准备(Preparation)**。因为最恐惧的事莫过于未知的事物。如果你就像知道你最好的朋友的电话号码一样了解将要发表的主题,如果你已经把演示中需要用到的所有小道具和辅助教具都已经列出名单(并已检查过两次),如果你在登上讲台之前就已让自己充分熟悉了周围的空间,那么就可以说你已经是万事俱备了。

5. **反复练习(Practice)**。你练习得越多,就越能控制住整个讲演过程,就越不会觉得紧张。也许你无须练习就能够做到很出色,但是如果反复练习,站在众多听众面前的你将更会落落大方,而此时听众也会感到和你在一起非常舒适自然。

(五)建立"信心卡片"

1. 如担心听众的反应,则应建立起自信心。应清醒地认识到听众并非单独撇开你,将你弃之于不顾。事实上,你的听众也许正在瑟瑟发抖,暗自庆幸站在台上的是你而不是他们。他们希望将控制权交到你手里,专心倾听和学习。因此,此时的你只有表现得自信大方、大权在握,他们的倾听才是最有效的。无论内心有多么紧张,伟大的演说家总能够向听众证明他们的完全控制能力。如果讲演者看上去局促不安,听众也会难以放松;只要演讲者充分展现出自信的一面,就能赢得观众的欣赏。

一般来说,此类担心产生于演讲者的焦虑。焦虑程度可分为三种:低等程度的讲演者感到轻微的紧张,但会认为观众基本上是中性的、不带任何偏见的;中等程度的讲演者则会假设观众对其持负面态度,结果导致封闭自己,并和观众隔离,他们躲藏在讲台后,避免和台下观众的任何眼神交流和接触;高等程度的讲演者在这一误区行进得更远,并认为所有观众都是带有敌意的,他们在等待着自己的犯错。所以,要和听众结为一体,站在听众的立场而非从自我的角度出发考虑问题。对听众的情况了解得越多,你就越能自发地把他们当成朋友,而且越不感到紧张。他们具有什么样的背景、兴趣和需要?从你的演讲中他们能有什么收益?他们希望能从你的发言中获得享受,你怎样才能让他们如愿以偿?首先,请注入澎湃的激情吧,因为兴奋了,所以也就来不及觉察自己是否紧张了。用兴奋的情绪感染听众,集中思考自己希望传达给听众的东西,特别是那些你感觉到真正有价值的、值得你花费你自己和他们时间的内容。兴奋情绪是具有传染性的,你的听众将无法抗拒因而只能跟随着你。其次,在传达内容上集中注意力也会使得你更多考虑内容本身而非你自己,这正是抵抗焦虑和恐惧的最好矫正方法。最后,要记住谁才是专家,被邀请来讲话的是你,你被公认为比你的听众更加了解讲演主题;你之所以站在讲台上,是因为你比多数人更能够就该主题进行深入分析和阐述。

2. 担心遭遇尴尬场面,但要相信自己能巧妙地处理好。许多人害怕站起来开口讲话是因为他们认为自己在做一件非常愚蠢的事,他们会被某些词语磕绊住,会结结巴巴,还会忘掉甚至是最关键的要点。尴尬场面确实时有发生,而与此伴随而来的则是恐惧。

好在听众能够理解——我们每个人都会犯错误。他们更想知道的是你是怎样巧妙地应付和处理的。

3. 如担心材料准备不够充分,那就充分地做好准备吧。材料准备得不够充分,这是最容易克服的产生恐惧心理的原因,因为你完全可以通过充分的准备将其打败。如果你已将演讲主题研究透彻,那么你就不会对此感到害怕。所以,要仔细组织讲演,对演讲稿反复修改,精益求精,熟能生巧。

4. 学会藐视恐惧。恐惧也许是每个人都会有的不妙的感觉,但要坚强起来,学会敢于面对任何困难,毫不畏惧地去解决。在许多时候,取胜的原因就在于自己是否有勇气。

5. 最佳小贴士——建立起永远的信心和决心。不妨每天早上一睁开眼,就对自己、对世界大声地说:"我是最棒的!"从而每天都能充满信心地去面对所有的困难,战胜所有的困难。

四、过强的表现欲及其调适方法

一个演讲者需要有一定的自我表现意识。适当的表现欲能激励演讲者的自信心和上进心。但如过强,就会把崇高的演讲活动变成纯粹的自我表现,演讲者就会变得自我陶醉、自我欣赏、自我满足,甚至自私自利、骄横自得、目空一切、唯我独尊。结果一定评价不高。具体的调节方法有:

1. 端正演讲动机,明确演讲目的。演讲是为了宣传真理,弘扬正气,而非为个人的利害得失,这样才能树立正直、坦荡的形象。
2. 要正确地看待荣誉。
3. 正确评价自己。

第三节　口才家心理素质的培养

一、自信心的培养

1. 建立科学的自信,克服盲目的自信,即建立在掌握自己、掌握事实、掌握实际、掌握知识、了解听众的基础上。
2. 辩证地看待口才与演讲实践中的有利和不利因素。
3. 正确地认识自己,扬长避短。即便是初试者,也有自己的长处、个性。

二、自控力的培养

这需要长期的磨炼和培养。
1. 要以坚定的目标意识唤醒意志的力量。
2. 保持冷静的头脑。冷静是使人们的智慧保持高度有效和再生的条件。
3. 掌握口语交际规律,熟稔口语交际技巧。

在演讲中,"从心所欲不逾矩"的自由境界为演讲的最高境界,这时演讲者对演讲的内容了然于胸,对技巧运用自如,对可能出现的意外情况有丰富的经验来应对。因此,在这种自由境界容易获得自控力。

三、韧性心理的培养

韧性是指坚强的意志、坚韧的品德、百折不挠的精神和屡败屡战的勇气,具体表现为:不怕失败,不怕打击和挫折,敢于和善于从口语交际失败中一次次崛起,敢于和善于从挫折中一次次挺直腰杆走上讲坛,有意识地在顺境、逆境、胜利、失败等各种情境中经受考验,以此来培养自己坚强的韧性。

孟子:"天将降大任于斯人也,必先苦其心志,劳其筋骨,饿其体肤,空乏其身,行拂乱其所为,所以动心忍性,增益其所不能。"

苏轼:"古之所谓豪杰之士者,必有过人之节,人情有所不能忍者。匹夫见辱,拔剑而起,挺身而斗,此不足为勇也。天下有大勇者,猝然临之而不惊,无故加之而不怒;此其所挟持者甚大,而其志甚远也。"

培养韧性,关键要能正确地看待失败。

卡耐基："一个人要善于从失败中培养成功。障碍和失败，是通往成功的两块最稳靠的踏脚石。若肯研究它们，利用它们，便没有别的因素更能对一个人发挥作用。"

另外还必须具备热忱的素质，热忱可以激发、激活人的情感及言语的感染力。

能力训练
NENGLI XUNLIAN

一、问卷调查——口语交流的心理调查

（调查问卷：《测测你的说话能力》，见附录二）

二、心理分析

对自己进行深入的心理分析，写一份心理分析报告（选择自己的某一个性格特点，侧重在与人的交流方面，如不爱说话，不爱与人交谈等；作形成原因以及发展情形方面的分析；并对影响交际交流的心理状态提出解决的措施）。然后上台，以口语的方式将此分析报告上台当众进行讲述。

三、心理训练

第一步：站立不语练习（练心）。

练习者可互为听众轮流上场，也可让自己的几位朋友、同学、同事或家人做自己的听众。练习者站在高于听众之处，目视听众而不开口。此时练习者的心理要进入讲话的感受之中，进行心理体验。

这一步的练习是练"心"不练"口"，每次站立5～10分钟。由于可以不开口讲话，会减轻练习者的心理负担。这项练习直到练习者不觉得十分紧张为止。

第二步：随便说话练习（练口）。

练习者在人前站立心理上已适应之后，即可进入说话训练。

这时的讲话从内容和形式上，不要给予任何规定和限制。练习者要随心所欲，讲自己最熟悉的人或事。这时的练习者虽然心理上初步适应，但开口讲话还缺乏适应性的锻炼，此时大脑或紧张或混沌一片，所以这一步的练习只要求练习者能开口讲话就可以了，至于内容则可非常随意。这一步是在练"心"的基础上练"口"，讲话的时间以3～5分钟为宜。练习者和听众可现场交流对话，轮流演练，直到练习者可在人前自如流利地讲话为止。

第三步：命题演讲练习（表达练习）。

在前两步训练的基础上，练习者即可进入此项训练。练习者和听众之间要反复交流，推敲练习者的有声语言和态势语言的力度、速度、表情等。此步练习以练习者在"台"上让听众听不出练习者是在背讲稿，也不是在"演"，要求练习者能够真实自如、从容不迫地讲自己的心里话。

第四步：即兴演讲练习（全面练习）。

主题：我很……可是我很优秀！

练习者的临场心理和讲话能力都有了一定的提高后，便可进行较高层次的即兴演讲练习。练习者抽签确定演讲的题目和内容，抽签后给予练习者10分钟的时间打腹稿。此时，练习者的思维处于高速运转状态，这对于提高练习者的快速谋篇、遣词、炼句是很有必要的。由于此时练习者的心理处于"排练"的气氛中，所以对于"失败"并不十分惧怕，也就有利于其发挥在正式讲话时难以全面发挥的内在潜力。

以上四步练习法侧重于实践。

四、活动设计：口才心理素质训练营·和陌生人交谈

对象：陌生人。

内容：利用休息日，与两个陌生人分别进行交谈。

要求：每人次的时间长度为5分钟以上。事后就这两次谈话对自己的口语情况及涉及的相关因素进行深入分析，写出分析报告，并在课堂上上台以口语方式将这两次交谈情况当众进行汇报、交流。

报告内容：谈话对象相关信息（性别、年龄、职业）；交谈的内容、方法、气氛和效果；对这两次谈话活动进行评价，如：这两次交谈活动是否成功？哪一次聊天更成功？为什么？简要分析自己这两次交流活动的成败及其原因，分析解决问题的关键，提出如何提高自己交际、交谈能力的具体措施。

知识拓展 ZHISHI TUOZHAN

"罗森塔尔效应"与自信地表达自己

"罗森塔尔效应"是教育学和心理学上的一个著名的实验。其核心就是"期望"激发人的自信，并成就其事业。著名人士、权威人士对人的期望，在人们心目中往往有着很高的权威，而受到期望的人，在感受到这种期望后，也会越来越认为自己是最棒的，从而提高自信心，做任何事最终能最优秀。因此，"期望"具有神奇的魔力。

在日常沟通中，自信是至关重要的因素。当你充满自信时，你的客户透过你的信心，更加相信你所说的话，他们会认为你是一个诚实的人。相反，如果缺乏信心，你的客户会怀疑你所说的话，认为你可能对他们隐瞒了什么。所以，著名的"罗森塔尔效应"告诉我们：树立自信，定会发生奇迹。

任何一个人，当他昂首挺胸、大步前进时，往往向外界传递着这样的信号："我能行！""我不比别人差！""我的目标一定能实现！""我是最棒的！""小小的挫折对我来说不算什么！"

世界上一切事业的失败，大多数并不是由于智商、资历、经济等原因，而是因为缺乏自信。来自哈佛大学的一项研究发现，一个人的成功的85%取决于有坚定的自信心，15%取决于智力等其他因素。人生没有自信，任何事情都不会成功，就像没有脊椎的人是永远也站不起来的。生活中的强者不一定是胜利者，但胜利者一定属于自信的人。

没有人天生就懂得自信地与人沟通。尊重自己，忠实于自己的感受，不轻易做违背自己情感的事情，就能做到真正自信地开口；当你确实认为对方的观点比自己好时，也能自信地由衷地赞美别人。

（摘自肖冉编著《哈佛沟通课》，龙门书局2011年6月第一版 P.32—35）

心理素质的关键认识点

心理素质是素质结构中的重要组成部分,是以个体的生理条件和已有的知识经验为基础的,从外在获得的刺激内化成的稳定的、基本的心理品质。可以说,一个人的心理素质是在先天素质的基础上,经过后天环境与教育的影响而形成并发展起来的稳定的心理品质,包括人的认识能力、情绪品质、情感品质、意志品质、气质和性格等个性品质诸方面。良好的心理素质是指情绪稳定、意志坚强、积极乐观的精神等内容。

正确的自我意识是提高心理素质的重要前提,因此,每个人要正确认识自我、悦纳自我、完善自我。

认识自我是良好心理素质的体现,也是心理健康的标志。认识自我是指要对自己持一种开放的心态,敢于在人前展示自我,敢于与人分享内心的秘密,这是我们认识自我的重要一步。

悦纳自我是指我们要能无条件地接受自己的一切:好的或坏的,成功的或失败的。我们既要接纳自己的优点,也要接纳自己的缺点和不足。只有认同了自己、接纳了自己,我们才可能对生活充满信心和热情。

完善自我是指当认识到自己的不够完善的地方时,就可以积极地加以改变,而且因为每个人需要完善的地方不同,就要明确自己的不足,多与人交流,多参加实践,从而有针对性地对自己进行完善。

成功人士必备的十大心理素质

1. 满怀信心地思考和行动,努力争取你想要的东西。
2. 积极接受任务,并以首创精神主动承担责任,作出决定并将之付诸行动。
3. 按需工作。
4. 坦然面对失败。
5. 豁达地对他人表现出欣赏、热情和爱,投身于有益的事业。
6. 摆脱孤独,结交朋友,维持友谊。
7. 超越嫉妒、悔恨、自我怜悯、忧虑和玩世不恭等负情感。
8. 热情合作,乃至最困难时也能分担责任。
9. 不过分地理想化和自我欺骗,现实地面对生活并能解决日常问题。
10. 可以在无足轻重的事上让步,但在为维护尊严和正直的品格等原则问题上立场坚定,具有誓死决战的精神。

(摘自 http://bluecross.163.com/08/0919/09/4M6MEGJH00012NUO.html 2008-09-19 09:02:25 来源:中国经济网(北京))

项目三 语音训练

【训练目标】

　　学会正确发音、发声。口语表达时使用普通话，语音准确、清晰。根据嗓音条件，高、低音区发声清晰自然，音色圆润悦耳，声音明亮、耐久、穿透力强。

【活动设计】

　　乍暖还寒时节，博诚文化发展有限公司将于3月3日在全公司的多功能厅举办一场趣味速读竞赛。要求公司下属各部门派一名员工参加。内容为任意选的文体、文段或绕口令。要求读音准确、清楚、快速。竞赛将设奖项，优胜者将获得奖励。

语音是说话的声音,声音是听得见的色彩。优美、清晰、流畅的语音,是气质美、仪态美的重要表现。好口才需要好音质。交流离不开声音这个传达员,从声音里就可以听出你的素养、品位、情绪、健康、经验、专业、知识、智慧和自信心。美妙的声音就是跳动的音符。人们在说话时通过发音器官的运动,发出音高、音长、音强或音质都不相同的声音。这些声音在人们长期的劳动实践中被赋予了一定的意义并以此来传达和接受信息,由此形成了语音。口语信息传达与接受的有效性,必须以声音准确无误地表达语义为保证。"说"和"听"都要具有对语音的准确的适用和理解能力。在与人交流中,我们要用最得体的声音来配合我们的好言语,让人赏心悦耳,过耳不忘。

声音条件是天生的,但可以通过后天规范的训练来改善。著名的播音员、主持人赵忠祥的声音有着一种磁性的美,他在《动物世界》的声音是如此的美妙动听,听他的解说是一种极大的享受;陈铎的声音厚实富有质感;少儿节目主持人刘纯燕,她曾给美国童星秀兰·邓波儿配过音,她的音色甜美、圆润,富于表现力……他们如此美妙动听的声音,并非是与生俱来的,而是经过后天的刻苦练习、对声音进行美容的结果。

声音美容就是在专业健声教练的指导下,采用一套独特而科学实用的方法,来学习和掌握发声技巧,纠正语言发音,使声音有不足的人们的声音得以改善;解决追求声音完美的人们的困惑,美化声音,使声音更圆润、色彩更丰富、语言的表现力更强的方法。

那么,语音训练有哪些呢?

第一节 发声训练

掌握正确的发声方法。语音是人体发声器官运动的结果,声带发出声音后,口、鼻、喉、咽、胸产生共鸣传出声音,唇、舌控制气流而得到了各种不同的语音,而每个音素都有自己固定的发音方法。因此,必须准确牢记每个音素的发音特点,掌握正确的发音方法。

吐字清晰,干脆利落。吐字时由于时间短促,不可能把每个音素都发得那么完整彻底,一般在念字时口型主要落在韵母的元音上,声音处理应是字头短而有力,字腹圆润饱满,字尾和缓渐弱。整个音节干脆利落,不拖泥带水,不含混不清。

声调准确。汉语的音节少,正是加上了声调才使许多同音节字得以区别。因此,声调必须准确。

口齿灵活,自然流畅。

养成良好的发声习惯。音质对语言的意义表达和情感传递有很强的制约作用,音色的美感能产生强烈的吸引力,使语言富有魅力。要做到这一点,就必须养成良好的发声习惯。

要有正确的发声姿势。挺胸、收腹、提气,颈部、背部、腰部自然伸直,胸肌放松,用力适中,气流通畅运行,达到良好的共鸣效果,语音浑厚有力、轻松自然、清晰悦耳。

要达到上述要求,一要积极参加体育锻炼,努力扩大肺活量;二要采用适当的训练方法,具体有三:呼吸训练、共鸣训练、音色训练。

一、呼吸训练

声音的动力是肺部发出的气息,气息强,声音就强;气息弱,声音就弱。所以练音时首先要练呼吸,练气息。

采用"横膈膜式呼吸"(又称"胸腹联合呼吸")是使气息充足的有效训练呼吸的方法——能使气量充足,随时自如地调节气息。具体运用为:用胸腔、横膈膜、腹肌共同控制气息,要求全身松弛,自然协调。吸气时,口鼻并用,平稳而轻柔,扩胸收腹,以增大肺部气息容量,控制住吸入的气息;呼气时,均匀平缓,用胸肌、膈肌、腹肌共同控制气息的输出,使声音获得气息的支持。"胸腹联合呼吸"的练习是为了加强控制呼吸的能力。

动作要领

躯干略前倾,肩及前胸放松,颈直、腰直、胸微含,特别注意使下巴、舌根、喉头、锁骨及颈肌松弛,先叹气似地自然地将体内全部气体吐出,然后从容自然地吸气,注意体会吸气时小腹自然外突,以及两肋后部及腰两侧自然张开、撑起的感觉。吸到饱满时自然呼气,呼气时发出延长的、不间断的"嘶——"音,或发单元音的延长音,如 a、o、e、i、u 等,以声音检验呼出气流的控制是否匀量、匀速。经过反复的练习,吸一口后的呼气持续时间逐渐延长,最后应达到吸一口气能呼 30~40 秒长度的气,并着重体会在基本呼吸状态中吸气肌与呼气肌在抗衡中的控制和气的稳劲感。

吸气要领:

全身特别是肩、胸放松。

两肩放松,自然下垂,口鼻同时进气,吸到肺底。气吸入时,后腰部撑开,为吸入的气息提供存储的空间和控制的区域。后腰部位,是指盆骨上方可以撑开的部位,比传统上说的两肋稍靠下一些,也就是笑的时候腰部一弹一弹张开的部位。

气吸入时,小腹有肌肉"站立"的感觉,也就是小腹的腹壁肌肉稍有紧绷,不赘软,能够靠肌肉的一定硬度立住。

吸气后不要立即放松,稍停几秒钟,体会一下后腰的部位和小腹的"站立"。

吸气不能耸肩膀,也不能胸部起伏太大。

呼气要领:

吸气肌肉群在呼气时应成为制约呼气的力量,也就是呼气时要保持着吸气的感觉,用吸气的感觉来控制呼气力度。

呼气时胸部和脖子都是放松的。腰部的控制十分重要,要防止腰部控制位置在练习时慢慢变高,时刻注意保持正确的位置;同时小腹保持收缩状态,维持腰部的扩张,慢慢收缩腹部肌肉和横膈膜,产生一股压力,将吸入肺部的气息慢慢呼出,小腹肌肉也随之逐渐放松。小腹是气息的支点,是控制气息的重要部位。

呼气时要尽可能保持较长时间,一般不少于 30 秒。经过训练后,男子应达到 60 秒以上,女子应达到 45 秒以上。

训练方法:

第一步,慢吸慢呼;第二步,慢吸快呼;第三步,快吸快呼。提高吸气与呼气的控制能力,具体可以通过以下的途径进行训练。

1. 闻花香:仿佛到花园里吸闻花香,寻找沁人心脾的感觉,把气深深地吸下去,一直吸到肺底,获得小腹及腰围的胀满感,要求吸得深入、自然、柔和;控制一会儿后缓缓吐出。

2. 吹蜡烛:点着蜡烛后,深吸一口气后均匀缓慢地对着火焰轻轻吹去,时间尽可能长一点,达到 25~30 秒为合格,不要将火焰吹灭,气要轻而匀,使火焰向外方倾斜,并努力让自己的气使它保持住倾斜状态。

3. 咬住牙,深吸一口气后,从牙缝中发出"咝——"声,力求平稳均匀持久。

4. 数数:从一数到十,往复循环,一口气能数多少遍就数多少遍,要数得清晰响亮。

5. 用诗句、绕口令或近似绕口令的语句一口气不间断念读,直至最多遍数,以练习气息。

二、共鸣训练

此项训练可分为共鸣训练和吐字训练两部分。

(一) 共鸣训练

共鸣是指发声体之间的共振现象。人体发声的共鸣是指喉部声带发出的声音,经过声道共鸣器官,引起它们的共振而扩大,变得响亮、圆润,形成各种不同的色彩,穿透力、可塑性强。

中音共鸣区就是口腔共鸣,指硬软腭以下、胸腔以上的各共鸣腔——声音的制造场。中音区共鸣发声练习,以口腔、咽腔、喉腔共鸣为主,吸气要柔和,丹田处准备好支点;发声时,尽量提高上腭,适当打开后槽牙,舌根放松,声音力求圆润、明亮。

如,用中音把六个元音"a—o—e—i—u—ü"一气连续读出,每字拖音借口型变化自然过渡到下一个音,每个音的音高必须相同。练习时,喉头要有振动感。用手轻轻摸着喉头,体验那种喉头的振动感。

高音共鸣区是指鼻腔、头腔的共鸣,音色高亢、华丽、明亮。

如,把"a—o—e—i—u—ü"用高音连续发出,双眉间上方有震颤感。

低音共鸣区主要指胸腔共鸣,声音深沉、低缓、宽厚有力。

如,低音朗诵古诗,声音洪亮、持久、悦耳,胸部有振动感。

训练要领:

气息下沉,后腰扩张,喉部不僵,声音像一条弹性带,从小腹拉出垂直向上,经咽部向前,沿上颚中线前行,挂在硬腭前部,送出口外,声音畅通,运行自然。

顺着气息的推动,使声带发生震颤,就发出了声音。但没有经过装饰的声音是单调乏力的,只有经过头腔、鼻腔、口腔、喉腔、胸腔等共鸣腔的控制才能产生悦耳的声音。

训练方法:

放松喉头,用"哼哼"音唱歌。

学鸭叫声。挺软腭,口腔张开成一圆筒,边发 ga ga 音,边仔细体会,共鸣运用得好的 ga ga 音好听,共鸣运用得不好的 ga ga 音枯燥、刺耳。

学牛叫声。类似打电话的"嗯"(什么?)和"嗯"(明白了)。

牙关大开合,同时发出"啊"音。

模拟汽笛长鸣声(di——)。既可平行发音,也可由大到小或由小到大地变化发音。

做扩胸运动,同时尽量发高亢或尽量低沉的声音。

"气泡音"练习。闭嘴,用轻匀的气流冲击声带,使之发出细小的抖动声。

大声呼唤练习。假设自己在大山里大声呼唤:快——回——来——!喂——,那——里——危——险——,快——离——开——!

（二）吐字训练

吐字归音在朗诵中极其重要。它将一个音节的发音过程分为出字（声母和韵头，即介音的发音过程）——立字（韵腹，即主要元音的发音过程）——归音（音节发音的收尾，即韵尾过程）三个阶段。

吐字归音的要求：

字正腔圆、准确、清晰、圆润、集中、流畅。达到字音清晰、声音饱满、弹发有力的效果。

1. 出字要准确、用力，有弹出之感——咬紧字头。
2. 立字要拉开立起，明亮、饱满、充实——发向字腹。
3. 归音要鲜明、干净——归全字尾。

最后构成一个没有分解、断接的"枣核形"，语音字正腔圆、清晰丰满。

训练方法：

1. 快速读练不同发音部位的单个字。

拍 拔 盆 打 塔 都 通 那 拉 鸟 练 细 纪 前 现 飞 分 粉 凤 苏 资 聪 散 诗

初 专 输 日 入 热 软 细 序 下 现 拍 平 盆 普 姑 科 海 航 吃 者 车 双

2. 又快又准地读绕口令。

（1）唇音练习。

八百标兵奔北坡，炮兵并排往北跑。炮兵怕把标兵碰，标兵怕碰炮兵炮。

（2）舌音练习。

东洞庭，西洞庭，洞庭山上一根藤，藤上挂个大铜铃，风起藤动铜铃动，风停藤定铜铃静。

（3）齿音练习。

树上结了四十四个涩柿子，树下蹲着四十四只石狮子。树下四十四只石狮子，要吃树上四十四个涩柿子；树上四十四个涩柿子，不让树下四十四只石狮子吃树上四十四个涩柿子，树下四十四只石狮子偏要吃树上四十四个涩柿子。

（4）喉音练习。

山前有只虎，山下有只猴，虎撵猴，猴斗虎，虎撵不上猴，猴也斗不了虎。

（5）舌音牙音练习。

西巷一个漆匠，七巷一个锡匠；西巷的漆匠偷了七巷锡匠的锡，七巷的锡匠偷了西巷漆匠的漆；西巷的漆匠为七巷的锡匠偷漆而生气，七巷的锡匠因西巷的漆匠偷锡受刺激。一个生气，一个受刺激，岂不知你俩都目无法纪。

3. 吟诗、吟唱练习。

三、音色训练

男性浑厚、富有磁性的声音，女性甜润、柔美悦耳的声音，优美动听，给人以美的享受。

训练方法：

（一）音高与音低的练习

选一首古诗进行训练。如："离离原上草，一岁一枯荣。野火烧不尽，春风吹又生。"

1. 先从低音说起，一句句升高，然后再一句句地降下来。
2. 一句高，一句低，高低交替。
3. 每个字的音调由低到高，再由高向低。

（二）音强与音弱的练习

1. 小音量练习。要求：音量虽小，但吐字清晰。
2. 中音量（即正常音量）练习。要求：吐字清晰，抑扬有致。
3. 大音量练习。要求：气息强大，音色高亢响亮。
4. 三种音量混合练习。

（三）实音与虚音的练习

1. 实音练习。要求：音色响亮、扎实，清晰度高。
2. 虚音练习。说话的气息强而逸出较多，音量则有所控制，注意实音的清晰度。虚音多用在表达感叹、回味、夸张等情感的语句中。

（四）虚实结合的练习

1. 明朗音色练习。要求：轻松明快，朗朗上口。
2. 暗淡音色练习。暗声的气息深沉，共鸣点散而靠后，音色偏暗，多用来表达忧伤、抑郁的感情。
3. 明暗对比练习。通过明暗对比，更恰当准确地表达思想感情。

（五）刚声与柔声的练习

1. 刚声练习。要求：气息充足，音色响亮，铿锵有力，掷地有声。
2. 柔声练习。要求：气息舒缓，音色柔美，如春风袭人。
3. 刚柔对比练习。要求：声音能刚能柔，刚柔相济，使声音刚硬中带有柔韧，柔韧中富于变化。

第二节　普通话能力的训练

大力推广和普及普通话，是我国的基本语言政策。国家推广普通话是为了推动经济和社会的发展，提高公民的素质和工作效率。学好普通话、自觉使用普通话，是现代人综合素质的体现，同时，它更是培养和提高表达能力的基础和关键。

在普通话能力的训练中，要掌握正确的发声方法，养成良好的发声习惯，吐字清晰，干脆利落；声调准确，善于区别；口齿灵活，自然流畅。并通过对各种文体语段的朗读训练，有效地培养和提高普通话声、韵、调和音变等基本功的综合能力，更好地掌握并运用语言规律，提高用普通话口语形式准确、鲜明、生动地表情达意的水平，为提高口才打好基础。

训练要点：

准确、清晰，并在此基础上追求感情丰富、自然地表现作品，读得声情并茂。

字：注意多音字、形似字的读音。把握好在一定语段中的字的读音和单念时的不同发音，并要运用语流音变的规律，处理好变调的问题。

词：要读清楚一个个的词，注意中间的停顿，注意多音节词及其在句中的音变现象。

句：不读破句，并按特定的语义表达。

篇：把握好全篇的基调。正确处理结构停顿、语气和内容的转换，保证全文的完整性和层次性。

能力训练

1. 掌握普通话的声母、韵母的发音,尤其是对平、翘舌音,前、后鼻音,声调,儿化音的准确、到位的把握。

2. 快速、准确、清晰地朗读绕口令。

(1) 杭州商场买混纺,红混纺,黄混纺,粉混纺,粉红混纺,黄粉混纺,黄红混纺,粉红混纺最畅销。

(2) 七巷一个漆匠,西巷一个锡匠。七巷漆匠偷了西巷锡匠的锡,西巷锡匠偷了七巷漆匠的漆。七巷漆匠气西巷锡匠偷了漆,西巷锡匠气七巷漆匠偷了锡。请问漆匠和锡匠,谁拿谁的锡,谁偷谁的漆?

(3) 四位老师是石、斯、施、史,石老师教我大公无私,斯老师给我精神食粮,施老师教我遇事三思,史老师送我知识钥匙,我感谢石、斯、施、史四位老师。

(4) 四是四,十是十,十四是十四,四十是四十。十不能说成四,四不能说成十,若是说错了四和十,就要误大事。

(5) 老彭拿着一个盆,路过老陈住的棚,盆碰棚,棚碰盆,棚倒盆碎棚压盆,老陈要赔老彭的盆,老彭不要老陈来赔盆,老陈陪着老彭去补盆,老彭帮着老陈来修棚。

(6) 青松顶,停蜻蜓,蜻蜓停,蜻蜓静,蜻蜓静停青松顶。

(7) 小金到北京看风景,小京到天津买纱巾。看风景,用眼睛,还带了一个望远镜;买纱巾,用现金,看风景,用眼睛,巾、金、睛、景要分清。

3. 朗读以下材料,注意声、韵、调的准确和清晰。

(1)《谈生命》　　　　　　　　　　　　　　　　冰　心
(2)《对岸》　　　　　　　　　　　　　　〔印度〕泰戈尔
(3)《祖国,或以梦为马》　　　　　　　　　　　　海　子
(4)《春》　　　　　　　　　　　　　　　　　　　朱自清
(5)《论美》　　　　　　　　　　　　　　〔英国〕培　根
(6)《麻雀》　　　　　　　　　　　　　　〔俄国〕屠格涅夫
(7)《活着》　　　　　　　　　　　　　　　　　　余　华
(8)《祖国啊,我亲爱的祖国》　　　　　　　　　　舒　婷
(9)《回答》　　　　　　　　　　　　　　　　　　北　岛
(10)《再别康桥》　　　　　　　　　　　　　　　徐志摩
(11)《雨巷》　　　　　　　　　　　　　　　　　戴望舒
(12)《孝心无价》　　　　　　　　　　　　　　　毕淑敏

知识拓展

美妙的声音让人赏心悦目,适当语气能够沁人心脾

好口才需要好音质。交流离不开声音这个传达员,从声音里就可以听出你的素养、品

位、情绪、健康、经验、专业、知识、智慧和自信心。同时,不同口气的人讲话会有不同的效果。有时候,虽说你好心好意,如果口气不对,也容易遭人误解,不被人接受。但是,如果你能用好的口气去讲一些哪怕是带一点"刺"的话,别人也会觉得无所谓,不会跟你计较。强硬的语气就像一把尖刀,你把别人刺痛的同时,也刺痛了自己;柔软的语气就像一包棉絮,让周围的冬天也有春天般的温馨。

美妙的声音就是跳动的音符

人有千百万,音也有万千种。同样的人,不同的声音去演绎自然会有万千种风情。在与人交流中,我们也要用最得体的声音来配合我们的好言语,让人赏心悦耳,过耳不忘。

1. 演讲时声音须有感染力和穿透力,这样会让你的声音有一种不可抗拒的说服力。为什么郎咸平会这么成功?除了他广博的学识之外,就在于他很会利用声音,字字铿锵有力。先不说内容了,光是从他的声音上,你就已经被说服了。

2. 注意自己的语调。语调能反映出一个人的内心世界,包括情感和状态:你是怎样的一个人?是自信大方,还是悲观自闭?是热情诚恳,还是优柔寡断?是可亲可敬,还是刚愎自用?这些都能从语调里判断出。所以,与人交往,一定要注意自己的语调。

3. 要能正确发音。正确的发音有助于准确地将思想予以表达。别人也能更清楚地明白你所要表达的意思。一般交往,讲好普通话;回到家乡,讲好家乡话;和外国客户对话,讲好外国话。这样,即使大家没有对你刮目相看,也会感觉和你讲话很舒服。

4. 注意自己的音色。聊天时你必须控制自己的音色,好的音色会让人听起来如沐春风。是女孩就要有个女孩样儿,男孩说话就要像个男孩样儿,如果女孩说话粗声粗气,男生说话细声细语,那会很恐怖。

5. 控制好语速。语速的快慢将不同程度地影响你向他人传递的信息。说话虽然需要干净利落,但是也不能以机关枪似的速度来与别人交谈,这样别人很难清楚地了解你讲话的具体内容,听起来也太费神费力,也就无法达到有效的沟通。

6. 注意说话音量。音量的大小决定着语言的威慑力和影响力。但并不是用大喊大叫就可以说服和压制别人。有时候压低声音,也许让你更有亲和力和说服力。在办公室里与人交谈,如果音量太大,会影响到其他人的工作;音量太小,别人会觉得你怯懦没有自信,所以掌握好音量的大小很重要。

7. 发音的禁忌。有些人总爱"啧啧"地发音,有的人总是"嗯嗯"地说,要改掉这种发音习惯,因为这样的发音让人感觉你很不耐烦,或感觉你很犹豫,不坚决。

8. 声音要充满活力和激情。讲话如果缺乏激情,就会显得单调乏味,让人昏昏欲睡。激情能感染人,所以讲话要字正腔圆,激情满满,让人感到你活力四射,魅不可挡。

适当的语气是和谐的翅膀

职场中的人尤其要注意自己的讲话语气。因人因情因时因地而异。因人而异,指讲话要看对象,这并不是趋炎附势,而是为了工作更好更顺利地进行。上司对员工讲话要铿锵有力,这样才会更有号召力;下属对上司讲话如果粗声大气,即使工作再认真,也会让上司感觉不悦。因地而异是指讲话语气要根据说话的场合而有所不同。场面越大,越要适当提高声音,降低语速,注意语势上扬的幅度,以突出重点。反过来,场面越小,越要注意降低声音,稍稍加快语速,以追求自然。所以,说话办事,抓住时机才能恰到好处,运用适当的语气才能达到预期的效果。

不同的语气给人以不同的感觉:

1. 细声细气。这就像是柔和的月光和涓涓的泉水,从心底里汩汩渗出,能给听者以安逸、轻柔、温暖、丝丝细滑的感觉。这种语气主要应用在请求、询问、安慰、陈述意见的时候。它可以展现男性的文雅大度和女性的阴柔之美。但是太过了,就容易给人一种自信不足、很小气的感觉。

2. 低声小气。它可以表现出说话者对听话者的尊敬、谦恭之情。在和别人交谈时,可以拉近人与人之间的距离,以便更好地接近和交流。但是在公开坚持意见、反驳别人、维护正义和尊严或表示强调时,最好不要低声小气,这样会缺乏说服力。职场中,"低声小气"也很容易被人理解成为"低声下气",那就是奴颜媚骨和窝囊的表现了。

3. 唉声叹气。这是语气的大忌。说话时尤其不要反复叹气,这样会给人以悲观的感觉,也会影响他人的情绪而招人厌烦。但是,在某些特定的情况下,唉声叹气再辅之以笑容的话,又可以让你的幽默多了三分。

4. 高声大气。这是一种用来召唤、鼓动、说理、强调和表达自己激动心情的语气。它通常用来表示极度的欢喜或慷慨激昂,所以会议上的演讲要有高声大气的部分。但是在办公室,如果这样就可能引起群情激愤了!

5. 粗声粗气。这会让听话者有一种被指责、被顶撞的感觉,所以,粗声粗气地讲话,会让人反感和厌恶。女孩如果这样讲话,不免有一点自毁形象的嫌疑,使用这样语气应谨慎小心。

语气是一门大学问,研究透了它,也就等于向成功迈进了一大步。

(摘自苏豫编著《办公室里的口才课》,北京工业大学出版社 2011 年 6 月第一版,P.9-12)

如何护理发音部位

一、如何保养嗓子

(一) 饮食上的保健

多食用维生素 A、维生素 C 和 B 族维生素有助于保护嗓子。苹果、梨、橘子、香蕉、青萝卜、西红柿、黄瓜、小白菜、大白菜、油菜、芹菜、菠菜、蜂蜜、豆腐、豆浆、鸡蛋等食物富含上述维生素。

(二) 生活习惯上的保健

1. 坚持室外活动,以增强肌体对疾病的防御能力,避免咽炎、喉炎的发生。
2. 大量喝水,保持体内水的平衡可以充分地滋润声带。
3. 养成咽喉部卫生习惯。饭前饭后要作咽部清水含漱,平时多喝茶,保持咽部清洁。
4. 抽烟、喝酒要适度。
5. 不要过多清嗓子。如果你觉得喉咙难受,那么就小口地饮水或吞咽。
6. 如果嗓子发生不适、刺痒、干燥或有烧灼感,可用以下的方法治疗:热熏气疗法;复方安息香酊;菊花、金银花或胖大海(泡水喝)。

二、治疗声音嘶哑的方法

1. 拌吃银耳。
2. 拌吃芹菜。
3. 饮浓凉茶水。
4. 风油精吸入。
5. 冷敷脖颈。
6. 薄荷和杭菊花各 6 克,泡开水当茶饮,每日一剂。
7. 鸡蛋茶(治嗓子疼、嗓子哑)。

三、如何保护嗓子

1. 限制工作之外的说话时间,减少不必要的长时间聊天或打电话。
2. 使用适当的音量说话,公众场合讲话善用麦克风以应付不足之音量。
3. 说话速度要慢,说话之间要适时停顿吸气,一句话不要拉得太长。
4. 说话音调不宜太低或过高,而且每一句话的重音不要放前缀。
5. 悄悄话是不正确的说话方式。
6. 长时间讲话时,应多喝温开水保持咽喉湿润。
7. 尽量用腹部(即丹田)轻松发声,不要用胸部或绷紧脖子肌肉的方式讲话。
8. 不抽烟、不喝酒,勿吃辛辣油炸类食物,如浓茶、咖啡、辣椒、巧克力、冷饮等。
9. 应避免用力清喉咙、咳嗽等动作。
10. 保证充足的睡眠,就寝之前不要吃太多东西。
11. 适当运动,常保持心情愉快与放松。
12. 感冒时应尽量减少说话,此时更需多喝温开水,以保养声带。
13. 喉糖、罗汉果、枇杷膏或胖大海等,不可过度依赖。

(摘编自 http://www.douban.com/group/topic/22946901/)

项目四　朗诵能力的训练及语感力的培养

【训练目标】

语音清晰标准，语气、语调自然，富于变化，语速快慢得当，有节奏感，语意准确明白，感情丰富，富有表现力。

【训练方法】

学习朗诵的技巧，进行单项模仿训练。

进行语感训练，培养敏锐的语感，能迅速准确地理解语义及其蕴含的情味，并迅速地找到恰当、准确、生动、富有表现力的语词，将其连贯有序地表达出来，使朗诵声情并茂、生动感人。

精选录音带、CD、VCD以及录像带等精美朗诵资料，模仿并朗诵各类文章；举办朗诵会。

【活动设计】

为庆祝五四青年节，五月四日这天博诚文化发展有限公司在公司的多功能厅举办以"青春飞扬"为主题的诗文朗诵会。选材为诗歌或散文。朗诵的时间长度控制在2～5分钟。比赛将设奖项，优胜者将获得奖励。

第一节　朗读的训练

一、朗读的含义及特点

朗读即出声地读。其主要的任务就是把书本上的字、词、句、段、篇章转换成口头发音的形式。

评价朗读好坏的标准就在于从书面文本到口头发音的转换是否准确、忠实、完整、清晰，也可理解为是否做到"照本宣科"。不仅每个字的声韵调要准确，而且书面上用标点符号和行款格式表达的内容都要体现出来。所以要注意停顿、语调和语气等。达到完美境界的朗读能使别人听起来就像是自己在阅读印刷清晰的文本一样。训练有素的播音员是这方面的佼佼者。

二、朗读的具体要求及特殊手段

（一）具体要求

1. 读音准确。

用普通话，声、韵、调均准确。

2. 轻重分明。

轻重分明即指对轻音、重音的确定和发音时的正确把握。

重音也叫重读，说话人根据表达语意和感情的需要，故意把某句话、某个词组、某个词或某个字说得重一些。表现为发音时扩大音域和延续时间，同时增加强度，即表现为"音量"的加强和"音长"的延长。

重音在口语表达中是第三大要素，有人称它为口语表达的第三张"王牌"。恰当准确地运用重音，对于增强语言的表达效果是十分重要的。具体有词的音节重音、句中逻辑重音、感情重音。

重音在表达上可以采用的方法有：

加强音量法。即把重音读得重一些，响亮一些。

拖长音节法。即把重音音节拖长，给以强调。

一字顿歇法。即在要强调的字词前后都作必要的顿歇，使其语言更加清晰有力，真挚感人。

重音轻读法。即把要强调的字、词或句子减小音量，拖长音节，同时加重气息。这种读法，常用来渲染意境，表达深沉凝重、含蓄内向的感情，听起来语轻音弱，而产生的效果犹如沉雷从心底滚出。

而轻声是一种发音时对声音的弱化。在语流中，一个词或一句话里有的音节因音节弱化而失去原有的声调，成为一种又轻又短又弱的声调，这种声调就是轻声。如"云彩"、"吩咐"、"亮堂"、"走吧"、"去吧"、"去过"、"桌子"、"回来"、"奶奶"、"尝尝"等词语的第二个音节都要轻读。

普通话轻声音节的调值变化不由轻声音节自身决定，而是受前面与其相连的音节声调高低的影响而发生变化。具体变化情况是轻声在阴平调后面被读成轻短的半低调,如"聪明"、"交情"、"称呼"等;在阳平调后面被读成轻短的中调,如"石榴"、"朋友"、"柴火"等;在上声声调后面被读成轻短的半高调,如"好处"、"买卖"、"讲究"等;在去声声调后面被读成轻短的低调,如"利索"、"动静"、"别扭"等。

大多数的轻声读法同语法、词性的关系密切,如助词、语气词、量词、方位词、趋向动词、叠音动词中的后一个音节,合成词中虚语素等都是这样的轻声音节。有许多词语就是靠轻声音节和非轻声音节区别意义的,如"是非 shìfēi(正确和错误)——是非 shìfei(纠纷,口舌)"、"来往 láiwǎng(来和去)——来往 láiwang(交际往来)"、"本事 běnshì(文学作品主题所依据的故事情节)——本事 běnshi(本领)";有的词语靠是否读作轻声区别词性,如"大意 dàyì(名词)——大意 dàyi(形容词)"、"言语 yányǔ(名词)——言语 yányu(动词)"、"对头 duìtóu(形容词)——对头 duìtou(名词)"。

另有一些词语被读成轻声并不具有语法和词性上的意义,所以读作轻声全由习惯使然,如"玻璃"、"窗户"、"眉毛"、"吩咐"、"暖和"、"新鲜"、"厉害"等词语即是。

3. 停顿适当。

停顿是语言交流中的第一大要素,恰当地处理语言交流中的停顿,不仅是表达说话意图的需要,而且是增强语言表现力和精确性的需要。停顿是指口头表述中,词语之间、句子之间、层次之间、段落之间在声音上的间断。谈话、演讲如果不注意语音停顿,是无法传情达意的;如果停顿不当,反而会造成表意的错误。停顿是有声语言表情达意的必要手段。适当的停顿,可以准确地表达语言的内容和感情,同时,也会给听者领会和思索的时间,还可使说话者得到换气歇息的机会。

停顿的时间长度可分为很短、较短、较长、长四种情况。

具体有五种情况的停顿:

(1) **句逗停顿**。根据标点符号所作的停顿,是语句停顿的主要依据。一般的说话,段落之间的停顿时间最长,句号、问号、感叹号的停顿时间次之,逗号、分号、冒号再次之,顿号的停顿时间最短。

(2) **语法停顿**。句子中间没有标点符号而按语法成分所作的停顿。停顿的时间是极短促的。

(3) **逻辑停顿**。为了突出或强调某一特殊的意思所作的停顿。这种停顿往往和重音相配合,要合理地划分词组,以作出适当的停顿选择。

(4) **感情停顿**。这亦称"心理停顿",是为了表达语言蕴含的某种感情或心理状态所采取的停顿。恰当地运用感情停顿,可使悲痛、激动、紧张、疑虑、沉吟、回忆、思索、想象等各种感情和心理状态的表达更加准确。感情停顿是一种极其重要的语言表达技巧,它能充分展现"潜台词"的魅力,使听众从"停顿"中体会语言的丰富内涵和难以言表的感情,从而使语言更加生动。因感情上的特殊需要所作的停顿,可长可短,视感情的需要而定。

(5) **生理停顿**。此即停下来换口气。一般来说,这种停顿必须服从语法、逻辑和事态的需要,一般不单独进行。

一般来说,句子越长,内涵就越丰富,停顿就越多;句子越短,内涵就越少,停顿就越少;表现回味、想象等心理状态和凝重、深沉的感情,停顿较多,时间较长;表现明快的节奏和欢快的心情,停顿较少,时间也短。

如：陶铸的《松树的风格》中,"但它们那种不畏风霜的姿态却使人油然而生敬意,久久不忘。当时很想把这种感觉写下来,但又不能写成。"朗读时,为了给听众想象和回味的时间,应在"久久"后稍停一下,在"不忘"后再作较长的停顿。然后语气一转,"当时"二字顿升,紧接下文,让听众更好地体会和理解作品。

4. 句调自然。

语调是文章内在节奏的一种体现,具体表示语调的方法有高升调、降抑调、弯曲调、平直调。

(1) **高升调**。说话时句尾语气上扬,前低后高的调子,表示疑问、反问、命令、叫唤、鼓励、号召、申斥等意思。如：

(它那么不一般),却怎么连墙也砌不成,台阶也垒不成呢?

难道你就只觉得它只是树?

(机长突然兴奋地命令:)"准备空投!"

(他得意之余,禁不住大声地嚷道:)"造反了! 造反了!"

全世界无产者,联合起来!

(这时候,大哥也忽然显出凶相,高声道:)"都出去! 疯子有什么好看!"

(2) **降抑调**。说话时句尾降低,即前高后低的调子,表示肯定、沉重、感叹、祝愿、赞扬、坚信、要求等意思。如：

(在这人间,)灯光是不会灭的。

(总之,在我的记忆上,)那一次就是永别了。

(在千门万户的世界里的我能做些什么呢?)只有徘徊罢了,只有匆匆罢了。

我希望每个人都能像松树一样有坚强的意志和崇高的品质。

(一开瓶盖塞儿,就是那么一段甜香,调上半杯一喝,)甜香里带着股清气,很有点鲜荔枝的味儿。

火并不能把我征服：未来的世界会了解我,知道我的价值的。

这些破烂木器,让我拿去罢。我们小户人家,用得着。

(3) **弯曲调**。说话时句子的高低有曲折变化,即升高再降低或降低再升高的调子,表示反语、思索、讽刺、恐吓、诙谐等意思。如：

当然,能够只是送出去,也不算坏事情,一者见得丰富,二者见得大度。

(我走着,一面想:)……这一大把铜元又是什么意思? 奖他么? 我还能裁决车夫么?

(然而圆规很不平,……冷笑说:)"忘了? 这真是贵人眼高……"

"我早晚要收拾你!"(奥楚蔑洛夫向他恐吓说……)

(4) **平直调**。说话时句子从头至尾语调平直,没有显著高低变化的,它的特点是整句话语语气平缓,表示庄重、严肃、厌恶、冷淡和一般的叙述说明的意思。如：

灵车缓缓地前进,牵动着千万人的心。

(我懒懒地答他道:)"谁要你教,不是草字底下一个来回的回字么?"

"怎样?……谁晓得? 许是死了。"(掌柜也不再问,仍然慢慢地算他的账)

我从事革命工作,已经十余年了。

我家的后面有一个很大的花园,相传叫做百草园。

处理句调时,每一句话都应联系上下文,看看是在什么语言环境下说的,说话人的用意是什么。经过分析体会后,真实可靠的语调才能产生,而不能单凭标点符号,生搬硬套。

5. **快慢相宜**。

朗诵的速度是由作品思想内容、人物性格、人物年龄、人物感情、语句的性质等因素决定的。速度恰当,就能表达出作品的不同情境,产生良好的效果。

朗读的速度大体可分为快速、慢速和中速三种,具体如下:

(1) **中速**。一般的记叙、说明、议论的句子,以及感情没有突出变化的地方。

(2) **快速**。叙述比较紧张或急剧变化发展的场面,表现紧张、焦急、热切、惊惧、欢畅的心情,刻画人物的机警、活泼、年轻,以及表达作者抨击、斥责、质问、雄辩的感情。

(3) **慢速**。叙述比较平静、庄重和追忆、沉思的场面,表现苦恼、绝望、悲愤、沉重、缅怀、悼念的心情,用于作品中的发人深省的警句、庄严号召以及老年人的语言描写等。

如,都德《最后一课》在写小弗朗士感到课堂气氛不平常后,写道:

我正想着这些的时候,忽然听见老师叫我的名字。轮到我背书了。天啊,如果我能把那条出名难学的分词用法从头到尾说出来,声音响亮,口齿清楚,又没有一点儿错误,那么任何代价我都愿意拿出来的。可是开头几个字我弄糊涂了,我只好站在那里摇摇晃晃的,心里挺难受的,头也不敢抬起来。我听见韩麦尔先生对我说:"我也不责备你……"

这段话的开头,"我正想着这些的时候"是一般的说明,可用中速读。"忽然听见老师叫我的名字"这句话朗读速度应稍为加快,以表现他骤然紧张的心情。接下去"轮到我背书了"至"那么任何代价我都愿意拿出来的",这是小弗朗士的心理活动。这时的他既紧张又懊悔,他想让老师满意,可事实上却做不到,心里极不自然。为表现他追悔莫及的心情,这里应用慢速读。再接下去,"我听见韩麦尔先生对我说",这是一般的交代,要换用中速来读。

(二) 特殊手法

特殊手法使语言表达有声有色,增强表达效果。

1. **气音**。气音指控制喉间声门,使声门上部分封闭,下部分透气出声,发出一种类似耳语色彩的声音,有明显的气流伴随着话语。如:

"要是有堆火烤,该有多好啊!"他使劲绞着衣服,望着那顺着裤脚流下的水滴想到。

要求:咬得准,传得远。

适用:表示紧张、惊异、自言自语和内心活动等。

2. **颤音**。这是一种控制声门的发音方法,用声门忽阻忽放急促交替,发出一种仿佛颤抖的声音。如:

"哦!您,您就是——"我结结巴巴的,欢喜得快要跳出来了。

适用:表示异常激动、极度悲愤或害怕等感情。

3. **喷口**。这是一种把音节的声母读得富有弹性的发音方法。此技巧是从京剧、曲艺中借鉴来的,作用在于加强话语的气势,更好地显示出朗读者的激动。如:

说起来好笑,小时候有一回上树掐海棠花,不想叫蜜蜂蜇了一下,痛得我差点儿跌下来。

适用:表示愤慨、惊讶、激动等强烈的感情以及要加强气势的地方。

4. **拖腔**。拖腔是指把句中的某些字、词的读音有意拖长些。如:

"这是斜对门的杨二嫂,……开豆腐店的。"哦,我记得了。

适用:多表示领悟、回忆、激奋、强调,或以体现韵文的节奏。

5. **笑语**。带着笑声朗读叫笑语。如:

有个姑娘听了笑起来:"浪花也会没有牙,还会咬?怎么溅到我身上,痛都不痛?咬我一口多有趣。"

他(范进)爬将起来,又拍着手大笑道:"噫,好!我中了!"

康大叔显出看他不上的样子,冷笑着说,"你没有听清我的话;看他神气,是说阿义可怜哩!"

适用:表示欢快、有趣、喜爱等,多带欢笑;表示嘲讽、轻蔑等,多带冷笑。

6. **模拟**。用拟声法表现特殊的声响,给人以身临其境的逼真的感觉。

如雷鸣、呼口号、狮吼、虎啸、鸡叫、马嘶、枪声、爆炸声等,以传达出特定的情境氛围。

但模仿时应注意以下两个问题:一是要保持自己的音色只能在自己音色的基础上去接近被模仿者的声音或腔调,不可失去自己声音的个性,去做过分的表演;二是切忌真实的喊叫。尤其是学别人高声叫喊或动物可怕叫声时,应适当压抑,用和谐的声音传达出当时的情状。

第二节　朗诵技巧的训练

朗读是指大声地读,这是一种完全忠实于书面文本的准确表述。它将书面文字直接、完整、清楚、准确地以有声语言的形式传达给人们,内容上给人以清晰明确的印象。

朗读的更高境界是朗诵。"诵"的本义是语气自然生动、语调抑扬顿挫地读,带有抒情性。这是在忠实于书面文本基础上进行的艺术再创造,是用丰富多彩的语音手段和态势手段创造出美的形象和意境的口语艺术。这已是一种上升为表演艺术的口语表达。

评价朗诵优劣的关键是:朗诵者在文本基础上的艺术再创造的水平高低,这往往取决于朗诵者对文本中蕴含的美的领悟以及通过语音手段(音色、音量、语速、节律等语音造型手段的运用上要有适当的艺术夸张,变化幅度较大一些)表现出来的技巧。

一、语音技巧——准确、悦耳

1. 吐词发音准确。咬字符合普通话要求,念准声、韵、调。字字清,词词真;防止"吃字";口型发音器官操作要到位。

2. 音质甜润悦耳。好的音质甜润、清亮、优美,令人悦耳爽心,不好的则粗糙、沙哑、低暗;好的音质富于变化,而差的音质则缺少变化,单调呆板。

3. 共鸣控制。良好的控制技巧,是指发音的声带要通畅,不憋不挤。发音时,颈部、脊背要自然伸直;胸部放松,喉头放松,口腔打开,气流可以十分畅通地向上、向前流动。声音像被吸住,收放自如,好像"挂"在前硬腭上。

能力训练
NENGLI XUNLIAN

1. 朗读寓言《白云和乌云》。要求:准确、清晰、悦耳。

白云和乌云

白云看不起乌云,它对乌云说:"人们把我和你都叫云,真让我感到羞耻。你哪能和我比呢,我多么洁白、漂亮。我总是出现在碧蓝的天空中。作家喜欢描写蓝天、白云,画家喜欢画蓝天、白云。电影里,画片上,常常会看到我美丽的身影,可是你呢?又黑又丑,你总是出现在阴暗的天空中,只要你一出来,不是刮风,就是下雨。电影里要是你一出现,准会发生倒霉的事情。"

乌云没有说话,只是越来越黑……

忽然一阵大风吹来,白云早已逃跑得无影无踪了。大雨之后,山更青,水更绿,麦苗更茁壮,大地上的一切,都在感谢这及时的雨啊!乌云呢,渐渐地消散了。碧蓝的天空中,美丽的白云正在轻轻地飘动。

2. 朗读绕口令。要求:准确、清晰、快速。

买 菱 角

骆老伯,郭老伯,柯老伯,柏老伯,骆郭柯柏四老伯,约着城北买菱角。买得菱角阁上剥,各剥各,各吃各,阁角莫落菱角壳,免得戳了骆郭柯柏四老伯的脚。

骆 luò　郭 guō　柯 kē　柏 bǎi　伯 bó　角 jiǎo
阁 gé　剥 bō　各 gè　壳 ké　戳 chuō　脚 jiǎo

时事和报纸

史老师讲时事,石老师读报纸,史老师时常讲故事,石老师时常读报纸。时时学时事,时时读报纸。要知天下事,天天读报纸,天天学时事,提高思想长知识。

史 shǐ　师 shī　时 shí　石 shí　事 shì　纸 zhǐ　知 zhī

闷娃和笨娃

闷娃闷,笨娃笨。闷娃嫌笨娃笨,笨娃嫌闷娃闷。闷娃说笨娃我闷你笨,笨娃说闷娃我笨你闷。也不知闷胜笨,还是笨胜闷。

闷 mēn　笨 bèn

拾 柿 子

小石拾柿子,拾到四十四,拿到秤上试,需要称两次。头次称三十,斤数整四十,二次称十四,四斤两四。两次称柿子,共是四十四斤四两四。

石 shí　拾 shí　柿 shì　子 zi　四 sì　十 shí　试 shì　是 shì

哥挎瓜筐过宽沟

哥挎瓜筐过宽沟,赶快过沟看怪狗,看怪狗,瓜筐扣,瓜滚筐空哥怪狗。

瓜 guā　筐 kuāng　过 guò　宽 kuān　沟 gōu　看 kàn　怪 guài　狗 gǒu　扣 kòu

二、语调技巧——自然、流畅

语调是由音量的轻重强弱、音调的抑扬顿挫、节奏的起伏快慢和语流的停顿连接构成的一种"调式",具有明显的表意功能,可以明显增强语言的感染力。

美国旧金山一位女秘书刚从一所有名的商业学校毕业,品学兼优,作为一位秘书所应具备的技能也令人刮目相看。她受雇于一家大公司。上班刚满两星期就忽然接到通知,说她那刺耳又有很重鼻音的语调使其雇主不胜其烦,因而将她解雇了。这位失业的秘书租了一部录音机,对照自己的发音,反复矫正,终于能用较为悦耳的语调来说话了,很快她又谋得了一个称心的职位。

因此语调会妨碍你的前途,也能促进你的事业。

1. 控制音量变化。

音量大小变化自然、流畅、恰当、适度。大时不能声嘶力竭,小时也不能令人听不见。

2. 把握音高起伏,使表述声情并茂。

高音:特点——高亢、明亮,表示惊疑、欢乐、赞叹、慷慨激昂的感情。

中音:特点——丰富、充实,多表示平和、明显以及一切较平缓的感情。

低音:特点——宽厚、低沉,多表示沉郁、压抑与悲哀之情。

3. 讲究重音处理。

强调重点,突出主要情感。处理时即在咬字的音量和力度上重一些。然而使用时,要注意选好重音词,忌过多,也不要过于吝啬。

能力训练
NENGLI XUNLIAN

运用语调技巧,朗读童话故事《狼和小羊》。

狼 和 小 羊

狼来到小溪边,看见小羊正在那儿喝水。狼非常想吃小羊,就故意找碴儿,说:"你把我喝的水弄脏了!你安的什么心?"

小羊吃了一惊,温和地说:"我怎么会把您喝的水弄脏呢?您站在上游,水是从您那儿流到我这儿来的,不是从我这儿流到您那儿去的。"

狼气冲冲地说:"就算这样吧!你总是个坏家伙!我听说,去年你在背地里说我的坏话!"

可怜的小羊喊道:"啊!亲爱的狼先生,那是不会有的事。去年我还没有生下来呢!"

狼不想再争辩了。龇着牙,逼近小羊,大声嚷道:"你这个小坏蛋!说我坏话的,不是你就是你爸爸,反正都一样。"说着,"啊呜"一声,就往小羊的身上扑去,把它吃掉了。

三、语气技巧——自然、舒畅

1. 把握语气的综合性。语气是思想感情、词句篇章、语音形式的结合。
2. 把握语气的多样性。
3. 把握语气的行进性和交错性。语气是一种艺术创作,只有自己不断体验实践,才能真正把握好。如演讲往往有基调,然而随着内容的进展,语气也随之变化,生动有效地展示演讲者的情绪,这就必然呈现出行进的交错状态。

能力训练
NENGLI XUNLIAN

运用语气技巧,听音频,模仿朗读《小弟和小猫》《我的祖母》。

小弟和小猫

柯 岩

[原文]

我家有个小弟弟，
聪明又淘气，
每天爬高又爬低，
满头满脸都是泥。

妈妈叫他来洗澡，
装没听见他就跑；
爸爸拿镜子把他照，
他闭上眼睛咯咯笑。

姐姐抱来小花猫，
拍拍爪子舔舔毛，
两眼一眯"妙、妙、妙！
谁跟我玩，谁把我抱？"

弟弟伸出小黑手，
小猫连忙往后跳，
胡子一撅头一摇：
"不妙不妙！太脏太脏，我不要！"

姐姐听见哈哈笑，
爸爸妈妈皱眉头，
小弟听了真害臊：
"妈！妈！快给我洗个澡！"

[朗读提示]

开头用喜爱而又嗔怪的语气读。"又"字重读。第三、四句读得稍快些。

第二句紧接着第一句读，"他就跑"快读。"他闭上眼睛"后略作停顿。再用又气又恼的语气读"咯咯笑"。

第一、二句用平直语调读，第三、四句用幼儿稚气的语气读，"妙、妙、妙！"可以模仿小猫的叫声。

要读出小猫的神情。第二、三句快读，"胡子一撅"后稍作停顿，突出两个动作。"我不要"，一字一顿，表示小猫的态度。

第一句用上扬的语调，第二句用平直的语调，表示两种不同的态度。最后一句音量加大，快速，表示弟弟边撒娇边改正缺点的心情。

我的祖母

杨远新

每当回到给我阳刚与温柔的洞庭湖，每当跨进为我遮风挡雨的木板瓦房，我总是首先将目光投向门前橘园中那座高高隆起的、长满各种无名小草的绿土丘，土丘内长眠着曾用一匙匙、一筷筷、一碗碗人间苦汁和甜浆喂养我长大的祖母。此时，仿佛她又踮着一双小脚，移动精瘦而又矮小的身躯，两手不停地拍打着沾在黑布衣衫上的灶灰或是草屑，两只摄尽人间喜怒哀乐的眼睛闪烁着兴奋的光泽，走到我面前，一把接过我手中的包，说："头发打辫子了，还蓄起不剃！看起来像个老头子。"其实，我的头发并不长，可我每次回家，祖母见到我，总是先说这句话，她内心希望我永远是个孩子。如今我时时在想：我永远是个孩子该多好，那就不会失去祖母的护卫与温存，祖母也就不会离开我了。祖母若能真的再到柳篱小院门口迎接我，那将是我最大的欢乐与幸福啊！

祖母一手提着我的包，一手拉着我，走过她整理得光明几净的禾场，走进她整理得井然有序的木板瓦房，我整个的身心酥酥的，有一种任何地方，即使是西湖、峨眉也未有感受过的舒畅和清爽。春天,她给我捧上金黄的枇杷;夏日,她给我掰开清甜的莲蓬;中秋,喷香的糍粑送进我嘴里;寒冬,肥美的野鹅端到我面前。这些,都是我喜爱的,这些,都是祖母用汗水和力气换来的,特意为我留着的。我每每回到她身边,每每一饱口福。

她紧挨我坐着,看我嚼,看我咽,脸上的喜悦和满足没有人能恰到好处地形容、描述。她对我说:"你一年四季在外面忙国家的事,没有把我交代的事忘记吧?"

我边吃边点头,我知道她指的是什么。"我死了,你们莫花钱,反正我眼一闭,到阎王那边去了,这边搞得再热闹,我都不晓得,就把我埋到门前的橘园里,你们兄弟从外面回来,我也好打开院门迎接。"她说得很轻松,我听得很心酸。我对她说:"你身板硬朗,吃得鬼死你尽活得!"她摇头,一阵笑,说:"别的都不指望,只要坟山上长草,长得越多越好! 老人说,祖宗坟上不长草,后人就不兴旺。"从不相信天命的我,对此却没有反对。祖母的希望不会落空,因为祖母一辈子只做好事。她做童养媳时,自家的日子苦似黄连,省下碗里的,宁肯自己饿得头发昏,眼发花,也要接济别人。躲日本鬼子那阵,从常德逃出来的一个爱国伤兵半夜敲门求救,她冒生命危险将其藏进家里的米桶里,日本鬼子的刺刀尖顶住了她的心窝,她牙齿咬得紧紧的,装聋作哑,骗过了敌寇,救人一命。她一生没和乡亲邻里吵过架,红过脸,老幼妇孺,男男女女,没有一个不夸她心眼好的。吃食堂的年月,每餐,她从食堂领回钵子饭,悄悄地一锅炒了,加些黄花菜、地母菜,让儿子、媳妇、孙子们的肚皮胀饱。她不沾一颗白饭,全是野菜充饥。她还假装说:"我的那份,我吃了。黄牛角,水牛角,各顾各。"母亲识破了她的诡计,她笑,就是不改。这么好的祖母,她去世后,坟头岂会不长草?!

一九八八年四月二十二日凌晨,祖母走完了八十年的人生里程,真的离开了我们,离开了她生活了几十年的柳篱小院,平静地到另一个世界去了。对她的后事,完全按她交代的办。不过,还是好热闹,几个村的人,都是一家家地来,看一眼这位"金川奶奶",作最后的面别。

安葬了祖母,我心头的悲痛尚未减去,就去武汉大学作家班应考。坐在考场上,我从不怀疑自己考不上。祖母精瘦的身影时刻在我眼前浮现,她用她那女人的肩膀、身板,挑走了多少人生的困苦、辛酸,将一个贫穷的家,料理得红红火火。我是一个男子汉,血管里有她的血液,有什么困难不能征服? 她没有文化,却培养了我们这些有文化的孙儿孙女。我考上了武汉大学作家班。我回到老家,上祖母的坟头报喜。时隔三个月,并且是万物复苏,生根发芽的春天已过,正是炎炎夏日,祖母坟头长满了铁马料根、兰花草等许多无法叫出名的小草,组成了一个绿油油的半球,看上去,充满了勃勃生机和活力。我和家人移来两棵青松,栽在祖母的坟前,让它给我辛劳一生的祖母投下一片绿荫。

如今,青松长高了,青草也越加茂盛,祖母坟头,松青青、草青青……

四、语速技巧——快慢相宜

1. 语速的快慢要根据讲话内容不同而定:

慢速——抒情、记叙、说明、人物对话、情绪低沉处,150 字/分钟;

中速——自然平朴的叙事、说理,180 字/分钟;

快速——急切的呼吁、热烈的争辩、愤怒的指责、慷慨的陈述、紧张的场面,200 字/分钟。

2. 要做到急缓相间,富于变化,富有节奏感。快而不乱、慢而不拖、快慢得体、缓急适度、快中有慢、慢中有快,这样才能增强口语表现力。

具体类型有:轻快型、凝重型、低沉型、高亢型、舒缓型、紧张型。

听音频——舒婷的《祖国啊,我亲爱的祖国》,根据语速要求进行模仿性朗诵。

祖国啊,我亲爱的祖国

舒 婷

我是你河边上破旧的老水车,
数百年来纺着疲惫的歌;
我是你额上熏黑的矿灯,
照你在历史的隧洞里蜗行摸索;
我是干瘪的稻穗;是失修的路基;
是淤滩上的驳船
把纤绳深深
勒进你的肩膊;
——祖国呵!

我是贫困,
我是悲哀。
我是你祖祖辈辈
痛苦的希望呵,
是"飞天"袖间
千百年未落到地面的花朵;
——祖国呵!

我是你簇新的理想
刚从神话的蛛网里挣脱;
我是你雪被下古莲的胚芽;
我是你挂着眼泪的笑涡;
我是新刷出的雪白的起跑线;
是绯红的黎明
正在喷薄;
——祖国呵!

我是你的十亿分之一,
是你九百六十万平方的总和;
你以伤痕累累的乳房
喂养了
迷惘的我、深思的我、沸腾的我;

那就从我的血肉之躯上
去取得
你的富饶、你的荣光、你的自由；
——祖国呵，
我亲爱的祖国！

五、停顿技巧——停顿合适

停顿是指话语中的间歇。恰当的停顿，可以使讲话的内容得到更清楚的表述，使语言呈现鲜明的节奏感。

作用：呼吸换气，提示话题，加强语言表达效果。

形式：

1. 换气停顿。要停得合适。

如：他看见我走了。

（1）他/看见我走了。

（2）他看见/我走了。

（3）他看见我/走了。

2. 语法停顿。句子中间没有标点符号而按语法成分所作的停顿。

3. 逻辑停顿。为表达某一感情，强调某一观点，突出某一事物却并非有标点处的停顿。

4. 心理、感情停顿。一切为自由、意志、情感所左右，所以往往具有极强的艺术效果。

能力训练 NENGLI XUNLIAN

朗读《时间赋》。要求：注意把握好换气、语法、逻辑、心理等停顿技巧。

时 间 赋

钟礼平

世界上有这样一种奇妙的东西：它最长又最短，最慢而又最快，既可扩展到亿万斯年无穷大，又能分割为分分秒秒无穷小；它对人类最公正而又最偏私，最慷慨而又最吝啬；它最容易被人忽视而又最令人后悔；你珍惜它，它就对你慷慨；你忽视它，它就对你吝啬，甚至惩罚，让你后悔终生。因此，它的价值最为平凡而又最为宝贵。它是什么？它就是时间！古往今来，多少文人圣贤为它讴歌，为它赞叹！

"逝者如斯夫，不舍昼夜。"这是哲人的感慨。

"君不见黄河之水天上来，奔流到海不复回。君不见高堂明镜悲白发，朝如青丝暮如雪。"这是诗人的高歌。

"珍惜时间等于延长生命，钟情于时间的人，时间对他也最钟爱。"这是伟人的教诲。

有人把时间比作金钱，无非是极言它的珍贵。可是，朋友，你想过没有：金钱虽然珍贵，它却可以储蓄起来，而世间却没有储存时间的金库；金钱花掉了可以再用劳动去挣来，可时间却如滚滚长江东逝水，奔流到海不复回；金钱的浪费可以用几元、几百元、几万元来计算，可是时间却无形无影，无法估价！世界上的一切物质无不是在时间的魔掌中生存！时代的更替，人事的兴废，生命的萌动，青春的激情，无不在时间的注视下形成！时间催促沧桑的巨变,时间扬起未来的风帆;时间是青春的黄金海岸,时间是人类生命的航船!

时间对少男们说:"劝君莫惜金缕衣,劝君惜取少年时。"少男们回答:"黄金时代谁不爱?愿我青春的长河滚滚滔滔奔大海。"

时间对少女们说:"花开堪折直须折,莫待无花空折枝。"少女们回答:"万紫千红我来采,愿我青春的花朵年年月月开不败。"

是啊,我们这年轻的一代! 我们朝气蓬勃,风华正茂。我们没有宋玉"萧瑟凄凉"的悲秋,我们没有贾谊"时运不济"的忧愁,我们也没有王勃"怀才不遇"的叹息,也听不见黛玉那"絮飞花谢"的哀歌……我们有的只是青春、理想、奋斗、拼搏!我们在进行创造、思索、改革、开拓!

然而,在我们的身旁,有人在拼搏,也有人在消磨;有人在开拓,也有人在蹉跎。有人奋发攻关,精神抖擞;也有人虚度年华,随波逐流。有的人说:人生能有几回搏!此时不搏待何时!也有人说:今朝有酒今朝醉,哪管明日是和非!有的人毕生充实,硕果累累;有的人华发早生,一生无为。正如臧克家说的那样:有的人死了,他还活着;有的人活着,他已经死了!因为他亵渎了时间,欠了时间的账,受到了时间的无情的惩罚!

朋友,明天就是2000年的第一天,我们生命的年轮又多了一圈。当世界科技革命的浪潮汹涌澎湃冲荡全球时,当人类进入太空探揽神奇时,当中国的改革正在深入人心深入每一个角落时,朋友们,我们怎么办?我们要奋而前行,站而雄视! 机不可失,时不我待! 也许我们会看到:巍巍文山难搬,茫茫会海难填!"足球"踢不尽,"扯皮"扯不完! 也许我们会体味:解决一个小问题,也许一拖300天,研究一个小建议,请求、汇报带划圈! 也许我们会发现:一杯茶伴一支烟,几个电话要一天,已成为官僚主义者们的正常日程! 这是多么可悲而可叹的时间观,多么消极而顽劣的人生观! 朋友们,不要被这顽疾劣症所吓倒,所屈服,不要因此而悲观气馁,一蹶不振,因为我们已经找到了根治它的妙方,这就是改革。改革! 改掉那人浮于事,改掉那机构臃肿,改掉那不适于四个现代化的一切拖拉、扯皮、推脱和磨蹭! 让时间飞起来,和我们的工作效率、建设速度同步!

列宁曾说:"赢得了时间,就赢得了一切。"是的,时间是无形的,但却是有价值的。工人们说:时间就是产品;农民说:时间就是粮食;战士说:时间就是胜利;医生说:时间就是生命;教师说:时间就是人才……而我们却要大声地说:时间就是光辉灿烂的未来!

朋友们,让我们珍惜时间吧,这样,我们的生命便不会随着新年的更替而衰老,我们将青春永驻,我们将永恒! 我们的明天将更辉煌!

第三节　语感的训练

训练目标:

培养具有敏锐的语感,达到敏锐机智地反应。能迅速而准确地理解文段的含义和情味,并迅速地找到适当而生动的词语,并将其连贯有序地表达出来。

一、语感的含义

语感,指的是人对语言的感知和反应能力。当一连串的线形结构的语流,通过听觉或视觉传入大脑的时候,具有良好语感力的人就能迅速而准确地理解其含义和情味;当某种事物呈现在眼前,或某种意念产生于脑海的时候,具有良好语感力的人就能迅速地找到适当而生动的词语,并将其连贯有序地表达出来,这就是一种语言的感应能力,或叫语言的触发功夫,这是一种对语言的敏锐感受力。

显然,敏锐的语感、机智的口才是以丰富的学识储备和良好的心理素质为基础的。对语言的感应之迅速、准确、恰当和简练,确实是一个人重要而实用的本领。这种能力是可以培养的:

积累语言材料多多益善。全部汉字约有6万多个,但实际上现代常用的汉字只有3000多个。我们一般掌握了这常用的3000多字,在日常生活中也就基本够用了。所谓的积累语言材料,主要就是指积累词汇。有必要的话,将其记忆在自己的大脑中。

善于辨析词的特点。对每个词的词性、词义、程度、色彩及其相互搭配的特点能加以细致的分辨,在辨析和使用词语上应当树立"推敲"的意识,使自己的表意更加确切。

注意词序、**虚词**,**熟练编码**。要有敏锐的感觉和正确的习惯,使语言的意思表达更加正确。

选择有代表性的、经典的优美韵文进行经常性朗读和朗诵练习,不断强化对语言的感受力。

二、朗诵常见的毛病

1. 感情不真。朗读的百病之源,关键在于对文章理解不深,分析不到位,没有进行想象和情感的渗透。

2. 方音不改。特别是使用方言的人,往往有较为严重的方言语音倾向,所以要注意区分方言与普通话语音的发音区别,做到字正腔圆。

3. 速度不变。

4. 轻重不分。

三、朗诵的准备

1. 深入理解,弄清背景,明确目的、分清主次、形成基调。

对作品的内容背景、人物背景、写作背景,作者创作的心理背景,作品的朗诵背景,做到心中有底。

首先要掌握文段的中心。如孔乙己是"站着喝酒而穿长衫的唯一的人",句中的"唯一"要重读。

其次要分析文章的结构。如茅盾在《白杨礼赞》一开始就赞美白杨树,然后点明白杨树的象征意义,最后以斥责那些鄙视白杨树的人收尾,层层深入,因此,朗诵者的感情要步步深化,以情带声。

最后要抓住关键的字、词、句。如《白杨礼赞》(茅盾)中的反问句、排比句,正是这些文句,表现出白杨树所象征的精神。

2. 获准意图,**找出重点、难点**,把握目的。

意图,应理解为作者的创作立意与创作目的。

如舒婷的《致橡树》,作者的真正意图是表现新时期女性人格价值观念的觉醒和知识女性的自觉、自强。诗中"木棉"与"橡树"并肩而立,"站在一起",表现了作者对爱情的深刻理解;"根,紧握在地下。叶,相触在云里",表现了心灵的相通和精神的相依;"你有你的铜枝铁干","我有我红硕的花朵,像沉重的叹息,又像英勇的火炬",这是人格的相映,又是命运的"分担"和"共享",反映作者对平等、相通、并进的理想爱情的追求。所以,我们朗诵时,就不能是软绵绵、轻柔柔的,而应不同于一般爱情诗的表达,要透出一种理性的力度给表达以支撑。

如朱自清的《春》中:"桃树、杏树、梨树,你不让我,我不让你,都开满了花赶趟儿。红的像火,粉的像霞,白的像雪。"这里的喻体"火"、"霞"、"雪"均读作重音,一个比一个重。又如:"春天像刚落地的娃娃,从头到脚都是新的,它生长着。春天像小姑娘,花枝招展的,笑着、走着。春天像健壮的青年,有铁一般的胳膊和腰脚,领着我们向前去。"喻体的重读次于比拟中的动词的重读,即"娃娃"轻于"生长着"、"小姑娘"轻于"花枝招展的"、"笑着"、"走着"、"青年"轻于"上前去"。

3. 融进风格,融进基调。

风格,是作者在创作中所表现出来的艺术特色和创作个性,它来源于作者的思路和艺术追求。大多数的作品都有自己独特的味道和韵致,它可以引起听众不同的美感,表现为不同的风格,而最终则会融进表达的基调中。作为诵者,应追寻到作者创作的风格,通过自己的真切的感受,以独特的基调表现出作品所独有的风格来。

4. 合理划分,表达清楚。

朗诵的作品,都有自己的层次结构,以最终体现作品的情节、事件、人物或事物的发展变化过程。因此,作为诵者,更要按照体裁划清层次,找到表达的落脚点,更好地体现其内涵。

5. 把握人物,外化贴切。

人物,是作品的重要内容。他们应当也必须有其特定的身份和身份感、思想和情感,有着自己的年龄、经历、性格、外貌、文化、职业、兴趣爱好、审美情趣和语言习惯等。不同色彩的情感及情感变化的幅度与不同人物的性格、心境等都需要通过有形、多变的节奏反映出来。如身份与身份感:大多需要以第一者的身份和身份感出现,有时根据需要,还须转换几种身份和身份感。对象与交流方式:除想象交流以外,更多的是与对手的"直接交流"。具体在表现形式上,可以夸张,人物可以扮演,并且可以运用态势语。

6. 扫除障碍,字音准确。

对字音、术语、概念等,必须传递准确的语音信息,因为这些都是朗诵的细节。如在这些方面发生疑惑或碰到障碍时,应当寻找有关的材料,向内行请教或查找有关的工具书解决问题。万万不可自作聪明,想当然或凭感觉猜测,那样,必定会闹出笑话。

7. 放声试读。

对陶铸的《松树的风格》的前后两次重音位置的朗诵处理如下。

原读:去年冬天,我从英德到连县去,沿途看到松树郁郁苍苍,生气勃勃,傲然屹立。

改读:去年冬天,我从英德到连县去,沿途看到松树郁郁苍苍,生气勃勃,傲然屹立。

改读后的重音的强调正是突出了作品的主题内涵。

四、各种文体的朗诵

(一) 诗歌

诗歌是通过形象思维、运用精练而富有音乐性的语言,饱含强烈的感情,充满丰富的想象,高度集中地反映社会生活的一种文学体裁。诗是文学中的最高样式,它的激动人心往往比其他文学样式更加深切。诗人想象丰富、独特,构思出鲜明典型的画面、景致,将之与自己的思想感情融合为一,达到情、景、理和谐统一的艺术境界——意境。

在朗诵诗歌时,应注意诗人是在以自己的人格向世人说话。所以,诵者应反复体会、反复诵读,真正读懂诗作。诵读中要随诗人一起展开丰富的想象,同时也要联系生活实际,直接或间接地、身临其境地体会诗的意境,和诗人产生共鸣,见诗人所见,想诗人所想,爱诗人所爱,恨诗人所恨,感同身受地"神游其中",让诵诗的过程就是进入诗的境界的过程。诵诗的全过程,始终是诵者与作品建立感情和发展感情的过程,对作品感受的深度决定着朗诵的程度。

> 徐迟:把诗人在创作时燃烧着的思想感情,再一次地在朗读中燃烧起来。

朗诵时应注意,一要充分发挥想象;达到情、景、理和谐统一的艺术境界——意境;二要具体分析诗作感情变化发展的脉络,起伏,转折,高潮,最终达到真实动人;三是要体现诗的特征,如诗歌的集括性,对社会生活要进行高度集中、概括的反映;诗歌的跳跃性,其内容、语言的精练以及创作运思的快速转换;诗歌的音乐性,表现为节奏感(语言表现的长短、强弱、轻重及其规律所构成)和韵脚的和谐(真实自然的韵律),从而形成一种律动的美感,唤起听者相应的情绪与美感。

1. 格律诗的朗诵

格律诗,一般是指中国古典五言、七言的绝句和律诗。"格"是格式,"律"是声律,包括平仄和押韵。格律诗的形式规整,讲究平仄,注重对仗,注意押韵,有自己的声律美和形式美。

朗诵要领:

(1) **划好语节**。一般"五言诗"是每句两顿,每顿两个字或一个字,并且主要是第三个字或第五个字可以一个字成为一顿;"七言诗"则比五言诗增加一顿,为每句三顿,其主要是第五个字或第七个字可以一个字成为一顿。顿与顿之间,就形成了一定的语节。但有时应适当减少顿数,目的是为使语义完整。

❧ 精选文例 ❧

李白《静夜思》:

① 床前——明——月光,疑是——地上——霜。
　举头——望——明月,低头——思——故乡。

② 床前——明月光,疑是——地上霜。
　举头——望明月,低头——思故乡。

李白《早发白帝城》:

① 朝辞——白帝——彩云——间,
　千里——江陵——一日——还。
　两岸——猿声——啼——不住,
　轻舟——已过——万重——山。

② 朝辞——白帝——彩云间,
　　千里——江陵——一日还。
　　两岸——猿声——啼不住,
　　轻舟——已过——万重山。

(2) **押住韵脚**。这使诗歌优美、和谐。诗句末尾韵母相同的字称为韵脚。显韵,是将韵脚音韵读得夸张一些,给以突现。

◆ 精选文例 ◆

孟浩然《春晓》:

春眠不觉晓(xiǎo),处处闻啼鸟(niǎo)。夜来风雨声(shēng),花落知多少(shǎo)。

——遥条辙韵

(3) **音韵夸张**。发音应发得圆满甚至夸张些,以体现其内蕴与情致,为造成一种诗境服务。尤其在诗眼和韵脚处,更应夸张些,点染于声。

(4) **规中求变**。尽管诗歌朗诵要求合规合辙,但应根据诗人的情感运动和诗的意境,在不破坏语节、顿数和显韵的前提下,注意调整语速与声音抑扬,使之发生变化,以改变朗诵节奏呆板的状况。

◆ 精选文例 ◆

杜甫《春望》:

应准确生动地表现诗人在战乱年代的苍凉心境,作如下处理:

国破山河在,城春草木深。感时花溅泪,恨别鸟惊心。　——中速、均抑
烽火连三月,家书抵万金。　　　　　　　　　　　　　——稍快、稍扬
白头搔更短,浑欲不胜簪。　　　　　　　　　　　　　——抑、慢、更抑、更慢

2. 自由诗的朗诵

朗诵要领:

(1) **深入心灵,激起诗情。真挚、准确和充满激情。**对诗的理解,"作为一种艺术形式的朗诵,却不仅是表达;它同时意味着对作品进行解释"。一是从理性上寻找共鸣,二是从感情上把握刺激。

(2) **思脉清晰,达到物我、情景交融的境界,象外有意。**诗歌创作离不开意象。意象要求物我情景交融,要象外有意。如顾城的《一代人》:"黑夜给了我黑色的眼睛,我却用它寻找光明。"这首诗只有两句,但却在当代诗歌史上具有相当重的分量,以其高度的历史概括性和辩证思维的哲理之光而具有很高的美学价值和强烈的艺术力量。诗歌准确地表达一代人,闪射着时代色彩。"黑夜"象征了动乱年代,"黑色的眼睛"既指实,又指虚——我们"龙的传人"是黄皮肤、黑眼睛、黑头发,这是实指;黑色又有阴暗、低沉、哀伤的情绪色彩,这又是虚指了,表达了对政治的否定,对光明的向往与追求。

(3) **运用技巧,表现诗情。**诗歌朗诵对技巧的要求是相当高的。其中,身份定位是朗诵的条件,朗诵者一旦将诗作理解、吃透,又渗入了自己的体验之后,某种程度上就变为自己的认知体验与审美追求了,他只是将作品作为自己朗诵创作的一个基础,一种规范与情思定向,取其灵魂、骨架,施以血肉、筋脉,给其以传播的生命。同时,诗是最具有个性的,朗诵者对诗的选择应有所侧重,尽量找与自己贴近的诗来朗诵。也要了解节奏是朗诵的生命,同时

把握好其他技巧,如语气、停顿与重音等。

诗歌朗诵应注意的问题如下。

(1) **区分诗类,注意风格。**

① **政治抒情诗**:充满激情,声音饱满,在音高、音强、音长方面的表现都比较丰富,节奏起伏变化较大,多用层层推进的方式来宣泄内心的激情。

② **朦胧诗、哲理诗**:声音应稳实,声音、节奏等对比幅度一般不大,语速较缓,多停断,以引发人们的感悟。

③ **爱情诗**:情感细腻,声音宜柔美,音量不宜过大,声音也不宜过高、过强,应注重充分表现诗作的内在情致。

④ **叙事诗**:有情节内容,朗诵应自然、真挚,既有诗的基本节拍,也要有讲述的自然感,节奏随内容、情节的变化而多变。如《我希望你以军人的身份再生——致额尔金勋爵》一诗应处理为不失蔑视、傲然又很激情,这更接近于作者年轻、潇洒的骑士风度。

(2) **不模仿他人。**

(3) **不上调、要自然。**

(4) **注意"啊"音的处理。** 使其各有其貌,与诗的内容融为一体。

(5) **感觉具体。** 加强朗诵者朗诵时的自我体验与具体感觉,迅速、真实地进入朗诵氛围,并准确、个性化地表达出具体意象、环境与情思。甚至要感觉到时代、时期、时间或地域、环境、心态,而且这些极为具体的感觉会导致朗诵语气的不同形态,会给朗诵者提供选用不同表达手段与技巧的主、客观依据,或高亢、轻快,或凝重、低沉。

精选文例赏析及模仿诵读训练。

> 选文一

祖国(或以梦为马)

海 子

我要做远方的忠诚的儿子
和物质的短暂情人
和所有以梦为马的诗人一样
我不得不和烈士和小丑走在同一道路上

万人都要将火熄灭　我一人独将此火高高举起
此火为大　开花落英于神圣的祖国
和所有以梦为马的诗人一样
我借此火得度一生的茫茫黑夜

此火为大　祖国的语言和乱石投筑的梁山城寨
以梦为上的敦煌——那七月也会寒冷的骨骼
如白雪的柴和坚硬的条条白雪　横放在众神之山
和所有以梦为马的诗人一样

我投入此火　　这三者是囚禁我的灯盏　吐出光辉

万人都要从我刀口走过　　去建筑祖国的语言
我甘愿一切从头开始
和所有以梦为马的诗人一样
我也愿将牢底坐穿

众神创造物中只有我最易朽
带着不可抗拒的死亡的速度
只有粮食是我的珍爱　　我将她紧紧抱住
抱住她在故乡生儿育女
和所有以梦为马的诗人一样
我也愿自己埋葬在四周高高的山上
守望平静的家园

面对大河我无限惭愧
我年华虚度　空有一身疲倦
和所有以梦为马的诗人一样
岁月易逝一滴不剩　水滴中有一匹马儿一命归天

千年后如若我再生于祖国的河岸
千年后我再次拥有中国的稻田
和周天子的雪山　　天马赐踏
和所有以梦为马的诗人一样
我选择永恒的事业

我的事业就是要成为太阳的一生
他从古到今——"日"——他无比辉煌　无比光明
和所有以梦为马的诗人一样
最后我被黄昏的众神抬入不朽的太阳

太阳是我的名字
太阳是我的一生
太阳的山顶埋葬诗歌的尸体——千年王国和我
骑着五千年凤凰和名字叫"马"的龙——我必将失败
但诗歌本身以太阳必将胜利

（音频链接：http://www.tudou.com/programs/view/EAuKsKZ1Ung/
视频链接：http://video.sina.com.cn/v/b/18390432-75297.html）

朗诵要领：这是一首20世纪80年代的青春祭歌。诗歌表现了诗人对现实中欲望和理想的纠结情绪。朗诵中要表现磅礴的气势,激情澎湃。朗诵用中高声部,响亮饱满,层层跌宕,层次分明,表现出开阔、具有强劲的感情冲击的诗歌境界。

相信未来

食 指

当蜘蛛网无情地查封了我的炉台,
当灰烬的余烟叹息着贫困的悲哀,
我依然固执地铺平失望的灰烬,
用美丽的雪花写下:相信未来。

当我的紫葡萄化为深秋的露水,
当我的鲜花依偎在别人的情怀,
我依然固执地用凝霜的枯藤
在凄凉的大地上写下:相信未来。

我要用手指那涌向天边的排浪,
我要用手掌那托住太阳的大海,
摇曳着曙光那支温暖漂亮的笔杆
用孩子的笔体写下:相信未来。

我之所以坚定地相信未来,
是我相信未来人们的眼睛——
她有拨开历史风尘的睫毛,
她有看透岁月篇章的瞳孔。

不管人们对于我们腐烂的皮肉,
那些迷途的惆怅、失败的苦痛,
是寄予感动的热泪、深切的同情,
还是给以轻蔑的微笑、辛辣的嘲讽。

我坚信人们对于我们的脊骨,
那无数次的探索、迷途、失败和成功,
一定会给予热情、客观、公正的评定。
是的,我焦急地等待着他们的评定。

朋友,坚定地相信未来吧,
相信不屈不挠的努力,
相信战胜死亡的年轻,
相信未来、热爱生命。

（视频链接：http://www.tudou.com/programs/view/Y9Gx0gEnCas 朱军 杨晨合诵 http://my.tv.sohu.com/u/vw/7269358 濮存昕朗诵）

朗诵要领：节奏舒缓，语气亲切，充满渴望，对未来的热爱和执着在带有令人向往的意蕴悠长拉展的语音、语调中表现。

选文三

致 橡 树

舒 婷

我如果爱你，
绝不像攀缘的凌霄花，
借你的高枝炫耀自己；
我如果爱你，
绝不学痴情的鸟儿，
为绿荫重复单调的歌曲；
也不止像泉源，
常年送来清凉的慰藉；
也不止像险峰，
增加你的高度，
衬托你的威仪，
甚至日光，
甚至春雨。

不，这些都还不够！
我必须是你近旁的一株木棉，
作为树的形象和你站在一起。
根，紧握在地下，
叶，相触在云里。
每一阵风吹过，
我们都互相致意，
但没有人，
能听懂我们的言语。
你有你的钢枝铁干，
像刀，像剑；
也像戟；
我有我的红硕花朵，
像沉重的叹息，
又像英勇的火炬。
我们分担寒潮、风雷、霹雳；
我们共享雾霭，流岚，虹霓。
仿佛永远分离，

却又终身相依,

这才是伟大的爱情,

坚贞就在这里:

不仅爱你伟岸的身躯,

也爱你坚持的位置,脚下的土地。

(音频链接:http://you.video.sina.com.cn/b/18712056-1395811645.html http://www.56.com/u20/v_Mzg2NjA2OTc.html http://www.56.com/w79/play_album-aid-3164285_vid-MzI2Mjg3MDI.html)

朗诵要领:诗歌基调坚定、自由,寓意深沉,富有象征意味,语调热情、坚定。诗歌偏柔美的格调,适合女声朗诵。但不能一味温柔、甜美,尤其在第二节中,有跳跃而起的铿然,要求有坚定的语气,声音有力度。

选文四

四月的纪念

赵 军 王 群

(男)二十岁 我爬出青春的沼泽 像一把伤痕累累的六弦琴 喑哑在流浪的主题里 你来了

(女)我走向你

(男)用风铃草一样亮晶晶的眼神

(女)你说你喜欢我的眼睛

(男)擦拭着我裸露的孤独

(女)孤独 为什么你总是孤独

(男)真的

(女)真的吗

(男)第一次

(女)第一次吗

(男)太阳 暖融融的手

(女)暖融融的

(男)轻轻的

(女)轻轻的

(男)碰着我了

(女)碰着你了吗

(男)于是 往事再也没有冻结怨了

(女)冻结怨吧

(男)我捧起我的歌

(女)捧起你的歌

(男)捧起一串串曾被辜负的音符

(女)捧起一串串曾被辜负的音符

(男)走进一个春日的黄昏

(女)一个黄昏 一个没有皱纹的黄昏

(男)和黄昏里不再失约的车站

(女)不再失约 永远不再失约

（男）四月的那个夜晚 没有星星和月亮
（女）没有星星 也没有月亮 那个晚上很平常
（男）我用沼泽的经历交换了你过去的故事
（女）谁都无法遗忘 沼泽那么泥泞 故事那么忧伤
（男）这时候 你在我的视网膜里潮湿起来
（女）我翻着膝盖上的一本诗集 一本惠特曼的诗集
（男）我看见你是一只纯白的飞鸟
（女）我在想你在想什么
（男）我知道美丽的笼子囚禁了你 养育了 你绵绵的孤寂和优美的沉静
（女）是的 囚禁了我 也养育了我
（男）我知道 你没有料到会突然在一个早晨开始第一次放飞而且正好碰到下雨
（女）是的 第一次放飞就碰到下雨
（男）我知道 雨水打湿了羽毛 沉重的翅膀也忧伤了你的心
（女）是的 雨水忧伤了我的心
（男）没有发现吧
（女）你在看着我吧
（男）我湿热的脉搏正在升起一个无法诉说的冲动
（女）真想抬起眼睛看看你
（男）可你却没有抬头
（女）没有抬头 我还在翻着那本惠特曼的诗集
（男）是的 我知道我并不是岩石 并不是堤坝
（女）不是岩石 不是堤坝
（男）并不是可以依靠的坚实的大树
（女）也不是坚实的大树
（男）可是如果你愿意
（女）你说如果我愿意
（男）我会的 我会勇敢地以我并不宽阔的肩膀和一颗高原培植出的忠实的心为你支撑起一块永远没有委屈的天空
（女）你说如果我愿意
（男）是的 如果你愿意

（视频链接：http://v.ku6.com/show/kQjRqSTWM9CIfUGN.html http://www.tudou.com/playlist/playindex.do? lid＝6283915&iid＝30765279&cid＝22）

朗诵要领：诗歌清新精致，蕴含浓浓爱意，透露出年轻人爱恋时的恬静、优美和坚定。声音圆润柔美，充满了渴望。

❀ 选文五 ❀

雨　巷

戴望舒

撑着油纸伞，独自
彷徨在悠长、悠长
又寂寥的雨巷，

我希望逢着
一个丁香一样地
结着愁怨的姑娘。

她是有
丁香一样的颜色，
丁香一样的芬芳，
丁香一样的忧愁，
在雨中哀怨，
哀怨又彷徨；

她彷徨在这寂寥的雨巷，
撑着油纸伞
像我一样，
像我一样地
默默彳亍着，
冷漠，凄清，又惆怅。

她默默地走近
走近，又投出
太息一般的眼光，
她飘过
像梦一般地，
像梦一般地凄婉迷茫。

像梦中飘过
一枝丁香地，
我身旁飘过这个女郎；
她静默地远了，远了，
到了颓圮的篱墙，
走尽这雨巷。

在雨的哀曲里，
消了她的颜色，
散了她的芬芳，
消散了，甚至她的
太息般的眼光，
丁香般的惆怅。

撑着油纸伞，独自
彷徨在悠长、悠长
又寂寥的雨巷，
我希望飘过
一个丁香一样地
结着愁怨的姑娘。

（视频链接：http://www.56.com/u54/v_Mzc2NzQ0Mjc.html）

朗诵要领：诗歌基调沉郁，叙述了怅惘、抑郁、感伤的感情。用中低声部，语气低沉，节奏缓慢悠长，表现出心灵的重负及没有完全消释的对希望的希冀。

选文六

生命幻想曲

顾　城

把我的幻影和梦
放在狭长的贝壳里
柳枝编成的船篷
还旋绕着夏蝉的长鸣
拉紧桅绳
风，吹起晨雾的帆
我升航了
没有目的
在蓝天中荡漾
让阳光的瀑布
洗黑我的皮肤

太阳是我的纤夫
它拉着我
用强光的绳索
一步步
走完十二小时的路程
我被风推着
向东向西
太阳消失在暮色里
黑夜来了
我驶进银河的港湾
几千个星星对我看着
我抛下了
新月——黄金的锚

天微明

海洋挤满阴云的冰山
碰击着
"轰隆隆"——雷鸣电闪!
我到哪里去啊?
宇宙是这样的无边
用金黄的麦秸
编成挂篮
把我的灵感和心
放在里边
装好纽扣的车轮
让时间拖着
去问候世界
车轮滚过
百里香和野菊的草间
蟋蟀欢迎我
抖动着琴弦
我把希望溶进花香
黑夜像山谷
白昼像峰巅
睡吧!合上双眼
世界就与我无关
时间的马
累倒了
黄尾的太平鸟
在我的车中做窝
我仍要徒步走遍世界——
沙漠、森林和偏僻的角落

太阳烘烤着地球
像烤一块面包
我行走着
赤着双脚
我把我的足迹
像图章印遍大地
世界也就溶进了
我的生命
我要唱
一支人类的歌曲
千百年后
在宇宙中共鸣

（音频链接：http://www.tudou.com/programs/view/0kUZdZsLtJ0/

视频链接：http://www.56.com/u12/v_NjYzNjgzMTc.html）

朗诵要领：诗歌基调积极阳光，充满了对未来的美好幻想，诗歌跳跃性较强，音节和谐自然，意象鲜明、具体，语音、语调热情、坚定，声音明亮有力度，充满了希望和力量。

◆选文七◆

我希望你以军人的身份再生
——致额尔金勋爵

晓 桦

我佩服你
——额尔金勋爵，
你敢于发布这样的命令，
把古老东方的京都
投进熊熊大火，
在每片飞灰上写下你的姓氏，
扬遍全世界每处角落。
在每寸焦土里埋下你的名字，
和野草岁岁生长。

我不佩服你
——额尔金勋爵，
你根本没有敌手，
没有敌手却建树功勋的英雄，
比拼杀中倒下的战败者还耻辱。
焚烧一座没有抵抗的园林，
践踏一片不会说话的土地，
那是小孩子的手都能胜任的，
何用军人的膂力。

但你毕竟以你的壮举，
给你的后裔们留下，
足以在餐桌上大嚼永远的成名。
给你民族发黄的编年史，
订上火光闪闪的骄傲一页。

我好恨，
恨我没有早生一个世纪，
使我能与你对视着站立在
阴森幽暗的古堡
晨光微露的旷野。

要么,我拾起你扔下的白手套,
要么,你接住我甩过去的剑,
要么,你我各乘一匹战马,
远离开遮天的帅旗,
离开如云的战阵,
决胜负于城下。

我更希望,
你以军人的身份再生。
当然,我决不会用原子武器,
对你那单发的火枪,
像你用重炮摧毁冷兵器。
我希望你是
装备精良训练有素的军人,
你会满意的,
你的对手不再是勇猛而愚钝的
僧格林沁。

在此,
我谨向世界提醒一句:
从我们这一代起,
中国将不再给任何国度的军人,
提供创造荣誉建立功勋的机会!

(视频:http://video.baby.sina.com.cn/v/b/56334646-47558415.html)

朗诵要领:诗歌气势磅礴,语气坚定,铿锵有力,响亮饱满,感情的冲击力强。第三诗节用凝重的节奏说出自己的压抑之感;第四、五诗节表现强烈的军人意识和英雄主义气概,以加强型的节奏,到第六诗节,又可用凝重型的节奏感表现。最后的一个诗节,应气势磅礴,加高亢型的节奏来表现新一代中国军人的精神面貌和强烈的民族意识。

(二)散文

所谓散文,就是以抒发作者对真实事物的情感和思想为主的叙事性文章。这是一种以情思为元素、以自由感知为方式、以营造韵致情味为重心、以本色为基调的语言艺术。

1. 文体的特点。

(1) 以小显大,以点见面。

(2) 形式多样,表现自由。可以抒情,也可以议论、叙事。往往以意境的方式将作者自己的独到见解和强烈感情熔铸到所描写的对象、所阐发的道理中,使内容有新意和深度。如《白杨礼赞》的托物言志,象征。朗诵时要分析意境,进入意境。

(3) 形散神聚。

(4) 散文写作自由,具有文采。文字凝练、音韵和谐,情感深蕴其中,并借助事物、景致的形、质、色、动、静等特征表现得历历在目,具有很强的形象性和表意性。朗读时要讲究技巧,体现节奏感,在真实质朴的诵读中体现节奏。另外,因其大多为第一人称的写法,读时就应像作者似地向听众亲切地述说自己的心里话,或介绍,或描写,或赞美,或抨击等,灵活多样地处理内容,使朗读呈变化感。

2. 朗诵要领。

(1) 理清线索,摸准神韵。

(2) 表达细腻,轻柔化。散文的内容能产生感觉上的具体、细腻;随之而来的语言表达往往也造成了用声细腻的特点,点染得体,以语缓气舒为主。散文表达的用声不宜太强、太高、太实。语言舒展,声音轻柔,气息绵长,用声松弛,这种表达可使内心情感与描绘景物、叙述事情表现得从容、淋漓尽致。因为它来自作者的心底,有时像与人交谈,有时又是自己在感悟。然点睛之处为情感浓烈处、认识升华处,因而表达也要情浓意切。散文大多使用第一人称,这样的行文角度,给人亲切、自然、真实之感。因此决定其表达的方式是,似地泉涌出、小溪流淌、好友交心、自感自悟。声低、语轻、内在、真挚,表达的轻柔化,语言舒缓,不应音高、语快、声强、语硬,也不能嘘声嘘气,嗲声嗲气,捏嗓挤喉。

(3) 人物语言写意化。显现人物的精神风貌,适当兼顾其性格、性别、年龄以及人物间的关系。但不宜刻意追求声似、形似,以免陷到戏剧人物的完全性格化的语言中去。

(4) 文辞美、音韵美。应注意修辞,如排比,因其内容递进,句式整齐,情感浓烈,音韵和谐,朗朗上口,并有很强的节奏感,诵时,应依据内容,兼顾句式层层推进;有些描画了意境的,应讲究节奏舒缓,气长字连,声调完满,在重点字上甚至有些夸张,语调柔和、音色优美,造成一种悠长、深远的境界氛围。

(5) 注意各种语言表达的表现形式。抒情的语段,要求真挚、内在、有感而发,不矫揉造作;描写的语段,要求具体、细致,注重形象的生动,栩栩如生;叙述的语段,要求清楚、诱人、有感情,语言舒展、自然;议论的语段,应依形象而发,带情而议,不宜声高语硬。

精选文例赏析及模仿诵读训练。

莲在江南

刘学刚

莲在江南,犹如菊开东篱,是一种遥远的妩媚。

江南可采莲,莲叶何田田。人生最幸采莲人。乘一叶扁舟,载一船清香,携一帆柔风,低眉抬眼之间,望不尽白云碧水、绿叶红莲。此花端合在瑶池,人间能得几回现?唯有江南,唯有水光潋滟的江南烟雨空濛的江南,才能滋养出这般绝世的红颜。有花堪折直须折,莫留残荷听秋声。

站在北方的池塘边遥望江南,那该是十分荷叶五分花的清丽意境吧。叶是粉墙黛瓦,花是款步而行明明朗朗的江南女子。所有的江南女子都叫莲花。莲花在青山上采茶,莲花在碧水边浣衣,莲花在园林里扑蝶。她们的清眸如水她们的黛眉如烟。她们有的叫小荷,有的叫芙蓉,有的叫菡萏,腰肢轻摆,袅袅娜娜婷婷婷婷在水乡江南,她们都是朵朵含笑出水的莲。

徜徉在诗词歌赋的古典里,很古色古香地触摸莲花,我阅读的手指如呼吸梳过美女的云鬓,是一种麻酥酥绵软软微颤颤的感觉,眼睛被一些些嫩藕鲜荷润泽着,不由得湿润润亮闪闪清澈澈了。此刻,莲花就在我的掌心。楚腰纤细,莺歌宛转,吴娃双舞醉芙蓉。古典的莲花,简直就是一个美丽温柔娇艳的代名词。凌波微步,罗袜生尘。古典的莲花,象征着端庄静美优雅高贵的东方神韵。少年会老,岁岁年年,莲花依然是最初的容颜,如初恋清纯依旧颜色不改。既然今生注定不是蛟龙,何不做游鱼一尾,去嬉戏莲叶间,摇落满天的星星成晨露,一开口就是一些莹澈的话语。池面风来波艳艳,波间露下叶田田。在水的透明中轻揽莲花的腰肢,再也不让多愁善感的姑娘撑着碧罗伞,独自在雨季里哀怨又彷徨,鱼是幸福的。在诗词的长河中,撑一支长篙,向莲花更花处漫溯,眼睛是快乐的。

北方杯水难以邀莲。江南多水,多以莲为芳名的女子,羞答答娇滴滴水灵灵在江南的夏天开放,默默又脉脉、幽幽又悠悠地飘着清香。选择夏天,去江南采莲,这于信奉不到长城非好汉的北方,是不是一种行为的背叛?我觉得在柔婉可人芳香醉人色彩迷人的莲花面前,勇敢地吐露真诚,是一种忠实生活回归自我从心灵出发抵达心灵的率真表现。爱写在诗笺上,却埋在面具里,到了中年,再去做个采莲人,却要跨过一座长长的廊桥。那是横亘在红尘与理想之间的一座奈何桥啊,等在季节里的容颜也只能如莲花般的开落,红衰翠减。

江南可采莲,莲叶何田田。就在夏天,就在今年,打点心情,架起小船,去江南采莲。

(选自 2008-08-26 中国文化传媒网 http://www.ccdy.cn/bolan/renwen/201109/t20110927_135886.htm)

(音频链接:http://www.tudou.com/programs/view/VWddGRDi7Kg/)

朗诵要领:前一部分用声偏虚,营造对莲的向往与追求,后一部分则可用声偏实,表现听从心灵的率真。

◎选文二◎

孝心无价

毕淑敏

我不喜欢一个苦孩子求学的故事。家庭十分困难,父亲逝去,弟妹嗷嗷待哺,可他大学毕业后,还要坚持读研究生,母亲只有去卖血……我以为那是一个自私的孩子。求学的路很漫长,一生一世的事业,何必太在意几年蹉跎?况且这时间的分分秒秒都苦涩无比,需用母亲的鲜血灌溉!一个连母亲都无法挚爱的人,还能指望他会爱谁?把自己的利益放在至高无上位置的人,怎能成为人类的大师?

我也不喜欢父母病重在床,断然离去的游子,无论你有多少理由。地球离了谁都照样转动,不必将个人的力量夸大到不可思议的程度。在一位老人行将就木的时候,将他对人世间最期冀的希望斩断,以绝望之心在寂寞中远行,那是对生命的大不敬。

我相信每个赤诚忠厚的孩子,都曾在心底向父母许下"孝"的宏愿,相信来日方长,相信水到渠成,相信自己必有功成名就衣锦还乡的那一天,可以从容尽孝。

可惜人们忘了,忘了时间的残酷,忘了人生的短暂,忘了世上有永远无法报答的恩情,忘了生命本身不堪一击的脆弱。

父母走了,带着对我们深深的挂念;父母走了,留给我们永无偿还的心情。你就永远无以言孝。

有一些事情,当我们年轻的时候,无法懂得。当我们懂得的时候已不再年轻。世上有些东西可以弥补,有些东西永无弥补……

赶快为你的父母尽一份孝心。也许是一处豪宅,也许是一片砖瓦。也许是大洋彼岸的一只鸿雁,也许是近在咫尺的一个口信。也许是一顶纯黑的博士帽,也许是作业簿上的一个满分。也许是一桌山珍海味,也许是一只野果一朵山花。也许是花团锦簇的盛世华衣,也许是一双洁净的布鞋。也许是数以万计的金钱,也许只是含着体温的一枚硬币……但在"孝"的天平上,它们等值。

只是,天下的儿女们,一定要抓紧啊!趁你父母健在的光阴。

（音频链接：http://www.hbwt.com.cn/newsInfo.aspx? pkId=17847）

朗诵要领：质朴的基调,恳切、劝解的语气,语重心长。适于女声,采用中声区,饱含深情地。要注意排比句的表达,语言节奏要富于变化,避免单一语势。

选文三

麻　雀
〔俄〕屠格涅夫

我打猎回来,沿着花园的林荫路走着。狗跑在我前边。

突然,狗放慢脚步,蹑足潜行,好像嗅到了前边有什么野物。

我顺着林荫路望去,看见了一只嘴边还带着黄色、头上生着柔毛的小麻雀。它从巢里跌落下来（风猛烈地吹打着林荫路上的白桦树）,呆呆地伏在地上,孤立无援地张开两只羽毛还未丰满的小翅膀。

我的狗慢慢地向它靠近。忽然,从附近一棵树上飞下来一只黑胸脯的老麻雀,像一颗石子似的落到狗的鼻子跟前——它全身倒竖着羽毛,惊惶万状,发出绝望、凄惨的叫声,两次扑向露出牙齿、大张着的狗嘴边去。

它是猛扑下来救护幼雀的。它用身体掩护着自己的幼儿……但它整个小小的身体因恐怖而战栗着,它小小的声音也变得粗暴嘶哑了,它是牺牲自己了!

在它看来,狗该是个多么庞大的怪物呵!然而,它还是不能站在自己高高的、安全的树枝上……有一种比它的理智更强烈的力量,使它从那儿扑下身来。

我的特列左尔站住了,向后退了退……看来,它也感到了这种力量。

我赶紧唤住惊惶失措的狗——然后,我怀着尊敬的心情,走开了。

是呵,请不要见笑。我尊敬那只小小的、英勇的鸟儿,我尊敬它那种爱的冲动和力量。

爱,我想,比死和死的恐惧更强大。只有依靠它,依靠这种爱,生命才能维持下去,发展下去。

（视频链接：http://video.sina.com.cn/v/b/26011662-1609133704.html）

朗诵要领：叙述娓娓中注意节奏的变化,狗和麻雀的动态通过语调和语速的变化而展现,老麻雀的急迫和英勇献身要以较高的语音、调和较快的语速来表现;最后的感慨深沉悠长。

选文四

海　燕
〔苏联〕高尔基

在苍茫的大海上,风聚集着乌云。在乌云和大海之间,海燕像黑色的闪电高傲地飞翔。

一会儿翅膀碰着波浪,一会儿箭一般地直冲云霄,它叫喊着,——在这鸟儿勇敢的叫喊声里,乌云听出了欢乐。

在这叫喊声里,充满着对暴风雨的渴望!在这叫喊声里,乌云感到愤怒的力量、热情的火焰和胜利的信心。

海鸥在暴风雨来临之前呻吟着,——呻吟着,在大海上飞窜,想把自己对暴风雨的恐惧掩藏到大海深处。

海鸭也呻吟着,——这些海鸭呀,享受不了生活的战斗的欢乐:轰隆隆的雷声把它们吓坏了。

愚蠢的企鹅,畏缩地把肥胖的身体躲藏在峭崖底下……只有那高傲的海燕,勇敢地、自由自在地,在翻起白沫的大海上飞翔!

乌云越来越暗,越来越低,向海面直压下来;波浪一边歌唱,一边冲向高空去迎接那雷声。

雷声轰响,波浪在愤怒的飞沫中呼啸,跟狂风争鸣。看吧,狂风紧紧抱着一堆堆巨浪,恶狠狠地扔到峭崖上,把这些大块的翡翠摔成尘雾和水沫。

海燕叫喊着,飞翔着,像黑色的闪电,箭一般地穿过乌云,翅膀刮起波浪的飞沫。

看吧,它飞舞着,像个精灵——高傲的、黑色的暴风雨的精灵,——它在大笑,又在高叫……它笑那些乌云,它因为欢乐而高叫!

这敏感的精灵,早就听出震怒的雷声已经困乏。它深信乌云遮不住太阳,——是的,遮不住的!

风在狂吼……雷在轰响……

一堆堆的乌云,像青色的火焰,在无底的大海上燃烧。大海抓住金箭似的闪电,把它们在自己的深渊里熄灭掉。闪电的影子,像一条条的火蛇,在大海里蜿蜒浮动,一晃就消失了。

暴风雨!暴风雨就要来啦!

这是勇敢的海燕,在闪电中间,在怒吼的大海上高傲地飞翔,这是胜利的预言家在叫喊:

——让暴风雨来得更猛烈些吧!……

(视频链接:http://my.tv.sohu.com/u/vw/16206344 http://my.tv.sohu.com/u/vw/2410648)

朗诵要领:充分调动情景再现,身临其境,有感而发。朗诵时语气坚实豪迈、富有激情。深沉和激越交织;标点在此中的诵读不再是简单的符号,而是要表现出富含感情和内涵的实质。本文适合具有高亢音色的男声朗诵。

(三)小说

小说是通过对典型环境的描写、塑造鲜明的人物形象来反映生活、表现作品的主题。其特征是:丰富的人物形象,完整的故事情节,精细的环境描写。

1. 朗诵要领。

(1)把握基调。

应从作品主题、内容出发,着眼全篇,把准作者的创作动机、志趣,形成自己的基调;并充分认识和确切把握节选部分与全篇的关系,居于全篇的什么位置,在什么意义上有其独立性,主要人物的思想发展到什么阶段,人物性格揭示到什么程度,此外,还要知道主要人物的命运如何,起始如何,走向如何,人物关系如何。

(2)处理好人物语言,让人物"活"起来。

小说语言的个性化为其主要特色,所以重点应抓住作品中人物的语言,用声音刻画人物形象,读出人物个性来,产生如闻其声、如见其人的艺术效果。

如何让人"活"起来?从作品出发,确立人物基调。善于捕捉人物全貌的"主旋律"。从分析人物的外貌、心理活动入手,弄清人物形象特点、性格特征、思想意识、生活环境、身份、地位、文化素养、人际关系等,然后结合人物语言,设身处地地想象和处理。一般地,年轻人的声音较高、清亮、咬字较紧;而老年人声音较低、沙哑、咬字较松。性格粗犷的男性,发声易靠后,气足,出字较重;性格温柔的女性,声音气息较柔,咬字较软。

朗读几个人的对话,语气上要呼应,体现出对话间的逻辑关系。同时要细致思考作者的本意,理解作者在这些叙述中所表示的态度和思想感情。

(3) 交代好情节。

找准其与上下文或人物语言的衔接点和情感、态度的分寸与变化,点指清楚,转换有机、自然,承接顺畅。

对于一些在叙述方式上(如插叙、倒叙)特殊的作品,要注意起止点的交代,既有明显的停顿,又要衔接自然,使之层次分明,结构清晰。

2. 注意点。

(1) 区分、把握作品与人物基调。

(2) 忌叙述语言与人物语言脱节。

(3) 人物语言不可形大于神。

(4) 用非语言表现声音。

精选文例赏析及模仿诵读训练。

◆ 选文一

卖火柴的小女孩
〔丹麦〕安徒生

天气冷得可怕。天正下着雪,黑暗的夜幕开始垂下来了。这是一年中最后的一夜——新年的前夕。在这样寒冷的黑暗中,有一个光头赤脚的穷苦小女孩在街上走着。是的,她离开家的时候还穿着一双拖鞋,但那又有什么用呢?那双拖鞋是那么的大,以前一直是她妈妈穿着的。在她匆忙越过街道的时候,两辆马车飞快地闯过来,吓得她把鞋子都跑落了。有一只鞋,她怎么也找不到,另一只又被一个男孩拣起来抢跑了。他还说,等他将来有孩子的时候,他可以把它当作一个摇篮使用。

现在小姑娘只好赤着一双小脚走路了。这双脚已经冻得又红又青。她的旧围裙里兜着许多火柴,她手中也拿着一束火柴。这一整天谁也没有向她买过一根;谁也没有给她一个铜板。

可怜的小姑娘,她又饿又冷,哆嗦着向前走。这简直是一幅悲惨的画面。雪花落在她的金黄色的长发上——这头发鬈曲地散在她的肩上,看起来非常美丽。不过她并没有想到自己的美。所有的窗子都射出光来,街上飘着一股烤鸭的香味,因为今天是除夕。是的,她在想,今天是除夕。

她在两座房子——一座比另一座更向街心凸出一点——所构成的一个墙角里坐下来,

缩成一团。她把她的一双小脚也缩了进去,不过她感到更冷了。她不敢回家去,因为她没有卖掉一根火柴,没有赚到一个铜板。她父亲一定会打她,而且家里也是冷的,他们什么也没有,头上只有一个屋顶,风可以从顶上吹进来,虽然最大的裂口已经用草和破布堵起来了。

她的一双小手几乎冻僵了。唉!哪怕一根小火柴对她也是有好处的。只要她敢抽出一根来,在墙上擦一下,暖一暖手就好了!她终于抽出了一根。哧!火柴燃起来了,冒出火了!当她把手覆在上面的时候,它便成了一朵温暖的、光明的火焰,活像一根小小的蜡烛。这是一道美丽的微光!小姑娘觉得自己真像坐在一个有发亮的黄铜炉和炉身的铁火炉面前一样。火烧得多么旺,多么温暖,多么美好啊!唉,这是怎么一回事呀?小姑娘刚刚伸出她的一双脚,打算暖一下,忽然火焰熄灭了!火炉也不见了。她坐在那儿,手中只有一根烧过了的火柴。

她又擦了一根,火柴燃起来了,发出光来了。墙上的那块被亮光照着的地方,现在忽然变得透明,像一片薄纱一样;她可以看到房间里的东西:桌上铺着雪白的台布,上面放着精致的盘碗,还有填满了梅子和苹果的,冒着香气的烤鹅。更美妙的是:这只鹅从盘子里跳下来,背上插着刀叉,蹒跚地在地上走着,一直向这穷苦的小姑娘走来。这时,火柴熄灭了,她的面前只有一堵又厚又冷的墙。

她又擦了一根火柴。现在她是坐在美丽的圣诞树下。这株树比她上次圣诞节时透过一个富有的商人家的玻璃门所看到的那一株还要大,还要美。它的绿枝上燃着几千支蜡烛;一些跟挂在商店橱窗里一样美丽的彩色图画在向她霎眼。小姑娘把她的两只手伸过去。于是,火柴就熄灭了。圣诞树的烛光越升越高,她看到它们现在变成了一些明亮的星星。这些星星有一颗落下来,在天上划出了一道长长的红线。

"现在又有一个什么人死去了,"小姑娘说,因为她的老祖母——她是唯一待她好的人,但是现在已经去了——曾经说过:天上落下一颗星,地上就有一个灵魂升到上帝那儿去了。

她在墙上又擦了一根火柴。火柴把四周都照亮了,在这亮光中老祖母出现了。她显得那么光明,那么温柔,那么和蔼。

"祖母!"小姑娘叫起来,"啊!请把我带走吧!我知道火柴一灭掉,你就会不见的,你就会像那个温暖的火炉,那只美丽的烤鹅,那株幸福的圣诞树一样不见的!"

于是她急忙把整束火柴中剩下的那些都擦亮了,因为她非常想把祖母留住。这些火柴发出强烈的火光,照得比大白天还要明亮。祖母这次特别显得美丽和高大。她把小姑娘抱起来,搂在怀里,她们俩人在光明和快乐中飞走了,越飞越高,飞到既没有寒冷,也没有饥饿,也没有忧愁的地方去了——她们是跟上帝在一起!

不过在一个寒冷的清晨,这个小姑娘却坐在一个墙角里,她的双颊通红,嘴唇上带着微笑,她已经死了——在旧年的除夕冻死了。新年的太阳升起来了,照着她小小的尸体!她坐在那儿,手中还捏着火柴——其中有束几乎烧光了。

"她想给自己暖一下,"人们说,谁也不知道,她曾经看到多么美丽的东西,她曾经多么幸福地跟着她的老祖母一起走到新年的幸福中去。

(音频链接:http://www.tudou.com/programs/view/aSLr6K5MXH4/
视频链接:http://my.tv.sohu.com/u/vw/4193896)

朗诵要领:故事节奏舒缓,娓娓道来,声音温和。小女孩的童音塑造要天真纯净,充满了憧憬。最后在淡然的叙述中带有略略的忧伤。

选文二

活着（节选）

余 华

我遇到那位名叫福贵的老人时,是夏天刚刚来到的季节。

那天午后,我走到了一棵有着茂盛树叶的树下,田里的棉花已被收起,几个包着头巾的女人正将棉秆拔出来,她们不时抖动着屁股摔去根须上的泥巴。我摘下草帽,从身后取过毛巾擦起脸上的汗水,身旁是一口在阳光下泛黄的池塘,我就靠着树干面对池塘坐了下来,紧接着我感到自己要睡觉了,就在青草上躺下来,把草帽盖住脸,枕着背包在树荫里闭上了眼睛。

这位比现在年轻十岁的我,躺在树叶和草丛中间,睡了两个小时。其间有几只蚂蚁爬到了我的腿上,我沉睡中的手指依然准确地将它们弹走。后来仿佛是来到了水边,一位老人撑着竹筏在远处响亮地吆喝。我从睡梦里挣脱而出,吆喝声在现实里清晰地传来,我起身后,看到近旁田里一个老人正在开导一头老牛。

犁田的老牛或许已经深感疲倦,它低头伫立在那里,后面赤裸着脊背扶犁的老人,对老牛的消极态度似乎不满,我听到他嗓音响亮地对牛说道:

"做牛耕田,做狗看家,做和尚化缘,做鸡报晓,做女人织布,哪只牛不耕田? 这可是自古就有的道理,走呀,走呀。"

疲倦的老牛听到老人的吆喝后,仿佛知错般地抬起了头,拉着犁往前走去。

我看到老人的脊背和牛背一样黝黑,两个进入垂暮的生命将那块古板的田地耕得哗哗翻动,犹如水面上掀起的波浪。

随后,我听到老人粗哑却令人感动的嗓音,他唱起了旧日的歌谣,先是口依呀啦呀唱出长长的引子,接着出现两句歌词——

"皇帝招我做女婿,路远迢迢我不去。"

因为路途遥远,不愿去做皇帝的女婿。老人的自鸣得意让我失声而笑。可能是牛放慢了脚步,老人又吆喝起来:

"二喜,有庆不要偷懒;家珍,凤霞耕得好;苦根也行啊。"

一头牛竟会有这么多名字? 我好奇地走到田边,问走近的老人:

"这牛有多少名字?"

老人扶住犁站下来,他将我上下打量一番后问:

"你是城里人吧?"

"是的。"我点点头。

老人得意起来,"我一眼就看出来了。"

我说:"这牛究竟有多少名字?"

老人回答:"这牛叫福贵,就一个名字。"

"可你刚才叫了几个名字。"

"噢——"老人高兴地笑起来,他神秘地向我招招手,当我凑过去时,他欲说又止,他看到牛正抬着头,就训斥它:

"你别偷听,把头低下。"

牛果然低下了头,这时老人悄声对我说:

"我怕它知道只有自己在耕田,就多叫出几个名字去骗它,它听到还有别的牛也在耕田,就不会不高兴,耕田也就起劲啦。"

老人黝黑的脸在阳光里笑得十分生动,脸上的皱纹欢乐地游动着,里面镶满了泥土,就如布满田间的小道。

这位老人后来和我一起坐在了那棵茂盛的树下,在那个充满阳光的下午,他向我讲述了自己……

(选自余华《活着》,南海出版社1998年5月版)

朗诵要领:故事以朴实平和的基调展开。人物语言生动形象,略带表演。讲述的声音明亮舒展,气息充足畅通,语气轻松、饶有兴味,带有探究意味。表现老人声音,节奏缓慢,采用中音区,略带沙哑。同时对人物基调要把握准确,老人看似轻松调侃的语气,却包含了对生活和命运的无奈并近乎达观的超脱态度。适合男声朗诵。

(四)剧本

戏剧是集文学、音乐、美术、舞蹈等多种艺术为一身的综合体。剧本、演员、舞台为其三要素。其语言具体如下。

1. 人物语言。

人物语言即台词,包括独白、对话、唱词。

(1)独白。表现人物在特定情境中的回忆、思考、想象、谋算、发泄等。有时自言自语、自问自答;有时同想象中的对象交流。**其特征为:相对柔和,声音不能太响,气息不能太冲。**但要随思绪的层次改变言语的强弱、快慢、疾徐、缓急,不能一成不变。

(2)对话。剧本中的语言完全是精练、含蓄、通俗、富有诗意、高度个性化的"活"语言,有独特和充分的表现力,所以应将人物的性格情绪刻画表现出来。想象人物的外貌、说话时的神情和声音。

2. 舞台指示。

那些对塑造人物、表现主题和推进情节作用大、联系紧密的提示要读出来。**其特征为:用音较低,平直语调。**

能力训练

精选文例赏析及模仿诵读训练。

哈姆雷特独白
〔英〕莎士比亚

生存还是毁灭,这是一个值得考虑的问题;默默忍受命运的暴虐的毒箭,或是挺身反抗人世的无涯的苦难,通过斗争把它们扫清,这两种行为,哪一种更高贵?死了,睡着了,睡着了也许还会做梦,嗯,阻碍就在这儿:因为当我们摆脱了这一具朽腐的皮囊以后,在那死的睡眠里,究竟将要做些什么梦,那不能不使我们踌躇顾虑。人们甘心久困于患难之中,也就是为了这个缘故。谁愿意忍受人世的鞭挞和讥嘲、压迫者的凌辱、傲慢者的冷眼、被轻蔑的爱情的惨痛、法律的迁延、官吏的横虐和费尽辛勤所换来的小人的鄙视,要是他只用一柄小小的刀子,就可以清算他自己的一生?谁愿意负着这样的重担,在烦劳的生命的压迫下呻吟流汗,倘不是因为惧怕不可知的死后,惧怕那从来不曾有一个旅人回来过的神秘之国,是它迷惑了我们的意思,使我们宁愿忍受目前的折磨,不敢向我们所不知道的痛苦飞去?这样,重重的顾虑使我们全变成了懦夫,决心的赤热的光彩,被审慎的思维盖上了一层灰色,伟大的事业在这一种考虑之下,也会逆流而退,失去了行动的意义。

朗诵要领:朗诵时基调凝重、深沉,声音自然,语势平稳,语速偏慢,以思考和议论的语气为主,体会边言语边思考的矛盾状态,营造特有的哲思意蕴。

(五)议论文

议论文具有说理的概括性、严密的逻辑性的特点,富有战斗性。它庄重、严肃、侃侃而谈,摆事实、讲道理,朴实、明理。具体朗读时可作如下的处理:

开头,提出问题。朗诵时应鲜明、清楚、响亮、肯定。

主体,分析问题。朗诵时应扎实、条理、层次分明,且波澜起伏。

结论,解决问题。朗诵时应坚实、有力、高昂,富有鼓动力。

精选文例赏析及模仿诵读训练。

论　美
〔英〕弗兰西斯·培根

美德好比宝石,它在朴素背景的衬托下反而更华丽。同样一个打扮并不华贵、却端庄严肃有美德的人是令人肃然起敬的。

美貌的人并不都有其他方面的才能。因为造物主是吝啬的,他给此就不再予彼。所以许多容颜俊秀的人却一无所有,他们过于追求外形的美而放弃了内在的美。但这话也不全对,因为奥古斯都、菲斯帕斯、腓力斯王、爱德华四世、阿尔西巴底斯、伊斯梅尔等人,都既是大丈夫,又是美男子。

仔细分析起来,形体之美要胜于颜色之美,而优雅行为之美又胜于形体之美。最高的美是画家无法表现的,因为它是难于直观的。这是一种奇妙的美。曾经有两位画家——阿皮雷斯和丢勒滑稽地认为,可以按照几何的比例、或者通过摄取不同人身上最美的特点,加以合成的方法,画出最完美的人像。其实像这样画出来的美人,恐怕只有画家才会喜欢。美是不能制定规范的,创造它的常常是机遇,而不是公式。有许多脸型,就它的部分看并不优美,但作为整体却非常动人。

有些老人显得很可爱,因为他们的作风优雅而美。"美人的迟暮也是美的。"而尽管有的年轻人具有美貌,却由于缺乏优美的修养而不配得到赞美。

美有如盛夏的水果,是容易腐烂而难保持的。世上有许多美人,他们有过放荡的青春,却迎受着愧悔的晚年。因此,把美的形貌与美的德行结合起来吧。只有这样,美才会放射真正的光辉。

(音频链接:http://www.tudou.com/programs/view/eRKgjg73Dec/)

朗诵要领:朗诵时把握深沉、凝重的基调。声音自然、平实,语势平稳、流畅,语速偏慢,在描述的细节中蕴涵至理名言。

选文二

读书使生命灿烂

林 莽

我很怕别人问我应该如何读书和读哪些书。

我是一个读书的受益者,但却没有总结出一套读书的方法和理论。或许是命运使然,在我的年轻时代,在那个最缺少书籍的时代,我却意外地读到了一些书,是那些书为我后来走上文学之路奠定了基础,并初步了解了我们所生存的这个世界。

我在上小学、中学时期,因为那时的教育体制,很少读课外的读物。因为"文革"的停课,因为父亲的被审查,我退出了当时的社会活动,有一度在家里读了一批十八、十九世纪的小说。那是那个特殊时代从学校图书馆里流出的书籍,它们在我的同学和朋友中相互流传着,是它们让我的心灵得到了初始的启蒙。那些书不仅给了我精神的安慰,引导我走上文学之路,它们还告诉我:人类社会的复杂和人性的善与恶,并不是学生时代老师告诉我们的那些简单的、表面化的社会伦理与道德。

我以为,读书给我们启迪和知识是十分重要的,而更高的境界是一个读者与作者心灵的互通和对话。一本书,我们不能指望它字字珠玑,如果它在某一行或某几页给我们以真知灼见的心灵启示,那就是一本值得一读的书。当然,如果一本书的文字让你找到了知己,在阅读中,你如同在与一位朋友倾心交谈,你的生活与文化经验在书中得到了验证,那才是一种最愉快的阅读历程。

为了读书而读书,为了他人而读书,都是很荒唐的。想读,并在阅读中有愉悦和享受感,不是为了完成任务,而是心灵的需要,那样才会有更多的意义。当我们走过了博闻强记的少年积累阶段,当我们有了自己的生活方向,那时的阅读已不再是一般化的,而是有选择的。为了求知和治学的读书,是专业性的,而为了生命的需求才是更高层次的。

读书也许是没有捷径的,不要问他人怎样读书,读什么书。要根据自己的需要去读,去选择。那些使你为之动情的,为之感动和为之心悦诚服的书籍,都是你应该去读的。反之可以弃之不读。那些时髦的,时尚的不妨了解一下,因为追风和追星的,一定都是肤浅的。我们的世界中有许多的文化垃圾,它们会覆盖人们的灵魂,让我们的生命发不出光来。如同吃了人间凡果的孙悟空消失了刚出世时双眼中穿透天庭的光芒。确实,在我们的现实生活中,有许许多多的人因此而变得黯淡,失去了生命的创造力。

当我们按照生命最本真的指引,从一本书引发另几本书,并逐步读得更多。我们的生命也会随之灿烂起来。

(选自《人民铁道报》2010年4月26日)

朗诵要领:表达时以思考、议论的语气为主;声音稳健,语流自然流畅,娓娓道来,气息下沉;注意论述的逻辑层次要清楚明了。

(六)说明文

说明文具有内容的科学性,严密的知识性、逻辑性的特征,具有语言通俗、准确的文体特点。

朗读时应使之生动活泼。要调动各种手段读清说明事物的条理和顺序。说明文的语言准确、简明、周密。要读好重点说明事物的词语;又因语言的通俗形象,所以也应绘声绘色,并读出感情。

活动设计：诗文朗诵会

举办朗诵会,学生自由选择作品,文体不限(建议选择诗歌、散文),可自创,也可借用上台朗诵。

要求：

1. 此项目活动由学生在教师指导下进行策划和安排。

有项目活动的主持人和评委人员,以及活动完成时的点评。

2. 主题正确,内容充实感人,清晰、流畅,声情并茂。语音准确,轻重分明,停顿适当,语调变化自然、恰当,快慢相宜。尤其在朗诵中,忠实于文本并能进行艺术再创造,用丰富多彩的语音手段和准确适当的态势语言创造出美的形象和意境。

作品诵读的时间长度一般把握在以正常语速诵读,时间控制在 $1'30''\sim 5'$ 左右。

3. 每位学生都要上台脱稿朗诵。从诵读的韵味和节奏中体会优秀作品的风采神韵。

朗诵艺术与声乐

1. 朗诵有助于歌唱气息的运用

呼吸在歌唱中起着非常重要的作用,没有掌握控制好呼吸,就不可能真正把歌唱好。歌唱不仅需要大量的气息,而且气息运用的好坏,直接关系到发音的正确,音质的优美,音色的丰富,共鸣的扩大和运腔行腔的自如,等等。朗诵有助于歌唱气息的平稳。初学声乐者,要求他们有感情地朗诵一首歌词远远比让他们有表情地唱这首歌更容易,且效果更具感染力。在朗诵中,学生无论在气息、声音还是感情上都把握得非常好,而在歌唱时却显得"力不从心"。原因很简单,他们把歌唱与朗诵的状态隔离开了,用朗诵的感觉去歌唱,每练习演唱一首歌曲之前先有表情地朗诵,在较高的音区让学生体会在广场上大声朗诵的感觉,掌握之后再用于歌唱,这样不仅可使他们充分理解歌曲要表达的内容情感,而且能使学生更容易地掌握正确的呼吸发声状态。因为朗诵和我们日常的语言更接近,使学生感觉更放松,通过一阶段的练习渐渐使学生在气息方面做到"深、通、活"。有了"深、通、活"的气息支持,便为歌唱打下了良好的基础。

2. 朗诵有助于打开共鸣腔体

歌唱的中心意义就是要用声音把词义传给听众,为求字正,腔随字走,字领腔行,达到把字唱清楚,像说话一样自然清晰的艺术效果。歌唱状态下的朗诵可以调整呼吸、发声、共鸣三者之间的关系,以求达到最佳状态。美国著名女高音罗斯·班普登也认为："歌唱者首先从自己自然的声音中找出唱得最好的、最自然的声音,然后用最自然、最不费力的方式去把它唱出来,使它得到恰当的共鸣。"这就告诉我们,正确的歌唱训练必须以自然为基础,但值得注意的是,自然不是随便,不是随心所欲,而是在科学、正确的方式下掌握的规律,以及获得的一种自由和解脱。朗诵有助于声音的放松,充分运用共鸣歌唱无论从生理上还是心理上都应该是非常愉快的,就其本质而言,歌唱也是一种运动,是呼吸、发声、共鸣等器官及相应生理机能和心理机能的协调运动。这些器官在歌唱时各自运动的状态和相互间的协调程度决定着歌唱声音的优劣。朗诵时的发音状态是日常说话状态的延伸和夸大,尤其是放声朗诵时的发音状态,与歌唱状态完全一致,在朗诵时学生很少感觉声音吃力、不圆润等现象,能在较自然的状态下发音,使发音器官与共鸣器官能在自然状态下协调运动。用朗诵的状态歌唱,可以使声音更加自然放松,通畅,也容易使高、中、低三个声区衔接紧密,转换自如,正确运用各个腔体的共鸣,使我们的歌声更加多姿多彩。

3. 朗诵有助于歌唱中的咬字吐字清晰和正确把握作品感情

声乐艺术十分重视咬字吐字,所谓"字正腔圆",是指只有正确清晰的咬字吐字,才能让听众充分领会歌曲的内容,演唱才能收到富有感染力的艺术效果;另一方面,歌唱语言往往和歌曲风格、韵味紧密相关,所以,清晰准确的咬字吐字是歌唱艺术中一个极为重要的方面。在歌唱时,要求每个字都必须准确地做到咬字、归韵、收声。朗诵则是练习咬字、吐字的有效方法。演唱一首歌之前把歌词单独拿出来,拉长声调朗诵,易于体会每个字的着力部位,头、腹、尾的结构及收音和字的整体概念等问题。歌唱时,不仅单个字要交代清楚,而且要注意歌词的语调规律(语调是指句子里声音的高低变化和快慢轻重),表达一定的语气和情感。对歌唱者来说,要特别注意口气、语调和重读、轻读两方面,歌唱者反复研读、朗诵歌词,易于准确把握语调规律,结合旋律表现特点,把歌词含义富有感染力地传达给听众。

声乐曲是文学和音乐的综合艺术,音乐和文学相倚相成,互相渗透,方能发挥它的特性。要达到音乐和文学融为一体,必须充分理解歌词的意义,领悟它所抒发的感情,体味它的情调韵味,分辨出它的组织结构、句法声韵、轻重长短,以及艺术手法等,演唱时才能恰当地运用声音的特性,把歌词的意义、感情有效地表现出来,使文学与音乐同等地发挥作用,两者融为一体,相得益彰。朗诵是正确把握歌曲情绪最有效的方法。朗诵时能详细体味歌词,充分理解其意义。歌词中孕育着音乐的灵魂,曲谱中包含着歌词的生命。吟诵在体会歌词文学韵味的同时,还能唤起音乐方面的联想,对歌词作精细的分析,衡量出它的性质,了解歌词的意境、艺术手法等,正确把握歌词的情调语气,了解歌词的组织结构。朗诵过程中可充分发挥表现歌词的意义,抒发歌词的感情,使歌词与曲谱情调互相配合,用真挚的"情"结合自己的审美标准和个性特点选择自己的声音形式和表现手法,生动、准确地表达歌曲的内容和情感。

(摘编自 中国论文下载中心 http://www.studa.net   来源:中国论文下载中心[10-03-22 11:28:00] 作者:冉明 编辑:studa090420 http://www.studa.net/yishu/100322/11280134-2.html)

朗诵可以健脑

据《大众健康》报道,近年来,朗诵在日本已经被视为健体健心、受益无穷的活动,各地都办起了不同形式的民间朗诵组织,甚至连小学也恢复了朗读课。

日本人之所以对朗诵如此情有独钟,是因为健康学家认为,朗诵犹如"健身体操",可使大脑皮层的抑制和兴奋过程达到相对平衡,血流量及神经功能的调节处于良好状态;朗诵就像唱歌,能增加肺活量,使全身通畅,有怡情养性的独特作用;朗诵还是一种"思维体操",特别有助于减轻老人"黄昏思想"的精神压力,锻炼老人的记忆力和表达力。

　　日本川曷隆太教授研究发现,人在朗读时,70%以上的神经细胞参与大脑活动,超过默读和识字,相当于大脑的"热身体操"。如果长期坚持,反复练习朗读,能强化学生的记忆和提高学生注意力,进入兴奋的学习状态,增强学习效果。

　　(来源:2007年01月29日　07:59:31　杭州网 http://www.hangzhou.com.cn/20060801/ca1262299.htm)

项目五 倾听能力的训练

【训练目标】

懂得倾听在交谈中的重要作用。掌握倾听的方法和技巧,对所听到的话语能准确分析、准确理解、准确判断,到最后能作准确处理,养成倾听的习惯。

【训练方法】

了解聆听能力的构成,按训练要点逐步培养正确的倾听习惯、方法和技巧,摒弃不良的倾听习惯,帮助获得有用的信息,增强言语表达的效果。

【活动设计】

为了提高公司员工的办公技能,五四青年节的活动周里,博诚文化发展有限公司安排了一场员工的听力比赛——接电话"听力大比拼"。公司各部门派一名青年员工参加,对所接听的电话内容进行复述并概括要点。随意设置听话内容,时间长度控制在1~3分钟。比赛设奖项,优胜者将获得奖励。

作为双向沟通,良好的交谈一半要靠倾听。听说活动是以有声语言为载体的。口语信息的"输出"靠说,"输入"靠听。

全神贯注地听人说,认真、准确、及时地获取口语中饱含的诸多信息内容,随后进行听觉信息加工,必要时还能转化为说话材料,这是基本的听力素质和完整的倾听活动过程。

第一节　良好的听话态度

要以诚恳、谦逊的态度集中注意力聆听对方的话,用和蔼的态度注视对方的眼睛,不能漫不经心,同时送去适时的点头和微笑,并且要在点子上。要尊重别人说话和听话的权利,不要没礼貌地打断别人的话或中途插话;如不同意别人的意见,也应等人讲完,在适当的时候再说再问;听话要忠实其原意;也不要显出不耐烦的神情。

倾听是细心地听,积极能动地听,不仅用耳,还要用头脑、用心灵去理解领会信息。听与说同样重要,只有认真用心地听,才能知晓对方,最后决定自己该说的话,也才能赢得对方的好感,使交流顺畅地进行下去。

然而倾听并非一件易事。据研究,人的思维速度要比说话速度快四五倍,所以听话时思维经常要"开小差",使其错漏重点、关键,导致交谈时答非所问。因此,掌握倾听技巧十分重要。

聆听能力包括:对普通话语音的辨识能力,对普通话语义及整个话语意义的理解与把握——听话的核心,对话语的品评能力。如对"下逐客令"的不同表述有:

1. 直表——"太晚了,你们赶紧走吧,我还有事要干呢!"
2. 婉曲——"你们的作业都做好了?还不赶紧回去做!我也有事情要干呢!"
3. 暗示——"哟,现在都几点钟了?时候可不早了!不知你们回去还能不能赶上公共汽车?"

第二节　倾听的"听众意识"

听是为了更好地说。不会听,也说不好。倾听时,一要让对方看出自己的诚意;二要从言语中分辨出对方真实的想法和需求;三不仅要了解对方的情感,也要了解对方想要传达的信息;四要掌控谈话步骤,合理安排询问、鼓励和评价的时间。真正会说话的人,不仅会说、善说,而且说时善于听,善于用"听众意识"控制说话的停顿和速度,以便让对方听得更清楚、更有条理,使自己的说话达到最佳效果。

所谓**听众意识**,就是设定我是一位听众,我希望你怎么说话,用听众的心态来设计自己讲话的模式。在谈话活动中,谁真正做到了具有听众意识,谁就可使谈话达到良好效果。

在谈话活动中,讲话人应时时考虑到听话人存在三个时间差:理解的时间差,听记的时间差,情感的时间差。

第三节　听其言，察其人

一、听话的思维方式

大多数人都可以以四倍的说话速度来听话理解，所以可提前对话语的内容进行揣测。其思考的方法有：

推断法——推测以下该说什么，以测试自己的判断是否正确。

小结法——边听、边总结对方讲话的要点。

品味法——思考说话人语言的深意，品味其潜在的信息（从语气变化、音调高低、面部表情、手势动作等方面探试）。

自问自答法——我是不是了解这个人？他是否言不由衷？他讲话的目的是什么？他是不是只对我说了一部分？我怎样才能让他说出全部的话？要在谈话中发现自己兴趣之所在，试从不同角度琢磨对方的话，只有努力倾听、思考，才能学会进一步观察人、了解人与人之间的复杂关系，变得懂事一点，聪明一点。

在听话的过程中，要学会"表里透视"，即指在听话时对于对方的话语同时进行字面意义和深层意义的分析和把握。一般话语中的含义有4种情形可作判断：一是正话反说还是反话正说；二是真心话还是违心话；三是友好话还是牢骚话；四是正确话还是错误话。例如：

一次，某外商向我某公司购买香料油，出价每公斤40美元，我方开价48美元。这时，对方急了：

"不，不，你们怎么能指望我们出45美元以上的价呢？"情急之中，对方露馅了。我方立即抓住他的话，巧妙地反问：

"这么说，您是愿意以45美元成交的？"

外商见露了底，只得说："可以考虑。"

谈判结果，以每公斤45美元成交。

这次外贸谈判的顺利与成功，与善听是分不开的。

二、聆听的方法

善于听话的人，也善于从对方的语言信息和表情信息中了解他的真实意图，从对方谈话时词语的选择、声音的变化、语气的停顿、踌躇等细节处进行系统的分析，来判断根本未提及的事或对方力图掩饰的心理活动，以便进行有针对性的谈话。具体的聆听方法有：

离散式听话。听而不闻，听见说话可又没注意说什么。听话间歇时而注意听，时而不注意听，断断续续，只知一二。

关注式听话。认真聆听，时时关注讲话的每一个要点。

选择式听话。放过那些客套话、无关紧要的话，节选出有价值的话。

评议式听话。不仅能抓住要点，而且能作出评价。

神入式听话。全身心地倾听，忘我地倾听，深入了解讲话内容。

组合式听话。边听，边把那些零散、不同类型的话语信息按照一条清晰的思路，组合为比较系统的话。

三、听不进别人话的人

哪些人听不进别人的话？主要有以下四种：自以为永不犯错的人，生性好辩的人，自我感觉总是良好的人，好感情用事的人。

第四节　倾听的技巧

一、抓要点

用说话人话语的层次来捕捉要点；说话人在强调某些重点语句时，常采用故意放慢语速、突然停顿、提高声调或故意降低声调以及用手势等加以提示。

二、诱导

听者有责任帮助说话者更清楚、坦率地表达自己的意图。学会运用应答、三言两语的评论或必要的提示来诱导说话人。

第五节　倾听能力的训练方法

一、记忆性听力训练

记忆性听力训练即复述式的听话训练。可以训练机械记忆与即兴复述能力，克服瞬间记忆"遗忘曲线"的干扰，克服表述中的心理障碍。具体的方法有：

1. 每日收听新闻或举办读报会，然后默写下来或进行讲述。
2. 几个人一组，轮流选读报刊上的新闻、述评、故事、广告，半个月进行一次书面测验，考题由读报者拼合。这有助于提高抓要点、概括内容、储存信息的能力。
3. 任选一部政论文选或文集，按序号逐一要求听读；教师慢读3～5行文字（初始训练阶段以3行为宜，对优秀者可增至5行及以上），连读3遍后，请被试者起立，背诵复述全部的文字内容。听读时不得记录。为使这种须高度集中注意力的活动发挥最高的水平，未轮训者可在教室里看书、写信或做其他事，但不得出声、走动，影响被测试者。

二、鉴赏性听力训练

鉴赏性听力训练既训练听力，又激发听觉兴趣。

从电台节目中录制精彩的广播剧、电影录音剪辑、散文诗歌朗诵、相声等，定期组织欣赏、评讲，在陶冶审美情趣的过程中，有效提高听力。

三、概括性听力训练

概括性听力训练是针对听话内容，抓住要点、重点而进行的听力训练。

1. 让被试者单纯用耳力听朗读的文章,然后复述全文内容或写出结构提纲,以检查对课文要点的掌握。

2. 听某人即兴讲话录音,然后由被试者概括要点(音频内容最好用口语色彩浓,多叹词、语气词、俗语,句式短小灵活,有重复现象,听后能筛选关键词组并经过整理后形成的清晰的语段)。

四、理解性听力训练

1. 根据话语的修辞特点,理解意思。
2. 根据说话人的特点、说话时的场合,理解话语的深层意思。

五、呼应性听力训练

1. 有礼貌地听人说话,得体地答话,是尊重人、尊重自己的道德行为。
2. 设置语境进行会话,要求礼貌听人说话,并得体地答话。

能力训练
NENGLI XUNLIAN

一、下面摘录的是一次讨论会上的两段发言,分别对"说大话"发表了看法。你听了这些发言,能归纳出要点来吗?

1. 爱说大话,只要不过分,未必是一件坏事。比如,某某人说将来"准能考上清华大学",这看似说大话,但假如能把考上清华大学作为自己的奋斗目标呢?一旦目标确定,能激励自己为此发愤努力,不也是好事吗?现实生活中敢于确立大目标的人也不少,如徐根宝教练曾在97联赛之初立志带领"松日队"冲上"甲A",否则就不当教练。一开始引起不少人的嘲笑,而当他最终实现目标时,自然就没有人说什么了。

因此,我认为只要将大话转化为真正的目标,能为之去奋斗,那就有助于事业的成功。

2. 生活中确实有人爱说大话,说了又不做,所以总让人觉得夸夸其谈,不知天高地厚,不可信。要让人扭转这些印象,就要注意解决说和做的关系。

首先,说之前要深思熟虑,能做到的才说,也可以等到做了或通过努力有可能实现时再说。说的是不是空话和大话,关键是做事有没有实效。做到了,不说也没关系。其次,要言行一致,自己说过的话,就必须努力去做,哪怕付出代价。就像"上清华大学,留学加拿大",既然你有理想,有誓言,就应奋发努力,或许真能成功呢?成功了,就不是大话了。

要求:概括要简洁明了,不必面面俱到地复述原话。

提示:如何看待"说大话"?两段发言各自表达了观点,基本上是客观、辨证的。总的看来,首先要解决说和做的关系,说到做到。其次是肯定确立目标的重要性,这是与说大话的重要的分界线。

二、举办小型辩论会,要求学生听后判断孰是孰非,培养其批评意识。

三、问卷调查——倾听测试。

(调查问卷:《测测你的倾听力》,见附录四)

四、活动设计:听力大比拼。

内容:任意的记叙类、议论类、说明类内容,长度为100~200字左右。

要求：每位同学都必须参加，对所听内容进行复述并概括要点。要求准确、清晰、简洁地根据需要进行表达。

提高记忆力的方法

1. 记忆与回忆相结合的记忆法

复习的时候，不单要记忆知识，还要回忆知识，自己检查记忆的效果。有人做过实验，用9分钟去记忆16个没有意义的音节，如果全部时间都用于朗读记忆，可记住35％；如果从中抽出1/5的时间进行回忆，则可记忆50％；如果从中抽出4/5的时间进行回忆，则可记住74％。

2. 争论记忆法

争论总是全神贯注，高度兴奋，认真思索，建立的记忆联系势必强烈而集中。

重复内容是增强记忆的基本原则，而争论本身就是重复。对于容易混淆遗忘的问题，通过争论来记忆是卓有成效的。

3. 改错记忆法

谁能没有过失？因错受挫，铭记在心，免蹈覆辙。所谓"吃一堑长一智"，就是改错法。它印象深刻，有的甚至终生难忘。

如果我们有意识地通过改正错误来增强记忆，记住对的，剔除错的，对促进学习是大有好处的。

我们还要重视学会寻找、鉴别和改正错误的方法，在改错中记忆，在改错中提高。

4. 记记停停、停停记记记忆法

所谓记记停停、停停记记，并不是"三天打鱼，两天晒网"，而是指刚刚记住的东西，复习必须及时，以后间隔复习的时间，可以稍久一些。有一位心理学家研究人的遗忘现象后发现，记住一定数量的知识之后，经过1小时就要忘掉55.8％，经过1天就忘掉66.3％，2天则忘掉72.2％，6天则忘掉74.9％，30天则忘掉78.8％。很明显，刚刚记住新知识后，遗忘很快，时间越长，继续遗忘的速度就越慢。

做笔记时如何倾听？

一、倾听的内容

1. 重点、难点。讲话者所强调、所补充的内容一定要记好、记全、记准。
2. 尚未搞清楚的易错、易混、理解不清或模棱两可的内容，更要记下来，必要时请教。
3. 听的过程中想到的问题和想法要及时记下。
4. 讲话者列出的提纲、图解和表解须记录。

二、倾听的注意事项

1. 记录工具要保证,如事先准备好笔、纸、记录本。

2. 要提高书写速度。学会提高笔记速度的方法,如不必将每个字写得工工整整,可以潦草地快速书写;可以简化某些字和词,建立一套适合自己的书写符号。但要注意不要过于潦草,过于简化而使自己也看不懂所记的内容是什么。

3. 在笔记遗漏时,要保持平静。上课时,如果有些东西没有记下来,不要担心,不要总是惦记着漏了的笔记,而影响记下面的内容。可以在笔记本上留下一定的空间,课后求助于老师或同学,把遗漏的笔记尽快补上。也不必一味追求笔记的精细,应把主要精力放在抓要点上。

4. 听记结合,听为主,记为辅。尤其要牢牢把握讲话者的精彩观点及分析。

总的来说,记笔记要耳听、眼看、脑想、手动。在听懂的前提下,对获取的知识信息通过大脑思维,经过"选择—加工—归纳—浓缩—反馈"的过程,然后有重点地记录下来。

项目六　态势语的训练

【训练目标】

准确、恰当、得体地运用态势语,对有声语言可起到解释、补充、强化、纠正的作用,可增强其表达效果,使其在交际中产生良好的效果。

【训练方法】

示范;学生模仿(可先根据要求对镜练习);根据内容,假定某个地方为演讲会场,要求受训者以演讲者的身份走上讲台,鞠躬行礼,再环顾会场后正视前方,然后进行态势语的演练,最后行礼走下讲台。

【活动设计】

最近,博诚文化发展有限公司的一些朗诵爱好者将举办一次活动。他们将于六月一日这天在公司的多功能厅举办一场以"我秀我……"为主题的朗诵表演会。不限文体,作品可自创或借用,时间长度为3~8分钟,要求有明确的目标追求,朗诵声情并茂,生动富有情趣,有态势语的设计和表演。

在有声语言产生以前,非言语表达是人类交流思想感情的唯一途径,并且一直伴随着有声语言的产生和发展。态势语曾是人类主要的交际手段,可以表达丰富的情感、一定的思想。后来,有声语言产生了,人们似乎有些淡忘它,尽管人们还是自觉不自觉地运用着它。据统计,在人们的交流中,有声语言传达的信息只是一小部分,非言语因素传递的信息竟达65%~93%。在特殊的场合下,有声语言甚至会多余,而态势语却能达到"此时无声胜有声"的效果。

态势语是指通过人体的一部分形态的变化来交流思想、表达感情的一种辅助性语言表现形式,是口才应用者在其交际过程中,以身姿、面部表情、眼神、服饰等有意无意地显现意图或倾向的非有声语言的活动。它是流动着的形体语言。态势语运用得当,能将口才交际中的话题的主旨更鲜明突出,整体上出现一个相互协调和吻合交融的状态;但若运用不当,也会对其效果产生某种干扰和破坏的作用。美国心理学家艾帕尔说:"人的感情表达由三个方面组成:55%的体态、38%的声调及7%的语气词。"

因此,**运用态势语的原则**是:目的明确,准确鲜明,切合交际环境,协调一致,自然雅观,富有个性。

第一节 态势语的作用

人们在交际中,往往自觉不自觉地使用态势语,如一个人开心时,说话往往是眉飞色舞,甚至手舞足蹈;反之,在失意时,往往目光呆滞,眼睛晦涩无神……由于态势语具有与有声语言相同的表情达意功能,所以,人们又称其为"第二语言"。态势语在言语交际活动中所起到的辅助作用,主要有强调作用、替代作用、辅助作用、审美作用。

一、强调作用

在口语表达中,有的意思已经表达得很清楚了,但为了突出这层意思的重要性,常常辅之以眼神或手势,以加强听众的印象。

二、替代作用

在口语表达中的某一时段,有时会暂停讲话,而以态势语替代后续的内容。这种替代,非但不影响听众对内容的准确理解,相反,还能收到"此时无声胜有声"的效果。如面对吵闹的会场,有些主持人会声嘶力竭地拍案示意肃静;而有经验的人则会运用态势语,他缄口不言,挺直身体,脸色严峻,目光直逼视听众。从实际的例子来看,往往后者比前者收效大。这正如哑剧表演,人类无声的语言——动作,具有巨大的包容性。德国表演大师吉尔·佩森有次谈演出体会时说:"我就靠我的动作、姿态向人们昭示我的内心世界,昭示我的所思所想,昭示我的喜怒哀乐。"哑剧、无声电影和舞蹈等,都是利用态势语来表示故事中的情节、矛盾冲突,从而产生很别致的艺术效果,具有很大的感染力。态势语可替代有声语言来传达信息,进行交际。

三、辅助作用

在言语活动中,态势语作为一种辅助语言,自然地伴随着言语的表达,发挥着配合、辅助、加强言语的作用。一个成功的演说家在发表言论时,一定不会忘记利用他的目光、面部表情和手势等态势语,来加强他所要表达的意思。由于态势语是一种超越国界的言语,一个不懂外国话的旅游者,仍能与当地的居民作简单的交流。教师的讲课,更不仅仅有有声言语的表达,伴随着他的讲解语言,还有多种态势语:身体时前时后,时左时右,目光注视着学生,时而微笑时而严肃,而其中最丰富的态势语则集中在手势上,如当讲到抽象的事物时,他可用双手进行模拟;讲到数量和种类时,用手指比划着;满腔激情时,用手掌或手臂的大动作来辅助抒发……所有的这些无声的语言,辅助和强化着有声语言,加强有声语言的表达效果。

四、审美作用

态势语不仅是演讲者思想情感的外化,同时也是演讲者风采、气度、风度的展示。准确、简洁、优雅和富有个性的态势语,既有助于演讲者顺畅无误地表达自己的思想和情感,又能给听众以美好和谐的审美愉悦。美国前总统对周恩来总理的风度做过如下的描述:

周恩来的敏捷机智大大超过了我能知道的其他任何一位世界领袖。这是中国独有的、特殊的品德,是多少世纪以来的历史发展和中国文明的精华结晶。他做人很谦虚,但沉着坚定。他优雅的举止、直率而从容的姿态,都显示出巨大的魅力和泰然自若的风度。他从来不提高讲话的调门,不敲桌子,也不以中止谈判相威胁来迫使对方让步。他在手里有"牌"时,说话的声音反而更加柔和了……在谈话中,他有四个特点给我留下了不可磨灭的印象:精力充沛,准备充分,谈判中显示出高超的技巧,在压力下表现得泰然自若。

这是对周总理的整体的审美评价,其中不容忽视的是,谈话的举止、姿态,讲话的调门、不敲桌子等,都是态势语中的重要组成部分。正是因其优雅、大方、恰到好处的举止,使得周总理的行为举止和他的智慧、品德一样,都具有极高的审美价值。

第二节 态势语的类型、表现及训练

态势语包括**面部表情**、**目光语**、**手势语**、**立姿**、**坐姿**、**头部姿势**、**服饰仪表**等。

一、面部表情

面部表情是人的面部能充分地表现出的诸如喜爱、高兴、悲哀、快乐、怨恨、惧怕、愤怒、失望等感情。它是人类最常用的、也是最有效的表情手段。其所表达出的感情要比嘴里讲出来的复杂得多。据心理学家研究,它在人类传达的信息量中独占鳌头,为55%,它可对有声语言起到解释、补充、强化、纠正的作用。表现得当,会使说话者与听话者之间的距离消失,使双方交流进行得更愉快、默契。

面部表情主要是由脸色的变化、肌肉的收展以及眉、眼、鼻、嘴的动作组成。

嘴的动作是构成脸部表情的主要因素,笑是社交中最美好的语言,是人际交往中的润滑剂,具有解决难题的非凡魅力。这里主要指的是微笑、轻笑。其作用为:微笑流露自信,使双方的距离缩短;也是快速诱发对方作出决定的神奇药方;微笑时请对方协作,可使对方无法拒绝你的请求,也可帮助你弥补语言中的缺陷部分,得到对方的理解和谅解。

常见的表现类型有:

喜悦,面部肌筋放松,嘴角向上,眼色明亮;

愤怒,面部肌筋收缩,嘴角向下,怒目圆睁;

悲哀,面部肌筋放松,嘴唇微开,眉目低垂;

快乐,面部肌筋放松,嘴唇大开,双眼眯缝;

惊讶,面部肌筋收缩,嘴唇大开,眉目骤张;

坚定,面部肌筋收缩,嘴唇紧闭,目光炯炯。

表达这些感情时,应给人以敏感、鲜明感、真实感。

要求:自然、真诚、合适(场所、程度、对象)。

能力训练
NENGLI XUNLIAN

1. 笑的训练:微笑——大笑——苦笑——冷笑。

感觉兴奋度的训练:激动——悲痛——愤怒——感动。

2. 播放朗读音频,学生体验并根据理解表演相关的动作。

选文内容:朱自清《春》;闻一多《最后一次讲演》。

二、目光语

达·芬奇说:"眼睛是心灵的窗户。"

目光语的功能体现在复杂的动作上:眼睛生辉,炯炯有神,是人心情愉快、对前途充满信心的反映;急速眨眼,是掩饰内心恐惧的情感;眼球不停地转动,可能在打什么主意;双方对视时,一方突然把眼光转移,意味着胆怯和退缩;眼镜滑落到鼻尖,从眼镜框边或眼睛下方窥视对方是鄙视和不敬的表示。

一般地,目光应该是坦率地与对方接触,活动范围大体在嘴、头部和脸颊两侧,表情要和蔼可亲,对眼睛的注视一般不超过1秒钟。千万不要盯视对方,更不要灼灼逼人,避免斜视、瞪视和眯眼。

1. **眼神表达的时间**。眼光停留在人脸部的时间若超出了60%的时间长度,意味着对谈话者本人比对谈话内容更感兴趣;若小于30%,则意味着对谈话内容和谈话者本人均不怎么感兴趣;而眼光停留在人脸部合适的时间为整个时间长度的30%~60%。

2. **目光的投向**。主要包括:

(1)近亲密注视,是指将视线停留在两眼及嘴部之间(三角)。

(2)远亲密注视,是指将视线停留在两眼及腹部之间(长方)。

(3)社交注视,是指将视线停留在双眼与嘴部之间的三角区域,对象为领导、朋友、谈判对象等。当然也要注意各民族的习惯和文化背景,如南欧人常把注视对方看成是冒犯,日本人在谈话时喜欢注视对方的颈部。

3. **目光的视式**。这能确切表明其态度。其中,**正视**,意味着对对方非常重视,或谈严肃的话题;**斜视**,意味着对对方的轻蔑或反感;**耷拉眼皮**,意味着对某人毫无兴趣甚至厌恶。

4. 视线的长短与软硬的内涵。

(1) **直视**,给人的感觉是眼神长而硬,表示关注或不满。

(2) **盯视**,给人的感觉是眼神长而硬,表示执着或憎恨。

(3) **虚视**,给人的感觉是眼神短而软,表示等待或探询。

(4) **探视**,给人的感觉是眼神长而软,表示爱怜或担心。

(5) **闭目**,给人的感觉是眼神视线全收,表示悲伤或思念。

5. **如何控制对方的眼神?** 有时用图画、实物、手势作辅助,以控制对方的眼神。

6. **眼神表示的态度。**应主动自然,不能消极游移;应亲切实在,不能故弄玄虚;应画龙点睛,不要闪烁不定;应恰到好处,不能迟滞、呆板或眼睛眨个不停。这样才能营造一个和谐友好的表达氛围。

7. **眼神训练法。**

(1) **前视法**,目光一直向前流动,统摄全场。用弧形视线在全场流转,重点可流注在全场中间部位听众脸上。效果:"他在向我演讲"。

(2) **环视法**,将视线从会场的左右前后来回扫动,不断观察全场,与全体听众保持目光接触,增强双方的感情联系。然应注意头部的摆动要有规律。

(3) **点视法**,其视线有重点地观察个别听众或会场的某个角落,并与之进行目光接触。效果:对专心听讲者可起启发、引导、鼓舞的作用,对未专心听讲者可起批评和制止的作用。

(4) **虚视法**,指似看实未看,这可将精神集中在演讲上。

(5) **闭目法**,指以短暂的闭目来表示某种特殊感情,如哀悼或对有贡献者的敬意。

能力训练
NENGLI XUNLIAN

1. **转动眼球**:最大限度地向左、右转动眼球;向上、下转动眼球;向左上、右下、右上、左下转动眼球;使眼球作圆形转动:左——左上——右上——右下——左下,反方向再转动一次。

2. **变换眼神**:注视——虚视——环视——扫视——注视。

3. 演示下面几种情况下目光的表现:

(1) 忧伤、羞怯、惭愧;

(2) 思考、傲慢;

(3) 为人正直、胸怀宽广;

(4) 慌张、不冷静;

(5) 志向远大;

(6) 轻薄浅陋;

(7) 自信自强;

(8) 正气凛然。

4. 朗读朱自清的《春》,注意运用转动眼球和变换眼神来充分地传情达意。

三、手势语

在动作语言中,手的词汇十分丰富生动,千姿百态,表现力很强。手的动作是传情达意最有力的手段。

1. 按动作幅度范围

(1) **高势**:举至肩部以上位置,表示强烈鲜明的感情,如胜利、决心、希望、喜悦、祝贺等积极肯定的感情或愤怒的情绪。

(2) **中势**:举至肩部至腰部位置,用于叙事、说明,一般不带浓厚的感情色彩。

(3) **低势**:放在腰部以下部位,表达的是憎恶、反对、批判、失望等情绪。

2. 按方向

向内向上,表示肯定、赞同、号召、鼓励、希望、信心……否则反之。

3. 按含义

(1) **指示性手势**,表明说的对象。如"这、那、你、我、前、后"等方位词或数字、顺序等。

(2) **象形性手势**,比画事物的形状。

(3) **象征性手势**,表示抽象的概念。

(4) **情绪性手势**,指讲话者下意识而表现出的动作。

4. 常见的手势语

双手紧绞,表示精神紧张。

握拳,表示挑战,象征力量。其中右手握拳上举,表示决心;左手握拳下击,表示发怒;右手握拳向左下方挥动,表示抗议。

摊开双手,表示真诚、坦率。

双手连交放在胸腹部位,表示谦逊、矜持或不安。

反背手站着,表示着正思考问题。

搓手,指有所期待。

用手支头,表示拭目以待。

以手掩嘴,表示不愿让人知道。

用手轻拍额头或用手指太阳穴,强调自己在思考。

用手指或笔敲打,表示不耐烦。

手捂住鼻子,表示怀疑或不愿意。

擦眼镜,表示说谎。

手抓后脑勺,表示困惑。

自然双腕交叉,表示心情不稳定、紧张。

反背一只手抓住另一手腕,表示自我控制。

在演讲中常见的手势语有:

食指伸直,余指内曲,指物或指所述重要或示之以警告。

手掌向上,距身45°,拇指力张,食指伸直,其余手指微曲呈自然状,表示欢欣、请求、许诺、谦逊等情感。

手掌向下,距身45°,拇指力张,食指伸直,其余手指微曲呈自然状,表示状物、安抚、否认、祝愿、批评等,有时也指明距离、高度或黑夜摸索状。

手掌附于身体一部分,摸手心,表示深思;抚胸,表示亲切;击头,则表示痛苦。

双掌合抱,向上高举,表示祈求;高举频频前后摇动,则表示感谢。

手掌向外与臂成大角,则表达憎恶的感情。

在使用手势语时要注意,手势语应适当、简练、自然、协调。

5. 握手的礼仪

标准的握手方式,其姿势应该是用手指稍稍用力,握住对方的手掌,对方也应用手指稍稍用力回握对方,时间约1～2秒;如果有异,便有了除问候与礼貌外的附加意义。

而握手太轻,表达的是冷淡、不热情;用力较重,说明热情、诚恳。

握手时拇指弯向下方,表明不愿让对方完全握住自己的手,是对对方的藐视;用两只手握住对方的一只手,并且左右摇动,是热情、欢迎、感激的体现;一接触对方的手旋即放开,是冷淡和不愿合作。

一般情况下,男女握手,看女士是否有意愿,男子不得先伸出手,一般男子只要握一下女士的手指部分即可,而且男子要摘下帽子,脱下手套,方能握手;握手时,主客间是主人先伸出手;上下级之间,上级应先伸出手。

案例评析
ANLI PINGXI

1. 针对落榜生的一段演讲词:

"有一位哲人说得好:当你得意的时候,你别忘了,你命运的一半是上帝给的;当你失意的时候,你别忘了,你命运的一半还在自己手中。"

手势语:右手微微抬高,做了一个握拳的姿势,声调则大大提高。

2. "历史上真正成就伟大事业的人都把祖国的命运 与自己的命运紧密联系 在一起,在
　　　　　　　　　　　　　　　　　　　a　　　　　　　　b　　　　　　c
他们的胸怀里,始终跳动着一颗追求至真、至善、至美的爱国之心。"
　d　　　　　　　　　　　　　　　　　　　　　　　　　　　　e

手势语:

a. 右手伸出,腹部略弯曲,头部随右手向右微转,眼睛注视右手指向的方向;

b. 同样将左手伸出;

c. 两手掌心向内合拢在一起;

d. 将合拢的双手分开,掌心向上;

e. 两手收回,右手抚胸。

能力训练
NENGLI XUNLIAN

1. 用手势表示下列意思:

号召,象形,关心,指示,数字,憎恶,热爱,反对,向往,举例;摩拳擦掌,局促不安,跃跃欲试,无可奈何,到此为止,一笔勾销,表明心迹,心烦意乱。

2. 以童话《森林爷爷》为材料,进行手势语的训练:

森林爷爷

古老的森林里,有位森林爷爷,他是森林之王,常常跟制造灾害的妖魔作斗争。

风魔王来了。他带领着千军万马横冲直撞。森林爷爷和他的子孙排得密密层层,好像铜墙铁壁。

风魔王大声吼道:"谁敢阻挡我的大军前进我就把它撕得粉碎!"森林爷爷站在阵前,威风凛凛地说:"魔鬼,您想跑来害人吗?快给我滚开!一步也不许你向前进!"

风魔王恼怒了,一面呼啸着,一面猛扑过来。他抓住森林爷爷的头狠命地摇,想把森林爷爷摔倒。森林爷爷的脚伸在很深的泥土里,任凭风魔王怎么摇,他还是稳稳地站着。风魔王急了,发疯似地往前冲,一连冲了好几回,怎么也冲不过来。风魔王的力气已经用完了,他垂头丧气地败走了。

雨魔王来了。他把身子一抖,倾盆大雨下个不停。洪水从山谷里冲下来,要冲开堤岸。雨魔王站在天空骄傲地对森林爷爷说:"老东西,快投降吧!"森林爷爷沉着应战,他命令千万个子孙尽力吸水,用根把堤岸牢牢盘住。雨魔王毫无办法,只好乖乖地溜走了。

旱魔王来了。他拼命地把热箭射下来,想把江河湖海里的水都烤干,想把树木和庄稼都旱死。

森林爷爷一点儿也不着慌。他发动千万个子孙把地底下的水吸上来,水变成气,散发到空中,又变成雨点落下来。旱魔王也失败了。

森林爷爷和他的子孙们,就这样战胜了制造灾害的三个妖魔。

四、立姿

一个人站立的姿势可自觉不自觉地表露出人的潜在意识。如小幅度地抖动腿部,频繁地变换架腿的姿势,用脚尖或脚跟拍打地面,脚踝紧紧地交叠等动作,都是人紧张不安、焦躁、不耐烦情绪的反映。

正确的站姿应是:全身笔直,挺胸收腹,精神饱满,两肩平齐,腿绷直,脚并拢。缺少自信、消极悲观、甘居下游的人站立时,往往弯腰曲背;充满信心、积极向上的人站立时背脊挺直,有时双手插在腰间。关系友好、有些共同语言的人自然会并肩立在一起;有隔阂、分歧的人,面对面站立时自然会把距离拉大。挺着腰笔直的坐姿,表示对谈话有兴趣,也是对人的尊敬;弯腰曲背的坐姿说明对谈话不感兴趣或表示厌烦。斜着身子坐,表示心情愉快或自感优越;交谈时喜欢并排坐的两个人,一般说来关系亲密,共同点多。因此,说话时忌讳双手交叉胸前、两腿分开的傲慢自负的样子;或歪斜着身子,一腿在前,一腿在后,或交叠双膝的无礼粗鄙站姿。

能力训练
NENGLI XUNLIAN

1. 纠正下面几种"站相":

(1) 两脚并拢,昂首挺胸,很有精神,却显呆板,不能给人自然美。

(2) 两脚叉开,不能给人谦虚的感觉。

(3) 呈"稍息"姿态,一只脚还不停地抖动,给人不严肃、不稳重的印象。

(4) 摆弄衣角、纽扣,低头不面向听众,给人胆怯之感。

(5) 耸肩或不停地晃动身体,扭腰,将手插入兜内,给人懒散的感觉。

(6) 摸鼻子,擦眼睛,用手拢头发,给人不端庄、不清洁的印象。

2. 以小组为单位,依次分别登台亮相,并作一分钟的演讲,具体内容不限,然后下台,由同学或老师评论其身姿、仪态是否大方、得体。

五、坐姿

正确的坐姿应是坐如钟。女士两膝并拢;男士可分开一些,但不要超出两肩。

入座时,轻而稳;坐时端庄、大方、自然,无论什么坐具,尤在社交场合,都不要坐得太满;上身要挺直,不要摇晃。

六、头部姿势

头部应端正。表示胜利、喜悦的情感时,头部应是昂首上视的;表达悲愤、哀怨、愤恨时,是低头不语的;而表达幽默、思索的感情时,则是歪一歪脑袋。

七、服饰仪表

服饰包括衣服、鞋帽、手套、围巾等衣着、戒指、项链、发卡等饰品,以及描眉、染指、涂唇、抹面等化妆。"佛靠金装,人靠衣装",正是道出了服饰对于人的重要表现功能。服饰是人体的自我的延伸。人们总是根据自己的喜好来选择服饰的。瘦小的人总喜欢穿宽松、挺括、色浅的衣服,以"遮盖其瘦";脖子粗而短的姑娘就不爱戴项链。而服饰的款式和颜色也总是在表现着主人的意向情感:一袭黑色拖地长裙表现出姑娘的典雅、庄重;而杏黄色的短裙又为姑娘插上了活泼轻快的翅膀。在现代社会,服饰不仅仅是防寒避暑的功能,更多的是关系到一个人的整体形象,体现了一个人的社会地位、情趣、修养、个性、职业以及精神面貌。服饰作为一种特殊的交际语言,对自身、对他人都会产生影响。美国的著名政治家、科学家本杰明·富兰克林说:"饮食也许可以随心所欲,穿衣却要考虑给他人的印象。"要获得好的印象,就要使自己的衣着一是适合社交环境,二是符合民族习惯,三是与个人的年龄、职业、身份地位以及肤色形体相协调,整洁合体,突出个性。国际上普遍遵循"TPO"的着装原则。"T"(Time)代表时间、时令、时代;"P"(Place)代表地点、场所、地位、职业;"O"(Object)代表目的、目标、主题、对象等。这就是说,服饰打扮要具有时代感,要与交际场所、交际对象、交际内容相一致。

能力训练
NENGLI XUNLIAN

活动设计:"秀我……"朗诵表演。

要求:每人均须上台朗诵。内容健康,不限文体,自创或借用均可,时间长度为3~5分钟。声情并茂,生动富有情趣,注重仪态、仪表,必须有态势语的设计和表演。

微笑——人际交往"核武器"

美国著名的超模辛迪·克劳馥曾说过这样一句话："女人出门时若忘了化妆，最好的补救方法便是亮出你的微笑。"只要你微笑了，你说话的语气、声音，你的肢体语言、气质自然而然也会随着你微笑的绽放而变得更加和谐而魅力四射。所以，微笑并不只是一种表情语言，它可以带动你整个人，让你更加吸引人。真诚的微笑能透露出你的善意、友好、宽容、开朗、大气和自信。经常微笑的人，做事的成功率总是很大，因为他/她刚开始的一个微笑已经成功地说服了别人，让别人无法拒绝他/她的请求。经常微笑的上司，下属才有勇气靠近，才敢对工作提出一些看法和见解，这样才能和下属团结一致。经常微笑的女下属，更具备说服上司的能力，能让上司更加信赖和喜欢。

微笑是最好的开场白

在办公室这个环境里，仿佛真的没有比微笑和幽默更让人放松的东西了。把微笑释放出来，会让身边的人感觉轻松愉快；反过来，愁眉苦脸、面无表情只会让想接近你的人也退避三舍。所以，聪明人，无论在办公室以外的环境中受到了怎样的打击和挫折，都不会忘记保持微笑。很多时候，微笑并不能代表一个人心情的好坏，但是它却能表达出对对方的尊重之情。

笑 有 笑 规

微笑有和谐人际关系的作用。但到了职场，尤其是面对自己的错误时，就要以一种严肃的态度去对待，这样才能体现你严谨的工作态度和对他人的尊重。

所以说，微笑也不是万能的。笑得好，对你有利，笑不好，也会拉你后腿。那么怎样的笑才能真正打动人心，成功地为自己在职场助航呢？

1. 要笑得自然。只有发自内心的微笑才能笑得自然、笑得亲切，才能真正地打动人心，感染别人。如果不是发自内心的笑，只是为了向对方表达你的尊重，你也要尽可能地笑得自然一些。如果你平时一直乐呵呵的，忽然间变得毫无表情，也会让人感觉你喜怒无常、很难相处，会让别人远离你。在职场上，对一些不良的情绪，不要表露太多，要适时地隐藏，只有这样，才能称得上是一个称职的职场中人。

2. 要笑得真诚。真诚是最能打动人心的。它能温暖对方，引起对方的共鸣，从而加深双方的友情。哪怕你的微笑只是一种走过场的例行公事，但你也要笑得真诚，这样才能有深入人心的效果，不要让对方感觉你是在敷衍了事。

3. 微笑要看场合。要把握好什么时候笑、什么时候不能笑，否则效果会适得其反。如在办公室里得知一个不幸的消息时，或是正在谈论一个严肃的话题，或是你的谈话让对方感到不快时，你的微笑只会让别人感觉不懂得尊重对方。这样的微笑就很不合时宜，会招人厌恶。

4. 微笑的程度要合适。微笑是向对方表示一种礼节和尊重。但是也要讲究艺术，要恰到好处才能达到预期效果。在对方发表意见时，要一边倾听一边保持淡淡的微笑。如果在这个时候大笑，这种笑就容易被对方误解为嘲笑；当向人打招呼时，我们应该直视他/她点头微笑。总之,微笑如果太放肆、过分和没有节制,就会引起对方的反感。

5. 微笑的对象要合适。因为微笑能传达个人感情,从而与别人情感互动。所以,微笑应因人而异,尊敬和真诚的微笑留给自己的同事,暧昧的微笑应留给自己心爱的人。弄错对象,会事与愿违。

(摘自苏豫编著《办公室里的口才课》,北京工业大学出版社2011年6月第一版,P.209-212)

职业女性的着装规则

服装界人士提出的职业女性着装原则:

1. 套装。套装确实是目前最适合女性的服装,过分花哨、夸张的款式绝对要避免;若是极端保守的式样,则应掌握如何配饰、点缀使其免于呆板;若是将几组套装作巧妙的搭配穿用,不仅是现代化的穿着趋势,也是符合经济原则的装扮。

2. 质料讲究。质料的讲究已经是不折不扣的事实,所谓质料是指服装采用的布料、裁制手工、外形轮廓等条件的精良与否。职业女性在选择套装时一定不要忽视它。

3. 得体的着装。过分性感或暴露的服装绝不能出现在办公室中,这会惹出不必要的麻烦,如男同事或上司的非分念头,更会使人留下"花瓶"的印象,而失去升职的可能。若是看重自身的职业或事业心重的女性,千万要注意这一点。

4. 现代职业女性生活形态非常活跃,需要经常花心思在服装的变化上,所以,懂得如何以巧妙的装饰来免除更衣的问题,是现代职业女性必须明了的。在出门前,最好先略作安排以做万全之计。

5. 穿着要讲求礼仪,在适当的时间、地点及场所作合宜的装扮是现代女性不可忽视的。职业女性还应注意,除了穿着应注意考究外,从头到脚的整体装扮也应讲究,强调"整体美"是现代穿着中最流行的字眼。

6. 职业女性穿套装固然非常适宜,但凡是能够表现职业女性应有风范的服装都值得一试。在一定规则之下,可尽情享受穿着的乐趣,而且这也是现代职业女性的权利。

(摘编自胡伟、邹秋珍编著《演讲与口才》,清华大学出版社2009年9月第一版,P.21)

项目七 演讲口才

【训练目标】

通过有计划的训练，进一步培养学生的演说能力，在命题演讲、即兴演讲等方面，都能达到以下目标：

1. 能根据现场的感受，把握临时提供的话题，自然地发表演说；能大胆、主动地参加演讲比赛并较好地完成任务。
2. 演讲内容充实，观点正确，有深度。
3. 演讲语言准确、清晰、响亮、有力，简洁、生动、富有表现力。
4. 演讲态势语运用恰当自如、自然大方、稳健从容。

【训练内容】

1. 自然说话训练，帮助树立说话的信心。
   （1）每人设计一个讲题，抽签决定个人的选题，每人说1分钟。
   （2）连锁训练，每一个人都要求充分发挥想象，第一位开头，到时戛然而止，由第二位接着往下讲。
2. 指定内容演讲训练。通过在教师指导下的小组、班级、专业、全校各种不同规模的演讲比赛中进行。
3. 赛场演讲训练，结合实用写作课堂教学进行。
4. 即兴演讲训练，由教师组织，采取不同方式进行（或实用，或趣味）。

*要求学生认真阅读所选范文。

可根据具体情况选用后面的范文进行训练；可组织学生观摩范文的音频或视频。

【训练方法】

课堂上教师指导学生练习与课后学生自练相结合；精选经典演讲类音频和视频让学生观摩、模仿；组织多种形式的演讲比赛，在实践中锻炼学生；充分利用口才协会优势，经常性召集活动，激发学习者的演讲积极性，积极进行演讲训练。

【活动设计】

为庆祝国庆，博诚文化发展有限公司在九月三十日这天在公司的多功能厅举办以"责任·使命·热情"为主题的演讲会。公司每个部门选派一名员工参加演讲比赛。

我喜欢演讲,因为我爱那种站在舞台上,当着所有人的面,直抒胸怀的感觉。演讲给我自信,演讲锻炼了我的心理素质和应变能力。演讲对我今后的发展起到巨大的推动作用。

——撒贝宁

(获 2000 年中央电视台"荣事达"杯电视节目主持人大赛复赛第一名时感言)

演讲活动是一种社会现象,源远流长,始终伴随着人类文明的发展而发展。古今中外,凡是在历史发展的重要关头,凡是社会激烈变革之时,演讲的特殊功能就表现得格外突出,演讲成为人类文明史的一颗璀璨的明珠,恒久地闪烁着不熄的光芒。

演讲是培养和提高人们口头语言表达能力的一种积极有效的手段,是社会信息传播的重要途径。一个会演讲的人,成功的几率将多出几倍!演讲力越来越显示出其作为核心竞争力的意义,因此,应全面认识它。

一个人能够面对多少人说话,他的成就就有多大。

——英国前首相丘吉尔

第一节 演讲学概述

一、演讲的含义及历史沿革

(一)演讲的含义

"演讲",英文为 public speech,既指当众发表演说,又指说话能力、言论。演讲是演讲者面对广大听众,就某一问题以口头语言为主要形式、态势语言为辅助形式,系统地阐述自己的观点和主张的真实的社会活动。

因此,可以清晰地了解演讲的目的就是演讲者试图把自己的思想输入听众的脑海。这是一种有目的的行为方式。所以,演讲的"演"主要应阐释为"引申"、"阐析"或者是"演绎"的意思。当然在实践中也可借助一些表演艺术的手法来增强演讲的效果。

(二)演讲的历史沿革

演讲的发源地是古希腊。演讲的历史发展经历了三个阶段。

1. 演讲的萌芽和开端时期

这段时期主要是在中世纪前的古代社会。

在中世纪前的古代埃及、希腊、巴比伦、印度和中国等地区,演讲已成为普遍的社会现象。如公元前 25 世纪的古代埃及人普霍特就写了如何说话的教喻;公元前 5 世纪伯利克里时代,雅典成为"希腊的学校",有一"智者派"集团,组成人员为一些知识渊博、口才出众的高手,他们专门以传授演讲的逻辑、论辩的形式和技巧等知识为业,大大推动了演讲的发展。古希腊罗马时代,先后涌现了一大批富有才华和声望的演讲家,如苏格拉底、柏拉图、亚里士多德、德摩斯梯尼等。

苏格拉底(公元前 469—公元前 399 年),写作学术对话录的杰出大师,把"讽刺"作为哲学的锐利武器。

柏拉图提高了对话水平的艺术程度。

亚里士多德(公元前384—公元前322年)对演讲的方式、听众的心理和语言的风格都进行了较为深刻的阐述。

德摩斯梯尼,古雅典十大演说家之一。克服生理缺陷(口齿不清,结巴,嗓音粗哑),以八篇"斥腓力演说"而闻名于世。

继古希腊之后,罗马在古代演讲史上占据了突出的地位。罗马涌现了以西赛罗(公元前106年—公元前43年)为代表的一大批演讲家。西赛罗强调演讲的"内容之聪慧",研究了演讲术的历史,并发展了演讲理论。另外还有马尔库斯·法比留斯·昆体良对演讲理论、演讲术作出了重大贡献。

在中国,演讲这一形式在先秦的古代社会已广泛盛行。如中国最早的一部历史文献《尚书》中就有好几篇演说词——《甘誓》、《汤誓》、《牧誓》。春秋战国时代,更是形成了"百家争鸣"的局面,游说风气极盛。如孔子首创私人讲学的风气,对学生进行辞令训练,使之成为善辩之才。墨子主张"辩"(《公输盘》、《非相》、《问辩》)。荀子、韩非子对演讲心理、技巧和语言风格都作了详细的论述。战国末,苏秦一人身佩六国相印,以雄辩的口才,一一说服秦以外的六国,张仪则与苏秦针锋相对,实行连横政策,凭三寸不烂之舌为秦统一天下立下了汗马功劳。正是这些口才家,创造了这样一个辉煌的时代。

2. 演讲的曲折发展时期(中世纪的封建社会,即奴隶社会——资本主义社会)

在欧洲,从公元476年西罗马帝国灭亡到1640年资产阶级的英国革命前为中世纪的时间范围。这一时期演讲艺术虽不如古希腊、罗马时期兴盛,但演讲一直在缓慢而曲折地发展着。其中宗教演讲一直占据垄断地位,其在内容上宣传上帝的言论,在形式上以其优美、生动、绘声绘色打动人心,形成自己独特的风格,产生了一些极有名望的演讲家。如:"教会演讲家的镜子"的拜占庭传教士约翰·兹拉托依斯特就有"金嘴"的绰号;欧洲中世纪的神学家、经院哲学家托马斯·阿奎那,演讲中爱咬文嚼字,伊斯兰教的穆罕默德(约公元570—公元632年)善诡辩。在整个中世纪,其演讲术在阿拉伯语言教育中占据极为重要的地位。

而中国则处在封建压制的低潮,其演讲的情况主要表现在:政治家、思想家和官员们的宫廷演讲和进谏活动,如诸葛亮、杨雄、魏征等;农民领袖起义时的宣传鼓动,如陈胜、李自成、洪秀全等;具演讲色彩的讲经传教。

3. 演讲的兴盛时期

这个时期是指1640年以后(英国资产阶级革命以后的现代社会)。

学术演讲的风气在英国建立资本主义制度时大为盛行,同时使政治演讲兴盛起来,如林肯的《葛底斯堡演讲词》尤为著名。第二次世界大战时,著名政治家的演讲蔚为盛行,如斯大林、罗斯福、丘吉尔等。无产阶级为了反抗资产阶级,也积极拿起了演讲这一锐利武器,如美国黑人领袖马丁·路德·金牧师的《我有一个梦想》。

20世纪以来,西方先进的资本主义国家的演讲理论逐渐完善并形成系统,演讲专著大量涌现,从过去重点研究演讲的方式和语言风格发展到对演讲学、演讲逻辑学、演讲心理学、演讲美学、论辩术、谈话术和演讲发展史的全面研究,演讲活动和演讲学的研究进入到兴盛时期。

中国自1911年辛亥革命后,革命者、爱国者的演讲成了唤起民众的号角,孙中山、秋瑾、鲁迅、闻一多、毛泽东、周恩来等都是当时杰出的演讲家。中华人民共和国成立后,也涌现了一大批优秀的演讲家。尤其是十三届三中全会后,我们国家进入商品经济、市场经济时代,演讲逐渐成为主要的思想交流工具,在振兴中华、对外开放、对内搞活的经济体制改革中,发挥着重要的作用。各级演讲学会、研究会、协会和一大批演讲人士、新秀应运而生,演讲理论也逐步趋向成熟。

二、演讲的特征及作用

(一) 特征

1. **演讲目的的真理性**。能激发人们追求真、善、美的强烈愿望。
2. **演讲形象的人格性**。表现人格的魅力和磁性(坚定的信念,优良的品质,刚毅果断,一身正气,热爱祖国,忠于人民,无私奉献,光明磊落,实事求是,坚持真理,充满活力,蓬勃向上)。
3. **演讲观点的共鸣性**。心理相容,观点共鸣。
4. **演讲思维的哲理性**。难忘的言语、深邃的思考及对人生美好的启迪。
5. **演讲语言的多样性**。
6. **演讲选例的典范性**。
7. **演讲神形的情感性**。
8. **演讲结局的激励性**。效益所在。

另外,突出个人风格是演讲成功的重要因素。

(二) 作用

演讲作为一种社会活动,历史可谓源远流长。目前,欧美发达国家都非常重视演讲口才,他们把"舌头、金钱、电脑"并称为世界三大法宝。这项才能已被世界公认为是现代人必备的素质。

1. **演讲是宣传鼓动的方式**。
2. **演讲是传播知识的手段**。
3. **演讲是经营管理的有效途径**。
4. **演讲是社会交际的技能**。

三、演讲的类型

1. **以内容为标准进行划分**,可分为政治演讲、法律演讲、学术演讲、礼仪演讲四种形式,具体如下:

(1) **政治演讲**是指从政治角度阐述和评论当今形势中的重大事件与现实问题的演讲形式。

(2) **法律演讲**是指在法庭上的辩护、申辩、陈词、指证等的讲演。

(3) **学术演讲**是指表述科研成果,传授科学知识和学术见解的演讲。如论文答辩。

(4) **礼仪演讲**是指在各种社交往来仪式上的发言。

2. **以方式为标准进行划分**,可分为专题演讲、论辩演讲、即兴演讲、对话演讲四种形式,具体如下:

(1) **专题演讲**是指经过事先准备就某一专题所发表的演讲。如会议演讲、学术演讲、赛场演讲等。

(2) **论辩演讲**是指在同一环境中对某一事物的争辩。

(3) **即兴演讲**是指事先未准备文稿的演讲、临时发挥的演讲。

(4) **对话演讲**是指面对大众阐述自己的观点和主张,并和大众进行问答形式的演讲。

3. **以表达方式为标准进行划分**,有议论型、叙事型、抒情型三种形式,具体如下:

(1) **议论型**的演讲具有正确、深刻的观点,使用确凿、充分并具有说服力的论据,进行富有逻辑性的论证。

特征:晓之以理,以理服人。

(2) **叙事型**的演讲具有记叙文一般的特征。以叙述为主要表达方式,辅之以适当的议论、说明和抒情。基于演讲者一定的观点和主张,通过对任务、事件、景物的叙述和描写,传达演讲者的思想感情,反映社会生活的本质和规律。

特征:通过对客观事物真实的记叙,诉诸听众的情感,寓宣传教育于形象感染之中。

(3) **抒情型**的演讲以抒情为主要表达方式。分为直接抒情或间接抒情。

特征:动之以情。

四、演讲与朗诵的区别

1. **评价演讲好坏的标准**。演讲的内容是否值得一听,这些有价值的东西是否成功地"传达"给了听众。

2. **演讲与朗诵的比较**。可以从准备环节、实现环节、抒情性质三方面进行比较:

(1) 演讲从选题到实现演讲,始终以"我"为出发点;朗诵是先有朗诵材料,是被动无"我"的,朗诵之前应认真研究作品,为朗诵的再创造奠定基础。

(2) 演讲是发自内心地抒真情、说真理,同时场上的听众也受制于"我";而朗诵是忘我的、进入角色的,在诵读中营造氛围,定准基调,声未出,情先现。

(3) 演讲是自我真情的流露,感情纯朴、真挚;而朗诵传输的是艺术真情,传达的是复杂、微妙的感受。

五、演讲的要素

演讲的要素是由演讲的主体、客体和信息三部分组成。

1. **演讲的主体**。即演讲者。

作为一个成功的演讲者,其应具备以下的特征:

(1) **高度的思想修养**。语言是一面镜子,反映了一个国家、一个民族的精神面貌和社会风气。中外历史上著名的演讲家都以坚定的信念和诚挚的态度向听众宣传真理,以自身的品格和行为去感染和鼓动民众。为了执着于真理和正义,宁要朴实无华的语句,绝不要华而不实的谎言。

(2) **广博的才学知识**。丰富的演讲内容来自深厚宽广的知识积累。著名的演讲家都具有丰富的知识和经验。他们在日常生活中学习和积累了大量哲学、历史学、美学、逻辑学、心理学、社会学、伦理学及自然科学方面的知识。宣传真理时,他们旁征博引,纵横驰骋,恰当地引用古今中外的相关知识,内容充实,论据确凿,寓意深刻,使人听后感到回味无穷,受益匪浅。

(3) **高超的语言表达能力**。演讲者的能言善讲、能说会道为其演讲的成功奠定了重要的基础。具体要做到:声音洪亮,富有节奏,抑扬顿挫,起伏有致;情理交融,声情并茂;吐词清晰,通俗易懂;有声无声,巧妙配合。

(4)**优秀的艺术素养**。演讲也是一门艺术,其内容、格式的安排,语言的修饰,态势语的使用等,都应给人以正直、优雅的感受。演讲者的形象和知名度对演讲的成败将产生巨大的作用。

(5)**良好的形象风度**。塑造良好的形象是演讲成功的重要因素和必要前提。

演讲者的外在形象要求是:具备匀称的体型、富有性格特征的美的发型,闪耀着自信、勇敢和智慧光芒的眼睛,穿着合身得体、款式、色泽宜人的服饰,给人雄健、潇洒、理智大方、稳重深沉、威武堂堂的印象。

演讲的风度指的是人的形体、言谈举止活动在空间构成的姿势、表情、神态的综合。与静态的仪表不同,风度更含蓄蕴藉,更能显现一个人的精神世界,是一个精神状态、个性气质、品德情趣、文化素养、生活习惯的动态的外在表现。即通常所说的"风姿"、"风采"、"风格"、"风韵"等。演讲者的良好的文化素养、渊博的学问、精深独到的思辨能力,是构成演讲风度美的重要因素,并常常通过语言转换成风度美的外在形式。

2. **演讲的信息**。演讲从选材到成稿,要符合时代精神;要选择自己比较熟悉并能针对听众实际的内容展开演讲。

3. **演讲的客体**。听众的反应是检验演讲成效的客观标准,是最重要的标准。所以,演讲时应注意听众的反应,作出及时的调整,应"因地制宜、因时制宜、因人而异"。

六、演讲的最高境界

古今中外经典的演讲词,无一不是神、情、气、文四者的共振和有机结合。

神、情、气、文四位一体的演讲词是"美的符号和生命的形式",也是演讲的生命力之所在。

所谓**神**,指精神、主题或骨气。如屈原"路漫漫其修远兮,吾将上下而求索","神"在忧患意识和爱国精神;《我有一个梦想》抨击了美国社会的种族歧视和不平等自由的社会黑暗现实,敢于为黑人的真正自由平等鼓与呼,所以该演讲词立意高远、立神高尚,也使其在美国和全世界广为流传。以"神"为本,紧扣时代脉搏,展示时代的波澜和风云,敢于做普罗米修斯式偷火给人类的殉道者和圣者的猛士,这才是演讲词能激起千层浪的"石子"的"神"。

所谓**情**,指真情,须情真意切。演讲词讲究"晓之以理",更讲究"动之以情"。《我有一个梦想》中可以观照出作者马丁·路德·金对黑人醇烈的爱和人道主义精神,当有人问他:"你们这些搞民权运动的人什么时候才能满意呢?"他在演讲中铿然回答:"只要黑人还在遭受令人极度恐怖的警察暴力的迫害,我们就永远不会满意……不,不,我们不满意,而且永远不会满意,直到公平如大水滚滚,正义如江河滔滔之时。"作者用了一连串的排比句"我们永远不会满意",强烈地表达了黑人为自由平等奋不顾身、殉身不恤的精神,掷地有声,情发自然,感人肺腑。但抒发时情应有度。所以王国维说"故能写真景物,真感情者,谓之有境界"。

所谓**气**,指气势、气魄。气势磅礴,以气动人,有气势美。"文非气不重",演讲为一整体的流动过程。它的气势美就蕴含在此流动过程之中并自然地体现出来。气可分柔浊和清刚。气势美的表现形态就是一种崇高美——刚毅、强劲、雄浑、激昂甚至悲壮的美,显现出磅礴的气势和战斗风采,给听众以信念和力量。如《我有一个梦想》,浩然正气;《最后一次演讲》,凛然正气;《少年中国说》,清刚盛气,无不震撼心灵。

所谓**文**,指语言。语言是神、情、气的载体。在演讲中,语言须形象化、生动,人听后如历其境、如见其人、如触其物、如闻其声。演讲的语言须凝练含蓄。"言近而旨远,辞浅而义深。"演讲的语言还应富有音乐性,音调和谐,节奏鲜明,流畅、明白,具听觉的美感。具体使用语言时,要善于运用短句,这样可使演讲言简意赅、铺排、灵动、气势磅礴、遒劲有力,有动人心魄的雄健语势、表情自然;还要善于运用修辞格,这样可使内容气韵生动,如《我有一个梦想》。一般地,对比能明辨差异;排比使气韵流畅,激情澎湃;设问能引起悬念;引用可增强可信度;反复能起强调作用;比喻使形象生动,通晓明白。

演讲词的"神、情、气、文"四位一体,其美包括了精神美、感情美、气势美和语言美四种形式。

第二节 演讲的基本要求及技巧

一、演讲的基本要求

演讲要做到有的放矢,选题和演讲的方式要有很强的针对性,使演讲适合听众的心理需要和兴趣,同时又是你所最有感触的内容,并符合时代的要求,关注时代的热点和焦点的问题;熔事、情、理于一炉,以事惊人、以理服人、以情动人,全方位地俘获听众;精心安排演讲的结构、完整、清晰、紧凑、跌宕起伏,使整个演讲一气呵成而又摇曳生姿,扣人心弦;把握演讲语言的特点,使演讲的语言呈现通俗流畅、简明扼要、生动活泼的特点。

二、演讲技巧

（一）写作演讲稿的技巧

演讲稿的写作要有新意,立意正确,内容充实,富有文采。注意体会经典演讲词的内容和语言的精美所在,模仿,并有所突破。

（二）选题技巧

1. 听众需要。演讲者依靠自己的德、才、识分析听众的需要,探究其与听众的根本利益的关系,找出有利于听众的最根本的需要,而不能随意去迎合迁就,即要站得高、看得远,担负起听众认清自身根本需要的任务。如教士传播宗教教义就常用该法。他们充满激情,全身心地投入,使演讲具有巨大的撼人心魄的力量,甚至令一些不信教的群众在不知不觉中为其俘虏。

2. 自我可能。美国专家调查发现,听众最感兴趣的题目,都与某些有相当特点的个人情况有关。所以我们要大胆选择、大胆谈自己感兴趣的事。只有那些能够让我们觉得它是我们真心所想、真情所感,并且热切希望将这些所想所感让听众知晓的题目,才真正适合我们。

3. 时间许可。一个人的思维、注意力保持高度集中只能持续45分钟至1小时。精明的演讲者总是在题目上加上许多限制,使之概括的观点简单,以尽量缩短演讲的时间,让听众真正有所收获。他们的信条是：宁可只给听众一个印象深刻的观点,也不要50个让人前听后忘的观点。因此,一,要注意演讲自身的文化水平;二,要注意自己的写作个性和表演个性,要在日常生活中、报刊资料中发掘独家材料。

（三）挖掘和提炼主题的技巧

尤其在讲稿已初步完成时,还要使其符合限时性、动情性、表演性的要求,使主题鲜明化、使内容结构形成波浪状,完善细部文字。

（四）确立内容的技巧

根据不同类型的演讲,巧妙妥帖地运用技巧。

1. 传播知识、讲述道理的演讲

此类演讲的目的是传达信息、阐明事理,使人知道、明白。如学术演讲,语言学家王力的演讲《诗词的基础》,主要就是讲了作诗前的准备、文章的体裁、构思、选材等,使听众明白作诗的基本知识。所以这类演讲要注重以准确清晰的语言来阐明真理、科学和知识。

2. 宣传真理、激励意志的演讲

此类演讲的目的是使人信赖、相信。如比尔·盖茨在其演讲《请将解决人类的不平等视为己任》中就告知人们哪些是人类的不平等,表达了他对人类命运的关爱,接着向哈佛学子传播"要成为一个行动主义者,将解决人类的不平等视为己任"的道理,同时,他又真情呼吁人们要长时期地坚持下去。所以,演讲时要善于情理相融,叙议结合,既做到论说的观点独到、正确,论据翔实、确凿,论证合理、严密,又深刻感人。

3. 激发真情、坚定信仰的演讲

此类演讲意在使听众激动起来,在思想感情上产生共鸣并由此有所行动。因此,应注重对感情的渲染和激发。如美国黑人领袖马丁·路德·金的《我有一个梦想》,五个明显具有宣泄作用的排比段落"我梦想着,有那么一天……"更是以排山倒海的气势使全文增添感情色彩,这深深植根于美国现实土壤中的理想,具体、亲切、令人向往,酣畅淋漓地表达了千百万黑人对自由平等、消除种族歧视的渴望,激发了广大黑人听众的自尊、自强,激励他们为"生而平等"而奋斗。通篇思想深刻,感情激昂,说理透彻,文字优美,文采斐然,气势恢宏,激情澎湃,极富雄辩的色彩和力量。

4. 活跃气氛、给人快乐的演讲

此类演讲的目的是活跃气氛、调节情绪,使人快乐。所以可用诙谐的语言,采取幽默、笑话或调侃的方式,借题发挥。

演讲稿的内容涉及选材,演讲中应尽可能地选用生活中典型、新鲜、生动的材料,如可运用形象的材料、数字,以及富有哲理性的名言警句。

（五）结构技巧

1. 开头的技巧

开头犹如乐曲的第一个乐章,这是演讲者奉献给听众的第一束鲜花。"好的开头是成功的一半。"其具体的形式有：

(1) **论述式的开头**。这是指以演讲的题目直接揭示论点或借用名言、警句、俗语、诗歌和富有哲理的话开头,造成先声夺人的气势。

(2) **描述式的开头**。这是指用形象去引发听众的联想,进而导入对主题的阐发,可以使演讲富于趣味,增强对听众的吸引力。可以是直描式,也可以是借喻式,对故事、场面、人物、事物、感受、见解等进行描述,渲染气氛,使人相信、使人感动。

(3) **提问式的开头**。这指的是用一个或几个值得思考的问题,引导听众进入共同的思维空间,将听众的思维统一到特定话语上来,使他们变被动接受为主动思考,这有助于整个演讲信息的传递。

(4) **幽默式的开头**。这样的开头可使演讲者在听众心领神会的笑声中增强自信心,也可使听众在轻松愉快的气氛中缩短与演讲者的心理距离,更易于接受演讲的内容。如,1860年林肯竞选总统时的演讲词:"有人打电话问我有多少银子,我告诉他们我是一个穷棒子。我有一位妻子和儿子,他们是我的无价银子。我租了一间房子,房子里有一张桌子和三把椅子。墙角一个柜子,柜子里的书值得我读一辈子。我的脸又瘦又长且长满胡子,我不会发福而挺着大肚子,我没有什么可以庇荫的伞,唯一可以依靠的是你们!"

(5) **即景式的开头**。此即抛开原先的准备,大胆地根据眼前的情景、气氛来开头。这是有经验的演讲者经常运用而且效果特佳的一种方法。它能使演讲紧贴语境,让听众觉得分外亲切。这尤其适合鼓动类的演讲。

但无论何种演讲,都应该避免多余的客套、潜留退路、离题万里、故弄玄虚的开头。

2. 主体部分的技巧

这是展示演讲的最重要的部分。在这里,一系列材料要表现观点,演讲者在此处征服听众。所以这一部分的讲述要波澜起伏,清楚明了。这也是客观事物的丰富性、多变性和演讲的艺术性在演讲的结构上的体现。具体的技巧有:

(1) **抑扬**。这就是先让听众产生认识上的错觉,造成一时的误会,尔后又纠正错觉,消除误会,以增强艺术效果,加深听者的印象。可先抑后扬,也可先扬后抑。目的在于抑,就先扬;目的在于扬,就先抑。如丘吉尔出任首相后的第一次演讲中的一句名言"我没有什么可以奉献,有的只是热血、辛劳、眼泪和汗水",前面的"我没有什么可以奉献"正是反衬出后面的"有的只是热血、辛劳、眼泪和汗水"这一扬,生动、感人地反映出了他谦逊的品德,更是反映了他决心为祖国奉献一切的胸怀。

(2) **张弛**。这就是材料组织上的严紧与宽松。张弛有致,就是恰当地调节材料的密度,做到紧密与疏松相结合,叙述说明与议论抒情相间、动与静相间等。如李燕杰在《国家·民族·正气》演讲中就充分运用之,使"张"处激越,"弛"处娓娓而来,舒缓有致,感人肺腑。

(3) **离合**。这就是先离开题目谈一段"题外话",再将此与题目联系起来。这种手法可增大演讲的容量,丰富演讲的内容,又可使演讲变幻莫测,出神入化,具极强的艺术魅力。如尼克松在1972年访华时答谢宴上的祝酒词。

(4) **断续**。这就是在演讲过程中"卖个关子",暂时中断一下话头,插入别的内容,然后再把中断的话头接上。这样的写法,有助于形成波澜,有助于抓住听众的注意力。

3. 结束的技巧

这一部分是演讲内容发展的自然收束,是留给听众的最后一个印象。心理研究表明,听众对演讲者最后的几句话能保持最长的记忆,它对听众产生特别强烈、深刻的作用并直接影响演讲的成败,演讲的结尾是演讲走向成功的关键步骤,应不遗余力,坚持到底。所以要注重在结尾处突出重点,将所有的内容浓缩,并予以强调。具体的技巧有:

(1) **充满激情式**。语言激昂、动人心弦以打动听众,呼吁并指明具体的行动方向。

(2) **名言警句式**。引用名言警句,将演讲推向高潮,有力证明论题,丰富并深化主题。

(3) **诗词佳句式**。恰当引用,使听众得到更深的启发,给听众以余韵悠悠之感。

(4) **余味无穷式**。留余味、返余波的方式。语尽而意不尽,意在言外。

（5）**总结概括式**。语言精练概括，抓住要点，总结全文。起到主题鲜明突出，给人印象深刻的效果。

但演讲的结尾忌讳拖沓冗长，画蛇添足，枯燥乏味，陈词俗套。

（六）语言技巧

演讲是一种口语活动，又是一种艺术活动，所以，演讲的语言除了要符合口语的基本要求，做到准确、生动、上口、入耳外，还要运用技巧，用语凝练严密、句式灵活多样，并综合运用各种表达方式，使说理和抒情相结合，形象生动，具有个性化的特点。

（七）修辞技巧

在演讲中，排比、反复、反问、设问等修辞的使用，起到强调、重复的作用，能增强演讲说服力。

（八）演讲前情绪调节的技巧

1. 尽可能调节好自己的情绪进入自己演讲内容的角色中去。

2. 如演讲前情绪波动大，心跳快、呼吸急促，则可调节自己的呼吸。

方法：长吸一口气，然后有力而短促地呼出。如此重复几次，用意念控制自己均匀地呼吸一段时间。

3. 分散自己的部分注意。

方法：将目光移向某物稍作观察或想一件有趣的事。

4. 表情调节法。

（九）酿造高潮的技巧

"文似看山不喜平"，演讲要求节奏鲜明、张弛相间、跌宕起伏，要有波澜起伏的段落和引人入胜的高潮。成功的演讲总能掀起几次高潮。

酿造高潮需要技巧，要用一定的修辞手法和精彩的语言。具体技巧有：**重复、排比、结尾处形成高潮**。

（十）控场技巧

控场是指演讲者对演讲场面进行有效控制的能力。

演讲者要想调动听众的情绪，集中听众的注意力，创造良好的会场气氛，必须具备一定的控场能力和技巧。要"说"，不要念讲稿。遇乱不惊，妥善应变，可以变换语调和节奏，吸引听众的注意力；设置悬念，激发听众的兴趣，调动听众的情绪；巧用停顿；变换语调；有意设问；调整内容结构；插科打诨；索情求理。具体的技巧有：

1. **暂停**。在平淡冗长的演讲中易引起听众的闲聊和喧闹，这是演讲失误的表现。这时语流的短暂间歇，可引起听众的心理注意，从而改变听觉意向，产生控场的效果。

2. **发问**。对台下的发笑、说话声，可发问。这种语势的强烈刺激，能够激发听众思考，引起反省，达到控场的目的。

3. **变调**。对台下的吵嚷声，可迅速变化语调。这种语调的鲜明对比，能造成听众的心理反差，从而集中注意力，达到控场的目的。如：

俄国伟大的马克思主义理论宣传家普列汉诺夫有一次在日内瓦作《无产阶级与农民》的演讲时，社会革命党人和无政府主义者这伙抱有敌意的听众从中捣乱。他们在普列汉诺夫演讲时，吹口哨、跺脚、喧闹，还与其他观点不同的听众争吵辩论，几乎令演讲无法进行下去。普列汉诺夫面对这种情况，十分冷静沉着，双手交叉于胸前，沉默不语，用一种嘲笑的目光扫视着那些不怀好意的家伙。待台下稍微有所安静,他突然大声地说:"如果我们也想要使用这种武器同你们斗争的话,我们来时……"他顿了一下,大家以为他会说带来枪械棍棒之类的东西,以其人之道还治其人之身。然而,他却出乎意料地缓声说道:"我们来时就会带上冷若冰霜的美女!"听众哄然大笑,之后,立刻静了下来。于是演讲得以继续进行下去。

在这里,普列汉诺夫运用了语调变换、停顿和幽默的控场技巧,控制了会场。

(十一)记忆的技巧

记忆是人类积累经验、丰富知识的基本手段,是人类高级心理过程形成和发展的基础。熟悉和背记演讲稿是取得演讲成功必不可少的条件。脱稿演讲更强调这点,但在演讲中即使是有经验的演讲者也难免忘词,可以借助一些方法增强记忆力。

1. **图画记忆法**。如美国的幽默大师、著名的作家马克·吐温在刚刚开始演讲时,最使他头痛的是无法记住自己的讲稿。后来,他就在演讲前画画帮助记忆。有一次,演讲前他画了几幅这样的画:第一幅看上去是一个干草堆,下面有条曲线,曲线代表响尾蛇。这张图画提醒他演讲的内容是关于美国西部的牧场生活。第二张画是几条歪歪斜斜的线和一个马虎但称得上雨伞的图案。前者代表风,后者代表一座城市。在伞边有个罗马数字"Ⅱ"(代表两点钟)。这张画指的是一场大风总是在下午两点钟袭击卡森城。第三幅画是几条像闪电一样的线条,其含义是在讲完第二点后,该讲讲圣弗兰西斯科(其演讲所在地)的恶劣天气了(一个常伴有闪电和雷雨的城市)。

2. **意义记忆法**。从意义入手,把握中心意思,找出各部分的"意义的要点",提纲挈领,抓纲带目。

3. **结构记忆法**。把要讲的内容用几个相应的物体表示并按次序排好。

4. **情感记忆法**。像演员记台词一样,进入角色,尤其针对某些具有浓厚感情色彩的内容,在语气、音量、语速和态势方面有较强的表现性。

5. **灵活的机械记忆法**。如周恩来总理把当时全国30个省、市、自治区编成一首诗:"两湖两广两河山,五江云贵福吉安,四西二宁青甘陕,还有内台北上天。"

6. **连锁记忆法**。把要记住的各个事物(词)用联想连接起来。如想记忆没有关联的10件东西"飞机"、"树"、"信封"、"耳环"、"水桶"、"唱"、"篮球"、"腊肠"、"星星"、"鼻子",你可以这样联想连接:"飞机撞在树上,飞机被毁,树上挂满了信封,信封里装满了各式各样的耳环,耳环像水桶那样大,一个人敲着水桶在唱歌。一唱歌,球从口中飞出,篮球队员们吃着腊肠去比赛,腊肠上刻满星星,星星长出了鼻子。"联想越古怪,记忆就越清楚。

第三节　叙事说话训练

训练目标:

锻炼学生的心理素质,激发其登台当众说话的热情,培养自信心和提高其说话的能力。学会叙事具体、形象、生动,议论有理有据,并能恰当地表达出自己的感情,提高完整形象叙事说话的能力。

训练内容及方式:

1. 话题:成长的故事

2. 内容：可以是一件自己做过的最有意义的事，一次自己经历过的印象最深的事，一件自己最想做的事，一件最能让自己开心的事，一个对自己影响最大的人，一个自己最喜欢的人，一句自己最喜欢的名人名言，一样自己最喜欢的东西，一种自己最喜爱的颜色，一种自己最喜欢的性格，自己的最希望改变的某一个性格，一句有关描画自己的幽默的话……

3. 方式：全班学生一个一个按顺序登台表述。

4. 要求：每位同学必须登台，每人的时间控制在3～5分钟。在主话题下的分话题可以自由选择，可以是一个话题，也可以是几个话题。分话题内容具体，均为与自己有关，富有自己的个性特色，真实、生动、形象，并体现出"最"字。

提示：内容可以是自己各年龄段的人生写照或感受、感悟，不一定是最好的事，但要有自己很想向人讲述冲动的内容，即突出"最"字。对于选择讲述的内容，要各有侧重，"自己做过的最有意义的事"，要有事情经过，并揭示事情的意义所在；"自己经历过的印象最深的事"，则要讲出深刻印象所在；"对自己影响最大的人"则要讲出这人是谁，他的影响力在哪些方面；"最喜欢的名人名言"，则需讲述名言是什么，为什么喜欢的原因，对自己的影响在哪些方面；"最希望改变的性格"，则需说清是什么性格，并谈谈要改变这样的性格的原因；"描画自己的幽默的话"，以笑谈自己的方式讲述，自然、开朗、洒脱，培养幽默乐观的个性……

第四节　指定内容的演讲训练

训练目标：

培养学生的演讲感觉，从经典的演讲词中感受到演讲的魅力，且能通过模仿较好地感受并进行演讲。

训练方法：

选用经典演讲词，体会其语言特点，模仿、领会，并进行演讲训练。

训练内容：

范例一

我有一个梦想
——在"自由进军"集会上的演说

〔美〕马丁·路德·金

我很高兴，今天能和大家一起参加这次示威游行。它必将作为美国有史以来为争取自由所举行的最伟大的示威游行而名垂千秋。

100年前，一位伟大的美国人——我们现在正站立在他的灵魂的安息处——签署了《解放宣言》。这条重要法令的颁发，在一直忍受着不义与暴虐的火焰烧灼的千百万黑人奴隶的心中，竖起一座光明与希望的灯塔。《宣言》似令人欢愉的黎明，即将结束种族奴役的漫漫长夜。

但从那时至今，已经有100年历史了，可黑人仍无自由可言。100年后的今天，黑人的生活仍旧悲惨地为隔离的桎梏和歧视的链锁所捆缚。100年后的今天，在浩瀚的物质财富海洋之中，黑人仍旧在贫困的孤岛上生活。100年后的今天，黑人仍旧在美国社会的一隅受苦受难，并且发现自己竟然是自己所在国土上的流放者。因此，我们今天来到这里，把这种不体面的身份戏剧性地表演一下。

就某种意义而言,我们是来首都兑现期票的。当我们共和国的"建筑师"们撰写《宪法》和《独立宣言》中的富丽堂皇的篇章时,他们是在写一张"期票",每个美国人都是这张期票的合法继承人。这张期票是一个允诺,即所有的美国人——非但白人,还有黑人都保证拥有不容剥夺的生活的权利、享受自由的权利和追求幸福的权利。

但是现在,很显然,就有色公民而论,美国却一直拒付这张期票。美国没有承担如期兑现这张期票的神圣义务。黑人满怀期望地得到的竟是一张空头期票,这张期票被签上"资金不足"的字样。然而我们绝不相信,正义的银行会破产。我们绝不相信,在美国,储存机遇的巨大金库竟会"资金不足"!

所以,我们来兑现这张期票来了,来兑现一张将给予我们堪称最高财富——自由和正义的保障的——期票。

我们来到这个尊为神圣的地点,其又一目的是提醒美国政府,现在是最为紧迫的时刻。现在既不是享用缓和激动情绪的奢侈品的时刻,也不是服用渐进主义麻醉剂的时刻。现在是从黑暗荒凉的深渊中崛起,向阳光普照的种族平等的道路奋进的时刻。现在是把以种族歧视的流沙为基础的美国重建在兄弟情谊般的坚石之上的时刻。现在是为上帝的子孙实现平等的时刻!

如果再继续无视时机的紧迫,就将导致我们国家的不幸。不实现自由与平等,黑人的完全合法的不满情绪就不会平息;令人心旷神怡的金秋就不会降临;炎炎酷暑就不会消逝。1963年不是尾声,仅是序曲。

如果美国政府继续一意孤行,就会使那些幻想黑人只要发泄一下不满情绪就会满足的人猛醒。在未授予黑人以公民权之前,美国既不会安宁,也不会平静。反叛的飓风将会不断地撼动这个国家的根基,直到迎来光辉灿烂的正义的黎明。

可是我必须向站在通往正义之宫的温暖入口处的人们进一言,我们在争取合法地位的进程中,决不能轻举妄动。我们决不能为了满足对自由的渴望,就啜饮敌意和仇恨。我们必须永远在自尊和教规的最高水平上继续我们的抗争。我们必须不断地升华到用精神的力量来迎接暴力的高尚顶峰。

已经吞没了黑人共同体的新的敌对状态令人不解,但它绝不应该导致我们对所有白人的不信任——因为有许多白人兄弟参加了今天这个集会。这就告诉我们,他们已经逐渐认识到他们自己的命运与我们的自由是休戚相关的。

我们不能独自前进。而当我们前进的时候,我们必须宣誓永远向前,义无反顾。有些人向我们这些热衷于获得公民权的人发问"你们何时才会满足?"答案是明确的:只要黑人还是警察的骇人听闻的恐怖手段和野蛮行为的牺牲品,我们就不会满足的。只要我们因旅途劳顿而疲惫不堪,想在路旁的游客旅馆里歇息,或在市内的旅馆投宿而不被允许,我们就不会满足的。只要黑人的基本活动范围还是局限于从一个较小的黑人区到一个稍大的黑人区,我们就不会满足的。只要我们的孩子还是被标写着"只限白人"的牌匾剥夺人格和自尊,我们就不会满足的。只要密西西比的黑人不能参加选举,而纽约黑人的选票还无实际意义,我们就不会满足的,不会的,不会的!除非平等泻如飞瀑,除非正义涌如湍流,我们是不会满足的。

我并非没有留意到,你们之中有些人是从巨大的痛苦与磨难中来到这里的。有些人来自狭小的牢房,还有些人来自那对自由的要求竟会招致迫害的风暴接二连三的打击,竟会招致警察兽行般地反复摧残的地区。而你们却一直富于创造性地、坚韧地忍耐着。那么,就怀着一定能获得拯救的信念坚持下去吧!

回到密西西比去吧!回到阿拉巴马去吧!回到南卡罗来纳去吧!回到佐治亚去吧!回到路易斯安那去吧!既然知道这种境况能够而且必定改变,那么就回到我们北方城市中的陋巷和贫民窟去吧!我们决不可以在绝望的深渊中纵乐。

今天,我对大家说,我的朋友们,纵使我们面临着今天与明天的种种艰难困苦,我仍然有个梦想,这是一个深深植根于美国之梦的梦想。我梦想着,有那么一天,我们这个民族将会奋起反抗,并且一直坚持实现它的信条的真谛——"我们认为所有的人生来平等是不言自明的真理"。

我梦想着,有那么一天,甚至现在仍为不平等的灼热和压迫的高温所炙烤着的密西西比,也能变为自由与平等的绿洲。

我梦想着,有那么一天,我的四个孩子,能够生活在一个不是以他们的肤色,而是以他们的品性来判断他们的价值的国度里。

我梦想着,有那么一天,就在邪恶的种族主义者仍然对黑人活动横加干涉的阿拉巴马州,就在其统治者拒不取消种族歧视政策的阿拉巴马州,黑人儿童将能够与白人儿童如兄弟姊妹一般携起手来。

我梦想着,有那么一天,沟壑填平,山岭削平,崎岖地带铲为平川,坎坷地段夷为平地,上帝的灵光大放光彩,芸芸众生共睹光华!

这就是我们的希望!这是我返回南方时所怀的信念!怀着这个信念,我们就能从绝望的群山中辟出颗希望的宝石。怀着这个信念,我们就能变我们祖国的嘈杂喧嚣为一曲优美和谐的兄弟交响乐。怀着这个信念,我们就能共同工作,共同祈祷,共同斗争,甚至哪怕共同入狱。既然知道有朝一日我们终将获得自由,我们就能为争取自由共同坚持下去!……

评析:马丁·路德·金(1929—1968),美国黑人律师,著名黑人运动领袖,出色的演说家,被誉为"黑人之音",美国《展示》杂志将他列为近百年来世界最具有说服力的演说家之一。其政治主张核心是非暴力主义,一生致力于黑人争取平等权利的运动。1964年荣获诺贝尔和平奖。1968年4月14日被种族主义者刺杀身亡。

1963年8月28日,美国25万群众聚集在林肯纪念堂前,举行了美国历史上最伟大的一次民权集会。马丁·路德·金是这次运动的领导人,在会上,他发表了这篇著名的演说。

全文以号召黑人群众为实现自由与平等,为争取公民权而共同斗争为中心议题,以美国《宪法》和《解放宣言》为依据,猛烈抨击了种族歧视政策。通篇感情激昂,文字优美,文采斐然,气势恢宏。尤其是"我梦想着,有那么一天……"五个排比段使全文更添感情色彩,这深深植根于美国现实土壤中的理想,具体、亲切、令人向往,淋漓尽致地表达了千百万黑人对自由平等、消除种族歧视的渴望。丰富的想象、美好的憧憬,使听众在遐想之后,更增添了为种族平等而斗争的力量。

范例二

没有胜利就没有一切

〔英〕丘吉尔

上星期五晚上,我接受了英王陛下的委托,组织新政府。这次组阁,应包括所有的政党,既有支持上届政府的政党,也有上届政府的反对党,显而易见,这是议会和国家的希望与意愿。我已完成了此项任务中最重要的部分,战时内阁业已成立,由五位阁员组成,其中包括反对党的自由主义者,代表了举国一致的团结。三党领袖已经同意加入战时内阁,或者担任国家高级行政职务。三军指挥机构已加以充实。由于事态发展的极端紧迫感和严重性,仅仅用一天时间完成此项任务,是完全必要的。其他许多重要职位已在昨天任命。我将在今天晚上向英王陛下呈递补充名单,并希望于明日一天完成对政府主要大臣的任命。其他一些大臣的任命,虽然通过需要更多一点的时间,但是,我相信议会再次开会时,我的这项任务将告完成,而且本届政府在各方面都将是完整无缺的。

我认为,向下院建议在今天开会是符合公众利益的。议长先生同意这个建议,并根据下院决议所授予他的权力,采取了必要的步骤。今天议程结束时,建议下院休会到5月21日星期二。当然,还要附加规定,如果需要的话,可以提前复会。下周会议所要考虑的议题,将尽早通知全体议员。现在我请求下院,根据以我的名义提出的决议案,批准已采取的各项步骤,将它记录在案,并宣布对新政府的信任。

组成一届具有这种规模和复杂性的政府,本身就是一项严肃的任务。但是大家一定要记住,我们正处在历史上一次最伟大的战争的初期阶段,我们正在挪威和荷兰的许多地方进行战斗,我们必须在地中海地区做好准备,空战仍在继续,众多的战备工作必须在国内完成。在这危急存亡之际,如果我今天没有向下院做长篇演说,我必须能得到你们的宽恕。我还希望,因为这次政府改组而受到影响的任何朋友和同事,或者以前同事,会对礼节上的不周之处予以充分谅解,这种礼节上的欠缺,到目前为止是在所难免的。正如我曾对参加本届政府的成员所说的那样,我要向下院说:"我没有什么可以奉献,有的只是热血、辛劳、眼泪和汗水。"

摆在我们面前的,是一场极为严峻的考验。在我们面前,有许多许多漫长的斗争和苦难的岁月。你们问:我们的政策是什么?我要说,我们的政策就是用我们全部能力,用上帝所给予我们的全部力量,在海上、陆地和空中进行战争,同一个在人类黑暗悲惨的罪恶史上所从未有过的穷凶极恶的暴政进行战争。这就是我们的政策。你们问:我们的目标是什么?我可以用一个词回答:胜利——不惜一切代价,去赢得胜利。无论多么可怕,也要赢得胜利。无论道路多么遥远和艰难,也要赢得胜利。因为没有胜利,就不能生存。大家必须认识到这一点:没有胜利,就没有英帝国的存在,就没有英帝国所代表的一切,就没有促使人类朝着自己目标奋勇前进这一世代相因的强烈欲望和动力。但是当我挑起这个担子的时候,我是心情愉快、满怀希望的。我深信,人们不会听任我们的事业遭受失败。此时此刻,我觉得我有权利要求大家的支持,我要说:"来吧,让我们同心协力,一道前进。"

评析:丘吉尔,英国历史学家、文学家、演说家,曾获诺贝尔文学奖。1940年5月10日,他在德国法西斯大举进攻荷兰、法国和比利时之际出任英国战时首相。在第二次世界大战中,他领导英国人民打败了德国法西斯。1940年5月13日,也就是德国法西斯军队发动向荷兰、法国和比利时大举进攻的第三天,英国下院举行特别会议,刚出任首相并完成组阁的丘吉尔在会上发表了这篇演说。演说分两部分。前一部分主要报告新政府组阁的情况,后一部分阐明新政府的政策和态度。无论是陈述还是议论,都充满坚定的信心和顽强的斗志,以充满激情的语句给听众以情绪的感染。演说的最后部分,用"问"、"答"的语句把演说推向高潮;用气势磅礴的排比句向听众晓以利害,更加有力地激励了人们与侵略者血战到底的坚强意志。

> **范例三**

请将解决人类的不平等视为己任

〔美〕比尔·盖茨

我要感谢哈佛大学在这个时候给我这个荣誉。明年,我就要换工作了(注:从微软公司退休)……我终于可以在简历上写我有一个本科学位,这真是不错。哈佛的校报称我是"哈佛大学历史上最成功的辍学生"。我想,在所有的失败者里,我做得最好。

哈佛的生活令人愉快,也充满了挑战。虽然我离开得比较早,但是我在这里的经历、在这里结识的朋友、在这里发展起来的一些想法,永远地改变了我。

但是,如果现在严肃地回忆起来,我确实有一个真正的遗憾。我离开哈佛时,根本没有意识到这个世界是多么的不平等。人类在健康、财富和机遇上的不平等大得可怕,它们使得无数的人们被迫生活在绝望之中。

我在哈佛学到了很多新思想,也了解了很多科学上的新进展。但是,人类最大的进步并不是来自于这些发现,而是来自于那些有助于减少人类不平等的发现。不管通过何种手段,减少不平等始终是人类最大的成就。我花了几十年才明白了这些事情。

在座的各位同学,你们比以前的学生,更多地了解了世界是怎样的不平等。在你们的哈佛求学过程中,我希望你们思考一个问题,那就是在这个新技术加速发展的时代,我们怎样最终应对这种不平等,以及我们怎样来解决这个问题。

Melinda(注:盖茨的妻子)和我曾经读过一篇文章,里面说在那些贫穷的国家,每年有数百万的儿童死于那些在美国早已不成问题的疾病,麻疹、疟疾、肺炎……我们震惊了。我们想,如果几百万儿童正在死亡线上挣扎,而且他们是可以被挽救的,那么世界理应将用药物拯救他们作为头等大事。但是事实并非如此。那些价格还不到一美元的救命的药剂,并没有送到他们的手中。

如果你相信每个生命都是平等的,那么当你发现某些生命被挽救了,而另一些生命被放弃了,你会感到无法接受。我们对自己说:"事情不应如此。如果这是真的,那么它理应是我们努力的头等大事。"

如果我们能找到这样一种方法:既可以帮到穷人,又可以为商人带来利润,为政治家带来选票,那么我们就找到了一种减少世界性不平等的可持续的发展道路。这个任务是无限的,它不可能被完全完成,但是任何解决这个问题的尝试,都将会改变这个世界。

我也遇到过那些感到绝望的怀疑主义者。他们说:"不平等从人类诞生的第一天就存在,到人类灭亡的最后一天也将存在。——因为人类对这个问题根本不在乎。"我完全不能同意这种观点。我相信,问题不是我们不在乎,而是我们不知道怎么做。

哈佛是一个大家庭,这个院子的人们,是全世界最有智力的人类群体之一。我们可以做些什么?哈佛人有没有可能将他们的智慧,用来帮助那些甚至从未听过"哈佛"这个名字的人?我们最优秀的人才是否在致力于解决世界最大的问题?哈佛是否鼓励她的老师去研究解决世界上最严重的不平等?哈佛的学生是否从那些极端贫穷的地方认识了什么?那些世界上过着最优越生活的人们,有没有从那些最困难的人们身上学到东西?

这些问题并非语言上的修辞,你必须用自己的行动来回答它们。可以这样说,全世界的人们几乎有无限的权利,期待我们作出贡献。

同这个时代的期望一样,我也要向各位同学提出一个忠告:你们要选择一个问题,一个有关于人类深刻的不平等的问题,然后变成这个问题的专家。如果你们能够使得这个问题成为你们职业的核心,那么你们就会非常杰出。你们每个星期只用几个小时,就可以通过互联网得到信息,找到志同道合的朋友,发现困难所在,找到解决它们的途径。不要让这个世界的复杂性阻碍你前进,要成为一个行动主义者,将解决人类的不平等视为己任。要是再弃那些你可以帮助的人们于不顾,你就将受到良心的谴责。你们还必须尽早开始,尽可能长期地坚持下去。它将成为你生命中最重要的经历之一。

我希望,当30年后你们再回到哈佛,在那时你们评价自己的标准,不仅仅是你们的专业成就,更包括你们为改变这个世界深刻的不平等所作出的努力,以及你们如何善待那些远隔千山万水、与你们毫不相干的人们。

最后,祝各位同学好运。

评析:这是比尔·盖茨在2007年6月7日在哈佛大学的演讲。他的演讲以"解决人类的不平等"为主题,慷慨激昂,发人深省,给人以崇高的理想主义教育;他的演讲技巧娴熟。

语言上亦庄亦谐。开篇即给人幽默诙谐之感,如他调侃的"我终于可以在简历上写我有一个本科学位",接着引述校报所评价的"哈佛大学历史上最成功的辍学生",并再次调侃"我想,在所有的失败者里,我做得最好"。此语一出,让所有了解他曾是哈佛辍学生背景的人不禁莞尔。这种自嘲式的调侃,使得演讲谐趣横生,引起听众的兴趣。然后,在营造出融洽的气氛后,比尔·盖茨并不在谐上恋战,而是寓庄于谐,由谐而庄,渐渐深入主题,进而引发严肃的思考。他以"哈佛的生活令人愉快,也充满了挑战"过渡,语气开始庄重起来,并进入主题——解决人类的不平等。

论证入情入理。如在论证"人类在健康、财富和机遇上的不平等大得可怕"这一道理时,谈到和妻子在读到过的一篇关于贫穷国家儿童生存境遇的一篇文章时,他对人类的命运的关爱之情溢于言表;在向哈佛学子传播"要成为一个行动主义者,将解决人类的不平等视为己任"之理时,他又真情呼吁:"要是再弃那些你可以帮助的人们于不顾,你就将受到良心的谴责。你们必须尽早开始,尽可能长时期地坚持下去。"所有这些词句,发人深省,是理之效;让人震撼,是情之动。可以说,比尔·盖茨的这篇演讲词之所以如此深刻感人,这种情理交融懂得表达方式的使用是很重要的。

节奏有弛有张。从宏观角度剖析,不难感受他的演讲具有张弛有致的节奏美,如其谐庄相间,以及假设、反证、排比式的反问……语段给人有"大珠小珠落玉盘"的节奏感,为整篇演讲增添了无限的艺术魅力。

尽管比尔·盖茨富可敌国,但他的这篇演讲,折射出他的济世情怀,为他增添了无限的人格魅力,使他更得到了世人的尊重。

(选自《演讲与口才》2008年第2期,P.49,王永凯评)

◈ 范例四 ◈

讲自己所做的,做自己所讲的

陈安之

感谢王利芬主持人及田溯宁先生的推荐,你们借苹果公司创始人乔布斯在斯坦福大学的演讲,提醒了每一位创业者及企业家——面对困难的时候,让信念帮自己挺过去,直到成功!

因为成功者愿意——

做一般人不愿做的事！
做一般人做不到的事！！
做一般人不敢做的事！！！

世上没有努力是白费的！世上没有经验是白费的！任何好处、坏处、困难、痛苦、成功与失败的经验，都是在为未来架设更成功的桥梁！

乔布斯在这次公众演讲中讲道：他17岁因经济问题决定退学，才可以去进修自己感兴趣的课程，从而为创立苹果公司打下了基础。但他怎么也没有想到的是：自己辛辛苦苦创立了九年的苹果公司，居然炒了自己的鱿鱼，但这也逼他创立了一个伟大的Pixar电影公司，推出了世界上第一个用电脑制作的动画片《玩具总动员》，影响了全球亿万人。如果他不被苹果公司开除，世界的电脑动画电影还不知道今天会怎样呢！

乔布斯的这次演讲，为什么这么令人感动，令人心灵震撼？就像"赢在中国"栏目的各位嘉宾和评委，为什么从他们口中说出来的话，会令人异常振奋？

这就像马云所说的："成功学"是用心来感受的，有一天你成功了，你讲任何话都是对的！只有杀过敌人的人，才可以复制出强猛的勇士；只有经历过成功的人，才能教别人成功！

我一直在灌输并强调一种"演讲精神"——"讲自己所做的，做自己所讲的"。这才是真正的演讲，才是最令人感动的演讲，才是最伟大的、最能令众人心灵震撼的公众演讲！伟大的演讲——是演讲者生命历程的自然流露，是由内而外的力量，不是靠刻意去模仿几个外在的动作和姿势、语气，就可以成为大师级人物的。

要改变别人，先改变自己；要帮助别人，先帮助自己；要帮助企业，先帮助自己改变家庭的命运。自己没有的，就没有办法给别人。

乔布斯说：良药的味道太苦了，但病人需要这个药。

你需要去找你所爱的东西！对于工作是如此，对于你的爱人也是如此。你只有相信自己在做一件伟大的工作，你才能怡然自得。如果你现在还没有找到，那么继续找，不要停下来，全心全意地去找，当你找到的时候，你就会知道"生命的真正意义"。

所以，当乔布斯被诊断出癌症时，医生让他准备后事，但他没有放弃，因为"坚持是一种习惯"……后来，他奇迹般地痊愈了，现在他又奇迹般地重回苹果公司当起了老板。

乔布斯说，要成功，就要"保持饥饿，保持愚蠢"。因为只有这样，我们才会有毅力"做一般人不愿做的事！"——苦苦地求学，24小时地工作……

我曾经也是一个失败者，十几岁时，跟随亲戚到美国留学，后当餐厅服务员、在电脑店打工、推销菜刀、卖汽车……被炒鱿鱼的事情一次次发生，我只好频繁地更换工作。每次失败，我都马上发誓：我一定要做个成功的人！于是，我拼命地大量阅读各类教人成功的书籍，寻找致富的方法。

终于，一堂课改变了我的命运，我遇到了恩师安东尼·罗宾(Anthony Robbins)，我的人生才从此开始改变。

当时，安东尼也是在一次公众演讲会上，讲起了他的故事：他在22岁时穷困潦倒，住在破旧的房子里，洗碗只能在浴缸里洗，后来因为接触了一门"神经语言"课程，从此改变了命运。几年后，他就搬到了别墅里，拥有了豪华轿车和私人直升机。

他的讲话膨胀了我成功的欲望。他说："这世界没有失败，只有暂时停止成功。""过去不等于未来。"……

我坚信——他可以,我也一定可以!

我开始决定帮安东尼·罗宾工作,可我呈上简历后,几乎都毫无回音。于是,我找到总经理说道:"当我把简历交给你的时候,就表示我已经下定了决心要这份工作,而且一定要,为了不必麻烦,你还是现在就录取我吧!"但是,那位总经理仍然摇头,要我等明天的答复。

那时我心想,我不能等到明天啦!我难道还要继续失败下去?便问他说:"公司里谁的销售业绩最棒?我会超过他!"听到这,他说:"你7月12号可不可以飞去宾州(美国东部州)工作?"我大叫一声:"没问题!"我知道,我的命运即将改变。我疯狂地工作,每天站着打100个陌生客户电话,打不完就不吃饭,很快我成为了公司最棒的销售人员。

因为人要"保持愚蠢",才会"做一般人做不到的事,做一般人不敢做的事!"——你才会真正去相信某些东西,像美国梦工厂的电影《阿甘正传》里的阿甘一样,执着地,不为闲言、恐吓、诱惑所动,一根筋地向前跑,最终,他比一般表面聪明的人成就更伟大。

我们机构23岁的大学毕业生徐鹤宁的信念是:"要成功,先发疯,头脑简单往前冲!"她平时每天在各大企业中义务免费演讲训练达三四场,没有享受过节假日,结果一不留神,她就闯成了"成功训练机构"常年的销售冠军,第一年就为父母在广州买了江边豪宅,第二年奖了自己一部宝马跑车……因为她做出了一般人只想到,而没有做到的业绩。

我很欣赏一句话,是与我至今已经合作了六年的梦工场董事长王阳曾写过的感悟:"人先因思想伟大,而后令行为伟大;人先因困难巨大,而后令工程巨大……失败和灾难就像台风、像雷电暴雨一样,表面很恐怖,但只要你不轻言放弃,很快就会风和日丽——毕竟,晴天总比阴天多!"王阳是一个对事业有坚定信念的人,六年来,我见他曾经经历过"台风和暴雨",但我从未见过他有负面的表现,与他姓名一样:王阳——阳光的阳。

所以,言行一致——就是"讲自己所做的,做自己所讲的"!这就是最有说服力的演讲,就是最成功的人生!

"赢在中国"的冠军,也应当会是一位"言行一致"的人,因为,投资给这样的人风险不大,希望却一定会很大……

评析:陈安之,当代中国著名的励志演讲专家。曾发表过上千次励志演讲。2006年8月13日,陈安之先生作为特邀嘉宾,在中央电视台经济频道"赢在中国"栏目面对现场数百名参赛选手和广大电视观众发表了一场催人奋进的演讲。它有两个特点:

1. 哲理性的语言

为吸引听众,演讲者以排比段推出"因为成功者愿意——做一般人不愿做的事!做一般人做不到的事!!做一般人不敢做的事!!!"递进的句式,凸显成功者的艰辛与伟大;"世上没有努力是白费的!世上没有经验是白费的!任何好处、坏处、困难、痛苦、成功与失败的经验,都是在为未来架设更成功的桥梁!"好处、坏处、困难、痛苦、成功与失败相互对应,点出"经历即财富"的哲理;"要改变别人,先改变自己;要帮助别人,先帮助自己;要帮助企业,先帮助自己改变家庭的命运。"三要三先,讲述"自己没有的,就没有办法给别人"的朴素道理;"保持饥饿,保持愚蠢",与"满招损"、"骄傲使人落后"、"心态归零"等道理何其相似;"失败和灾难就像台风、像雷电暴雨一样,表面很恐怖,但只要你不轻言放弃,很快就会风和日丽——毕竟,晴天总比阴天多!"用自然界的阴晴来比喻失败与成功,并借用自然界晴天比阴天多的事实告诉听众:只要不轻言放弃,成功自会到来。

2. 鲜活典型的事例

抽象地讲"讲自己所做的,做自己所讲的",听众也许很难信服。演讲者因此就选用了真实、鲜活的事例:乔布斯被自己创建的公司炒了鱿鱼而推出了影响亿万人的电脑动画电影;安东尼穷得在浴缸里洗碗后因接触"神经语言"的课程而迅速富裕;自己听了安东尼的演讲而疯狂工作;23岁的大学生徐鹤宁"要成功、先发疯、头脑简单往前冲"的信念等,这些事例或为听众熟知,或发生在演讲者自身或周围,全为成功人士的真实事迹,材料鲜活,极富传奇色彩,与其他的材料相比,更具有说服力和感染力,充分论证了"言行一致"的道理,引发了听众对成功的热切追求和对"演讲精神"的全面理解。

(选自《演讲与口才》2007年第四期,P.44,蔡顺华点评)

范例五

人格是最高的学位

白岩松

很多年前,有一位学大提琴的年轻人去向20世纪最伟大的大提琴家卡萨尔斯讨教:怎样才能成为一名优秀的大提琴家?卡萨尔斯面对雄心勃勃的年轻人,意味深长地回答:先成为优秀而大写的人,然后成为一名优秀而大写的音乐人,再然后就会成为一名优秀的大提琴家。

听到这个故事的时候,我还年少,对老人回答中所透露出的含义理解不多。然而,在以后的工作生涯中,随着采访接触的人越来越多,这个回答在我脑海中便越印越深。

在采访北大教授季羡林的时候,我听到一个关于他的真实故事。有一年秋天,北大新学期开学,一个外地来的学子背着大包小包走进了校园,实在太累了,就把包放在路边。这时正好一位老人走来,年轻学子就拜托老人替自己看一下包,自己则轻装去办理手续。老人爽快地答应了。近一个小时过去,学子归来,老人还在尽职尽责地看守着。学子谢过老人,两人分别。几日后北大举行开学典礼,这位年轻的学子惊讶地发现,主席台上就座的北大副校长季羡林,正是那一天替自己看行李的老人。

我不知道这位学子当时是一种怎样的心情,但我听过这个故事之后却强烈地感觉到:人格才是最高的学位。后来,我又在医院采访了世纪老人冰心。我问她:"您现在最关心的是什么?"老人回答简单而感人:"是老年病人的状况。"

当时冰心已接近自己人生的终点,而这位在五四运动中走上文学之路的老人,对芸芸众生的关爱之情历经80年的岁月而仍然未老。这又该是怎样的一种传统!

冰心的身躯并不强壮,然而她这一生却用自己当笔,拿岁月当稿纸,写下了一篇关于爱是一种力量的文章,在离去之后给我们留下一个伟大的背影。当你有机会和经过"五四"或受过"五四"影响的老人接触,你就知道,历史和传统其实一直离我们很近。这些世纪老人身上所独具的人格魅力是不是也该作为一种传统被我们延续下去呢?

不久前,我在北大又听到一个有关季先生的清新而感人的新故事。一批刚刚走进校园的年轻人,相约去看季羡林先生,走到门口,却开始犹豫,他们怕冒失地打扰了先生,最后决定每人用竹子在季老家门口的地上留下问候的话语,然后才满意地离去。

这该是怎样美丽的一幅画面!在季老家不远,是北大的博雅塔在未名湖中留下的投影,而在季老家门口的问候语中,是不是也有先生的人格魅力在学子心中留下的投影呢?

听多了这样的故事,便常常觉得自己像只气球,仿佛飞得很高,仔细一看却是被浮云托着;外表看上去也还饱满,但肚子里却是空空的。这样想着就不免有些担心:这样怎么能走更长的路呢? 于是,"渴望老年"四个字,对于我就不再是幻想中的白发苍苍或身份证上年满60周岁,而是如何在自己还年轻的时候,能吸取优秀老人身上所具有的种种优秀品质。于是,我也更知道了卡萨尔斯的回答中所具有的深义。怎样才能成为一个优秀的主持人呢?心中有个声音在回答:先成为一个优秀的人,然后成为一个优秀的新闻人,再然后,就会成为一名优秀的节目主持人。

评析:白岩松是中央电视台著名的节目主持人,他的主持风格质朴自信,机智深刻,深受观众的喜爱。1998年,白岩松参加了"演讲与口才杯"全国新闻界"作文与做人"演讲比赛,演讲该文获得了此次大赛的特等奖。

演讲的深刻思想宛如一连串的警示敲击着人们的心坎。通篇演讲寓情理于故事中,在一个个耐人寻味的故事中,听众对演讲者的观点感同身受,受到深刻的启迪。演讲者始终让听众明白了一个真理:要先学会做人,其次才能做好工作,然后才能取得事业的成功。演讲者选用的人和事,朴素但感人,并在诗一般、散文化的语言中,更是给人震撼:人格是最高的学位!

白岩松的这篇演讲言简意赅却寓意深长,朴实无华却感人致深。情与理巧妙地融会于故事之中,如和风细雨,滋润了听众的心田,让人格之灯的光芒照亮每一个听众的心灵。确实,在当今社会,一个人如果失去了高贵人格的支撑,那么,他的任何成就都将黯然失色。这是白岩松演讲获胜的关键所在。

(选自《演讲与口才》2006年第10期,P.44 王飙点评)

范例六

学做一个人

陶行知

我要讲的题目:学做一个人。要做一个整个的人,别做一个不完全的人。中国虽然有四万万人,试问有几个是整个的人? 诸君,试想一想:"我自己是不是一个整个的人?"

《抱朴子》上有几句话:"全生为上;亏生次之;死又次之;不生为下。"

但何种人算不是整个的人呢? 依我看来,约有五种:

1. 残废的——他的身体有了欠缺,他当然不能算是整个的人。
2. 依靠他人的——他的生活不是独立的,他的生活只能算是他人生活的一部分。
3. 为他人当做工具用的——这种人的性命,为他人所支配,没有自己独立的人格。
4. 被他人买卖的——被贩卖人口者所贩卖的人,就是猪仔;或是受金钱的贿赂,卖身的议员,就是代表者。
5. 一身兼管数事的人——人的一分精神,只能专做一件事业,一个人兼了十几个差使,精神难以兼顾,他的事业即难以成功,结果是只拿钱不做事。

我希望诸君至少要做一个人;至少也只做一个人,一个整个的人。做一个整个的人,有三种要素:

1. 要有健康的身体——身体好,我们可以在物质的环境里站个稳固。诸君,要做一个80岁的青年,可以担负很重的责任,别做一个18岁的老翁。
2. 要有独立的思想——要虚心,要思想透彻,有判断是非的能力。
3. 要有独立的职业——要有独立的职业,为的是要生利。生利的人,自然可以得到社会的报酬。

我觉得中学生有一个大问题,即是"择业问题",我以为择业时要根据个人的才干和兴趣。做事要有快乐,所以我们要根据个人的兴趣来择业。但是我们若要做事成功,我们必要有那样的才干。

我曾作了一首白话诗,论人要有独立的职业:

滴自己的汗,吃自己的饭。

自己的事,自己干。

靠人,靠天,靠祖先,都不算好汉。

现在我们当讲"学"和"做"两个字,要一面学,一面做。"学"和"做"要连起来。英语Learn by doing,也就是这个意思。我们要用学理来指导生活,同时再以生活来印证学理。

将来诸君有的升学,有的就业,但是为学的方法全要研究。学农的人要有科学的脑筋和农夫的手;学工的人,也要有科学的脑筋和工人的手。这样他才可以学得好。

我希望到会的人,是四万万人中的一个人。诸君还要时常想:

中国有几个整个的人?

我是不是一个整个的人?

评析:陶行知,中国近代伟大的教育家、民主主义战士、演说家。本文针对中学生心理特点,在简短的演讲中,把应做一个怎样的人和怎样的人才算是一个"整个的人"的抽象道理具体化、形象化,而不是概念化的图解或高深莫测的玄谈,真正做到了既"有话说",又"说得好"。作者对人的认识,即使在今天仍有深刻的现实意义。谁都不能否认健康的体魄,是学习、工作、成才的前提,成熟的世界观、独立的人格、独立的思想,则是立足社会的根本。文中的"要做一个80岁的青年,别做18岁的老翁"的话极富哲理,耐人寻味。

范例七

遇不怀才的时候

廖济忠

青年朋友们:

在我们青年人当中,最容易见到遇不怀才的人,最容易听到怀才不遇的话,不少人会眼看世界,撇嘴论英雄。我不禁想问,我们真的怀才不遇吗?

鲁迅笔下有一种"恨恨而死"的人,他们一面说些怀才不遇的话,一面有钱的便狂嫖滥赌,没钱便喝几十碗酒。先生质问他们:"四斤的担,您能挑么?三里的道,您能走吗?"我们也不妨自问:我能干些什么?我又能做些什么?

怀才不遇是时代的不幸,遇不怀才是个人的悲哀。然而,孔子不遇,一代宗师的名位无人敢替;屈原不遇,五月端午的怀念自古不变;李白不遇,斗酒百篇的才气穿透历史……遗憾当遗憾,成就依然沉甸甸的。看来,本事二三两,傲气四五斤,装出一副怀才不遇的模样并不高雅,也不时髦。

遇不怀才的时候,要老老实实地承认自己不是怀才不遇,而是遇不怀才。现在是经济战国时代,无须"士恨不生战国"的虚叹。人们常说,当今世界面临三大危机,即生态危机,人口危机,能源危机,其实世界上还有一个同样应当引人注意的危机,这就是人才危机。难怪有人把人才危机称之为世界第四危机。广州今日集团花一千万元,购买马俊仁教练一个滋补健身饮品配方。深圳三九集团创业时只有五个人和一个小棚,他们依靠科技,不断开发新产品,几年间便发展成闻名遐迩的企业集团。市场经济的实践证明,谁拥有人才,谁就拥有发展优势,拥有质量效益。君不见,招聘广告铺天盖地,招聘特使有如穿梭,交流盛会此起彼伏。人才,越炒越热,条件非常优惠:给房子,给职称,给待遇,给条件。市场是天生的平衡派,知识越多越有用,能力越强越挣钱。问题是,你敢应聘吗?你能被聘吗?也许你无心去应聘,在本职岗位也不是没有证明自身的机会。著书立说、发明创造、改革创新、增收节支,你都可以干。什么是人才?凡是以自己在某个领域的特长对社会的进步作出了一定贡献的人,都是人才。同时,那些空有文凭并无真才实学的人,能吹不能做事的人,自认有才却无法证明的人,就不能称之为人才。孔子云:"不患无位,患能以立。"不患不遇、而患不才,这话说得多好呀!

  遇不怀才的时候,不能凑凑合合地做点事,无聊之极地混日子。不少青年朋友生活比上不足,比下有余,称不上饱汉,可也不是饿鬼。口里说:"活是不干的,钱是要拿的,调是不走的,处分是要闹的。"其实心理活动挺复杂,想锅里的,又舍不得碗里的;不满意碗里的,可又没有勇气去争锅里的,在优越感与失落感的夹缝里干瞪眼,咽唾沫,我看这些朋友,要么安下心来,做好本职工作,力争有所成就,要么"壮士一去不复返","难酬蹈海亦英雄"。反正不能凑凑合合,不能混日子,美国超级企业家艾柯卡,因功高震主,在1978年10月5日,也就是他54岁生日的时候,被福特公司辞退。如果他就此"提前退休",也可凭其功高财富,颐养天年。如果他要重振旗鼓,则前途莫测,可能身败名裂,但也可能再创辉煌。经过一番激烈的思想斗争,艾柯卡选择了后者,结果他成功了,使濒临倒闭的克莱斯勒公司崛起为汽车行业的新巨人。他这种敢于向自己挑战,不断追求事业的精神,难道不值得我们好好学习吗?

  还有,遇不怀才的时候不要用"人过三十不学艺"的借口来麻醉自己。是的,随着经济的发展,有些知识升值了,有些知识贬值了。我是学历史的,我曾认为,人不能不懂历史,但作为一门专业是可悲的。很巧,我一位同事是北大哲学系毕业的,他对我说:"人不能不懂哲学,但是作为一门专业是可悲的。"于是我想,我们已懂了不能不懂的学科,再根据需要学一些实用的东西,不就会如虎添翼吗?更何况,那些没有专业的人还不照样干成了大事业?克林顿并非总统专业毕业,牟其中也并非富翁专业毕业,专业只为人的发展提供了一个基础,但社会的发展一日千里,分新秒异,以不变应万变就会被淘汰,被冷落。把僵化的教条和陈腐的知识当成只涨不跌的股票,在市场经济的今天,仍以权威行家的身份自居,幻想不费半点力气就能大把大把地分享经济发展的红利,只能是可笑可悲的白日做梦。

  朋友们,成功者之所以看起来光芒耀眼,是因为你自己蜷缩在阴暗之中。走出来吧!青年朋友,大步向前走。在社会主义市场经济的大舞台上显露身手、建功立业。不过,有一种烦人的感觉将与你相伴——你,永远怀才不够!

  谢谢大家!

(选自《演讲与口才》1994年第12期,P.42)

  评析:这篇演讲稿针对当今人们求职应聘遭遇失败现状进行分析,鲜明深刻地提出之所以遭遇求职失败并不是怀才不遇,而是遇不怀才的观点。演讲角度新颖,不是从一般的求职失败是因为社会就业形势紧张等原因而论,而是从自身提出了让人能深深思考的问题,观点新颖。

  演讲思路清晰,鞭辟入里。从"在我们青年人当中,最容易见到遇不怀才的人,最容易听到怀才不遇的话……"入题,犀利地揭示"怀才不遇是时代的不幸,遇不怀才是个人的悲哀",

进而阐述,作为年轻人,"遇不怀才的时候,要老老实实地承认自己不是怀才不遇,而是遇不怀才。""遇不怀才的时候,不能凑凑合合地做点事,无聊之极地混日子。""遇不怀才的时候不要用'人过三十不学艺'的借口来麻醉自己。"最后提出号召:"朋友们,成功者之所以看起来光芒耀眼,是因为你自己蜷缩在阴暗之中。走出来吧!青年朋友,大步向前走。在社会主义市场经济的大舞台上显露身手、建功立业。不过,有一种烦人的感觉将与你相伴——你,永远怀才不够!"内容环环相扣,层层递进,让听众随着演讲的思路一同感受,从而使主题鲜明突现。

本篇演讲语言朴实,感情真挚,犀利而深刻,极富感染力和震撼力。有力地唤起年轻人为了拥有自己的美好未来,不再沉迷于哀叹,而是奋起。

范例八

少点陶醉　多点反省

张亨达

同志们:

陶醉,像一个索命的幽灵,在中国大地上徘徊了上千年,它吞噬着一代又一代中国人的灵魂,是我们中华民族的一条劣根。只有挖掉这条劣根,我们的改革才能成功,我们的球籍才能不被开除。

我说陶醉是我们民族的一条劣根,这是有据可考的。大家知道,"四大发明"使我国一举成为世界瞩目的文明古国。于是,人们醉倒了,大清王朝以为中国才是大地的主人,地处中央,四周不过是猪狗般的蛮夷,就连民族英雄林则徐也说洋人的手和脚是伸不直的。殊不知中国发明的火药,却被英军用来轰开了中国的大门。无数"刀枪不入"的壮士,血染沙场尸横遍野,也未能阻挡住中国被迫成为殖民地。更可悲的是,前人的血肉之躯,并没有唤起人们的反省。已经进入社会主义的中国人,还躺在"四大发明"的"席梦思"上做着美梦:三年困难时期想到它,十年动乱中忘不了它,经济濒临崩溃时又提到它。倘若倒在洋枪洋炮下的英灵有知,也会为今人流泪的!再有,到北京去的中国人,一经登上八达岭,就觉得扬眉吐气,似乎整个世界都在他的脚下了。于是又陶醉在修筑土城墙的黑头发、黑眼睛、黄皮肤的龙的传人的梦中了。怎知这陶醉中,那黄头发、蓝眼睛、白皮肤的"洋鬼子"已经筑起了一道"电子长城"!陶醉是自我满足的表现,它使人安于现状,不求进取。无疑,它是一杯不能畅饮的鸩酒!

在改革给中国带来一些生机和希望的时候,一些人又开始陶醉起来,上下一片喝彩声,这样好吗?恕我不敢苟同。实践是检验真理的唯一标准。我们正在摸着石头过河。改革的一些方针、政策正在实践过程中,并未得到最后验证,怎么能一味叫好、陶醉呢?少想成绩,多看问题,才能使人睡不着,才有时代的紧迫感。想想吧,为什么中国留不住中国人才,美国却拥有华人高级知识分子10万之众?为什么取得德国哲学博士学位的中国研究生归国后奔波了三个月竟然找不到工作?为什么闽东会有800位教师弃教,百余所学校被迫关门?为什么党内"美食家"日渐增多,"感情投资"禁而不止?为什么一句"海关开闸,香港可以自由去"的谣言,就可以使5万余众内地公民背井离乡洪水般涌向沙湾,去投奔那个"自由世界"呢?为什么在当家做主的社会主义国家里,就连通货膨胀物价上涨也奈何不得呢?还有,中国外资借贷债台高筑、日货充斥市场等,这些还不足以引起我们反省吗?有什么值得我们去骄傲、去陶醉的呢?

西方人把中华民族叫做现代阿Q。对于这个"美称",难道我们不感到可恶、不感到可耻吗?战后的德国、日本,在一片废墟上崛起,靠的是什么?靠的就是民族耻辱感,在自我反省中一步步登上经济大国的宝座。可以说,我们的改革也是在自我反省中找到一条出路。刚刚有点转机,就昏昏然,陶醉起来,这不是对改革的不负责任吗?陶醉是和政治上的无知、生活上的贫穷连在一起的。我们中华民族不能再为取得一点点成绩,就永无止境地陶醉下去了。再陶醉,就只有等着挨打,就只有等着被开除球籍!

让我们团结起来,根除陶醉,增强反省,埋头苦干,为建设一个民主、自由、富强的社会主义强国而努力工作吧!

评析:这是一篇很有说服力的演讲稿,开篇提出观点,接着依次论证观点。在论证过程中,作者既从纵的方面——中国的历史和现在相延续进行论证,又从横的方面——中国和世界其他国家相对照进行论证。在论证中恰当地选用典型事例,使论证充实不流于空泛。结尾处再以号召性结论收束全文。整篇演讲结构严谨,脉络清晰,文气贯通,气势磅礴,不愧为一篇佳作。

范例九

为了我们的父亲

沈 萍

同学们,你们见过青年画家罗中立的油画《我的父亲》吗?如果见过,还记得这位动人的中国老年农民的形象吗?让我们再看一看这张油画,再看一看我们的父亲吧!这是一张忠厚善良、朴实慈祥的老人的脸,在那一道道深深的皱纹中,仿佛隐藏了一生的艰辛,眼睛有些昏花,但却安详,没有悲哀和怨恨,有的却是无限的欣慰和期望。你看,他这双勤劳的大手,青筋罗布,骨节隆起,虽然粗糙得像干枯的树皮,但却很有力量。他把自己一生的精力和满腔心血都交付给了我们祖祖辈辈劳作生息的土地,交付给了正在成长发育的儿女子孙。他已经到了安度余生的晚年,却仍然头顶烈日,在田里耕作,用他仅有的精力,换来背后的满场金谷。他勤劳一生,创造了生活的一切,编织着美好的未来。

面对这样一位父亲,怜悯、同情、崇敬、热爱,万般思绪,一下子在我心头翻滚起来。特别是父亲那双欣慰、期望的眼睛,深深地印在我的心上。他为什么在历尽人间忧患之后,却感到无限的欣慰呢?在为时不多的晚年,他还热烈地期待着什么呢?

在去年夏天的一个中午,我去书店。那天天气非常热,我身上穿着清凉的夏装,走在林荫路上,我忽然看见马路上一位老人推着一车钢筋,正在艰难地行走着。重载使老人不得不把自己的腰深深弯下,太阳烤着老人紫红色的脊背。老人的脸上、背上淌着汗水,在他前面,路是慢上坡,老人咬紧牙,非常吃力地推着车。我赶忙跑过去,帮着老人把车子推上坡。老人抹了把汗水,喘息着向我道谢。当他看到我胸前佩戴的校徽时,眼睛一亮,露出了赞许、期望的目光。他满脸笑容,欣慰地说:"孩子,好好念吧!我也有一个孩子,和你一样上大学。"

看着满车的钢筋,老人弯曲的脊梁、满脸的汗水和欣慰的笑容,听着老人这亲切的嘱咐,我的眼泪一下子涌了出来。

此刻,他的孩子也许正在舒适的宿舍里午休;也许正在清凉的大学教室里读书;也许也和我一样,正走在林荫路上。但是,我不知道他是否想到这位在酷日下推车的父亲?苍老的父亲顶着烈日推车,却让自己的子女坐在清凉的大学教室里学习,这是为什么呢?我想答案就在父亲那欣慰的笑容和期待的目光里。他的期望就是让我们用现代科学知识武装起来,走出一条与他们完全不同的崭新的生活道路。这是老一辈的希望,不也是祖国和人民的希望吗?

大家都知道,在我们国家里,如今培养一个大学生需要五个农民一年的劳动。可是,当我们戴上校徽的时候,当我们领取人民的助学金的时候,有谁想到我们的父亲,又有谁想到了工人、农民?想想吧!同学们,是人民用汗水养育了我们!实现四化、振兴中华,这是人民对我们的期望,也是时代赋予我们的光荣使命,更是我们每个大学生的职责。

同学们,我们应该牢记父辈的欣慰笑容和期待的目光。当我们埋怨祖国的贫穷和落后,羡慕舒适安逸的生活的时候;当我们逃避学习的艰苦,随便浪费大好时光的时候;当我们为个人的得失和苦恼迷失前进的方向和道路的时候,父辈期望的目光将像皮鞭一样,狠狠地鞭挞我们的无知和糊涂、懒惰和轻浮、私欲的污染和灵魂的癌变。让我们在鞭挞中清醒,在鞭挞中立志,在鞭挞中不懈地追求和勇敢地登攀吧!父辈欣慰的笑容和期望的目光,应该像光芒四射的明灯,永远照耀在我们的心头。在它的照耀下,我们不仅会看到青春的可贵和美好,更能看到生活的快乐和幸福;在它的照耀下,我们不仅会看到前进的道路和方向,更能看到自己的使命和责任;在它的照耀下,我们更加清楚地看到自己、认识自己、掌握自己,使自己像父辈那样做事业的战士和开拓者。

革命先烈李大钊说:"无限的'过去'都以'现在'为归宿,无限的'未来'都以'现在'为渊源。'过去'、'未来'的中间全仗有'现在',以成其连续,以成其永远,以成其无始无终的大实在。"这话说得多好啊!革命先烈和我们的父辈英勇奋斗,苦而无怨,为的是我们年轻一代。实现四化,振兴中华靠的是我们年轻一代。我们是承前启后的一代,我们是继往开来的一代。革命先烈和我们的父辈用筋骨和鲜血凝成的精神财富,要在我们这一代人身上,化作永不枯竭的前进力量。

好好学习吧,同学们!

为了祖国,

为了人民,

为了我们的父亲。

(摘自 百度文库 http://wenku.baidu.com/view/866be3c40c22590102029d77.html)

评析:本文曾获大学生演讲赛一等奖。本文立意高远,角度新颖;内容深刻,分析透彻;感情真挚,以情动人;语言凝练,富有文采。从父亲谈起,然后生发开去,联想到千千万万个工人、农民——我们民族的父亲。从油画开始,引入正题,新颖独特。通过感人的分析,不仅赞美了我们民族的脊梁——以父亲为代表的人民,而且告诫一代大学生应该不负众望,为父亲、为人民而努力学习,用双手建设起父亲梦想的乐园。这样大大加强了演讲的思想容量和逻辑力量。另外,本文语言有如散文诗一般的音乐美,读来令人感动。

范例十

倾听你的脚步

何 良

每天大家都会步行,随时能够听到脚步声。

朋友,你听:稚童的脚步声是多么快乐,中年人的脚步声是那么坚毅,老人的脚步声是这般深沉;还有那年轻小伙的脚步声风风火火,妙龄少女的脚步声那么轻盈!

然而,你可曾注意听过自己的脚步声?

你是否因高考落榜,感到前途渺茫而苦恼徘徊?你是否因为恋爱受挫,觉得生活索然而放慢了行走的频率?或者因为人生路途坎坷,心灰意冷而踽踽独行?还是因为时乖命蹇、颓唐沉沦而裹足难行?

让我们倾听他们的脚步声吧:

毛泽东、周恩来等老一辈,穿草鞋、布鞋,迈开双脚从南昌,到井冈,攻南京,入北平,冲锋陷阵,斩棘披荆,迎来了共和国的诞生!

张海迪,高位截瘫,双腿残废,敢同病魔搏斗,勇与命运抗争,在轮椅上信心十足地跋涉着人生的旅程!

雷锋,时刻牢记宗旨,处处为了他人,让有限的生命迸发出光和热,在人生 22 个春秋上画了句号,他却虽死犹生,还迈着铿锵的步伐,与我们一起昂首前行!

听听他人,比比自己,你是问心无愧,还是猛然震惊?

这会儿,你是踏着缓缓的脚步在公园徜徉;还是迈着悠悠的脚步在庭院散心;是踩着匆匆的脚步在舞场寻乐,还是到酒楼去吆五喝六,猜拳行令?……

脚步声啊,有快有慢,有重有轻,无不走出每个人的心音!

迈出你坚实的步伐吧,迈出你矫健的步伐吧!

不积跬步,何以致千里?不走出生命的荒漠,怎能找到生命的绿荫?辍学莫放弃对知识锲而不舍的求取,情场失意别放弃对美好未来的憧憬;路上有坑洼积水不必踯躅,遇到丛丛荆棘勿要犹豫。知识的殿堂定能叩开,命运之"神"定会光临!

(选自《军事记者》2002 年第 01 期 总第 492 期)

评析:如果说鸿篇巨制型的演讲是撷取了历史和现实的场面作场景似的论述,那么短小精悍的演讲就应当是捕捉了思想的横截面所作的一番探究。本篇演讲稿就属于后者。讲稿选择"脚步声"为思想的载体,广泛从社会与历史的空间聚集脚步声去扩展主题,从老人、少年、男人、女人、伟人、残疾人、故人的脚步声里理出人生的价值。文稿虽小却博大精深,同时,也赋予了演讲的文学审美价值。由此可见,用文学的审美观念来构思演讲词,用散文的笔调写演讲词,用诗的语言为演讲词奠定基石,可增加演讲的耐听性和可读性。

第五节　指定主题的演讲训练

训练目标:

根据指定的主题进行演讲的能力训练。

训练内容及方式:

1. 方式:指导教师指定或会同学生讨论,确定演讲主题,召开专题专场演讲会。

2. 要求:要求每位学生都积极参与。会前,学生积极搜集材料,认真选材,精心构思,选好角度、立意、结构,写作演讲稿,并积极练习准备。演讲的观点正确、鲜明、新颖、深刻,内容充实,材料典型;层次分明,结构严谨,逻辑性强;说服力、感召力强。叙说语言准确、生动、有力度,自然流畅;体态语言自然恰当,富有表现力。

每人上台演讲发言的时间为 3~5 分钟。

实训题目（演讲主题）：

1. 我有一个梦
2. 自尊·自信·自强
3. 责任感
4. 学会分享
5. 理想与择业
6. 铭记国耻，爱我中华
7. 时代，需要我们推销
8. 我的老师
9. 为了孩子
10. "怀才不遇"与"遇不怀才"
11. 人生追求真善美
12. 永不绝望
13. 为了母亲的微笑
14. 平凡中，让我们奉献……
15. 学会放弃
16. 真诚无价
17. 理解万岁
18. 请把你的微笑留下
19. 学会承担
20. 学会合作

第六节　即兴演讲训练

训练目标：

训练灵敏、快速有效的演讲能力。

要求立意新颖，主题明确，快速成文，语言清晰、流畅。

训练方式：

教师事先准备好各类话题，由学生自由抽签确定话题，在经过短暂的准备后马上上台发言。演讲的内容完全由学生自己确立观点和表述的角度，自由畅谈。时间一般限定在3～5分钟。

一、含义及特征

即兴演讲是演讲者在某种特定景物或某种人事、氛围的激发下而产生的一种临时性的演讲。这种演讲形式，事先无任何准备，未拟稿，因此它具有即时性、灵活性和针对性强的特征。

即兴演讲是一种最能反映人的思维敏捷程度和语言组织能力的口头表达方式，它也最能反映一个人的学识水准、个性特征和演讲风格。对演讲者而言，首要前提是要"有兴致"，其次，还要有高度的总结和概括能力，有敏捷的思维程序，有广博的知识储备和丰富的生活素材的积累。只有这样，才能做到兴之所至、情有所感，结构严谨，简洁明了，通俗易懂，形象生动,画龙点睛。

二、选题及表达

即兴演讲要立足时事热点,抓住社会焦点,适合听众,寻求奇特的激发点,以求讲出新颖独到的观点。

关于话题,最大众化的误解是:只有那些令人兴奋刺激的才值得一谈。因此,要注意避开误区。

三、难点及消解

即兴演讲的一大难点是无话可说。解决该问题的方法就是在平时应注重积累材料,博闻强识。

即兴演讲的第二大难点是有话难说。解决该问题的方法就是应组织好材料,理清线索。

四、寻找触媒,巧妙临场引发

一般来说,"触媒点"应是能行诸于视觉或听觉的具体事物,引发时要巧妙地建立联系,在一定程度上赋予事物一个新鲜的、深刻的含义,两者之间有同有异。唯其异才能产生新意,唯其同才能由此而发。要做到有备而来,有感而发;捕捉契机,借题发挥;不绕弯子,针对性强;富于联想,纵横驰骋;随机应变,以智取胜。

怎样作好即兴演讲? 扣题,内容新颖,构思敏捷,语言简练,分清对象,心绪平静。尤其要善于揭示主题的多元性。有材料如下所述:

作家纳斯列金一次穿件旧衣服去参加宴会,他进门时没有人理睬他,也没有人给他安排座位,他既尴尬又生气。当即返身回家把最好的衣服穿起来,又来到宴会上。主人马上起立迎接他,给他一个好座位,并摆上最好的菜。纳斯列金并不因此而感谢主人。他脱下外衣按在菜肴里,戏谑地说:"外衣,吃吧!"主人感到奇怪不解。纳斯列金讥讽道:"你们的酒菜不就是给我的衣服吃的吗?"主人羞红了脸。

某演讲者就此故事发表了即兴演讲:"以衣帽取人是待人接物之大忌,这一故事中主人的做法固然不可取,然而,从另一方面看,参加宴会等社交活动,衣着应该尽可能整洁华贵,这不仅仅是个人的着装习惯问题,还能体现对主人及其他客人朋友的尊重。在交际中,恃才傲物、目中无人、不拘小节是令人讨厌的。纳斯列金明明有好衣服却不穿,相反穿了旧衣服去参加宴会,这种做法并不值得提倡,他因此受到冷遇不值得同情。"

该演讲者对主题多元性的处理是相当成功的。

五、即兴演讲的类型及要点的把握

(一)政论演讲

政论演讲最大的特色是以理服人,并以此去阐发真理,批判谬误,昭示丑恶,因此,理要清,意要明,材料要翔实,逻辑性要强,要有一条线索自始至终贯穿其中。

逻辑线索:

"是何"? 就是要表达的是什么观点。针对题目表达出来的意思应该怎么去理解。观点要旗帜鲜明,交代清楚、简洁,不能含混。而后引经据典,采撷精华,大到宏观世界的奥秘,小到微观事物的秘密,纵说古往今来,横述四面八方,说出"是何"的根据。

"为何"?这是表达中的论据,是演讲最重要的部分,主要是运用深刻的理论、浓烈的感情,以吸引人的事实进行分析、归纳、演绎,由表及里,由感性升华为理性,让听众理解、感动并接受观点。应做到具体、完满、生动。

"如何"?即结论。也就是怎样对待这个问题,此处为表达的高潮,感情升华点。此处须认认真真、扎扎实实地面对观点而为之付出。应做到明确、果断、有力。

（二）鼓动演讲

鼓动演讲是鼓励、动员、号召听众按演讲者所提倡的目标去行动的动员,如动员参加各类活动。要做到以情动人、以势引人。要从年龄、生活环境、言语、文化背景、社会阅历、情感、兴趣爱好等方面寻找共同点。如某市市长去看望学生,座谈伙食问题。他这样开场说话:"看到大家我就想起了我的大学时代,似乎年轻了很多。那时候我们也很关心伙食的好坏,我想你们也和我那时一样,请大家就伙食的改善问题谈谈看法,好吗?"市长从经历方面寻求相似的因素,缩小了双方之间的差异,结果座谈会气氛热烈,效果很好。

（三）说服演讲

说服演讲的目的是让听众接受观点,归属主张,并且一起完成事业。因此,空洞的理论说教是不能打动听众的,只有运用真情实感,选取一些与听众密切相连的切身事实才能达到目的;或点明要害,摆出现实的严酷性,触及群众的切身利益,融化心灵,以征服听众。

六、增加即兴演讲的魅力

语言表达是最需要轻松幽默的氛围,尤其是当众发表的,带有鼓动性、说服性、抒情性和表演性的演讲,就更需要演讲者以幽默的心态去进行,这样的演讲才能动人心弦,获得成功。如:

一位演讲家在演讲时说:"男人,像大拇指,"他高高竖起大拇指,"女人,像小拇指。"他又举起小拇指。

全场哗然,尤其是女听众们的强烈反抗。此时,演讲家立刻补充道:"女士们,人们的大拇指,粗壮有力,而小拇指却纤细苗条、灵巧可爱。不知诸位女士中,哪一位愿意倒过来的?"

一句话令听众相视而笑,演讲在欢快的气氛中继续进行。

美国黑人领袖约翰·罗克在面对白人听众作关于解放黑人奴隶的演说时,说:"女士们,先生们——我来到这里,与其说是发表讲话,还不如说是给这一场合增添了一点'颜色'。"

这是一个自嘲式的开场白,引起听众哄堂大笑。笑声冲淡了由种族差异而造成的心理隔阂,使沉重的话题变得轻松。

有一次,作家林语堂在台北参加某院校的毕业典礼,很多人发表长篇大论。轮到他讲话时,听众已经疲倦难耐。只见林语堂站起来说:"演说要像姑娘的迷你裙,愈短愈好。"话一出口,全场变得鸦雀无声,然后哄堂大笑。演讲者很好地表达了观点,赢得了听众。

幽默能为你巧解窘境,应付意外。如在一次演讲会上,比切尔振振有词,滔滔不绝。一个喝得醉醺醺的人在下面故意捣乱,学公鸡叫。比切尔镇定自若,看了一下表,说:"怎么回事?难道天要亮了吗?我简直不敢相信。然而低等动物的本能是不会错的。"这位演讲家巧用隐含判断,使捣乱者无地自容。

演讲中的幽默的形成可借用仿拟、双关、婉曲等，使得妙语连珠，震惊四座。如英国文学家查尔斯·兰姆在一次演讲时，有人故意发出"嘘嘘"的怪声捣乱，兰姆说："据我所知，只有三种东西会发出这种声音——蛆、鹭鸟和傻子，你们几位能到台前来，让我认识一下吗？"演讲者运用了婉曲法，含蓄地表达了自己的意思，令捣乱者尴尬不已。

精选文例赏析

◈ 范例一 ◈

最后一次演讲

闻一多

这几天，大家都晓得，在昆明出现了历史上最卑劣、最无耻的事情！李先生究竟犯了什么罪，竟遭此毒手？他只不过是用笔写写文章，用嘴说说话，而他所写的所说的都无非是一个没有失掉良心的中国人的话！大家都有一支笔，有一张嘴，有什么理由拿出来讲啊！有什么事实拿出来说啊！（闻先生声音激动了）为什么要打要杀，而且又不敢光明正大地来打来杀，而偷偷摸摸地来暗杀！（鼓掌）这成什么话！（鼓掌）

今天，这里有没有特务？你站出来！是好汉的站出来！你出来讲！凭什么要杀死李先生？（厉声）杀死了人，又不敢承认，还要诬蔑人，说什么"桃色事件"，说什么共产党杀共产党，无耻啊！无耻啊！（热烈的鼓掌）这是某集团的无耻，恰是李先生的光荣！李先生在昆明被暗杀，是李先生留给昆明的光荣！也是昆明人的光荣！（鼓掌）

去年"一二·一"昆明青年学生为了反对内战，遭受屠杀，那算是青年一代献出了他们最宝贵的生命！现在李先生为了争取民主和平而遭受了反动派的暗杀，我们骄傲一点说，这是像我这样大年纪的一代，我们的老战友献出了最宝贵的生命。这两桩事发生在昆明，这算是昆明的无限光荣！（热烈的鼓掌）

反动派暗杀李先生的消息传出去后，大家听了都悲愤痛恨。我心里想，这些无耻的东西，不知他们是怎么想法？他们的心理是什么状态？他们的心是怎么长的？（锤击桌子）其实很简单，（低沉而渐高）他们这样疯狂地制造恐怖，其实是他们自己在慌啊！在害怕啊！所以他们制造恐怖，其实是他们自己在恐怖啊！特务们，你们想想，你们还有几天，你们完了，快完了！你们以为打伤几个，杀死几个就可以了事，就可以把人民吓倒吗？其实广大的人民是打不尽的，杀不完的。要是这样可以的话，世界上早就没人了。你们杀死一个李公朴，会有千万个李公朴站起来！你们将失去千百万的人民！你们看着我们人少，没有力量。告诉你们，我们的力量大得很！多得很！看今天来的这些人，都是我们的人，都是我们的力量！此外还有广大市民！我们有这个信心：人民的力量是要胜利的，真理是永远存在的。历史上没有一个反人民的势力不被人民毁灭的！希特勒、墨索里尼不是在人民之前倒下去了吗？翻开历史看看，你还站得住几天！你们完了，快完了！我们的光明就要出现了。你们看，光明就在我们的眼前，而现在正是黎明之前的那个最黑暗的时候。我们有力量打破这个黑暗，争到光明！我们的光明，就是反动派的末日！（热烈的鼓掌）

李先生的血不会白流！李先生赔上了这条性命，我们要换来一个代价，"一二·一"四烈士倒下了，年轻的战士们的血换来了政治协商会议的召开；现在李先生倒下了，他的血要换取政治协商会议的重开！（热烈的鼓掌）我们有这个信心！

"一二·一"是昆明的光荣，是云南人民的光荣。云南有光荣的历史，远的如护国，这不用说了,近的如"一二·一",这些都是属于云南人民的。我们要发扬云南光荣的历史!

反动派挑拨离间,卑鄙无耻,你们看见联大走了学生放暑假了,便以为我们没有力量了吗?特务们,你们错了!你们看见今天到会的一千多青年,又握起手来了,我们昆明的青年绝不会让你们这样蛮横下去的!

反动派,你看见一个倒下去,可也看得见千百个继起的!

正义是杀不完的,因为真理永远存在!(鼓掌)

历史赋予昆明的任务是争取民主和平,我们昆明的青年必须完成这个任务!

我们不怕死,我们有牺牲精神!我们随时像李先生一样,前脚跨出大门,后脚就不准备再跨进大门!(长时间的热烈鼓掌)

评析:闻一多先生是我国现代著名诗人。本文是他在被反动派杀害的李公朴烈士的追悼会上的即兴演讲。当晚,闻一多先生在回家的途中,也惨遭杀害。文章语势磅礴,语言犀利,既充满诗人炽热的情感,又具有学者深邃的见解,既像无韵诗一样俊美,又像投枪匕首一样凌厉,直刺反动派的胸膛。全文气壮山河,慷慨激昂,具有巨大的感召力和战斗性,令后世读者不禁为闻一多先生的鲜明爱憎、浩然之气而深深折服!

◈ 范例二

告 别 演 讲

〔美〕林 肯

朋友们,任何一个人,不处在我的地位,就不能理解我在这次告别会上的忧伤心情。我的一切都归功于这个地方,归功于这里的人民的好意。我在这里已经生活了四分之一个世纪,从青年进入了老年。我的孩子们出生在这里,有一个孩子埋葬在这里。我现在要走了,不知道哪一天能回来,或者是不是还能回来,我面临着的任务比华盛顿当年担负的还要艰巨。没有始终伴护着的华盛顿的帮助,我就不能获得成功。有了上帝的帮助,我绝不会失败。相信上帝会和我同行,也会和你们同在,而且会永远是到处都在,让我们充满信心地希望一切都会圆满。愿上帝保佑你们,就像我希望你们在祈祷中会求上帝保佑我一样,我向你们亲切地告别。

评析:1860年11月,林肯当选为美国第16任总统。次年2月11日,他在车站面对斯普林菲尔德热烈送行的群众,触景生情,发表了满怀激情、迎接未来的本篇演讲。

◈ 范例三

第一个梦想成真

——2005年北大法学院新生致辞

朱苏力

经历了长远的——时间和空间的,但更主要是心路的——跋涉,终于,你们来到了向往中的北大。我代表法学院全体师生欢迎你们,欢迎你们来到北大法学院,欢迎你们成为北大法律人!

北大是值得向往的,但她只是你人生的第一个梦想成真。如今,同学和邻居羡慕和赞许的目光已经远去;北京的第一场秋霜会平息你的兴奋和激动;而在这个挤满才华乃至会横溢的校园,也不会给你留下太多自恋的空间。上课、占座、考试和"灌水",教室、图书馆、农园和"一塌糊涂",将挤满你的日程。什么时候,美丽的未名湖会再一次听见你的足音?

学习不仅仅是读书和上课；不要把学习仅仅当做一项任务，或是为了分数，为了满足人人会有因此无可指责的虚荣心而谋杀了你生活的快乐。我说过，不要追求"刻苦"学习，而是要"发现你的热爱"；学习应当是从容的，一种享受，一种生活的常态。而在北大，这是可能的。这里有许多智慧的老师，不仅有本校的，而且有外埠的；有许多精彩的讲座，不仅法学的，还有其他专业的。当然，不会都好、事事令人满意；但无论如何，它都不会，也不应，只是让你失望，你可以由此获得自信，促动你去创造。你还应当发现，周围的每个人都可能有你不可能——亲历却是你需要的经验和知识。一次远足也许会令你获得一位良友，即使不是终生的；一次交谈也许会让你进入一个只能在电视上或书本里接触的世界，即使某一天你必须离开。大学并不只是校园更大一点，同学更年长一点，老师学历更高一点；大学与中学的最大区别之一是，后者是标准化的，而前者是高度专业分工的；因此她更像一个小型的现代社会，尤其是在北大这样的综合性大学，你要同各种各样的人打交道。

这对于学习法律尤为重要。不仅因为实践的法律总是需要各种知识，而且与自然科学和人文学科相比有很多不同，法律说到底是要恰当地处理各种人际关系，规制和解决大大小小的人际冲突。法律的知识和技能，因此，在更大程度上依赖你，首先是理解，然后是妥善应对，人和事的能力。好律师、好法官的那个"好"字既不是文字的构建，也不全是个人的修行，它更多的是在各种交往和事务处理中，逐渐磨炼出来的那种敏锐、犀利、干练和缜密，当然还包括一定程度的、通常为人们贬低、至少避而不谈但要做成事又不可缺少的"圆滑"或称之为长袖善舞（比方说，至少不要在这样的场合告诫人们要"圆滑"一点）。

这只能从社会交往中学。但学习本身不是目的，目的还是生活。你们当中很多人，特别是本科生，一直生活在父母的目光中，如今，第一次真正远离家门，要同这么多，将来还会更多的无亲无故的人打交道，其中难免有信誓旦旦却居心叵测的人，这真的是非常艰难却是你必须迈出的一步。要学会相信别人，也要学会自我保护；学会竞争，也要学会协同；学会严格，也要学会宽容；学会坚持，也要学会妥协；学会倾听，也要学会表达；学会默默恪守，也要学会分享心灵；学会在挫折中守护理想，也要学会在超越中留住平凡；而所有这些都需要一种任何人都无法教授，只能靠你们独自摸索的"分寸"。对于你们，大学并不只是一个灌输知识甚或创造知识的地方；随着中国社会的发展，随着越来越多的独生子女被父母和社会一直"关"在从小学（甚至幼儿园）到高中的校园内，事实上，今天的大学已不得不悄悄承担了另一个重要的社会功能：它成了青年人进入现代社会生活之前的最后一个集训营。

不要以为这只是对你们个人生活幸福和职业成功的告诫，这其实也是我们这个正在转型发展中的社会的需要。仅仅是一般的、可文本化的知识或技能不足以组织一个我们愿意接受的现代社会，仅仅是父母或老师的告诫也不足以应对严酷有时甚至是险恶的生活世界。在书本之外、课堂之外，我们每个人，特别是法律人，特别是北大法律人，需要其他许多东西，其中包括——但不限于——胸怀、视野、想象力、同情心以及在此基础上才可能发生的你对于周围人的真诚关切，乃至对于整个中国和整个人类的关切。

最后的半句话并非夸张。因为，中国社会已经在市场经济和人员流动中日益整合了——你也许还带着些许口音的普通话就是一个标志；世界也已经在全球的贸易、交往甚至冲突中日益整合了——你床头的英文版《哈利•波特》或你袋中的手机就是一个明证。不只是惩罚犯罪，不只是"为权利而斗争"，甚至主要不是法学论文和著作，今天的法律变得越来越像是一个同各种陌生人打交道、寻求妥协、达成共识、争取双赢或多赢的竞技场，一种社会交往的活动。今天的中国需要更多头脑冷静和富于想象的行动的法律人,今天的世界需要更多优秀的行动的中国法律人。

你们是幸运的,不只是因为你们来到了北大法学院,更因为今天的中国,今天的世界。再过三天,就是中国人民抗日战争胜利60周年的纪念日。想一想有多少如同你们一样,甚至比你们更年轻的中国青年的鲜血洒入了这块土地?因此仅仅幸运是不够的。即使不谈每个人都无法逃避的对于生者和死者的责任,幸运也还有点偶然的意味,因此并不意味着前程一定远大——如果你们太多关注了考试、分数、出国、考研、个人情感以及其他数不清但你注定会遇到的麻烦和纠葛。

有可能,你的才华、自信、经验以及其他许多东西都会在这里第一次受到挑战,高中或大学本科独孤求败的经验将在这里终结。你还会遇到许多同青春相伴的困惑、怀疑、挫折和痛苦,也许还有你的初恋,也许更多的是暗恋和失恋。但即使如此,有一点请记住:

没有什么可能规定你的未来,最多只能算是"被青春撞了一下腰"。

还是去年的一句话,我相信,在这里,你将度过也许不是你最幸福,肯定不是你最灿烂,但必定是你最怀念的一段时光!

我祝福你们!

2005年8月31日于北大法学院
(选自《演讲与口才》2006年9月,P.44-45)

评析:这是时任北京大学法学院院长的朱苏力教授的迎新演讲词。听后令人扼腕叹服。

其一,见解新颖独到。没有像一般的演讲开篇介绍校况、提希望,而是很理性、很真挚地以最具洞察力的心境去开启北京大学新同学的思想,来激活和训导新来同学们的学习方式和生存方式。抒情的言辞,说明校园景象和家乡境况的巨大变化以及些微差异,也说明了同学们在就读北京大学时荣获的愉悦,以及承受的负荷,并以真挚的心情劝慰新来的同学们:在校期间,一定要注意学习环节和生活细节。

其二,朱苏力教授的演说推心置腹,充分体现了大学师长们对待来自于东南西北的新生,有着父爱般以及母爱般的胸怀,有着父爱以及母爱般的温暖。作为师长的教诲,朱苏力教授的饱含真理的演说值得新同学思索和探寻:"这只能从社会交往中来学,但学习本身不是目的,目的还是生活……"朱苏力教授在演讲中,谆谆教导:同学们只有在这样美好的环境中把握机遇,把握好学习中的思想认识,将来对国家建设才有用途,对自己所创造的人生环境,才具有无限的价值。

其三,朱苏力教授的演说语言极其丰富。他善于在语线空间使用排比句式和复句组合来建构语系层面;以及善于使用跳跃的方式使用多个词组、词义、词性形成有机组合。其语汇积淀,有着一种风起云涌、水起风声的美学定义:

"你们当中很多人,特别是本科生,一直生活在父母的目光中,如今,第一次真正远离家门,要同这么多,将来还会更多的无亲无故的人打交道,其中难免有信誓旦旦却居心叵测的人,这真的是非常艰难却是你必须迈出的一步。要学会相信别人,也要学会自我保护;学会竞争,也要学会协同;学会严格,也要学会宽容;学会坚持,也要学会妥协;学会倾听,也要学会表达;学会默默恪守,也要学会分享心灵;学会在挫折中守护理想,也要学会在超越中留住平凡……"这一段的演说,朱苏力教授巧妙而连贯地采用了14个排比式复句进行语线组合,好像现代城市建筑设计一样唯美,令人感到有百读不厌、百听不烦的真情所在,极具感染力。

范例四

责任高于热爱
——北大法学院2007年毕业典礼致辞

朱苏力

又是合影留念,又是祝福叮咛,又是离愁别绪;只不过这是2007年的6月。

去年说是今后全校统一毕业典礼,法学院还是举行了今天的欢送会;名字变了,主题、情调和程序却都差不多。确实,一起待了好几年,哪能悄默声息地就走了?世界上好多事改头换面也要坚持不懈,这也算遵循先例,即所谓制度吧(对不起,一不小心,又给大家讲起了法理)。甚至听说,有同学大气磅礴地替我撰写了题为《光荣与梦想》的致辞,10天前就在未名BBS上"剧透"了;前天,一位英语国家的记者为此还把电话打到了我的办公室,我不认领,还以为我矫情,一定要强加于我。谢谢这位同学的良苦用心。虽说如今倡导志愿者行动,但也不能如此深入普及吧?太多的事不可替代;你有权沉默,无权代理。

而且,照着你的稿子念,看到帖子的同学会觉得忒没劲,且不说枪手、抄袭或者是署名权问题了;但不照着念,苏力院长每年也就那几句煽情,让你先占了,他还说什么?

我只好旧话重提。

几年前,特别针对北大校园的学习生活,在迎新大会上,我说过,"发现你的热爱"。无论你是否发现了,此刻,针对你新的社会角色,我却想说一句不大中听的话:做你能做的,而不是想做的事。

不中听的一般是实话。找工作,说是双向自由选择,但都知道,你既没太大自由,也没很多选择;更大程度上是进入一个格式化的社会,是"求职"。社会一点也不"小资";它最多也就听听,却不在乎你的感受和自尊,不会迁就你。你要与之兼容,而不是相反;你可能得在一个甚至是一系列未必热爱,更多出于功利而选定的岗位上,尽心尽力,干出业绩,然后才谈得上发展、开拓和创造自己。当然,也不必太多抱怨或感叹,这个世界上,古往今来,就没几个成年人干的都是自己想干的事。

因为,你们大了,已经有了更多可以统称为"社会的"责任。"老板"对你有要求,同事对你有期待,甚至就因为毕业的这所大学、这个法学院,你也有额外的压力。你得活得像样,更得活得正派,让父母欣慰,让(已有的将有的)妻子或丈夫以及孩子幸福,顺带着也让亲友、同学和老师放心。这都是你的责任。当然,还可以,也应当谈谈"治国平天下"或"和谐社会"或"大国崛起"之类,只是"修身"和"齐家"是最起码的。如果连自己都撑不住,本职都干不好,还得那最多几十号关心你的人为你操心,还说什么社会贡献,谈什么人类关怀?记住,在社会、职业以及家庭中,责任永远高于热爱。

而且,我们绝大多数人对工作或职业也未必有什么具体的执着;即使有,是否真值得一生追求,也是问题;即使情愿,谁又能保证你恪守此刻的山盟海誓——你不也曾沉迷于金庸、"曼联"或王菲,甚或认为自己某方面才华不菲?还有,你喜欢,就真能干好?有什么根据说,此刻的热爱,甚或不热爱,不是"吾从众",不是社会对你的塑造,或干脆就是一个机会主义的选择?我们绝大多数人其实也挺喜欢,至少不坚决拒绝职业或生活的丰富性和多样性,包括与之相伴的意外、风险、惊喜以及一些可以用来装点回忆录的小小——不敢太大——失败。很多时候,一个人此时此地的成功恰恰因为他彼时彼地的失败。

我们就是这样走过来的。我们的陈兴良老师就曾是千岛湖畔的一位民警,白天走家串户,深夜还抱着郭小川或浩然。而牟平姜格庄的大地也一定记得那本梦想署名"卫方"的《春苗》类剧本;甚至十多年前,我们的"老鹤"还曾勇敢下海,尽管几个月后又扑腾着水淋淋的翅膀上了岸。还有,我们的姜明安老师、王世洲老师、龚刃韧老师和孙晓宁老师,30年前都当过或当着军人;也许早早预知了贺老师的批评?复转军人没进法院,都进了法学院,而且是北大法学院。在一个30年前不曾想到更谈不上热爱的职业中,如今,他们都创造了自己,也正塑造着你们和你们的未来。

听起来很有点传奇,这却是我们这代人的经历。不希望你们重复,也不可能重复;前方拐角等着的有你们的传奇。但它还是给你我一些启示:生活和职业,过去不是,今后也不会是个人爱好的光影投射;它是子弹划出的那条抛物线,无论是否连接了击发者和他心中的目标。这是我们所有人的命运:规划人生,却无法完成设计;向往未来,却只能始于现在。

我们只能向生活妥协!但妥协也可以是一种坚持。不仅我们每个人的追求和爱好都必定在社会中校订和丰满;更重要的是,成功和失败,伟大和平凡,从来都不在起点,而只是基于结果的事后评价,甚至——改一改奥威尔的话——未必是你干的事,有可能是你赶上了什么事。评价标准是社会的,不是你个人的;跟自个儿比武,分不出高下。做你能做的事,因此,既不消极,也非无奈,它的另一意味就是超越,超越那个感性的自我。

时间过得真快!对法学硕士来说,有些书可能还没来得及打开,毕业已猛然站在你眼前,带着青春的欢乐、骄傲、活力以及些许伤感。这不是你的第一次,肯定不会是最后一次;你还会重复今天对时间的主观感受:向前看,光阴迢迢,望眼欲穿;事后才感叹,白驹过隙,人生苦短。而随着年龄增长,你还会发现日子是越过越快。

这是我生命的体验,每个人中年后都会感觉,尽管未必自觉。在此说明,只希望你们更珍惜时光,热爱生活。想做些什么事,一定抓紧;无论大事小事,无论工作、学习、创造还是爱,无论追求功名、享受人生还是两者兼得,也无论最后是世俗眼中的成功还是失败。

具体生活永远在琐细平凡的当下,千万别把它抵押给关于自己的"愿景"或"理想图景",vision这个词更多译作"幻觉"。

你可以持之以恒,也可以随遇而安;可以雄心勃勃,也可以知足常乐;可以谨小慎微,也可以大胆奋进。只是,"莫等闲白了少年头",当一个个未来变成"此刻"时,怅然和失落。

未来其实并不遥远;此刻不就是你曾经眺望过的一个未来?!

岁岁年年人不同,年年岁岁"话"相似。在这送别之际,代表北大法学院和全体师生,我祝贺你们每一个人毕业;更祝福你们每一个人,坦坦荡荡,走进社会,平平安安,走过未来!

——2007年6月21日于北大法学院科研楼

(选自《演讲与口才》2007年9月,P.46-47)

评析:这是时任北京大学法学院院长的朱苏力教授的欢送毕业生的演讲词。与前一篇的迎新演讲词相比较,更是极富感召力和激励性。作为德高望重的师长,他的演讲中有对未来的憧憬,更多的是对自己学生的谆谆教诲和勉励,尤其以责任作为主题,更是显示了师长对自己学生的更高要求。同样,朱苏力教授的这篇演讲与前一篇迎新演讲一样,推心置腹,真挚恳切,见解新颖独到,境界高远开阔,激励着即将走上人生道路的毕业生们明确自己的责任和未来方向。

◈ 范例五 ◈

当你被误解的时候
熊焰波

有一句老掉牙的话,叫做"万事开头难"。演讲如此,即兴演讲更是如此。不过,我总感觉到,万事结束更难。我们在座的很多同志都知道《诗经》上有这样一句话:"靡不有初,鲜克有终",也就是说任何事都有一个开头,但很难得到一个圆满的结尾。但好的开头也是很难的,所以我庆幸我第一个走上了即兴演讲的讲台。

大家看到,七分钟以前,在我们在座的百余双眼睛的监视下抽到这个题目,当我们的主持人用他那浑厚的声音宣布这个题目的时候,我因紧张而凝固的血液沸腾了,因激动而僵化的思想活跃了。七分钟里,我在思考这样一个问题:人总有被误解的时候,何必为误解发愁!我们的南疆英烈被误解过,张海迪被误解过,我们的曲啸老师被误解过,我们的辛勤耕耘的老师们被误解过……但是,怎样从误解中找到理解呢?我可以这样说,理解的大门只向那些心胸开阔、勇于进取的人敞开着,理解的金钥匙只属于那些有头脑的人。我们的战士从他们在前线的英勇奋斗中,从他们的血染疆场的行动中找到了理解;曲啸老师以他的演讲和他自身的行为获得了理解;我们的老师以他们辛勤培育祖国未来劳动者的劳动获得了理解……所以说,朋友,要寻求理解,守株待兔行吗?不行!唯有那些心胸开阔的、奋发进取的人,才有资格获得真正的理解,在时间与空间、必然与偶然的辩证关系中得到理解。

我们寻求理解,当我们得到理解的时候,我们就会把误解变成一种真正的动力,用它去推动我们更好地理解别人,让别人再来理解自己。我不知道在座的各位有没有被误解过,但我肯定地说,我是被误解过的。我在大学读书的时候,干社会工作,曾被误解过;我参加演讲活动,也被误解过;就是这次到北京来的时候,有人还风言风语,说我参加演讲比赛是出风头。我何尝不希望得到理解呢?(这时铃声响了)可是,大家都听到了,警告铃声响了,它在向我出示黄牌。它对我说:"小伙子,你要寻求理解吗?那就少说空话,多干实事。到实践中去,到自己的奋斗中去寻求理解吧!"

在这里,我还要对那些被误解的正在寻求理解的朋友们说上一句:"敲响警告铃,出示这个黄牌,在奋斗中去寻求理解吧!"

评析:这是一篇即席演讲,作者依题应境,谈了自己的看法:如何对待被误解,寻求被误解的原因,并从中寻求理解。事例典型,语言通俗生动。

◈ 范例六 ◈

依依惜别学友情
龚道荣

亲爱的同学们:

岁月匆匆,我们来不及更多地问候,来不及将每个人再仔细地看上一眼,来不及把老师额头新添的皱纹数清楚,来不及叙说彼此之间的情谊有多浓……今天,我们就要分别了,就要分别了!岁月何无情,聚散两匆匆!

四年的岁月,1400多个日日夜夜,我们终日相守,朝夕相伴。在课堂、寝室;在操场、图书馆……早上一声"你好",晚上一句"晚安",多少情谊,几多依恋!今日分别,我们何时再相见,何时再相见?

当年初相见,我们都是羽毛未丰的雏鸟,带着求知的欲望,带着父母的嘱托,更带着祖国的希望,来到这神圣的学府,遨游这知识的海洋。转瞬间,4年已经过去,太阳依然是昨天的太阳,学校依然是当初的学校,但是我们,却已不再是当年的我们!亲爱的老师已为我们插上了腾飞的翅膀,可爱的母校已为我们鼓起了远航的风帆!别了,老师,我们飞得再高,心儿总与您连在一起;别了,母校,我们航行再远,总与您遥遥相望!我们将永远记住:我们的事业是从这里开始,我们的未来是从这里起步。让我们共同说一声:谢谢您了,我亲爱的老师!谢谢您了,我可爱的母校!

如果说,我们当年的相识或许显得平淡,那么,我们今天的远别则是情真意切,依依难舍。你说一声"别了",我心儿发慌;我道一声"再见",你鼻子发酸!同窗情谊,天地共鉴!

如果说,我们当初的相见是为了寻求知识,积蓄力量,那么,我们今天分别则是为了实现理想,大展宏愿!学校虽是宁静的港湾,我们终究要驶向广阔的大海;学校虽是安全的机场,我们终究要飞向万里蓝天!不要悲伤,同学们,让我们飞向蓝天,让我们驶向大海,让我们走向未来!

让我们轻轻说一声:再见!

在我们亲手修建的高速公路上再见,在我们亲手设计的现代化桥梁上再见,在我们理想与现实的会合处再见!

再见!

评析:本文是一位大学毕业生在毕业晚会上的即兴致辞,充满感情,富有诗意,表达了依依惜别的师生情、学友情,读来令人感动。

范例七

施恩不图报

黄　灿

大家好!

当我最后一个到达这次大赛组委报到的时候,老师惊讶地问:"你是哪个学校的学生呀,今年多大了?"我告诉他:"我是一个有五年教龄的教师。"作为教师,我想我对"施恩不图报"这句话有着最深切的感受。

我想,在座的各位,我将来的同行们,一定非常想了解当你刚刚走出师范大学的校门、跨入工作岗位的时候,会是怎样一种情况。那么,就请听听我的描述吧!

当我刚刚走上工作岗位,当我面对一大群孩子的时候,我的心中真是涌起了无比的自豪和骄傲,因为有那么多赞美教师的光环照在了我的头上,什么教师是人类灵魂的工程师啦,教师是春蚕啦,教师是红烛啦!我真是得意极了。可是,我有这样的疑问,既然是红烛,为什么要流泪呢?难道它要让别人记住,它曾经在黑暗里给人们带来过光明,难道它是要让人记住它的奉献,它的施恩,难道它想获取回报吗?这样的问题,我不止一次地问过我的启蒙老师——一位平常的山村教师,他给我的回答非常简单:"红烛虽有泪,燃烧却无悔;教师是清贫,施恩不图报。"

我的这位老师啊,可也曾经有过"施恩想图报"的时候啊,那时当他年轻的时候,也是他刚刚当老师的时候,在一个贫困的山区里,当了三年的教师。各位同学,你能想象那种生活吗?没有电视,没有电灯,甚至连最基本的杂志书报都不能按时取到。三年后的一天,这位老师终于有机会调到县城了,他高兴极了,背上行囊,来不及通知一声他的学生,在一个黎明悄悄地走下了山。就在他走到一片草丛的时候,一不留神,被一个草节的死结给绊住了,死结旁有一张照片,那是他和学生们唯一的一张合影。还有一张纸条,上面这样写的:老师,我恨你,我恨所有城里来的老师,因为你们忘了山沟里也有想念书的娃娃。这位老师,捧着纸条,呆呆地站着。一秒钟,两秒钟,他默默地转过身去,只见山坡上有一片红色的云向他飘过来,那是十三条鲜艳的红领巾在向他挥舞,那就是我们在向他发出真诚的渴望、期盼的召唤。我们这位老师,最终还是留在了我们的身边,而这个写纸条的人,就是我。

在他这种"施恩不图报"的精神的鼓励下,我也和当年的他一样,走上了人民教师这个光荣的工作岗位,在这儿我才真正地体会到了施恩不图报的含义。因为我们选择了教师本身就是选择了平凡,就是选择了清贫。但是我们收获的是人世间最真、最美、最纯的真情啊!

在从教的五年时间里,厚厚一大摞贺年片当中有这样一句话我永远记得:"老师,我是一棵小苗,您是一场春雨。"在这句话的后面我写上了另外一句话:"孩子,你是一棵小苗,我就是灌注小苗的清泉。"这就是我,一位施恩不图报的教师的回答!

评析:本文为即兴演讲,获得2000年"红河杯"全国演讲大赛即兴演讲一等奖,题目是现场抽取的。演讲自然、感人、平实。

◆ 范例八 ◆

假如马克思健在……

邓 新

在我五六岁的时候,我就爱自由自在地幻想,也做过各种各样的假设。今天,我作为一个哲学教师,最大的心愿就是把马克思主义纳入自己和后学者的胸膛以造就千万轮喷薄而出的朝阳,于是,我又作了这样的假想:

假如马克思健在,他决不把在座的诸位看成他的信徒,他将把我们看成是东方的同志和战友。他创立的马克思主义是一种学说,而不是一种宗教。我们学习他,不是为了跪倒在他面前,而是要进而站在他肩上,引导人类向他已指出的那座高峰攀登。

假如马克思健在,他就要对人们说:我是人而不是神,我也有喜怒哀乐,我也有自己的爱,自己的恨。我会对燕妮的家人说:"我爱燕妮!"我还会对德国宰相俾斯麦的外孙女说:"我就是你外祖父最怕的那个人——卡尔·马克思。"

假如马克思健在,他就会告诉我们:牢记我最喜欢的那句箴言——怀疑一切!你们要用自己的头脑自己的目光,以怀疑论的解剖刀对我学说我的主义进行认真的探讨和剖析,用实事求是的胸怀去检验真理。

假如马克思健在,他就会提醒人们:那些仅用我的语录去进行战斗的人,不是完整的马克思主义者,他们只不过把过去的"子曰"变成了"马曰"而已;那些把自由、平等、人道、人性这些神圣的字眼统统拱手送给资本主义的人,也不是一个真正意义上的马克思主义者,因为我从来都是和人间所有最美好、最神圣的情感融为一体的!

假如马克思健在,他就要强调:我不能保证我的主义句句是真理,但我却敢保证它永远不会过时,因为我批判地吸收了人类世代积累的一切优秀文化财富,创立了自己的主义,我也能够继续批判吸收着以后人类创造的优秀文化成果,随着时代的发展而发展。当然,这种伟大的发展的谋求者和实践者,一定是站在我的肩头上的崭新的真正的马克思主义者!他们将在为人类和平幸福的奋斗中继续不断地完善、不断地发展我的主义,并且给人类本身带来无穷的活力和生机,我将为此而欣慰!

评析：本文是一篇即兴演讲稿，演讲者邓新是一位哲学教师。作者联想相当丰富，以大胆的假设方式来展开议论，内容形象生动，富有哲理，给人耳目一新的感觉。

范例九

祖国在我们的心中

刘德强

尊敬的校长、各位老师、同学们：

今天我很高兴能够到上海大学担任以"祖国与我"为主题的即兴演讲比赛的评委，我和在座的师生一样受到了一次深刻的教育。

刚才，突然听到主席宣布要我对这场演讲赛作个小结，我感到有点茫然。

今天即兴演讲赛的主题是"祖国与我"，刚才好几位选手都提到"祖国是个抽象的名词……使我感到茫然了"。起初我也有些轻微的"茫然"，可是通过刚才十位选手的演讲，柳暗花明又一村，我豁然开朗了。我想"祖国"虽然是一个抽象的名词，但是"我"却是一个具体的人。有谁不知道自己的名字，有谁不认识自己呢？"祖国"与"我"，一个抽象，一个具体，在哲学里是一对矛盾。我们应该如何报效祖国呢？

这里我想起一个故事，河北承德市有一位男青年谈了一个对象，没有几个月这位姑娘得了严重的瘫痪症，可是这位男青年并没有抛弃她，而是汤汤水水，日日夜夜照顾了五年。当第二天姑娘要动大手术，弄得不好有可能全身瘫痪时，这位男青年借来一辆平板车，拖着姑娘去进行结婚登记，好让姑娘放心地去接受手术……

同学们，讲到这里我想问一问：我们应该给这位男青年怎样的评价呢？从刚才的热烈的掌声中，我们非常高兴地知道，我们大学生的爱憎是多么的鲜明！是的，真正的爱就应该像这位男青年一样，是无私的奉献，而不是一味地索取。对待恋人的爱如此，那么对待我们伟大的祖国母亲的爱不也应该如此吗！那么祖国在哪里呢？通过同学们的演讲，我明白了：祖国就是生我养我的母亲；祖国就是抚育我成长的土地；祖国就是无私奉献的先烈；祖国就是辛勤耕耘的园丁啊！祖国就在我们周围，祖国就在我们身边，祖国就在我们心中。

同学们，让我们刻苦学习，以优异的成绩报效我们伟大的祖国吧！

评析：刘德强，上海市委党校教授，上海市演讲学研究会会长。本文是他应邀赴上海大学担任"祖国与我"即兴演讲赛评委时的即兴发言。作者从比赛的主题"祖国与我"入手，抓住选手们的共同点发挥开来，从恋人的爱谈到对祖国的爱，然后对大学生提出希望，相当自然贴切。

范例十

举起中国，我们人人都是火炬手

陈绍鹏

（陈绍鹏一边在画板上画祥云火炬，一边介绍他本人是2008年北京奥运会的火炬手，是他带领公司的团队设计了祥云火炬。接下来，他拿着画好的祥云火炬开始演讲。）

各位朋友：

1988年的这个时候，我是在甘肃读高中三年级，从广播里知道韩国在举办汉城奥运会。2008年8月，全世界的奥运观众将守在电视机旁，等待着这一支承载了中国人的骄傲和自豪的火炬跑进鸟巢。20年来，我们从贫穷到小康，再到举办奥运，一路走来可以说是风雨兼程。

今天,我们为什么不能歇一歇呢?因为,还有许多优质的"Made In China"在北美的超市里卖着最低的价格,只要世界对我们"中国制造"还不能像他们对你手中的这支火炬这样赞叹,我们就将继续奋勇前行,大步奔跑。各位朋友,举起中国,我们人人都是火炬手!

谢谢!

评析:陈绍鹏,联想集团高级副总裁兼大中华区总裁。作为2008年中国奥运会的火炬手,他的演讲简短,但真实朴素,感情真挚,具有强烈的感召力——现在我们还不能停下来歇一歇,我们得继续奋勇前行,得大步奔跑。

◇ 范例十一 ◇

即兴导游词片断

朋友们,我们脚下那锦鳞片片、白帆点点的水面就是东海。多少年来,这海拥抱着、冲刷着佛顶山,以它特有的英姿启迪着人们:海是辽阔的,胸怀无比宽广;海是厚实的,什么都能容纳;海是深沉的,永远那么谦逊……常看大海,烦恼的人会开朗,狭隘的人会豁达,浮躁的人会沉稳……

评析:在号称"南天佛国"的普陀山风景区,一群游客登上当地最高的佛顶山,个个疲惫不堪,默默无语。这时一位年轻的导游面对浩瀚无垠、海鸥轻翔的大海作了一番即兴导游演讲,使游客们感慨不已,情趣顿生。

能力训练
NENGLI XUNLIAN

一、发散性思维训练的即兴演讲(主要训练学生思维的敏捷、迅速和必要的逆向思维以及连缀散点成一线的能力)

1. 请你用一分钟的时间,快速说出红砖的十种以上用途。

提示:造房子、铺地面、造桥梁、砌炉子、砌烟囱、做武器、垫桌腿……

2. 将下面在表面看来不相干的概念,经过中间一两个,最多四个概念把它们联系起来。

A. "天空"与"杯子"

B. "玻璃"与"粥"

C. "战争"与"科学"

D. "闹钟"与"妇女工作"

E. "漂亮宽敞的住宅"与"城乡一体化"

提示:

A. 天空→土地→水→茶杯;

B. 玻璃→杯子→饭碗→粥;

C. 战争→武器→科学;

D. 闹钟→手表→实用与观赏→妇女工作(内心美、形象美);

E. 农村漂亮宽敞的住宅→农村优于城市之处(空气清新、蔬菜新鲜……)→农村不如城市之处(医疗条件、教育质量、文化设施……)→城乡差异→城乡一体化。

3. 分别将下面的一组词连缀成一席即兴演讲,每题控制在两分钟以内。

A. 改革 发展 安定

B. 失败　气馁　危险
C. 动力　毅力　能力
D. 国家　家庭　我

提示：

A. 有安定的环境,才能更好地坚持改革,坚持对外开放,才能更快地发展国民经济,提高人民的生活水平。

B. 失败是正常的,气馁是不必要的,重复失败是危险的。

C. 一个人要想成功,首先要有崇高的理想,这是动力,因为伟大的力量来自于崇高的理想;其次,还要有坚强的毅力,否则必然会"心比天高,命比纸薄";最后,还要有能力,否则就是"有的无矢",很难获得成功。

D. 没有国家的富强,哪有家庭的幸福?没有国家的富强和家庭的幸福,又怎么能实现我个人的美好理想?

4. 演讲语言追求新颖独创。请给下列本体想出尽可能多的喻体。

A. 他面黄肌瘦,像……
B. 车子慢得就像……
C. 澡堂里挤得就像……
D. 天热得就像……

5. 请你以"假如我是××"为题作即兴演讲。

提示：题目中的××可以是校长、老师、父母,也可以是其他人。

6. 下面是一组逆向思维题目,从中选择几题,分别准备五分钟,然后作即兴演讲练习。

① 言多未必就失语　　　⑥ 就是要这山望着那山高
② 铁杵何必磨成针　　　⑦ 移山莫如搬家
③ 有志未必事竟成　　　⑧ 后悔来得及
④ 弄斧必到班门　　　　⑨ 开卷未必有益
⑤ 学海无涯巧作舟　　　⑩ "亡羊补牢"未为晚矣

7. 三句话接龙练习。

方法：数人围坐一圈,推出一名主持人,商定好话题、样式(或口述、或解说、或讲话),然后由主持人开始,每人说三句话,按顺时针方向递接,循环往复。

要求：每位递接者说的第一句话的意思要紧承自己前面那位同学所说的最末一句话的意思,所说的三句话要与前面的同学所说的有内在联系。

8. 你能一口气说出20个形容"笑"的词吗?比一比,看谁说得多。

(例：微笑、苦笑、傻笑、冷笑、狞笑……)

二、形象性思维训练的即兴演讲(主要训练学生的联想能力和形象化的语言表达能力)

1. "洁白的雪花飞满天,白雪铺盖着我的校园。漫步走在这小路上,脚印留下一串串。有的直,有的弯,有的深,有的浅。朋友啊,想想看,道路该怎样走?洁白如玉的大地上,该怎样留下脚印一串串。"

以上是题为《脚印》的歌词,请联系实际,作即兴演讲。

2．请以"我想点支歌……"为题，作即兴演讲。

提示：这支歌，可以点给爸爸、妈妈、老师、同学……演讲内容和语言表达都要充满感情。

3．请你设想一下，同学们在毕业多年之后再相聚的情景，发挥你的想象力，以"二十年后再相聚"为题，作即兴演讲。

4．新年即将来临，为了慰劳辛苦了一年的员工们，公司在某酒店摆了几桌酒席。你作为公司的总经理，你的祝酒词是……

5．下面是一首咏物诗。请你联系社会实际，谈自己的看法。

文　凭

虚心的人用你来鞭策自己，
心虚的人用你来装饰自己。

6．感人的歌声留给人的记忆是长远的，无论哪一首激动人心的歌，最初在哪里听过，那里的情景就会深深留在记忆中。环境、天气、人物、色彩，甚至连听歌时的感触，都会烙印在记忆的深处，像在记忆里摄下声音的影片一样。请以"留在我心中的歌"为题，结合自己的生活实际作即兴演讲。

7．乘车让座，帮助有需要的人，用微笑面对生活……这些是美好的社会画面。然而，乱扔垃圾，公共场所随意刻画，破坏生态环境……却是社会缺乏道德的表现。因此，在以上情况中，你有何感想？请以"道德"为题作即兴演讲。

三、逻辑性思维训练的即兴演讲（主要训练学生严密的思维和语言表达的逻辑性）

1．俗话说，有钱能使鬼推磨。在这里，金钱似乎是万能的。但是，也有人说，钱可以买到房子，却买不到家；钱可以买到珠宝，却买不到美；钱可以买到药物，却买不到健康……对此，你有何想法？请自拟题目演讲。

2．"酷抠"是当下一种时尚的抠门，这是一种褒义下的"抠"。酷抠族崇尚的是"节约光荣"，身为酷抠一族未必贫穷，也不是守财奴，酷抠族大多有着较高的学历，不菲的收入，喜好高质量、优雅的生活，具有很好的审美眼光，吝啬与节约只是一线之差，"抠"并不是可耻的。而现在大多数人认为"酷抠"是把富日子当穷日子过。

你是否认同"酷抠"一族呢？请谈谈你的看法。

3．美国著名企业家卡耐基"成功之路"中有这样一则小故事：

一英国鞋厂推销员与一日本鞋厂的推销员同时到达太平洋某岛国推销产品。

他们抵达后不久，都向自己的上司拍了电报。前者的电文是："此地人均不穿鞋，故产品无前途，本人即回。"后者的电文是："此地人均光脚，亦无穿鞋历史，产品潜力极大，拟常驻此地。"

请就此题材，谈你的看法。

4．"勿以恶小而为之，勿以善小而不为"这话很有道理，请你以此为题，结合生活实际，作即兴演讲。

5．"临渊羡鱼，不如退而结网"，请你以此为题作即兴演讲。

（注：站在水边想得到鱼，不如回家织网。）

6．有人说："要做一块普通的砖，垒到哪里，就在哪里发挥作用。"又有人说："不想当元帅的士兵不是好士兵。"你认为这两种观点哪个对哪个错？或者认为两者都对，或两者都错？

为什么?

7. 田野里有一种小动物,叫做"鼯鼠",它学有五种本领:飞、走、游泳、爬树、掘土打洞,但它一样也没学好。飞又飞得不高,走又走得不快,游又游得不远,爬树爬不到树顶,掘土打洞也是浅浅的。它名义上学了五种本领,却一样也不中用。请你适当联系自己或周围的实际,谈谈自己的想法。

8. 尼克松是我们极为熟悉的美国总统,然而就是这样一个人物,却因为一个缺乏自信的错误(水门事件)而毁掉了自己的政治前程。著名教育专家、知心姐姐卢勤童年喜欢舞蹈,就因听到"她的腿这么弯怎么能跳舞呢"这不经意的一句话,让她失去了自信而放弃追求,从此远离舞蹈……可见自信是多么重要。

请讲讲关于"自信"的话题。

四、综合性的即兴演讲训练

1. 在暴风雨后的一个早晨,一个男人在海边散步,沙滩上许多被暴风雨卷上岸的小鱼被围困在浅水洼里。忽然,他看到一个小男孩正拾起水洼里的小鱼用力地把它们扔回大海。这个男人问道:"孩子,这水洼里有几百几千条小鱼,你救不过来的。""我知道。"孩子头也不回地回答。"哦!那你为什么还要扔?谁在乎呢?"孩子边扔小鱼边回答:"这条小鱼在乎!还有这条……"

提示:可从爱心、拯救生命的角度阐述。

2. 运用散点连缀法,分别将下列词语连缀起来,赋予它们深刻而新颖的主题。

(1) 小草　大树　土地　阳光

(2) 时间　书籍　生活质量　工作

(3) 历史　现实　过去　未来

五、演讲综合实训

(一)指定主题演讲选题

1. 中华魂

2. 道德的力量

3. 我有一个梦想

4. 传承美德　爱洒人间

5. 追求,生命最重要的……

6. 平凡中,让我们奉献

7. 传播有价值的声音

8. 谈高尚

9. 挑战自我,突破自我

10. 责任胜于能力

11. 劳动,是神圣的

12. 阅读与智慧

13. 我学习　我成长　我成功

14. 文凭和水平

15. 勤奋点燃智慧的火把

16. "滥竽充数"的启示

17. 时间,伟大的评论家
18. 勇敢推销,亮出自己
19. 创新,时代的主旋律
20. 青春·使命·梦想
21. 尚德·重礼　做文明城市的主人
22. 路是人走出来的
23. 再试一次
24. 永远不要说放弃
25. 学习伴我成长
26. 师恩如山　校情似海
27. 我爱家乡美
28. 生命之树常青
29. 人类只有一个地球
30. 低碳生活,我选择,我热爱

(二) 即兴演讲选题

1. 你能在一分钟之内,说出杯子的10种以上用途吗?

提示:做容器、当圆规、做量器、装上热水焐手、做敲打乐器……

2. 请快速举出10种以上有腿不会走的东西。

3. 描述你印象中最深的一个电视广告,或一处景观,或一个有趣的街头场景,或一个突发事件。

4. 以"拼搏"为题,用"三步法"进行一分钟的演讲。

提示:三步法,即分三个步骤来讲——① 什么是拼搏;② 为什么要拼搏;③ 青年人应该怎样拼搏。

5. 许多精彩与美好就在一瞬间永久地错过了!别以为自己有足够的机会去追它回来,能抓住的只有现在!

请以"把握现在"为题进行演讲。

6. 古人薛谭向秦青学唱歌,还没有学到家,就以为学好了,要告辞回家。秦青并不阻拦,在郊外大路口设宴为薛谭饯行。席间,秦青放声歌唱,洪亮高亢的歌声震动林木,把天空漂浮的行云都遏住不流动了。薛谭羞得面红耳赤,自感不足,向秦青道歉并留下继续学习,终生不敢再提回家之事。

以上是一则典故,看后请以发散思维的方式思考并归纳横向和纵向的观点。

(参考答案:横向思维——任何人都不能骄傲;学无止境……

纵向思维——勇于认错,知错必改;身教重于言教……)

7. 有父子二人,居山村,营果园。父病后,子不勤工作,园渐荒芜。一日,父病危,谓子曰:园中有金。言迄而逝。子翻地求金,无所得。甚怅然。而是年秋,园中葡萄、苹果之属皆大丰收。子始悟父言之理。

以上是一篇文言文小说,请你把它扩展成一篇故事,然后用普通话讲给同学们听。

8. 一棵老树上攀绕着紫藤,茂盛极了。忽然,一阵狂风吹来,老树被刮倒了。

不多久,紫藤也蔫了、死了。

读了上面材料,你受到了什么启发?请谈谈自己的感想。

9. 时间,在滴答中悄然消逝,不经意间,一分、一小时、一天、一月、一年,很快,大学的时间真的很快会过去!

四年,足够让一个人天翻地覆、脱胎换骨……四年的大学生活,是选择珍惜还是忽视?不同的选择注定了不同的结局。我想,真的很想把我的时间分给图书馆、课堂里、体育场上,还有好多我喜欢的人和事。我要充分利用我的一分一秒,只要不觉得无聊就好。这样的三年,时间一定会反馈给我一份精美的"礼物"的。

利用好时间,对昨天就不会后悔,对今天也不会生气,对明天更不担心。时间,这个伟大的评论家,一定会给出最公平的评判!

请以"时间,伟大的评论家"为题进行演讲。

10. 2009年10月24日,为解救两名落水遇险少年,湖北长江大学十多名大学生奋不顾身跃入江中,遇险少年得救了,三名19岁的大学生却在激流中英勇牺牲。

长江大学三名大学生舍己救人的英勇事迹引起了社会各界的广泛关注,不少网友表示对三名大学生舍身救人的义举钦佩不已,从他们身上看到了一种精神,看到了"90"后敢担社会责任,看到了国家未来的希望。但同时也有不同的声音发出:三名大学生的牺牲值不值、不会游泳该不该救人等观点也引爆论坛。

问题:对于该事件,你是怎样看待的?说说你的理由。

11. 你就要毕业了,将告别熟悉的校园、亲爱的老师和朝夕相处的同学。请你在告别会上作即兴演讲,表达对这一切的依依不舍之情。

12. 请以"成功与失败"为题,讲讲亲身经历或所见所感。

13. 夏夜的夜空是那么美,那么遥远。触景生情,人们会产生种种思索。请你展开想象,以"遥远的星空"为题作即兴演讲。

14. 人生有许许多多的"第一次":第一次获得成功,第一次发表作品,第一次远离父母,第一次恋爱,第一次失败……而某一个"第一次",也许就是人生旅途中留下的最深的脚印,给人留下难以忘怀的记忆,那么,就请你以"第一次_____"为题作即兴演讲。(空格处请填上合适的内容)

15. 下面是一组需要展开联想的题目,请你选择几个,分别准备五分钟,然后作即兴演讲:

(1) 由时钟想到的

(2) 夕阳红

(3) 粉笔的品格

(4) 望星空

(5) 根的联想

(6) 我爱蜜蜂

16. 有位哲人说:"知识浅薄,如履薄冰",你同意这句话吗?请谈谈你的观点。

17. 紧张感人人都有,只是那些成功的演讲家多上场演讲过几次,多了一些克服紧张的方法,从而使紧张的情绪缩小到最低限度,不至于外露而已。

请就"紧张"问题讲述一下过去自己的经历,以及自己的缓解或解决的方法。

18. 古时候鲁国有一个人擅长编织麻鞋,其妻擅长纺白绸。他们想移居越国,于是有人说他们一定会穷困不堪的,鲁人问是何道理,那人说:"麻鞋是穿在脚上的,而越人赤脚走路。白绸是做帽子的,而越人从来就披散着头发。你们夫妻的特长,到了越国就无用武之地了,如何不受穷呢?"

你该如何理解这则寓言呢?请发表议论。

19. 广东 2011 年 10 月发生了一个 2 岁女童被车撞后,在反复被碾压时居然很长时间没有人关注、阻止,对此现象你有什么看法?

20. 现在我们所看到的每场晚会都经历了精心的彩排,然而人生却没有彩排,每天都是现场直播。

请说说你对这句话的理解并进行演讲。

21. 现在发生在地球上的自然灾害越来越频繁了,仅仅几年就发生了多次地震、海啸、泥石流等,你肯定有许多感慨。

请结合现实,分析探讨,作一次即兴演讲。

22. 阿里巴巴总裁马云不懂技术,到现在他只会收 E-mail 和上网浏览。他认为外行可以领导内行,重点是要尊重内行。阿里巴巴的上市让 5000 员工个个成了百万富翁,不像其他网络大佬一样,马云在阿里巴巴持股百分之五。但阿里巴巴融资创纪录却显示,马云不仅懂得激励员工士气,更是营销高手。

所以,请以"外行可以领导内行"为题进行演讲。

23. 假如你当选为学校学生会主席,那么,请你向老师和同学们发表就职演说。

24. 父母将我们带到了这个世界,他们养育我们,他们教导我们,教养的芬芳,我们当然会有无尽的感谢的话对他们说。

"树欲静而风不止,子欲孝而亲不在"。身为 90 后的我们,又对其有何感受呢?

体会其中的深意,并请以此为话题进行演讲。

25. 请就下面的题目发表演说(随意抽取):

(1) 人人为我,我为人人

(2) 我对按劳取酬、按酬付劳的看法

(3) 我对"一个人之所以能,是因为相信能"这句话的理解

(4) 在市场经济社会里更要倡导爱和奉献

(5) 假如我是市长(校长、班长、团支书……省长)

(6) 中国(浙江、上海……)如何提高国际竞争能力

26. 一天,上帝带教士去一个房间,见许多人正围着一口煮着食物的大锅坐着,他们又饿又失望。每个人都有一只汤匙,但是汤匙柄太长,所以没法把食物送到自己嘴里。后来,上帝又带教士去了另一个房间,见也有一大群人围着一口煮着食物的锅坐着,不同的是,这里的人看起来既饱足又快乐,而他们的汤匙跟前一房间里的那群人的一样长。教士奇怪地问上帝:"为什么同样的境况,这个房间里的人快乐不已,而那个房间里的人却愁眉苦脸呢?"上帝微笑道:"难道你没有看到,这里的人都学会了喂对方吗?"

请参悟此寓言,谈谈你的感受。

27. 传说古时候有一位画家收教了三个学生,为了检验学生的成绩,就以"深山藏古寺"为题让学生作画。第一个学生画的是整个寺院,四面是千仞高山,悬崖峭壁;第二个学生画的是古寺的一角,周围峰峦起伏,松柏挺立;第三个学生画了数节石阶和一条小溪,溪边有一

个挑水的和尚。

结果,第三个学生画的画被画家评为最佳作品。

请你从画家的命题要求和学生的作画构思两方面分析该生的画为什么被评为佳作。(200字以内)

28. 有位哲人说"真正让我疲惫的,不是遥远的路途,而是鞋子里的一颗沙"。

请体会其中的深意,并以此为话题进行演讲。

29. 请分别以下述各则"物语"为生发点,结合生活中的某些现象,写生活杂感。(题目自拟)

鸟:笼子即便是金的,也不如没有的好。

虾:哈哈!你们怎么都倒着走哇?

蚕:埋葬自己的,往往正是自己。

冰:是我改变了水柔弱的形象。

锁:在强盗眼里,我是不存在的。

上帝:不是我创造了人,而是人创造了我。

彩虹:我七色的光彩,来自那最普通的阳光。

竹笋:越成长,便越要虚心。

铅笔:错了怕什么?有橡皮呢!

骆驼:眼中的沙漠算不了什么,重要的是心中要有绿洲。

燕子:只有经过艰苦的跋涉,春天才会永在身边。

兔子:唉!我熬红了双眼也没想出对付豺狼的办法来。

柳枝:就是把我倒着插,我照样能长成大树。

昙花:人们都说我很美,是因为我的生命很短暂吗?

百灵:学习百鸟的歌声,谱写自己的旋律。

窗户:我的原则是该开的时候开,该关的时候关。

镜子:只有看得起我的人,我心里才会装着他。

荆棘:玫瑰不也有刺吗?

玉米花:若没有了压力,我才懒得开花呢!

放大镜:在我眼里,芝麻便是西瓜。

凸透镜:把力量凝聚在一点,便能获得成功。

啄木鸟:真挚的爱,往往是残酷的爱。

含羞草:什么时候才能勇敢地向人们证明自己的美丽呢?

30. 相传佛祖释迦牟尼曾经用这样的问题拷问他的弟子:"一滴水怎样才能不干?"弟子冥思苦想,谁也回答不上来。是呀,一滴水太微不足道了,一阵风就能把它吹干,一撮土能把吸干,怎么会不干呢?最后,佛祖告诉弟子:"把它放到江、河、海洋里去。"

根据上述材料,确立论点,然后进行辨证分析推出结论。

(三)活动设计:演讲会

要求:每位学生均须参加。

主题正确,内容健康,观点鲜明、新颖、深刻,材料典型、充分;层次分明,结构严谨,逻辑性强。语言准确生动、自然流畅,有力度;态势语自然恰当,富有表现力。说服力、感召力强。

知识拓展

一

演讲者情感投入的四条途径

所谓情感投入,是指演讲者在演讲过程中,把自己内心的真实情感自然投放进来,使之渗入到演讲的事理景物之中,从而使听众产生强烈的情感共鸣。

1. 注重现场交流

演讲是一种交流,只有把演讲当做向听众倾诉自己思想感情的现场交流,演讲者的情感才会自然投入到演讲中去。这种现场交流的意向,无疑促进了演讲者的情感投入,并取得了强烈的演讲效果。

2. 体验自身经历

在演讲中,往往需要引述一些典型事例,倘若这些事例是有关他人的,演讲者不妨联系实际,从亲身经历中去体验和讲述那些曾经感动过自己的人和事。这对于情感的自然投入,无疑能够起到积极的作用。

3. 创设现实情境

心理学研究表明,现实情境能够以他人事的激发性和场景的真切感自然引起演讲者的情感活动,所以高明的演讲者特别善于通过创设现实情境来刺激自己的心理反应,从而达到情感投入以感染听众的目的。

4. 置换心理角色

在以叙述他人事迹为主的演讲中,演讲者可以把自己置放到被讲对象的地位上去,设身处地地去体察人物的思想情感。这样,心理角色变了,切身感受有了,演讲者的真实感情也就自然投入进来了。

(摘自《演讲与口才》1998年第2期 P.28,李增源《演讲者情感投入的四条途径》)

二

主持人演讲

主持人是负责节目的编排、组织、解说以及对节目实施过程加以积极协调和有效推进的人。一个优秀的节目主持人要具有健全的人格、敏锐的观察力和灵巧的应变能力,更要有绝妙的口才。"出口成章"、"能言会道"是其应具备的职业素养。

此类演讲中,开场技巧尤为重要,良好的开场白有确定基调、营造气氛、表明主旨、沟通感情的作用。主要有以下几种方法:

1. **自然导入法**。主持人的开场白要有启发性,最好能抓住听众或观众的注意,开启他们的思路,引发他们的兴趣。自然导入法,明白晓畅,具启发性,易抓住听众的注意力。

2. **曲径通幽法**。开场似乎离题,但娓娓道来,遂显真谛。如在一次世界语的研讨会上,主持人是这样开场的:"说来有趣,刚才在会议室门口遇到两个唧唧喳喳的女大学生,一个问'世界语,什么是世界语?'一个答:'就是一种语言,我想大概像英语、法语一样!'再问:'是啊!总是一种语言,是哪个国家的?'再答:'我也不知道!'看来,我们这个关于世界语研究组织的任务还很繁重啊！既要使人们了解世界语，还要使一部分人接受世界语。在座各位都是世界语研究的权威人士，这就靠你们拿出自己的真知灼见，大显身手了！"

3. **情境导入法**。演出活动一般包括主持人、表演者或参与者、听众或观众、演出时间与地点等因素。主持人如果能从这些因素入手，形成一种"场境效应"，就能给观众或听众一种亲切真实感。如，某夏令营在进行篝火晚会，主持人一上场便说："踏遍青山人未老，风景这边独好！朋友们，这里真是一个好场所啊！今晚繁星满天，篝火通红。这画一般的景色，激起我们诗一般的情怀……"主持人绝妙的开场白，情景交融，美妙动人，把人们带进了诗情画意的情境里。

4. **情感烘托法**。节目主持人是整个节目的有机组织者，他们不能喧宾夺主，但可以用动人的话语为整个活动或节目创设一种特定的情境，奠定听众或观众欣赏节目的感情基调。在一次纪念抗日战争胜利50周年的文艺晚会上，主持人这样开始："亲爱的观众朋友，您是否还记得50年前的那段悲惨的历史？那时，日本帝国主义的铁蹄踏进我泱泱国土，山河被毁坏，村庄被烧光，兄弟被掠杀，姐妹被蹂躏，多少人家破人亡，多少人妻离子散。今天，回顾这一悲壮的历史，重翻这痛心的一页，您的心情如何咧？"感人的述说，如强有力的情感炸弹，使深沉的气氛顿时弥漫会场，台上台下情感相通、观众与演员心灵共振，很好地定下了晚会的基调。

5. **幽默调侃法**。一些轻松活泼的集会，一些综合板块的演出往往需要一种欢乐、和谐的气氛。节目主持人如果能运用健康高雅、幽默风趣的话语使节目开场，是很能受到听众和观众欢迎的。如有一次，冯巩和赵忠祥、凌峰、赵本山共同主持《神州风采特别节目》。主持人一一上场。凌峰首先上场说："为了丰富我们今晚的节目，我们特别为您介绍一位还长得困难的，来自东北的赵本山。"赵本山接口："我比他还丑？既然如此，我也来抓个垫背，他比我还丑！"冯巩接了过来："亲爱的朋友，你们好！我知道我长得丑，属于困难户，重灾区，但跟他们两位相比，我可以自豪地宣布：我脱贫致富了！不客气地讲，一看见他们两位，就想起了万恶的旧社会！"冯巩出语不凡，幽默迭出，妙语横生，令观众赏心悦目。

同时，主持节目要善于搭桥接榫，巧妙过渡，把整体活动和演出连缀成一个有机整体。

竞聘演讲

竞聘演讲有时也叫竞职演讲，是指参加竞聘者为了实现竞争上岗，就自我的竞聘条件、未来的施政目标和构想所发表的公开演讲。当今，竞聘演讲越来越有价值。其成功的关键在于：

1. 内容上的目标要明确，要突出自己的优势，并强调这种优势足以完成应承担的职务和工作。

2. 要使自己的内容具有竞争性。竞聘演讲的全过程是在候选人之间就未来推行的施政目标、施政构想、施政方案进行比较与选择的过程，因此，只有提出了明确、超前且切实可行的施政措施，才会取得竞争的成功。

3. 要讲究演讲的技巧性。竞聘演讲除了要求演讲者具备良好的心理素质和较强的语言表达能力，还应当充分考虑竞争对手和听众的心态、临场的状况等多种因素，用据理力争的方式，巧妙地说明"他不行，我行"，或"他行，我更行"，艺术地推销自己。

四

精彩讲话所需的语言应变技巧

运用机智的技巧。尤其当感觉绝大多数听众对自己抱有抵触意见时,不能直接地进行反击,而是应该迂回、机智地寻求共同,激发共同。

掌握控场的能力:能从容地回答问题,尤其是对于一些尖锐的问题,更要以诚相待、妙语解脱,变被动为主动;对于意外情况,要善于控制感情,掌握分寸;如会场沉闷,要巧妙穿插,活跃气氛;如不慎说错,不妨将错就错,灵活处理,而不要搔首挠耳,或冷场过久;有时为了调节会场气氛,也可以采用态势语,吸引听众。

机动地把握时间:如将要超过时限,则须及时压缩内容,删减篇幅;倘若不到规定时间,则应临时添加材料、扩充内容。

在同类内容的讲话活动中,要学会让自己的讲话脱颖而出,如可以善于根据现场的情况随机应变、避"长"扬"短",或新奇开场,出奇制胜,一般要善于在开场的一分钟就紧紧抓住听众,或逗引听众大笑,或以悬念深深吸引听众,或引用名人名言,或以问题让听众思考,或以惊人消息抓住他们的注意力。

善于让听众与你的讲话同呼吸共命运。亲近、亲和,根据听众兴趣来演讲,给听众以真诚、真心的赞美,让听众参与你的讲话之中,与听众融为一体。

(摘自宿春礼主编《随机应变的口才艺术》,中国社会出版社 2005 年 7 月第 1 版,P.89-109)

一

克服演讲忘却的技巧

所谓忘却,是指在演讲过程中,演讲者因某些主观或客观因素的刺激,思维的链条突然中断,把下面要讲的内容忘掉了。这时,下面的观众往往可能发出嘲笑、私语和口哨声,而这更会使演讲者惶惶不安,更是想不起内容,从而导致精心准备的内容忘得一干二净。这是演讲中最遗憾的状况。如何避免呢?

1. 插话衔接法。一旦忘词时,立即插入一两句与讲话内容关系不大的问话,利用短暂的时间,加速回忆起下面要讲的内容。如讲话中,突然忘词了,不妨问一句:"各位,前面的内容不知大家听清楚了没有?"然后扫视全场,而就在这扫视的瞬间,就可以使你回忆起下面的内容了。

2. 重复衔接法。即在忘词时,将自己所讲的最后一句再加重语气重复一遍,往往也能使断了的思维链条再度衔接起来。

3. 跳跃衔接法。讲话者常常出现的忘却,并不是把后面的全部忘却了,而是把下面的某一句或某一段忘了,这时只好跳开这一部分,能从哪里接下去就从哪里接下去。但在讲话中突然又想起来时,不妨可在收尾前补充:"值得一提的是……"

克服演讲恐惧的常用方法

1. **深呼吸法**。找一个比较安静的地方,站立,全身放松,深呼吸,心想:放松、放松。这样可以使血液循环减慢,心神安定下来。

2. **按摩法**。用右手按握左手无名指,右手拇指按压左手无名指顶,持续做1~2分钟,可减慢心跳,舒缓压力。

3. **临场活动法**。由于正常的紧张情绪也会使体内产生大量的热能,所以可以在考试前稍稍活动活动,使热量散发。可走动、小跑、摇摆、踢腿;可以双手握紧再放开,让全身肌肉缩紧再放松。

4. **凝视法**。确定一个距离较远的明朗的物体,凝神并细心地去分析、琢磨其颜色与远近,转移过度紧张的注意力。

演讲考核评分标准(参考)

班　　级:_____　评分人:_____　　　年　　月　　日　星期____

优　　秀(9.0~10.0分):演讲观点正确、鲜明、新颖、深刻,内容充实,材料典型;层次分明,结构严谨,逻辑性强;说服力、感召力强。叙说语言准确、生动,有力度,自然流畅;态势语自然恰当,富有表现力。

良　　好(8.0~8.9分):演讲观点正确,内容充实,材料典型;层次分明,有逻辑性;说服力、感召力强。叙说语言准确、生动,有力度,自然流畅;态势语自然恰当,富有表现力。清楚表达自己的思想,语言准确、流畅,有一定的感染力。

中　　等(7.0~7.9分):较清楚地表达自己的思想,语言较流畅。

及　　格(6.0~6.9分):表达尚清楚明白。

不及格(5.9分以下):思路紊乱,表述不清楚。

内容 4	语言 3	仪态 2	整体效果 1	总分 10
演讲观点正确、鲜明、新颖、深刻,内容充实,材料典型;层次分明,结构严谨,逻辑性强;说服力、感召力强	叙说语言准确、生动,有力度,自然流畅,重音、停顿适当,语调变化自然	举止端庄大方自然,服饰整洁;态势语自然得体恰当,富有表现力	会场效果好,说服力、感召力强	

学号	姓名	内容	评价	评分

项目八　辩论口才

【训练目标】

通过训练，加强四方面的意识：自信意识、战斗意识、控制意识、责任意识。培养良好的记忆力、分析力、直觉力、幽默感、和谐性、保密性、警戒性、宏观性、是非感、自信力、强硬性、条理性。具有良好的论辩竞技心理状态。战胜自己的害羞和胆怯心理，树立在公共场合说话和发言的自信心。掌握典型的论辩技巧，举一反三，融会贯通，灵活运用。论辩要求辩手反应快捷，表达流畅，语言简短明晰。

【训练方法】

1. 信心力训练。通过自我暗示、自我激励和大量的训练逐步培养自信，找到在公众场合说话的感觉。

2. 诵读训练。材料以议论文为主，同时用散文、诗歌以培养感情的控制。

成语接龙训练。

限时表达训练。为了干净利落的表达。

提炼主题训练。归纳、判断。

即兴演讲训练。题目随机性应尽可能大。

借鉴模仿训练。如观看比赛及录像，可激起表达的灵感。

绕口令、斗嘴训练。

3. 积累知识。懂得学习是知识积累的源泉，掌握适合自己的最佳学习方法，能找到自己的最佳学习状态。掌握楔形学习法、"自我讲授"的快速学习法。

4. 论辩技巧训练。掌握多种典型的论辩技巧，并能举一反三，融会贯通，灵活运用。训练中通过大量的实例介绍和原理分析，并做思考题进行集中的训练。

5. 赛场辩论能力训练。通过训练了解辩论赛中辩手的心理，强化自己的辩论意识，知道如何准备论辩，掌握基本的论辩技巧。通过大量的论战实录，结合精辟分析讲解以及训练题，集中训练该项能力。

【活动设计】

金秋10月是博诚文化发展有限公司的企业文化月活动。10月10日这天公司组织安排了以"我思故我在……"为主题的辩论赛。比赛设置了奖项，优胜者将获得奖励。公司各部门均成立一支辩论队参加本次活动。

作为一种具有社会意义的人类交际形式,辩论以及对论辩艺术的探讨,无论是在东方,还是在西方,其产生和发展都源远流长。早在古希腊时就兴起了辩论之风。亚里士多德在其《辩论常识篇》《辩谬篇》等著作中,对论辩艺术作了较为系统的论述;我国堪称论辩艺术的东方故乡,有春秋战国时的诸子百家,还有《墨经》等著作。后有牛津辩论会(1823),其中成员就有英国前首相数位,如希思·格兰斯特;1922年,英美两国发起了一种新的演讲比赛项目"国际雄辩赛",目前已发展到40多个国家和地区;我国在20世纪80年代以后,此项活动也迅速地发展起来,并频频获得好成绩。可以说,我国2000多年的文明史,就是在真理与谬误、正确与错误、科学与愚昧、进步与保守的辩论中前进的,因而也赢得了今天的繁荣昌盛。

辩论,是人们认识自然和社会、追求真理、明辨是非的思想和语言的一种交流形式,运用于各个领域。

辩论是语言交际中最高级的形式。它不仅要检阅论辩者语言掌握的水平,还要参照其所有的知识储备,更要审视其是否具备高尚的辩论人格。

第一节 辩论的含义及特点

辩论,从狭义上来说,是指一种有明确目的的、有准备的不同观点的争论。从广义上说,是指双方或多方因观点不同而产生的不同程度上的言语冲突,它也包括日常生活中由某种分歧而引起的随意性的争执。辩论也称论辩,民间叫"抬杠"、"扳杠"、"打文擂"、"理论理论"。

作为一种特殊的交际形式,"辩论"包括"辩"和"论"两个方面:"辩"即辩驳,即依据一定的理由来驳斥某种观点;"论"即论理,即依据一定的需要和原则分析和说明事理。辩和论是辩论的两个有机组成部分。

辩论的最基本的特征是观点的对立性和言语的攻击性。其特点具体是:

1. 论点的同一性和对立性。辩论是双边活动,最少也得有两方人员参加,这样才能"争胜"。双方的观点是相互对立的,正如《墨经》所说的"或谓之是,或谓之非",双方观点的或是或非,是绝对对立的,这样才有辩论的可能。同时,双方为了自己的观点的确立,必须进行针锋相对的争辩,最后取得自己一方的胜利。

2. 论理的逻辑性和策略性。因为辩论的原因是"争胜",为此,辩论双方都会运用各种论证方法、技巧去争取辩论的胜利。这样,整个论辩中的立论和驳论,都应十分严密、鲜明、概念明确、判断准确、推理合乎逻辑,经过严密的论证才给人无懈可击,才可能获取辩论的胜利。而且,在整个的论证过程中,任何一方都要以系统完整的理论体系来建构、完善自己的论证和论述,给人以强有力的说服力。

辩论除了要讲究逻辑性外,还必须十分注意策略性。尽管辩论的胜负主要决定于真理所在,但事物的矛盾性和内在联系的复杂性,以及辩论者的不同的思想观念、阅历经验、性格心理、语言修养和辩论技巧,使得辩论中的情况错综复杂,所以,尽管作为有理的一方,也未必胜券在握,所以必须知己知彼,洞悉对方,同时还要善于察言观色,及时捕捉对方的心理状态,及时抓住对方的谬误的要害之处,运用恰到好处的论辩策略,才能稳操胜券。论辩的策略犹如用兵之道,要灵活机变,抓住对方的要害,灵活巧妙地运用最有效的方法,制服对方。

3. 表达的临场性和灵活性。辩论在更多的时候是无准备之仗,需要有很强的现场发挥,所以,要求辩论者应有深厚的知识底蕴和敏捷的思维反应能力,不能单纯地根据准备好的材料"照本宣科",而要能根据临场论辩的情况,及时调整自己的论辩材料、结构安排和方式策略,才能有针对性地抓住要害,驳倒敌论,树立自己的论点;甚至还要根据现场观众的反应和形势的变化,随机应变,自控和控场,并将自己的语言进行灵活生动的表现,或增、或减、或调、或删。

4. 论辩性。辩论本质上是一种言语对抗艺术,是关于同一事物的是非之争,是论辩者就同一问题,站在对立的立场上,进行针锋相对论争的过程,其相互之间经过对某一问题的证明、质疑、诘难、驳斥和揭露对方的矛盾,最终趋于正确认识或达到某种共识的言语对抗。雄辩实际上就是在这种竞技性的言语对抗中迸射出强大的艺术魅力的。

第二节 论辩的基本原则

作为一种双边活动,必须有一些原则作为开展辩论活动的前提。每一个参与者都应自觉遵守这些原则。

一、平等原则

这是属于辩德方面的内容,是指论辩各方都有平等的辩护和反驳的权利,论辩各方在人格上是平等的,辩论双方都要尊重对方的人格。休谟说:"雄辩的目的是说服。"因此,在辩论中,只能以理服人,以理取胜,应该树立"理胜为上"的观念,依靠事实和道理取胜。甚至在辩论时,应认真听取对方辩论中的合理内核,不歪曲对方的语意,不把谬误强加于人。

二、逻辑原则

辩论是逻辑之辩,必须遵守逻辑原则。

1. 同一律原则。这指的是在同一思维过程中,每一思想都有其确定性。

表现在辩论中,要求辩论双方确定在同一思维过程中使用有确定内涵和外延的概念,而且双方都能确切体会的概念。如1988年复旦大学队和台湾大学队"儒家思想可以抵御西方歪风",双方对"抵御"这个概念产生分歧,导致了双方未能在根本问题上交锋,影响了辩论的效果,因此辩论中应使用辩论双方都能确切体会的概念。

同时,同一律原则还要求辩论双方在确定同一思维过程中,对辩论所涉及的概念力求一致。

2. 矛盾律原则。这指的是在同一思维过程中,一个思想的肯定和否定不能同时是真的,其中必有一个是假的。

表现在辩论中,指辩论者对辩题的看法不能既肯定又否定,或者前后有矛盾。此外,还要求论证时所用到的数据、事例和理论论据不能前后不一致。这就是《韩非子》里有关矛和盾的寓言中所反映出来的逻辑道理。

3. 排中律原则。这指的是在同一思维过程,两个互相矛盾的思想必有一个是真的。

表现在辩论中,首先要求辩论双方观点是互相矛盾的,有对抗性的。如正方认为"不破不立",反方则是"不立不破"。这样也就要求双方立场明确、观点鲜明,或是或非、各执一面,不能含糊其辞。同时,还要求在辩论双方的对抗性观点中,必有一方是正确的。如果双方的观点都是错误的,就没有辩论的意义了。

总的来说,逻辑原则中,如果违反了同一律,就会出现相互否定的思想。对于两个相互否定的思想,矛盾律指出,二者不能同真,必有一假;而排中律指出,二者不能同假,必有一真。

4. 充足理由律原则。立论要有充足根据,要确定观点却不让人明白其理由和根据,是不能叫人信服的。因此,辩论必须论据充足、典型、真实,且论据与论题之间必须要有必然的联系,这就如同阿Q偷萝卜被人发现时所说的"是你的么,能叫它答应你吗"就是十足的歪理。因此,论辩须具备以下三个条件:一是理由必须真实无疑,即理由必须经过实践检验并符合客观实际的判断;二是在论辩中提供的理由必须充足,须有足够的理由来支撑自己的论点;三是理由和观点之间必须有必然的逻辑联系,从理由的真必须能推出观点的真。

三、反诡辩的原则

诡辩是指似是而非的谬论,貌似正确,其实是反逻辑的、荒谬的。它的形式好像是在运用正确的推理手段,实际上却违反了逻辑规律,为其错误进行似是而非的论证。诡辩往往伪装成真理的面孔出现,其危害性极大。在辩论中,首先应坚持不使用的原则。但在辩论赛中,因辩论赛的目的是求胜而非一定要求真,所以常常还是要用到诡辩。其次还应能阻止对方的使用。因此,这也就需要有相当的透视和批驳诡辩的方法,如看其中的论证是否合理,论据是否能推出这样的结论;检验事实和概念的关系,分析有无曲解概念、歪曲事实,混淆两者关系的现象;注意论证过程中使用的概念前后是否一致,等等。一旦发现,就能最终战而胜之。

第三节 论辩的类型

论辩的类型按运用语言形式的不同分为口头辩论、书面辩论。按代表不同思想观点的是同一人还是不同的人分为自辩、他辩。按论题与论证方法是否正确来分为雄辩、诡辩(目的为坚持谬误)、巧辩(主张是正确的)。按运用的场合不同分为学术争鸣、论文答辩、谈判辩论、外交辩论、决策辩论、法庭辩论、审讯辩论、教学辩论、论辩赛等。

第四节 论辩能力的构成

作为反应机敏、辩驳有力的论辩者,须具备多方面的能力,其中包括缜密的思维能力、快速的语言组织能力、深厚的知识积累、灵巧的应变能力以及良好的心理控制能力。只有这样,方能旁征博引、纵横捭阖、滴水不漏、无懈可击、出口成章、语惊四座、巧于周旋、进退自如。

一、缜密的思维能力

恩格斯说:"语言是思维的直接现实。"辩论的思维应具备深刻性、论证性、敏捷性的特征,具体有形象思维、想象思维、联想思维、灵感思维、分析和综合的思维、归纳和演绎的思维、求同和求异的思维等。

(一)形象思维

这是借助具体的形象来展开的一种思维活动。如可凭借形象生动的故事、比喻。如:

有一次,一名新闻记者问英国的雄辩大师萧伯纳:"萧伯纳先生,请问乐观主义和悲观主义的差别何在?"

萧伯纳答道:"这还不简单,假定这里有一瓶只剩下一半的酒,看到这瓶酒的人如果高喊:'太好了!还有一半。'这就是乐观主义者。如果悲叹:'糟糕,只剩下一半了。'这就是悲观主义者。"

又如,在题为"儒家思想是否是亚洲四小龙取得经济快速成长的主要推动因素"的辩论赛中,反方一位辩手的发言:

"对方同学一直强调一种思想可以推动经济的快速成长,我们说发动机可以推动汽车的运行,但并不是说发动机的制造原理、发动机的图纸可以推动它,对方同学不相信的话,不妨把图纸放到汽车上试试看。"

这里运用了比喻的方法,将儒家思想比做汽车图纸,将儒家思想不能成为推动亚洲四小龙经济快速成长比做图纸不能对汽车直接进行驱动,从而使抽象的道理获得了具体的形象,使人们从这一幽默风趣生动的形象中真正领悟到反方主张的真谛。

(二)想象思维

想象思维是指对已有的表象进行加工改造形成事物新形象的思维过程。这在论辩中不可缺少。如在题为"我国农村剩余劳力是否应在当地吸纳"的辩论中:

反方三辩:对方辩友,要知道现在全世界的工业化、现代化几乎都是建立在农村剩余劳动力到处流动的基础之上,中国自然也不例外。请问,如果没有他们的流动,有没有祖国东北、西北边疆的开发?有没有深圳、海南特区的腾飞?按照对方辩友的意思,农村剩余劳动力当初不该流动、现在不该流动、将来也不该流动,那么我就想了,中国的地图大概就该改版了,深圳现在还只能是个小渔村,长春是一个小火车站,哈尔滨是江边的晒网场,大连现在还只是青泥洼子(掌声),至于什么大庆、浪口、石河子、乌鲁木齐、加格达奇统统从地图上一笔抹去,我们的祖国大地上将会充满着张家庄、李家店、王家铺子、赵家村(长时间热烈掌声),如果都在当地吸纳了,中国将变成什么样子了?我们的现代化还要不要?

这里,大胆假设了农村劳动力流动条件并不存在的情况下祖国可能出现的种种景象。想象奇特,使得辩词如流云一般潇洒,如飞瀑一般激荡,令人应接不暇。

而在题为"流动人口的增加是否有利于城市的发展"的辩论中:

正方总结陈词:最后我还想告诉大家,城市是我们大家的城市,所以我们有自己的梦想,梦想有一天我们来自农村的孩子和来自城市的孩子,能够像兄弟一样坐在一起,我们梦想会有一天,不再依据人们来自何方,而是以他们的品格来评定他们的价值。我们梦想有一天,我们所有的人都能自由地流动,同在一片阳光下,建立起我们自己的家园。

美好的蓝图,使得孰是孰非,让人一目了然。

在题为"焚毁犀牛角是保护自然资源的行为"的辩论中:

反方:因走私而遭殃的是犀牛,而打击走私遭殃的又是犀牛角。倘若犀牛地下有知,也会唏嘘不已,为什么受伤的总是我呀?(笑声、掌声)

正是因为反方队员运用了想象思维,想象死去的犀牛会开口说话,感叹"为什么受伤的总是我呀",由此对对方主张焚毁的观点反驳得入木三分。

(三)联想思维

这是由于现实生活中的某些人或事物的触发而想起与之相关的人或事物的一种思维活动。如在题为"不破不立"的辩论中:

正方:我方主张不破不立,就是说不破旧就无法立新。破旧立新的辩证法可谓源远流长,从《易经》"穷则变,变则通"的革旧迎新的思想,到韩愈主张"不塞不流,不止不行",从黑格尔提出事物"否定之否定"的哲学规律,到梁启超呼喊"不破坏之建设,未有能建设者"的变革豪情。破旧方能立新,是人类在思索和实践中把握的必然规律。第一,不破不立是我们生活的逻辑。比如说,建设北京电视台吧,在设计的时候,首先要否定不合理的方案,并且对草案不断地批判,不断地修正,这样才能得到最后的设计蓝图,这可谓不破不立。而在施工的时候,更要先拆除旧屋,清理地基,才能有挺立的大厦,这同样是不破不立。其次,不破不立是自然界的进化潮流,也是人类历史的发展规律。大爆炸宇宙学告诉我们,没有最初的石破天惊,就不会诞生今天这浩渺的宇宙和闪闪星空。进化论也告诉我们,没有对旧有的物质形态的不断否定,不断突破,就不会产生虫蚁,更不会有人类这一万物的精灵。人类的历史更是在不断地批判旧世界、追求新世界的不破不立中艰难前行。从埃及纸草书上记载的最早的人民暴动到美国独立战争的急风暴雨,从商鞅身首车裂九死仍不悔的秦国变法到康有为、谭嗣同宁以鲜血换取天下人的戊戌维新,人类的历史就是不断地打破锁链,去追求自由;冲破黑暗,去寻找光明。不破不立,还是我们这个时代的命题。请问,不冲破思想的禁区,我们怎能讨论商品与市场?不打破政企不分的旧格局,又怎么能建立真正的市场体系?因此无论从生活、从历史发展还是从改革开放,我们都必须要坚持不破旧就无法立新。

正是辩词中活跃的思想,古今中外、上下纵横,对自己的观点进行了雄辩有力的论证。

(四)灵感思维

这也叫直觉思维、顿悟思维,它是在人的知识经验积累的基础上,在目的明确、意识高度集中的思维中,在外界物的参与和诱导下,产生形象、概念、思维的快速碰撞而出现的认识突变的思维过程。这是人类智能中居于高级层次的一种能力,经常是一瞬间的。灵感使得作品具有与众不同的高度。灵感思维是一个论辩者不可缺少的一种思维能力,在论辩的审题、整体的构思过程中均需要,有时面对辩题苦苦思索,但偶尔的灵感闪现则会顿时豁然开朗,新奇的构思立论便应运而生,使得论辩独特、眩目,极具感染力和说服力。如:

一方说:"毛驴没有污染,但你能骑它走上杨浦大桥吗?"

另一方可说:"难道你认为毛驴真的没有污染吗?"

在题为"温饱是谈道德的必要条件"的辩论中:

正方:你不能用社会的需要去剥夺他就那么一点点的生存和温饱。人一生只有一次,你不能用社会逼人。假如我们现在十个人投票,赞成说将对方的第三辩的财富充公,来满足大家的需要,(笑)这是公认的,这样是对的吗?谢谢。

反方:谢谢主席,各位好。如果我的财产充公,能够为很多的人民谋福利的话,那我想,

我会选择这样做的,因为做人要做有道德的人。(掌声)

灵感是一种特殊的思维形式,是论辩的最佳境界,但它并不是神秘难以把握的,而是可以培养的。可以从以下四个方面加以培养:要博览群书,积累丰富的生活经验,这是灵感产生的基础;要勤于思考、刻苦磨炼,这是获得灵感的条件;临场要保持高度激发的精神状态,思维敏捷是触发灵感的契机。

(五)分析与综合思维

分析与综合是两种不同的思维,它们之间相互对立、相互排斥,同时又互相依存、互相渗透、互相补充,任何综合都是以分析的结果为基础的,而分析也只有在它的出发点是某种综合的东西上才能进行。一个论辩者只有养成了良好的分析与综合的习惯,能对事物对象进行科学的分析与综合,才能获得关于对象的明晰、系统、完整的认识。如在题为"外来文化对民族文化的发展利大于弊"的辩论中:

反方:在明确了基本概念之后,我们说判断外来文化是否有利于民族文化的发展,首先要看它是否有利于维护民族文化的主体意识,外来文化不请自来,或者是长驱直入,或者是潜移默化,其最终目的就是要用它们的价值体系取代民族文化的价值体系。请问,喧宾夺主难道是利大于弊吗?第二,是要看外来文化是否有利于维护民族文化自身发展的规律。既然和民族文化不可通约,外来文化必然与产生民族文化的自然环境和社会环境格格不入。如果生搬硬套、强行嫁接的话,必然会破坏民族文化自身发展的规律。同时,由于水土不服,对外来文化本身也会产生消极影响。请问,两败俱伤难道是利大于弊吗?第三,是要看外来文化是否有利于本民族的社会稳定。如果我们一定要改造自己的环境去适应外来文化,那么"皮之不存,毛将焉附"?如果说民族文化安身立命的基础都随风而逝的话,那还谈什么发展与繁荣呢?请问,釜底抽薪难道是利大于弊吗?最后,我要请大家想一下,今天我们为什么要讨论这个辩题。……马克斯·韦伯告诉我们,当今西方世界已经左右了资本主义生活,而西方强势民族文化本身也已经充满了资本主义的商业精神。在跨国资本的支持下,它们通过商业渗透,采用超文化的强制手段来强行推销自己,使其他民族的文化对它产生了依赖,最终完全依附于它。我再一次请问,文化殖民难道是利大于弊吗?

反方正是条分缕析,才使得其论辩具有强有力的说服力。

如在题为"离婚率的上升是社会文明的表现"辩论中:

反方总结:我方认为:离婚率上升不是社会文明的表现。

第一,文明的标志是人类社会和人性发展的总体和谐与稳定,而不是离婚率的上升。家庭作为社会的细胞,它的相对稳定是社会文明和发展的保证。所以,历史上从来没有一个政府倡导过离婚率的上升。对方辩友提到林肯,那我们来看看美国总统卡特。他在竞选时所说:"如果我当选,第一件事就是要召开白宫家庭会议,降低社会离婚率。"对此对方辩友又作何解释呢?

第二,离婚是婚姻范围内最无奈、最极端的一种手段。无论是哪种类型的离婚,也不论其结果如何,总会在人们的心灵上、感情上投下浓浓的阴影。从这个意义上来说,法院类似于医院。我们大家建立起一种医院,都是为了全民健康和幸福,而不是为了全民都得病,不是为了医院的病人一天比一天更多,更何况还要碰上对方辩友这样的医生,开出的药方都是千篇一律:离婚,离婚,再离婚。果真如此的话,这哪是社会文明?这分明是社会的悲剧啊!

第三,婚姻是感情和责任、权利和义务的统一。而离婚率上升恰恰是破坏这种统一。面对着单亲子女那一张张泪眼模糊的小脸,对方辩友是不是要慈爱地抚摸着他们的头说:"感谢你们,为社会作出了巨大的牺牲和奉献呢?"(掌声)"人有悲欢离合,月有阴晴圆缺,此事古难全。"但是我们相信,随着人类社会文明的发展,人类必将有效抑制离婚率的上升,这才是历史发展的必然趋势;这才是人类理性光辉的闪耀,这才是人类文明的希望所在。

这段辩词从三方面总结了自己的观点,使人们的认识更加系统化,从而达到从整体上把握己方观点的目的。

(六)归纳与演绎思维

人们的认识总是遵循着由认识个别到认识一般,再由认识一般到认识个别的途径,在这样循环往复的过程中实现的。归纳与演绎则是与此相联系的两种思维,具体有简单枚举法、求同法、求异法、共变法等。

如在题为"法治能消除腐败"的辩论中:

反方:我们理解的法治是依法治理,而对方同学提出的以法为主,其他手段为辅,请问这还是严格意义上的法治吗?

正方:对方同学又在犯一个望文生义的错误了。难道足球就只能用脚来踢吗?那罗马里奥的头球,岂不是要被判无效了?

这里,正方巧妙地用罗马里奥的头球来反击对方的法治只能是依法治理的主张,使自己的论辩幽默生动、波澜顿起。如果没有高超的求同思维能力,就不可能取得这种风趣犀利的论辩效果。

又如,在题为"人类社会应该重义轻利"的论辩中:

正方:今天的中国,已从轻利的怪圈中走出,改革开放,发展经济,本是最大的义举,却有人被金钱迷住了眼,走上了重利轻义的歧途。拐卖人口、贩毒走私、卖淫嫖娼、抢劫偷盗、坑蒙拐骗、贪污腐败,种种丑恶现象,令人触目惊心。中国要发展,就必须再次高奏《义勇军进行曲》啊!

反方:刚才对方举了一些社会的丑恶现象,对此,我方也深恶痛绝,但那是见利忘义啊,我方也是反对的。

在正方列举了大量触目惊心的社会丑恶现象来非难反方观点,但反方指出这不是重利轻义,而是见利忘义,通过明确重利轻义与见利忘义在程度上的细微差别,便立即将对方的非难化解了。

在一个论辩过程中,一个人既要运用求同思维,又要运用求异思维。求异思维能使人们在论辩中洞察幽微、思维缜密,求同思维则能使人们在论辩中思维活跃、浮想联翩。

(七)发散与聚合思维

发散思维,也叫扩散思维、辐射思维、多元思维等。这是沿着各种不同的方向、不同的途径和不同的角度去思考,重组眼前的信息和记忆中的信息,产生新的信息的一种思维过程。其能力的强弱表现在它的变通性、流畅性、独特性三方面。如在关于"金钱追求与道德追求能够统一"的辩论中:

反方:金钱追求与道德追求的矛盾其实是早有定论。儒家思想认为,君子忧道不忧贫。孟子也说:"生我所欲也,义我所欲也,两者不可得兼,舍生而取义者也。"孟子追求道德不惜放弃生命,假如真如对方辩友所说,金钱追求与道德追求根本不是不能统一的,而孟子真的又为追求真理而舍生取义的话,那他听了对方辩友的这番见解,一定是死不瞑目了。(掌声)

被唾弃了成千年的陈世美,假如不是为了追求自己对金钱名利的无限欲望,一心想当驸马爷的话,那么他至少也可以回老家当个县太爷吧!但是,正是由于金钱追求和道德追求,他从根本上是没法统一的,所以他选择了荣华富贵而抛弃了贤惠善良的秦香莲,结果不但掉了脑袋落了碗那么大的疤,还背了个千古骂名。再回到红尘滚滚、物欲横流的现实中来!请问对方辩友这又是一幅怎样的景象呢?……眼下最令北京市民气愤的莫过于卖假药了。人类文明药物原来是为了治病救人,但是这些拜金主义者却靠卖假药来坑害百姓,被人们视为职业杀人犯。其实这些人在台湾也不乏知音,遥相呼应。比如,一位台湾名医,因为收受贿赂锒铛入狱。正所谓手术刀与红包齐飞,拜金狂与铁窗一色呀!与医者父母心的高尚医德相比,难道对方辩友还要说,金钱追求与道德追求是可以统一的吗?以上事实无不应证了马克思的一段名言,马克思说,如果有5%的利润,就有人会为此铤而走险,假如有100%的利润,就有人敢践踏道德和法律,就有人敢触犯任何法律,甚至走上断头台的呀!

反方队员应用了发散思维生发开去,从各方面对自己的观点作出了论证,大气磅礴,雄辩滔滔。

聚合思维,又称为集中思维、收敛思维、收缩思维。如在关于辩题"人性本恶"的审题过程中,对什么是"恶"做了不少的罗列,如占有、攻击、自私等,也曾将它定义为"人的欲望和本能的无限制的扩张",经过比较,认为前者太具体反而不好辩,因为所有的具体的"恶"都是在后天的社会中发生的,于是选择了那个抽象的恶的概念。这个比较、选择的过程便是聚合思维的过程。

发散思维和聚合思维是各具特色的思维模式,但两者又是相互依存、辩证统一的。

(八)抽象逻辑思维与具体辩证思维

抽象逻辑思维是从感性具体到思维抽象阶段的思维,遵守了同一律、矛盾律、排中律的规律,有抽象性、确定性、不矛盾性等特点。

1. 保持同一

这指的是在一个思维、论辩的过程中,人们的思维必须具有确定性,不能偷换它的含义。

第一,概念必须保持同一。如关于"儒家思想可以抵御西方歪风"的辩论:

观众问正方: 正方一向强调所谓用比较的方法。抵御应是御敌于国门之外,是不是进来了100个敌人,我们是御住了,而进来了1000个就不算抵御住了呢?

正方: 我们认为把西方歪风潮压低,这就叫抵御。我们知道,要抵抗敌人的话不一定要在国外作战,敌人非常强悍,他侵入国内以后要慢慢抵抗出去,御敌于国门之外叫侵略而不叫抵御了。(笑,掌声)

第二,在论辩中辩题必须保持同一。如关于"环保问题的根本解决依赖于法制手段的强化"的辩论:

反方: 环境保护指防止自然环境恶化,改善环境,使人类得以生存与发展。环境问题可分两类,一类是火山爆发、地震、海啸、洪水等人类无法控制的自然灾害所引起的环境问题,在环境科学上又称为原生环境问题。另一类是指人类不合理的开发和利用自然资源,任意向环境排放有害物质而造成的环境问题,又称为自身环境问题,这两类环境问题都对人类得以生存产生了威胁,因而环境保护必然涉及这两个方面。法律作为规范人的行为准则,或许它对因人为自身环境问题的解决起到一定的作用,但是我们难以想象,对于原生环境问题,如火山喷发、地震、海啸,法制能有多大作为。

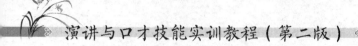

正方：首先告诉对方一辩一个常识，即环保问题并不包括火山爆发等自然灾害。

这样便将对方偷换论题的企图揭露出来了。

同样又如"知难行易"的辩论：

反一：综上所说，我们都可以发现，一般的通病是什么？一般的通病就是说是一回事，做又是一回事。所以我们才要在这里建构分析，什么是知难行易，什么是知易行难。

正二：对方辩友提出了一个观点说，说是一回事，做又是一回事。显然他们把今天的知行关系偷换成了言行关系，嘴上说一说就代表你心里真的知道吗？鹦鹉经过训练还能说人话呢！但是我们能够说，这只鹦鹉能和对方辩友一样，学识渊博吗？显然不能啊！（掌声）

2. 揭露矛盾

抽象逻辑思维的不矛盾性要求人们在论辩中不能对同一事物作出不同的断定，否则会出现自相矛盾。如在关于"大学毕业生择业的首要标准在于发挥个人专长"的辩论中：

反二：先指出对方二辩一个小小的错误，我方一辩的首要标准是到祖国最需要的地方去。没有地基的房子没法住，这是一个再简单不过的常识，可是今天对方辩友不首先向大家论证为什么全体大学生要有统一的择业首要标准，却舍本逐末，大谈特谈所谓首要标准在于什么。难道你们现在还没有发现，你们向大家描述的只是一座没有基础的空中楼阁吗？我方认为，对于全体大学生来说，根本不存在统一的择业首要标准……

正方：对方二辩刚一开始就说，首要标准是到祖国最艰苦的地方去，但是又马上改口说，大学生没有统一的首要标准，不知道是不是自相矛盾。（掌声）

3. 条件设辩

条件设辩就是有条件地对事物情况作出断定的命题。在论辩中恰当地应用条件命题的形式，往往可以取得出人意料的论辩效果。如古希腊伊索与别人的一次论辩：

有一次，伊索的主人酒醉狂言，发誓要喝干海水，并以他的全部财产和管辖的奴隶作赌注，次日醒来发觉失言，极为懊悔。但全城的人早已得知此事，等候海边，要想亲眼看看他怎样喝干大海。主人这时束手无策，只好求助聪明的伊索。伊索给主人出了一条锦囊妙计，主人惊喜若狂，急忙奔赴海边，面对观看的人们高喊："不错，我是要喝干整个大海，可我要喝的是海水而不是河水，你们看现在河水不停地流进大海，这就不好办了。如果谁能把河水与海水分开，我保证能把大海喝干！"

这样一来，这场打赌不了了之。

在关于"艾滋病是医学问题，不是社会问题"辩论中有这样的论辩：

反方：一个人得了病是社会问题，千百万人得了艾滋病，难道还不成为社会问题吗？

正方：千百万人还曾得过感冒，千百万人还曾得过心脏病，难道心脏病是社会问题吗？

反方：一个打喷嚏不是社会问题，但如果我们全场的人同时打喷嚏，还不是社会问题吗？

4. 条件分离

条件分离指的是通过肯定一个条件命题的前件为真，从而得出肯定其后件也为真的逻辑方法。如：

汉武帝对群臣说："相书上说，鼻下人中如果一寸长，这个人就可活一百岁。"

东方朔听后大笑了起来。左右官员指责东方朔是大不敬。东方朔说："我不是笑陛下，而是笑彭祖的脸太长！"

"这是怎么回事?"武帝问。

东方朔说:"彭祖年龄有800岁,假如真的如相书中所说,那么彭祖人中就有8寸,脸就该有一丈长了。"

汉武帝听后,也笑了起来。

东方朔在这里使用的是肯定后件的形式。因为此中包含了这样一个思维过程:如果人中长一寸,就可活100岁;某人活了100岁,某人的人中就有一寸长。

5. 条件拒取

这是通过否定一个条件命题的后件从而得出否定其前件的逻辑方法。如冯梦龙的《增广智囊补》中的一个案例:

潮州地区客商赵三雇了张潮的船准备外出做生意。到了约定那天,赵三一早就去船上。可是天亮以后,张潮来到赵家门口,敲门道:"三娘子,三官人怎么还没来?"赵三妻开门惊诧地说:"他天没亮就出门去了,怎么,还没上船?"他们便分头寻找,找了半天毫无线索,就去县府报了案。县令怀疑可能是三娘子与人私通,谋杀亲夫,三娘子坚不承认。案子久久不能落实,报到大理寺。大理寺评事杨某打开案卷,仔细分析,若有所悟,立即派人提来张潮,让他把当天情形再说一遍。杨评事听完后,厉声喝道:"张潮!你去赵家敲门,如果你不知道赵三不在家中,敲门就应呼唤赵三;你不呼唤赵三却召唤三娘子,分明是你预先知道赵三不在房内,赵三失踪肯定与你有关!快把你谋杀赵三的事从实招来,免得皮肉受苦!"

张潮浑身哆嗦,汗流浃背,伏地认罪。原来,那天一大早,赵三就来到张潮的船上。张潮看他带着很多钱,顿起歹心,把赵三推下河,偷了他的钱。久而不决的疑案,很快便水落石出了。

此中包含了这样一个思维过程:如果不知赵三不在家,则应叫赵三开门;张潮叫三娘子开门(即不是叫赵三开门);所以张潮事先知道赵三不在家。

后来还有一个笑话:

有位书生,娶了一位猎人的女儿为妻。有一天,书生对妻子说:"我也会打猎了,不信,我去套只狼来。"于是书生抱起孩子往外就走,妻子惊问:"你抱孩子去干吗?"书生答道:"常言道,舍不得孩子套不住狼呀!"

在关于"提倡购买国货利于经济发展"的辩论中:

反方:对方辩友认为,提倡购买国货利于本国经济发展,那按照这个逻辑,是不是还要说,提倡购买省货,有利于本省经济发展呢?那,北京市民如果买了长虹电器,是不是就不利于北京市的经济发展了呢?

正方:那么,按照对方的逻辑,是不是不提倡购买国货就有利于经济发展了呢?(掌声)

6. 条件连环

客观事物之间存在着一种一环扣一环的必然条件联系,在论辩中正确地把握事物之间的这种条件联系,能够步步深入地揭示事物之间的必然联系,把前后论辩过程紧密地串联在一起,增强论辩语言的逻辑性和雄辩力量。如在关于"社会秩序的维系主要靠法律"的辩论中就包含了条件连环的论辩:

正方:人类社会不断进步的历史,正是法制不断完善的进程,从《左传》记载的刑典,到罗马时代的《十二铜表法》;从《人权宣言》到《拿破仑法典》;从英国300年来的法制传统,到香港一浪高过一浪的廉政风暴。请对方辩友告诉我们哪一个国家、哪一个时代社会秩序的维系主要靠道德？贞观一年唐朝就处死29人，这是法律约束的结果。新加坡一年中7万公务员只发现7名犯罪，这是法制完善的成绩。所以法抓，则刑顺；刑顺，则国泰；国泰，则民安；民安，才有社会的秩序。

而《论语·子路》中记载的孔子的一段话也包含了条件连环：

"名不正，则言不顺；言不顺，则事不成；事不成，则礼乐不兴；礼乐不兴，则刑罚不中；刑罚不中，则民无所措手足。"

7. 蕴涵怪论

条件命题有个奇怪的特性，也就是说，当它的前件为假时，不管其后件是真是假，整个条件命题都是真的；或者说，由假的前提可以推出任何结论。这种特性一般人难以理解，但它又是无法推翻的逻辑真理，在论辩中往往可以发挥出它特有的威力。如：

有一群人在讨论一个非常重要的问题："要是大河失火，河里那么多的鱼儿都往哪儿逃命呢？"他们讨论了五天五夜，还没有结果，于是派了他们中间最聪明的一个来请教阿凡提。阿凡提听了后回答道："朋友，请你们不用担心，要是大河真的失火，鱼儿就会爬到树上去的！"

又如在关于"艾滋病是医学问题，不是社会问题"的辩论中，蕴涵怪论增强了说服力：

正方：我倒要问对方同学，如果我们今天发明了一种可以控制艾滋病的疫苗，那会有什么社会问题，请你说明。

反方：用一个如果的话，整个巴黎都可以装在一个瓶子里，如果人类不存在，艾滋病还有没有啊？（掌声）

8. 析取设辩

逻辑学的析取命题是表示几种可能情况中至少有一种情况为真的命题。它在命题中有着重要的作用。在某些场合，可以根据论敌的矛盾，列举几种可能的情况要求对方从中作出选择，往往可以取得很好的效果。如在关于"社会秩序的维系主要靠法律还是靠道德"的辩论中：

正方：我再请问对方同学，如果你家被梁上君子光顾过了，你是立刻去报警呢，还是坐等那个不知名的小偷良心发现？（掌声）

9. 二难设辩

在论辩的过程中，只列出两种可能性的情况，表示要从中作出选择，不管选择哪一种，得出的结果都对论辩对方不利，此外又别无选择，这就必然使对手陷入进退维谷、左右为难的境地，使论敌完全落入我方控制之中。如：

(1) "焚毁走私犀牛角是保护自然资源的行为"

反方：对方一再强调焚毁，可是在社会系统工程中，其他环节没做好，焚毁是一种无用的行为；其他环节做好了，焚毁是一种无效的行为，所以不管怎样，无论如何，焚毁只能是一种浪费的行为！（笑声，掌声）

这其中包含了这么一种推论形式：其他环节做好了，焚毁是无效的行为；其他环节没做好，焚毁是无用的行为；其他环节做好了，或者没做好；焚毁是无效的，或是无用的。

(2) "金钱追求与道德追求可以统一"

正方：从价值取向告诉大家的是，只有金钱没有道德是人吃人的社会，只有道德没有金钱是饿死人的社会，在对方辩友的建构之下，究竟我们是要饿死，还是要去吃人呢？请对方

辩友正面回答,你方要如何建构这样的社会。(掌声)

10. 归谬法

在论辩中,为了反驳对方的观点,先假设对方的观点是正确的,并由此推出荒谬的结论,这样便能达到驳倒对方观点的目的。

(1) 条件归谬

这是由被反驳的观点推出新的荒谬观点的过程,使用的是条件推演的方法。如"人性本善"的辩论中:

反方:为了矫治本恶的人性,人们不仅制定法律以平息暴力,规范道德以减少争斗,设立政府以处罚叛逆,而且倡导坚贞以反对意乱行迷,编写童话去诅咒忘恩负义(掌声)。真可谓苦心孤诣,殚精竭虑。而对方辩友却坚持人性本善,言下之意人类所有的道德教化都是多此一举了!心痛之余我不禁请问对方辩友,如果人性本善,那么我们要道德法律、交通规则干什么呢?如果人性本善的话,个人修养、社会教化还有存在的必要吗?

(2) 类比归谬

由被反驳的观点推出新的观点时,如果使用的是类比的方法,那它就是类比归谬。如"环境问题是科学问题"的辩论:

正方:似乎由社会引发的环境问题就是什么社会问题了,那么好,我们大家都知道所谓月黑风高,杀人放火天。月黑风高引发了杀人放火,杀人放火和月黑风高都是气象学问题吗?不是。如果那样的话,我们上海公安局就可以改名叫上海第二气象局了。(掌声)

11. 例证反驳

在论辩中,当论敌以偏概全、轻率概括作出了某种虚假的全称命题时,我们只要列举出与之相反的具体事例,便可将对方驳倒。如在关于"环保问题的根本解决依赖于法制手段的强化"的辩论中:

正方:法律可以把那些不守法而造成后果者用惩罚型的手段使得善有善报、恶有恶报。所有这些是其他手段所不具备的。

反方:对方三辩口口声声说到"法制能够做到善有善报、恶有恶报",而据我所知,印度博帕尔惨案的罪魁祸首至今没有遭到恶报,对方如何解释这一现象呢?

二、快速的语言组织能力

要具备快速的语言组织能力,亦即辩论要做到出口成章,语惊四座。辩论中要能迅速地接受语言信息,快速地处理语言信息,并迅速地发出新的信息。这也就要求论辩者具有高度的语言感受敏锐性,能及时地发现对方论辩中的疏漏与失误,并通过敏捷的思考,产生新的论辩信息,提出辩驳意见。而且,在论辩中,无论主动出击还是自卫反击,都要求论辩语言具有较强的攻击能力,具有论辩色彩和雄辩力量,具有雄辩美,这也是论辩语言的基本要求。

三、深厚的知识积累

一个辩论者要想在论辩中汪洋恣肆、纵横驰骋,不仅需要娴熟的技巧,还必须具备雄厚的知识积累。只有具备了广博的知识积累,这样辩论起来方能天南地北,旁征博引,滔滔不绝,纵横捭阖,也只有这样,才能使得辩论起来做到思路开阔,想象丰富,构思巧妙,表达自如。尤其在辩论赛中,一场高水平的辩论赛,不仅是技巧密集的辩论,更是知识密集的辩论。

因此，一个辩手只有具备广博、完整、严谨的知识，对所涉及的学科领域有一定广度和深度的了解，在辩论场上才能口若悬河、力敌群雄。所以，一个辩手必须勤奋学习，向书本、向社会、向他人努力地学习，以获得丰富的知识。

四、灵巧的应变能力

应变能力是指对突然发生的变化情况能够迅速及时地作出反应，并果断地采取有效措施予以对付的能力。这是辩手不可缺少的一种能力，能使辩手巧于周旋，进退自如，达到良好的辩论效果；即便是处于失误时，如能采用，则会峰回路转。如刘墉巧答"笑"：

乾隆有个大臣名叫刘墉，身居中堂之位，以思维敏捷、能言善辩出名。一天，乾隆去避暑山庄，刘墉陪同前往。乾隆同刘墉外出散步时，信步走进大佛寺。乾隆见那大肚子弥勒佛冲他笑，便问道："刘爱卿，弥勒佛为何冲朕笑？"刘墉答道："启禀皇上，圣上乃文殊菩萨转世，当今的活佛，今天来此，故佛见佛笑。"

乾隆听了十分高兴。当刘墉走到弥勒佛面前时，乾隆急转身问道："那佛见卿也笑，为何？"刘墉眼珠一转，旋即答道："佛见臣笑，笑臣成不了佛。"

五、良好的心理控制能力

论辩的过程实际上也是一个复杂的生理与心理过程。一个人的心理素质是直接影响论辩成败的重要因素。具有良好的心理素质的人，在大庭广众之下面临劲敌也能从容镇定、语言流畅，最终赢得胜利；而存心理障碍的人，一上辩坛便会全身颤抖、语无伦次，结果必灰溜溜地败下阵来。所以，一个人要提高论辩能力，就必须具备良好的心理素质，方能处变不惊、临危不惧。

影响论辩的心理因素主要有：聆听能力、注意力、情绪、自信、意志和气质等。

（一）聆听能力

这是指辩论时聚精会神，不会被对方的一些包含情绪性的字眼扰乱；注意对方说话的语气、语调、语速等；注意观察对方讲话时的动作、表情等非语言信号。

（二）注意力

这是指心理活动指向集中于一定的对象。注意这一心理现象能保证肌体清晰地感受周围环境的刺激物并作出适当的反应，要保持注意的稳定性、注意的分配性、注意的转移。

（三）情感运用能力

情感是人对客观事物的态度，是人的需要和客观事物之间关系的反映，它是人们完成动作的内在驱动力。积极的情感可以提高增强人的活动能力，有助于论辩能力的发挥；消极的情绪则会降低人的活动能力，导致论辩的失败。克服紧张情绪的方法有：论辩前要准备充分，暗示调节，呼吸调节，表情调节，心境调节，并要善于积累经验。

（四）自信心理

这是辩论者不可缺少的心理品质，其特点是对所进行的论辩有着清楚的理解，对自己的力量、技能、成功充满信心。一个辩手只有充满坚强的信心，在论辩中才能精神饱满、感情充沛、坦然自若、语气坚定，使自己的论辩语言产生极强的感染力和说服力。如一次美国口才训练大师卡耐基与推销员的论辩：

推销员认为，在没有种子、没有根的条件下，却可以长出植物。他说将山胡桃树烧成灰，撒在犁过的土地上,就能长出绿油油的牧草。卡耐基从正反两个方面并列举事例去驳斥对方的论点和论据,指出这是绝不可能的事情。他尽量语气温和,以为对手和听众一定心悦诚服,不会再提出异议,谁料对手继续坚决地主张那完全不可能的事实,跳起来大声疾呼:"我是绝对正确的,并非空想,因为这是经过实验的客观存在。"接着这个推销员列举了一系列可供参考的资料,证明自己的说服正确无误,声音和态度充满热情和信心,一切仿佛都是真的,令人不得不信。卡耐基站起来反驳,可对手这时则提出以5元打赌这件事的真实性,并要求政府检验局来作证。真是虔诚能感动上帝,论辩的结果,全体听众竟然都站在推销员的一边,很多人居然相信这是可能的。卡耐基大惑不解地问听众这是什么原因,他们异口同声地说,因为论辩者态度诚恳,充满信心,由不得不相信。

这次论辩给卡耐基的影响是终生难忘的,他从此坚信,论辩者本身极其认真,有坚定的信心,则必能获得听众的信赖,取得论辩的胜利。所以要对所进行的论辩有清楚的理解,对自己的力量、技能、成功充满信心。

(五)论辩意志

意志是为了达到预定目的而产生的克服各种困难从而实现自己目的的心理状态。

论辩能否取得胜利,与辩手的意志是否坚强有着重要的关系。坚强的意志能使人自觉地克服论辩过程中的各种困难,克服消极情绪的干扰,从而有效地发挥自己的注意力、想象力、思考力。尤其是一些持续时间长、难度较大的论辩,意志的作用就显得尤为突出,在这样的场合,双方的角逐,往往就表现为意志的较量,只有具有坚强意志的辩手,才能使自己处于强有力的地位,调动自己全部的聪明才智,以谋求论辩目的的顺利实现。相反,如果辩手意志动摇、优柔寡断、望而却步,辩论注定是要失败的。成功的意志应该具备独立性、果断性、坚持性和良好的自制力的特性。

(六)论辩气质

气质是人的高级神经活动类型在方式上的表现,它不依赖于活动的内容、目的、动机,使人在多种多样的活动中具有显著的个人色彩。而一个人的性格、情绪、对外界刺激的反应等都依赖于气质,不同气质的人在辩论中就会有不同的心理状态,而这些心理状态有的有利于辩论,有的却不利于辩论。如多血质、胆汁质的人较适宜于辩论。因其符合辩论对辩手的要求,即反应性、主动性、情绪兴奋性高,反应速度快。这样的人在论辩中较容易发现问题,敢于发表自己的见解,比较容易掌握论辩的主动性。

相反,黏液质、抑郁质的人则不太适宜参加公开场合的辩论,因为这两类气质的人兴奋性较弱,反应速度缓慢,性格内向,会影响自己论辩能力的发挥。对这两类气质的来说,要提高自己在公开场合中论辩的能力,就要下决心改变自己的气质。

第五节 辩论的技巧及其训练

古今中外的论辩者要想在论辩中获胜,就得具备两个条件:一是占有真理,代表正义,为正义而辩,即显示了辩德;二是掌握技巧,并能在论战中自如地运用,即显示了辩才。

论坛如战场,要在唇枪舌剑的交锋中克敌制胜,不仅要真理在握,而且还要了解、掌握论辩的战术技巧、战略技巧、语言技巧。从辩论的角度讲,对辩手至关重要的是知识底蕴和经过训练的辩论技巧。

一、战术技巧

战术技巧指的是主要用来解决辩论中局部问题的巧妙技能。

（一）论

论指的是论述、阐述己方的命题。具体体现在对演绎论证、归纳论证、类比论证三种基本论证方法的灵活运用上。

1. 演绎论证。这指的是先总说后分说。先在总说的部分提出命题，而后在分说部分用带有普遍性的论据（如名言警句、定理、公理等理论论据）来证明总说部分提出的命题。

要求：论题与命题间存在必然的联系，论据带有普遍性和真实性。

2. 类比论证。这是用已知的事物所具有的某种特点、性质来论证同类或者与之相类似的某种事物也具有与之相同的特点、性质的说理方法。

要求：相比的同类事物必须具有内在联系、相同之处。

3. 归纳论证。先分说后总说的说理方法。具体先在分说部分用多个论据（包括事实和道理）来证明某个命题，而后在总说部分归纳出结论。这是通过把握众多的个别材料的共同点，进而归纳出带有普遍性、真实性的结论来说理。

要求：尽可能多地考察被归纳的某类事物的对象，这样的结论就越可靠。

以上三种方法中，演绎论证最为直率，归纳论证次之，类比论证则较委婉。

（二）驳

驳指的是反驳对方的观点，具体有反驳命题、反驳论据、反驳论证。

反驳命题，是指直接针对对方的命题，运用事实或理论的论据予以驳斥，揭示其荒谬不实，使其命题不能成立。如对"体育比赛应该引进电脑裁判"的辩论中：

反方二辩：……当电脑裁判满怀信心步入赛场后，过分强调准确，将严重弱化体育比赛的观赏性和参与性……

正方二辩：……观赏的是什么？是一种体育美，美的基础是什么？是真。公平就是对真的一种保证。如果连公平都得不到保证，欣赏性从何而来？……

正方二辩用了两个简洁的设问和一个反问就把体育比赛的观赏性与体育的真实性之间的关系讲得清楚明了，使对方观点成了无源之水、无本之木，圆满地完成了反驳使命。

反驳论据，是指直接反驳对方论据是虚假的或片面的，使对方的命题失去支撑而摇摇欲坠。往往是在对方精彩的言辞的引导下，立即找到一个相似的却对己方有利的事实出来，以回敬之，高人一筹。如在"信息战能取代传统武力战"的辩论中：

反方二辩：……请问对方辩友：在取得信息优势之后，就一定能取得战争的胜利吗？难道说，为了信息战的火眼金睛，就不要传统武力战的金箍棒了吗？

正方三辩：金箍棒当然可怕，但却阻挡不了唐三藏紧箍咒的信息流。（热烈的掌声）……

又如在"女性比男性更需要关怀"的辩论中，正方为了证明中国文字反映的男尊女卑，举例说：

正方：中文有两个字表示结婚的概念，一个是"娶"字，另一个是"嫁"字。男人是"娶"媳妇，女人是"嫁"给男人，那这个"娶"字它表示一种主动性，"嫁"字它表示一种被动性。（笑声,掌声)请回答!

反方：像这个例子,我们也发现了中国字的"好"字和"妙"字,都是一个褒义词,那么请问"好"字和"妙"字是不是用"女"字旁开头呢?(掌声)

正方：对呀,"妙"字可以拆为"女"和"少","好"字可以拆为"女"和"子",从造字的角度看,这都是两个会意字,也就是"女"性"少"方为"妙","女"性得"子"才叫"好"。这岂不正是表明了女性受压抑的社会地位了吗?

这正是从构成对抗的例证本身发掘出于己方有利的观点和材料,进行有效的对抗。

反驳论证,是指揭露对方的命题和论据之间缺乏必然的联系,论据证明不了命题,从而使对方的命题不能令人信服。如在"人类应重义轻利"的辩论中：

正方：……人类全身有两百多块骨骼,但使我们得以挺起胸膛的脊柱只有一根;同样,真正彻底的重义轻利者,虽然只是人类社会的一部分,但恰恰是他们,才是整个人类社会不朽的脊梁。(掌声)

反方：……顺便,请教辩友一个小小的常识,脊柱是由很多块骨头组成的,不只是一块哟。(笑声,掌声)

正方用人的脊柱来类比人类社会的重义轻利者,充满激情,富有感染力,但是反方通过指出其中常识性的错误,便给了对方一个有力的反击。

对方的漏洞也有逻辑上的自相矛盾,有的可能是隐藏着的,有的它本身不一定是漏洞,但经聪明的辩手一抓,便成为谬误。如在"人性本善"的辩论中：

正方：……正因为人性本善,所以人随时随地都可以放下屠刀、立地成佛。

反方：对方一辩说,有的人是放下屠刀、立地成佛了,这不错,但我请问,如果人都是本善的话,谁会去拿起屠刀呢?(掌声)

反方通过揭示对方基于人性本善的立论中所隐藏的"拿起屠刀"与"放下屠刀"之间的矛盾,显示了一种极高的论辩技巧。

(三) 护

护指的是对遭到对方驳斥的我方命题进行辩护。这里的辩护是指通过提出理由、事实来证明己方命题的正确合理,或者通过阐释来澄清己方的命题。其目的在于维护己方的命题。

(四) 接

接指的是对对方言论的应接。要求迅速、利落、及时。包括包容性接对、排斥性接对、回避性接对三种情况。

1. 包容性接对,就是先承认对方命题的合理性,继而在更加宏观的领域里提出一个新的命题,将对方的论述包容其中,使对方的命题相形见绌而被否定。如对"不在太强或太弱的光线下读书是预防近视的最好方法"这一命题,可以先承认"不在太强或太弱的光线下读书"确实可以预防近视,然后指出它却不是预防近视的最好办法,再提出"科学用眼"这一命题,将对方的"不在太强或太弱的光线下读书"命题包容其中,而否定对方"最好的"说法。

2. 排斥性接对,就是全盘否定对方的命题。常用的方法有借题发挥、以牙还牙、欲擒故纵等。

借题发挥,就是借用对方的话题来表明自己与对方相对立的看法。如：

密苏里人挖苦阿肯色人："有个阿肯色小伙子20岁了才生平头一次穿上鞋,为了看看自己的脚印有多好看,他退着走路。看着自己的脚印,他高兴死了,结果一直退到密苏里地界,人们才把他叫住。"

阿肯色人:"对,那是真的。我跟他很熟。打那以后,他就再也没回阿肯色。密苏里人发现他能从1数到20,便请他去当老师了!"

以牙还牙,就是通常所说的"以子之矛攻子之盾",找出对方话语中自相矛盾的地方提出反问,让他自己否定自己。如:

一个年轻人想到大发明家爱迪生的实验室里去工作。爱迪生问他有什么志向。青年人满怀信心地说:"我想发明一种万能溶液,它可以溶解一切物品。"爱迪生听罢惊讶地说:"那你想用什么器皿放置这种万能溶液呢?它不是可以溶解一切物品吗?"年轻人脸红耳赤、哑口无言了。

欲擒故纵,就是先假定对方命题是正确的,再以它为据,从中归结出荒谬的结论。如:

加拿大前外交官切斯特·朗宁出生在中国,喝过中国奶妈的乳汁。他竞选议员时遭到了反对派的攻击:"朗宁喝中国人的奶长大,身上就有中国人的血统,因而不能参加加拿大的竞选。"朗宁反击说:"你们中有没有人喝过加拿大牛奶呢?你们身上不是也有加拿大牛的血统吗?当然,你们可能既喝过加拿大的人乳,又难免喝过一些加拿大的牛乳,你们岂不是都成了人牛血统的'混血儿'了?也许你们长大了,不仅靠'喝',自然还得'吃',吃鸡脯,吃牛排,吃羊腿……这样一来,你们的血统一定是很难认定了。"

3. 回避性接对,就是不愿、不宜而又不能不接对对方言论的时候,以答非所问或避而不答等技法与之周旋。

在某地一次民主竞选厂长的答辩会上,一位女工问竞选人:"我都怀孕七个多月了,还让在车间里站着干活,你说这合理不合理?"要回答这个问题,得去查查有关劳动保护的规定,当时不能乱表态;但如果不立即予以回答,又会显出被动,影响自己的竞选。能言善辩的竞选人用回避性接对处理了这个难题——"我也是女人,也怀孕生过孩子,知道哪个合理,哪个不合理,合理的要坚持,不合理的一定要改正。"尽管她没有作正面的回答,却依然赢得了全场的掌声。

(五)问

问就是向对方发问。在论辩中,发问的目的最终是在于把对方问住,迫使其投降,主要有追问、逼问、套问、诱问、回问。

1. **追问**,就是在对方回避我方提问的时候,紧紧抓住已经问出的线索,一步一步地连续问下去,使对方无法自圆其说。

2. **逼问**,就是用十分肯定的语气表现出我方了解全部真相而逼迫对方和盘托出。

3. **套问**,就是为了让对方说出实情而隐蔽我方意图,拐弯抹角地进行查问。

4. **诱问**,是苏格拉底创立的,就是在论辩一开始,先不要谈分歧的观点,而是着重强调彼此的共同认识,取得完全一致后,再自然地转向自己的主张,使对方不得不接受。但通常老练的心存戒备的对手是不会轻易地说"是"的。如:

日本明治时期的军事家大村益次郎就很善辩。有一次邻人跟他寒暄:"您好,今天天气很热,是不是?"他不说"是",而是答道:"夏天本来就是热的。"

假若他顺着问题答道:"是的,的确很热",他就失去了自我防卫的优势。

5. **回问**,就是在正面接对有困难或效果不佳的情况下以攻为守,反过来诘问对方,既闪开对方咄咄逼人的攻势,又给其重重一击。

二、战略技巧

战略技巧指的是用来解决论辩中的全局性问题的策略技巧。

1. 擒贼擒王,指的是在整个论辩过程中,都必须将对方的基本立论作为主攻的目标,攻其要害。

2. 攻守交替,指的是在任何的辩论中都要有攻有守,破立结合。攻就是破,就是反驳,运用恰当的论证方式和方法,组织真实、充实的论据,去揭露对方的命题、论据和论证中的虚假和荒谬;守,就是立,就是辩护、证明,就是运用恰当的论证方式和方法,组织真实、充足的证据,来证明己方命题的真实或正确。因此,辩论的主要方面是攻,守是为了攻,攻中体现了守。

3. 造势夺人,这里的"势"是能够给对方造成强大心理压力的情况或趋向。论辩要善于造势、蓄势,以己方的优势挫伤对方的锐气,动摇其意志、信念。论辩中的"势"来源于高度的自信、高明的见解和迅猛的攻击。

三、语言技巧

论辩是双向言语活动中最能体现语言技巧的形式。它在某种意义上就是一种语言竞技活动。与其他语言形式相比,论辩语言具有险而不凶、快而有当、尖而不散、准而无隙、美而不浮的特点。

论辩应当追求优美的语言形式,但不能为了优美而浮华虚夸。论辩是理性的活动,需要的是充实、严密与朴素。任何虚言驾饰、矫揉造作都与论辩无缘。因此,在追求优美时,要明确目的、掌握分寸,注重实际效果。

（一）诱其说"是"

诱使对方说"是",在论辩的开头切勿涉及有争议的观点,而应顺应对方的思路,强调彼此有共同语言的一面,从对方的角度提出问题,诱使对方承认你的立场,让对方连连说"是",与此同时,一定要避免让他说"不",慢慢就能将其引入"陷阱"。如:

有一次,邻人偷了华盛顿家的一匹马。华盛顿同一位警官到邻人的农场里去索讨,但那人拒绝归还,并声称那是他自己的马。华盛顿用双手蒙住马的两眼,对邻人说:"如果这马是你的,那么,请你告诉我们,马的哪只眼睛是瞎的?"

"右眼。"

华盛顿放开蒙右眼的手,马的右眼并不瞎。

"我说错了,马的左眼才是瞎的。"邻人急着争辩说。

华盛顿放开蒙左眼的手,马的左眼也不瞎。

"我又说错了……"邻人还想狡辩。

"是的,你错了。"警官说,"证明马不是你的,必须把马交还给华盛顿先生。"

在这里,华盛顿之所以能够轻而易举地把马要了回来,其奥秘就在于他巧妙地用复杂的问语,使邻人陷入圈套,既没有理由说自己"不知道",并相信了华盛顿问话中包含的"此马有一只眼睛是瞎的"假定,在华盛顿的诱导下乖乖就范。

（二）借题发挥

在论辩中，当我方受到攻击时，可以不直接从正面答辩，而借助论敌提供的话题进行还击，从而改变论辩的局势。这种借题发挥的对策，关键在于一个"借"字，能否借为己用，决定于论辩者的论战经验和思辨能力。如：

1959年美国副总统尼克松访苏，在此之前，美国国会通过了一项关于被奴役国家的决议，对苏联和东欧的社会主义国家进行了攻击。在尼克松与赫鲁晓夫会晤时，赫鲁晓夫对尼克松说："这个决议臭极了，臭得像刚拉下的马粪，没有比马粪更臭的东西了！"赫鲁晓夫出言粗俗，欲使尼克松难堪。谁知尼克松回敬道："我想主席先生大概搞错了，比马粪还要臭的东西是有的，那就是猪粪。"

因为尼克松知道赫鲁晓夫年轻时曾当过猪倌，所以就借题发挥，歪打正着，使赫鲁晓夫脸上泛起了羞涩的红晕。

（三）埋伏引诱

这种论辩技法以迂为直，先不直接辩驳，而是先设下一个埋伏，引对方上钩，等对方发现"上当中计"时，已经无计可施了，只得认输。如20世纪30年代，香港有一起诉讼案子：

英国商人威尔斯向中方茂隆皮箱行订购了3000只皮箱，到取货时，威尔斯却说，皮箱内层有木材，不能算是皮箱，因此向法院起诉，要求赔偿15％的损失。在威尔斯强词夺理、法官偏袒威尔斯的情况下，律师罗文锦出庭为被告辩护。

罗文锦站在律师席上，取出一只金怀表问法官："法官先生，这是什么表？"

法官说："这是伦敦名牌金表。可是，这与本案没有关系。"

罗文锦坚持说与本案有关，他继续问："这是金表，事实上没有人怀疑。但是，请问内部机件都是（黄）金制的么？"

法官已经感觉到中了"埋伏"。律师又说："既然没有人否定金表内部机件可以不是黄金做的，那么茂隆行皮箱案，显然是无理取闹，存心敲诈罢了。"

这样的辩驳，既出其不意，攻其不备，又简洁明了，令人痛快。起初对方被你转移了话题，失去了警觉，等你一旦回到正题，进行类推时，想否认就比较难了。这就是埋伏引诱技巧的有力之处。

（四）逼其亮底

在论辩中，可想办法让对方把你想了解的东西尽快地说出来，以便早点对付之。其办法是把话说到一半就故意停下来，然后让对方接下去说，如"这么说，你的意思是……"，"如此说来，这个论点是……"，"照你的话说，它的意思是……"。当你用这些半截子的话去诱发对方时，对方十有八九会不假思索地把这句话按意思说完。这时，你就轻而易举地又多了一张"底牌"。法庭辩护时，这种情况经常可见。有经验的辩护律师常常向公诉人或原告的证人、被告或被告的证人采取这种方式提问，以便为自己的事实或法律依据找到支撑点。

（五）刚言震慑

论辩中，有的对手因理屈而心虚，说话吞吞吐吐、含含糊糊，这时，论辩者可以用锐不可当的气势直逼对方，使其只有招架之功，无还手之力。如：

江竹筠（《红岩》中的江姐）被捕以后，经受了严刑拷打，宁死不屈。有一天，特务头子徐鹏飞久审不下，恼羞成怒，准备用他审讯女犯人的绝招——把她的衣服当众剥光，使她害羞之极而不得不招供。只听徐鹏飞大吼一声："给我把她的衣裤全部剥下来！"话音刚落，一直缄默不语的江姐突然大喊一声:"不许你们乱来!"徐一听乐了,以为这下可把江姐吓唬住了,便阴阳怪气地说:"你害怕了,那就赶快说!"江姐怒目圆睁,指着徐鹏飞厉声喝道:"我是连死也不怕的人,还怕你们用剥衣服的卑劣手段来侮辱我吗?不过,我要告诉你,你不要忘记,你是女人养的,你妈妈也是女人,你老婆、女儿、姐妹都是女人,你用这种手段侮辱我,遭受侮辱的不是我一个人,而是世界上所有的女人,连你妈妈在内,也被侮辱了!你不害怕对不起你妈妈、姐妹和所有的女人,那你就来脱吧!"

这一席话大义凛然,势不可挡,以浩然正气压倒了敌人的卑劣和嚣张。

(六)善用逻辑,雄辩有力

1. 针锋相对。论辩要看对象,有时遇到刁难、讥讽、侮辱的言辞,那就需要以牙还牙,直言相抗。这时不必拐弯,不必"谦逊",也不必长篇大论,只要逐条地批驳即可。

2. 釜底抽薪。在论辩时,论辩双方所持的论题,都是由一定论据支持的,如果将论题的根据——论据抽掉,那么,论题这座大厦就会像釜底抽薪,其论点必然不攻自破。

3. 顺水推舟。即顺着对方的思维逻辑推下去,最后得出一个荒谬的结论,以证明对方的观点站不住脚。

4. 以退为进。在论辩中,有时不急于以牙还牙、针锋相对地直言对抗,而是先承认对方的分析和指责是对的,自己似乎也同意了对方论据的合理性,然后出其不意,或指出对方的矛盾,或说出事实的真相,或作出另外的分析,最终达到证明自己论点正确性的目的。

5. 声东击西。为了达到某种目的,不直接从这个目的的正面去说,而从相反的方面入手,实则说的是正面要达到的目的。

第六节 有损辩论风度的几种表现

风度是一个人内在素质与外在表现的综合显现。在辩论场上,辩手风度的好与坏直接影响着辩论水准。因此,一个辩论者要想塑造自己良好的形象,就必须做到:

1. **举止端庄得体**。站要直,立要稳,行为文雅。

2. **表情泰然自若,沉着冷静**。对喜怒哀乐的表现要得体,有所节制。

3. **服饰整洁大方**。朴实整洁的服饰能衬托出论辩者的人格尊严,产生吸引人的力量,获得观众、领导的好评,而且还可以激发论辩者蓬勃向上的精神并激发其自信力。

4. **具有高尚的道德情操**。在论辩中必须尊重对方的人格,不能有任何侮辱对方人格的言行。否则,既伤害别人,也贬低了自身的形象,会给人粗俗、鲁莽和缺少教养的感觉。

因此在辩论中,以下五种形象是有损辩论风度的:

1. 外形夸张。应给人稳重、干净、利落感。

2. 过分表现自己,易破坏整体形象。应注意与队员密切配合。

3. 用带"刺"的话攻击对方。应施"君子之风"。

4. 对对方辩手指名"追击"。

5. 辩论中无视对方,无视观众。

案例评析

1. 东汉时,很多人相信人死后,人的灵魂会变成鬼。有人说见过鬼了,样子和衣着跟活着的时候一模一样。王充就抓住此看法的破绽反驳说:"你们说:'一个人死了,他的灵魂能变成鬼,难道他的衣服也有灵魂,也变成鬼了吗?照你们的说法,衣服是没有精神的,不会变成鬼。'如果真的看见鬼,那他该是赤身裸体、一丝不挂的才对,怎么还穿着衣服呢?"

评析:攻其要害法。

2. 欧布里德是古希腊著名的诡辩家,他在某大公那里供职。一天,他对他的同事说:"你没有失掉的东西,你拥有这样的东西,是吧?"

他的同事说:"对呀。"

欧布里德说:"你没有失去头上的角吧?那你的头上就有角了。"

大公听了他们的争吵,心生一计,决定整治一下欧布里德。他对欧布里德说:"在我的城堡里,你没有失掉坐牢的义务,是吗?那就让你尽三天这样的义务吧。"于是欧布里德被关了三天监禁。他真是有苦说不出,只好自认倒霉了。

评析:在论辩中对方所持的观点或论证的方法,并不一定只对对方有利,不要被对方的貌似严密的论辩吓住,只要冷静思考,针锋相对,往往能借用对方的观点和论证方法找出有利于自己的结论。

3. 在捷克的某城,住着三个年轻的商人,他们是兄弟。有一次,他们准备到很远的地方去做生意,就把共同的积蓄交给了一个诚实的农民保管。并同时向他交代清楚:只有他们兄弟三个一起来取钱时,才能把钱交回。

他们到了很多地方,做了很多生意,陆续回到了家里。然而,老三先来到农民那儿,利用各种手段,一个人把钱骗走了。老大、老二知道后,气得要命,就告到了法院。

法官要农民赔钱,不然就要他拿出全部的家当作为抵押。农民心里难受极了,却想不出主意为自己辩驳。一个邻居见此情状,对他说:"你不用怕,我去为你辩护。"

第二天,又在法庭上,商人的律师把农民说得像真的犯了大罪一样。这时,邻居站起来说:"法官先生,商人的钱就在农民的口袋里,他马上可以还给他们,但他们之间有个约定:只有兄弟三人一起来时,才能把钱交还。这样吧,让他们兄弟三人一起来,就可以把钱取回去。"

法官要老大、老二去找老三,而老三早已无影无踪,看样子索赔是没有希望了,两个商人什么也没有捞到。

评析:在论辩中,双方的优势劣势,总处在变化中。一旦处于劣势,不可惊慌失措,而要善于抓住对方的短处猛攻,改变劣势,最后取胜,以弱胜强。运用此法有三点技巧:一是要勇于承认自己的短处,这是信心的表现;二是要善于从自己的短处中发掘长处的因素;三是要善于静待时机,乘隙反击。

4. 某原料供应商根据国际市场的变化,把一种材料每吨价格由原来的7200元提高到7900元。某企业长期由他供料,每年需要500吨,这样每年的材料费要多花35万元。该企业曾两次派人与供应商就价格问题进行磋商均无结果,于是他们暂停购置原料,供应商只好到企业与经理谈判。

见面后,经理先开口说:"咱们两个单位是老关系了,恐怕有七八年的交情了吧?"

供应商连忙点头回答:"是,是。"

经理接着说:"关于价格上涨问题我们完全理解,价格涨落本是商家常事,我们的产品也同样有涨有落……"

供应商听他说得很有道理,又点头说:"是,是。"

经理又说:"你这次来是希望我们继续做生意的吧?"

供应商又连连点头称:"是,是。"经理连让供应商说出三个"是",就使气氛处于平和、友善而又使对方处于愿意采取协商来解决问题的境地。最后终于以每吨7600元达成了协议。

评析:让对方说"是"。辩论开头尽量不谈有争议的观点,这样开头,使对方可以不断随着你的话题发展到对你有利的结果。

5. 梁晓声是知青出身的青年作家。他创作的《这是一片神奇的土地》、《今夜有暴风雨》、《京华见闻录》等作品,深受广大读者的喜爱。

一次,英国一家电台采访他,采访者是一个老练机智的英国人。现场拍摄时,记者把摄像停下来,对梁晓声说:"下一个问题,希望您做到毫不迟疑地用最简短的话,如'是'或'否'来回答。"梁晓声点头认可。刚一开拍,记者的录音话筒立刻就伸到梁晓声的嘴边问:"没有'文化大革命',可能也不会产生你们这一代青年作家,那么,'文化大革命'在你看来究竟是好是坏?"梁晓声一怔,没料到对方的问题竟如此之"刁",分明有"诓"人上当之意。他灵机一动,立即反问:"没有第二次世界大战,就没有以反映第二次世界大战而著名的作家,那么你认为第二次世界大战是好是坏?"回答如此巧妙,英国记者不由一怔,摄像机立即停止了拍摄。

评析:论辩中,一旦对方提出难以回答的问题,可以采取不正面的回答,把话题岔开,甚至把问题返还给对方的办法。但借题发挥应注意几点:一是要正确分析对方的"题",此乃发挥的基础;二是要处理好"题"和"发挥"的关系,其间有着必然的联系;三是既要横向发挥,又要纵向发挥;四是要头脑灵活。

6. 中世纪的神学家安瑟伦声称:"上帝是万能的。"当时的无神论的代表人物高尼罗反问:"上帝能否创造一块连他也举不起来的石头?"

评析:巧设陷阱(二难术)。这问题令神学家安瑟伦也无法回答。如果说上帝能创造这么一块石头,那么,连一块石头也举不起来的上帝,怎么能说是万能的呢?反之,如果说上帝创造不出这块石头,那么,同样说明上帝不是万能的。

7. 诗人歌德在公园里散步。不巧在一条仅容一人通过的小径上碰见一位对他抱有成见并把他的作品贬得一文不值的批评家。狭路相逢,四目相对。批评家傲慢地说:"对一个傻瓜,我决不让路。"歌德面对辱骂,微微一笑道:"我正好和你相反。"说罢往路边一站。霎时,那位批评家的脸变得通红,进退不得。

评析:使其陷入"两难境地"。

8. 在"治愚比治贫更重要"的辩论中:

正:中国作家写了这本书《愚昧比贫穷更可怕》,说明了治愚比治贫更重要,可见对方同学似乎是没有看过这本书呀!

反:中国政府也说:生存权、温饱权是人的第一权利。对方如何回答?

正:……如果治愚不比治贫更重要,为什么中国人说"养儿不读书,不如养头猪"?(笑

声、掌声）

评析：反对抗技巧——避实就虚，用俗语攻其不备。俗语是人民智慧的产物，语言的精华。言简意赅、说理透彻、通俗易懂。

9. 俄国著名作家赫尔岑应邀出席了一个音乐会。可是，音乐会上所演奏的乐曲使他很倒胃口。他便双手捂着耳朵，打起瞌睡来了。这时，女主人对赫尔岑的举动很奇怪，就问他："先生，你不喜欢音乐吗？"赫尔岑摇了摇头，指着演奏者说："这些低级轻佻的音乐使人厌烦。"女主人惊叫，对赫尔岑说："你说的是什么呀？这里演奏的都是流行音乐呀！"赫尔岑平心静气地反问："难道流行的东西都是高尚的吗？"女主人很不服气地说："不高尚的东西怎么会流行呢？"赫尔岑微微一笑，风趣地对女主人说："那么流行性感冒一定也很高尚了！"

评析：类比反驳。

10. 从前有位渔民，不幸在大海里打渔时遭遇风浪丧生。他的儿子冒着风浪继续在海上打鱼。

有个聪明人问："你的父亲不是被大海淹死的吗？"

"是的。"

"那你为什么还到危险的海上来打渔呢？"

那渔民的儿子反问："你的爸爸是在哪死的？"

"他呀，死在家里的床上。"

"那么你为什么还要天天睡在那危险的床上呢？"

"……"聪明人说不出话来了。

评析：诱敌深入。

11. 著名幽默家、剧作家萧伯纳有一次派人送了两张戏票给丘吉尔，并附上短笺："亲爱的温斯顿爵士，奉上戏票两张，希望阁下能带一位朋友来看拙作《茶花女》的首场演出。假如阁下这样的人也会有朋友的话。"

丘吉尔看后不甘示弱，马上写了一张回条："亲爱的萧伯纳先生，蒙赐戏票两张，谢谢。我和我的朋友因有约在先，不便分身前来观赏《茶花女》的首场演出，但是我们一定会赶来观赏第二场演出，假如你的戏第二场还会有观众的话。"

评析：直仿。直接模仿对方的语言形式，袭句讽刺，造成以其人之道还治其人之身的效果。

12. 小王接二连三地上班迟到，领导批评他，他不仅不接受，还辩驳说："你为什么老是批评我？你没有看到我在进步吗？我第一次迟到15分钟，第二次迟到就只有10分钟，今天才迟到5分钟。这说明我在逐渐改正错误，不仅不应该批评，还应该表扬我的进步。"

领导反驳说："假如有这样的一个小偷，他一天偷了人家10个钱包，被抓后发誓要改正，于是第二天只偷了5个钱包，第三天又减少到3个。我们是否应该对这个小偷的'进步'加以表扬呢？"

评析：喻仿。模仿对方的说辩，构造一个相似的喻例，然后以例向对方设难，造成以其人之道还治其人之身的效果。

13. 有个狡诈的财主，找到一个相马的人，对他说："我给你100块钱，你给我买一匹我最喜欢的马来。"相马的人问："你喜欢什么颜色的马？"财主说："我不要黑马、白马，也不要黄马！"

"那么,我就给你挑一匹灰马吧?"相马的人说。

"也不要。"财主说。

"那么,就挑红马、棕马,或几种颜色交错的马?"

"也不行。"

聪明的相马人知道财主是有意刁难,于是说:"啊,是这样!那我就去试试吧!"相马人收下银元就走。这时财主叫住他,问道:"什么时候你把马牵来呢?"

相马的人回答说:"不是今天、明天……也不是后天,反正会在那一天,我把马牵来。"

财主一听,连叫了几声:"啊!啊!啊!"急得说不出话来,只好眼睁睁地看着相马人带着银元走了。

评析:比仿。选择一个临近的同类事例,然后模仿对方的说辩,作出一个相似的推理形式,以此向对方设难。

14. 古时候,有个年近四十岁的人去参加考试,他按规定填写好本人的相貌册。但当考官查核到他时,考官大发雷霆,骂道:"你这刁徒,怎敢冒名顶替!相貌册上明明填的是'微须',按朱夫子的注解,'微须'就是'无须'。而你的脸上却明明有些胡须!"考生反驳说:"照大人这么说来,那《孟子·万章》里所记的孔子'微服而过宋',岂不是成了孔子脱光衣服,裸体走过宋国?那成何体统?"一席话说得考官哑口无言。

评析:顺言出招。面对对方的质疑或诘难,敏锐而巧妙地抓住对方语言中的逻辑、事理等漏洞,引出自己的反驳、挡驾招法。该考生正是抓住了考官话中以偏概全的漏洞,并利用这一漏洞巧妙地使用实例予以反驳,使对方的观点一触即破。

15. 在题为"以成败论英雄是否可取"的辩论中:

正方(持"可取论"方):我们现在谈的是一个社会价值观的问题,为什么在提倡社会价值观的时候,不能取其精华,去其糟粕?难道我们的社会提倡功利主义吗?

反方:按照对方的说法,今天的辩题应该改成'以成败的精华论英雄才是可取的'了。请对方不要混淆论题!

评析:篡改成谬,谐中带刺。针对对方的诘难或质问,接过话题有意往极端上靠,使之发展成为一种谬论,就有可能轻而易举地将对方逼进死胡同中,从而在论辩中占上风。由于切合了当今普遍的鼓励成功心理,正方的诘难很容易引起听众的共鸣,这对对方是不利的。但反方敏锐地接过对方的"精华糟粕论",引为己用,有意将对方的话篡改为"以成败的精华论英雄才是可取的",显然是"跑题"的、荒谬的,也是可笑的。这样,经过"加工"的话就在谐趣和讽刺中击退了对方。

16. 在题为"以成败论英雄是否可取"的辩论中:

正方针对反方提出的岳飞、文天祥失败犹成功的例子,突然抛出诘问:"请问,岳飞和文天祥身上究竟有没有追求成功的价值取向?他们不是英雄吗?"

针对正方的将"成功论"改换为"追求成功的价值取向论",反方这样反驳:"追求成功就等于成功吗?每一个非洲的饥民都要吃饭,是不是追求了吃饭就等于吃到了饭呢?那样的话,每一个非洲饥民的肚子里可都是饱的啦。"

评析:反向类推,对比鲜明。这里,反方并未被对方的"换概念"之论所蒙蔽,而是巧妙地利用了对方的话题,顺势以一个相类似的例子推出相反的结论"追求成功并不等于成功"。

这样,从类似的论据中得出的与正方观点形成鲜明对比的一种结论,便将正方逼进了死角,从而为自己争得了一个有利的位置。

17. 在"个人利益与群体利益是否可以两全"的辩论中:

正方(持"可以两全"):请问对方,今天你来参加辩论赛,你个人的利益和你辩论队的集体利益,难道不是两全吗?

反方:对方辩友有所不知,其实我个人的利益是最想坐到四辩这个位置上,但是为了群体利益考虑,我被迫坐到了三辩这个位置上。你说两全了吗?

评析:分解话题,以轻御重。反方辩手辩驳的巧妙就在于他将对方的问题作了进一步的发挥:"我想坐到四辩的位置"却没能够。从而得出个人利益与群体利益不是"能两全"而是"不能两全"的结论。这样反方就以"四两拨千斤"的方式荡开了对方的诘难。

18. 在"美是客观存在的"与"美是主观感受"的一场论辩中——

正方二辩:请问对方三辩,我美不美?

反方三辩:对方二辩非常美,但这个观点只代表我个人的感受,有没有人认为对方二辩不美呢?如果有人胆敢说对方不美的话,我们是不是要踏上千万只脚让他永世不得翻身呢?如果美的标准是客观的话,那你何必问我你美不美,你只要拿美的客观标准去衡量一下就可以了,又何必问大家你美不美呢?

评析:正方二辩的问话,暗含着这么一层意思:如果你说我美,就等于承认了我方的观点"美是客观存在的"。果然不出她之所料,对方确实说了"对方非常美",因为她确实非常美,这是客观存在的,对方没法不说她"不美",看来对方赞同了自己的观点,她当然认为自己胜利了,可是令她和会场上的广大听众没有想到的是,反方三辩来了句"但这个观点只代表我个人的感受……"又回到了反方的观点"美是主观感受"上来了。真是妙不可言。

能力训练
NENGLI XUNLIAN

一、反驳训练题

1. 一个小孩到水果店买水果,店主欺他是小孩,便尽挑小的给他。小孩对店主说:"你不认为这些苹果都太小了吗?"店主答道:"哦,没关系,你人小力气小,苹果小些,你拿起来轻便些。"

小孩瞪了一眼店主,说道:"我懂了。"然后,他把一枚铜钱放在柜台上就走。店主叫住他:"你还没付足苹果钱呢!"

小孩答:"……"

2. 皇帝在宴会上赐给每人一套华丽的衣服,叫来阿凡提,把一块披在毛驴身上的麻布披在他的身上。阿凡提恭恭敬敬地接过麻布,再三道谢。然后高声向客人说:"……"阿凡提还击了皇帝,而且还彬彬有礼。皇帝没占到便宜,又想了一个鬼主意。他把一条卷毛的哈巴狗交给阿凡提,摸摸胡子,洋洋得意地对阿凡提说:"阿凡提,我把这条我最喜欢的哈巴狗交给你,你必须好好地照管它,像照管你的亲生孩子一样。"阿凡提把狗搂在怀里,轻轻地抚摸着卷卷的狗毛,毕恭毕敬地对皇帝说:"……"

请设想阿凡提的回答。

3. 在 19 世纪德国的一次立法辩论会上,贪婪自私的森林占有者企图制定一项法律,规定严禁穷孩子在森林里捡枯枝,违犯者将定罪重罚。他们说,因为人们一直不把捡枯枝当成犯罪,所以才会有很多的人去捡枯枝。

想一想,如果你在这个场合,你将如何反驳这种观点。

4. 明朝初年,某地有个知府姓曹,他自称是三国时魏主曹操的后人,并以此自恃。一日,当地请来一个有名的戏班子,演"捉放曹",曹知府也前往观看。扮演曹操的赵生,演技出神入化,把曹操的奸诈、阴险,表演得惟妙惟肖,此外,更把曹操的奸雄本色表现得淋漓尽致。曹知府觉得自己的祖先被侮辱,非常愤怒,但当场又不便发作。回府后,立即派公差缉拿赵生回府问罪。公差欲带赵生,赵生不解其故,公差如实相告,赵生听后微微一笑,就随公差进府。

曹知府在堂上见赵生昂然而进,不禁拍案大怒:"大胆刁民!见了本府怎敢不跪?"

你知道赵生是怎样回答的吗?

5. 一顾客在超市卖场吸烟,店员对他说超市里不能吸烟。顾客说:"既然在超市里不能吸烟,那你们这里为什么要卖烟呢?"

该顾客的说法有错吗?该怎样反驳?

6. 李刚和赵明在教学楼前打球,砸烂了教室的两块玻璃。班长批评他们损坏公物并要他们赔偿。可他俩说:"既是公物,就有我们的份,弄坏了自己的东西要赔,没听说过。"

该如何反驳他俩的诡辩?

7. 顾客:我是看了广告到这里来买汽车的。为什么这些汽车上没有车灯,而广告上的那辆却有车灯?

经理:是的,先生,可是广告上的那辆车的价格并不包括车灯,如果要买车灯,价格要另外加上去。

顾客:它不包括在汽车的价格里?这种做法很不老实。既然车灯已登在广告上,那就应该包括在你的售价里。

经理:是啊。在我们所登的广告里,车上的驾驶室座位上还坐着一位金发姑娘,可是我们在出售汽车时,并不给买主提供一位姑娘。

顾客:……

请你以顾客的身份反驳经理的观点。

8. 公共汽车上,人挨人,非常拥挤。可是竟有几位年轻人在悠然自得地抽烟,烟雾呛得周围的人直咳嗽。这时,一位女同志说:"这么拥挤的公共汽车上,请不要再抽烟了好吗?"

可是,那些年轻人却阴阳怪气地说:"不可以抽烟?谁说不可以抽烟?抽烟犯了哪门子法了?法律上有哪条规定不可以抽烟?找出来,我们就不抽!"

对此,你该如何反驳?

9. 一位小伙子上公共汽车,不按秩序排队,而是横钻竖挤。一老者批评他,他还狡辩:"我这是学雷锋的钉子精神。"

如果你也在场,将如何驳斥?

10. 一位清洁工人刚扫完一段路,身后就有一年轻人倒了一地的垃圾。清洁工人批评他:"你不知道这里才扫干净吗?咋不往垃圾桶里倒呢?"年轻人蛮横地说:"都倒垃圾桶里了,还要清洁工干什么?你们不就要失业了吗?"

你若是那位清洁工,你该如何反驳呢?

11. 驳"我折花是因为爱花"。

一对情侣在公园里散步,男青年看到娇艳宜人的桃花不由自主地折了一枝送给姑娘。公园管理员见后质问他:"你为什么折花?""这花太美了。我折花是因为我爱花!"

管理员:"岂有此理! 这公园里的花,怎么可以随便折呢?"男青年嬉皮笑脸地说:"你错了,知道'花开堪折直须折,莫待无花空折枝'这句名言吗?"姑娘附和了一句:"是啊,陶渊明还'采菊东篱下'呢,难道'菊'不是花?"

亲爱的读者,如果你是管理员,该怎样批驳这对情侣?

12. 甲:有两个人到我这里做客,一个很干净,一个很脏。我让这两个人去洗澡。你想想,他们两个当中谁会去洗澡?

乙:那还用说,当然是那个脏人。

甲:不对,是干净人。因为他养成了洗澡的习惯;脏人认为没有什么好洗的。你再想想,是谁洗了澡呢?

乙:干净人。

甲:不对,是脏人,因为他需要洗澡;而干净人身体干干净净的,不需要洗澡。如此看来,我的客人中谁洗澡了呢?

乙:脏人。

甲:又错了,当然是两个人都洗了。干净人有洗澡的习惯,而脏人需要洗澡,怎么样?他们两人到底谁洗澡了呢?

乙:看来是两个人都洗澡了。

甲:不对。两个人谁都没有洗。因为脏人没有洗澡的习惯,而干净人又不需要洗澡。

乙:你每次说的都不一样,而且还都有道理。

甲:是的,这就是我的本领。

乙:……

如果你是乙,该如何与甲展开辩驳?

13. 驳"六十分万岁,多一分浪费"。

14. 驳"流言不必认真对待"。

15. 驳"人都是自私的"。

16. 驳"成功的主要原因是机遇"。

17. 驳"孩子不打不成器"。

18. 驳"知足常乐"。

19. 驳"嘴上没毛,办事不牢"。

20. 驳"天下乌鸦一般黑"。

二、辨析下列一组话题,从正反两方面进行阐述

1. 近墨者黑——近墨者未必黑

2. 喜欢"自我表现"是缺点——喜欢"自我表现"是优点

3. 知足常乐——知不足才能常乐

4. 知难行易——知易行难

5. 眼见为实——眼见未必为实
6. 好人有好报——好人未必有好报
7. 有志者事竟成——有志者事竟成
8. 好汉不吃眼前亏——好汉要吃眼前亏
9. 存在的就是合理的——存在的不一定是合理的
10. 太阳每天都是新的——太阳底下没有新事物

三、活动设计·辩论赛

参考辩论题：

1. 正方：见危不救责在道德
   反方：见危不救责在法制
2. 正方：当今社会，应当提倡"爱一行，干一行"
   反方：当今社会，应当提倡"干一行，爱一行"
3. 正方：现代社会应该更重视能力
   反方：现代社会应该更重视知识
4. 正方：现代社会男性更需要关怀
   反方：现代社会女性更需要关怀
5. 正方：逆境更有利于人成长
   反方：顺境更有利于人成长
6. 正方：能力比学历重要
   反方：学历比能力重要
7. 正方：当今社会，合作比竞争更重要
   反方：当今社会，竞争比合作更重要
8. 正方：现代社会更需要通才
   反方：现代社会更需要专才
9. 正方："走自己的路,让别人说去吧！"这句话是对的
   反方："走自己的路,让别人说去吧！"这句话是错的
10. 正方：公众舆论监督是利大于弊
    反方：公众舆论监督是利小于弊

知识拓展
ZHISHI TUOZHAN

辩论与争吵

古雅典雄辩家德摩斯梯尼，年轻时曾拜辩论家伊塞为师。他问："老师，我要怎样做才能成为一名合格的辩论家呢？"伊塞说："成为辩论家的前提是，尽可能地获取更多的知识。"德摩斯梯尼又问："那我应该怎样做才能获取更多的知识呢？"伊塞说："多参加辩论活动，很多知识是从辩论中得来的。"德摩斯梯尼听不太懂："既然辩论需要知识，而知识又是从辩论

中产生,在我还没有获取知识之前,又怎么去与人家辩论呢?"伊塞笑了,说:"道理很简单,比如你想学习游泳,但又不会游泳,谁都知道,要想学会游泳的技术,就必须下水。哪怕你因此而呛到水了,也要勇敢地跳下水去。"德摩斯梯尼点了点头,拜谢而去。

几天后,德摩斯梯尼高兴地跑来告诉伊塞,说:"老师,我终于学会与人辩论了。"伊塞望着德摩斯梯尼满头的纱布,皱着眉头问:"你这是怎么啦,摔跤了?"德摩斯梯尼说:"这是我与人辩论后得到的东西啊!"伊塞问:"你与人打架了?"德摩斯梯尼点了点头。伊塞摇了摇头,说:"你现在所做的,不是在与人辩论,而是在与人争吵。你这样去与人'辩论'是学不到任何东西的。"听了老师的话,德摩斯梯尼无可奈何地走了。不久,他又垂头丧气地回来了。伊塞问:"你又和别人打架了?"德摩斯梯尼说:"虽然我没跟人打架,但我的心里却比跟人打了架还难受。"伊塞饶有兴趣地问:"究竟是怎么回事儿呀?"德摩斯梯尼叹了口气,说:"今天在与人辩论时,我开始时还占了上风,后来竟然被人批驳得一句话也说不出来,我的心里好难受。"伊塞哈哈大笑,说:"你终于学会辩论了。"德摩斯梯尼还是不太明白。伊塞接着说:"虽然辩论与游泳相似,但我所指的呛水却不是来自身体上的,而是能触及人的心灵的。辩论的最高境界便是将人批驳得心服口服,而不是将人打倒在地,令人失去还手之力。"

后来,德摩斯梯尼成了一代雄辩家,他在告诫弟子的时候经常说:"与人辩论能交换知识,与人争吵却只能交换无知。"

(摘自《演讲与口才》2011 年第 5 期,P.23,沈岳明 文)

辩论赛中辩手心理三阶段

1. 对话心理

刚刚跨入辩论大门的朋友经常持有的一种心理。在这种心理驱使下,辩手试图通过阐释自己的观点来使对方俯首称臣。其深层动机是说服对手。

该心理产生的根源正是在于他没有认识到对手的不可说服性。这里的"不可说服性"不是指对手的论证无懈可击,而是心理上的不可说服。很少有一支辩论队会当场认输的,对手的"不可说服性"是由辩论的规则决定的。辩论的规则规定:辩论只有一个胜者,对手不可能让你舒舒服服地摆好架势自己俯首帖耳地聆听教诲,对手也不可能见到退让就会导致全线的崩溃。只要认识到这一点,一支队伍的心理上就具有不可说服性,也就决定了对话心理难以奏效。

对话心理的表现形式有很多,如颠来倒去地反复诉说;忧虑焦急,溢于言表;烦躁不安,急于收场,等等。其中较为典型的有两种:

(1)"自我中心主义"心理

这样的辩手一般自我感觉较好,上场前准备充分,对己方论点论据有着必胜的信心。上场后也不管对方说什么,把准备好的东西拿出来,一股脑地全部抛出去了事。即"翻斗车心理"。

(2)"他人中心主义"心理

这与前一种恰恰相反,辩手对自己的观点一笔带过,将主要的精力放在逐条驳斥对方上,希望在每一点上都能将对方击倒,从而大获全胜。这样的结果,容易给人没有根基随波逐流的感觉。即"浮萍心理"。

上述两者貌似迥异,但其实质是相同的,他们都犯了没有认清自己与对手相互关系的错误,或者过于主观或者过于被动。要克服之,必须认识到:

(1) 己方论证是有力的。
(2) 即便如此,对手是不会认输的。
(3) 虽然对手不会认输,仍然要坚持己方的观点。
(4) 己方的胜利不在于击倒对手,而是靠点数得分。

对话心理是一个辩手成长过程中必经的心理阶段,在大多数情况下都不用着急,通过多次实践,就可慢慢纠正过来。

2. 对抗心理

辩论是对抗的技艺。一个辩手经过一段时间的实战训练,就可以从对话心理过渡到对抗心理,这是辩手们通常持有的心理状态,在辩论赛场上最为常见。

处于对抗心理下,说明辩手已经大致了解了辩论,知道自己与对手处于水火不相容却又相辅相成的关系,不再一味攻击,而转为十面埋伏。

对抗心理首先要求辩手树立牢固的自信心,其次要把这种自信心贯彻到赛场中的每分每秒中去,要从对手的每一个环节中去找错误,不仅对逻辑、理论、事实、价值而言,即便是对对手的口误和失态举动都应尽量加以利用。在整个论辩过程中,每个辩论队员都应该像是一只高度警觉的猫,瞪大眼睛,竖起耳朵,有发现老鼠的动静便果断出击,务求一击成功。对抗心理之下的辩论是本能的辩论。

正因为处在这样一种高强度的对抗心理下,所以在比赛中容易引起兴奋点,使对抗心理状态下的辩论高潮迭起、跌宕生姿。

对抗心理引发辩论形式上的对抗,这里要澄清的是:并非只有严厉质问、穷追不舍才是对抗的形式,对抗的形式是多种多样的,既有正面交锋,又有旁敲侧击,或是讽刺挖苦,或是奚落调侃,只有在对抗心理之下才可以发挥出技巧的极致,这恐怕便是所谓的"急中生智"吧。

对抗心理并不是一种守株待兔式的消极心理,最高明的对抗是主动进攻。对抗心理能够奏效的一个关键是要求辩手有很强的对象感。辩论不是为了说服对手,但这并不是说辩论就不需要说服力,辩论中要说服的是评委和观众,他们才是辩手所诉诸的对象。定时发言是正面的摆事实,讲道理,自由辩论则是通过攻击对方来巩固自己,必须牢记不管哪种形式都要体现出对抗性,那样才是辩论;不管哪种对抗都是表演给评委和观众看的,这样才能赢得辩论。

3. 超对抗心理

即当你面对对手时,要觉得自己对这个题目全知全能,而对方是无知的,你不是在和他辩论,而是在教导他。如果他反驳,那是说明他没听懂,你可以再教他一遍。记住,你始终是老师,对手始终是学生。这是超对抗心理的实质。根本不与对手争谁对谁错,而是超越对错之上的指点和评价。这样的辩论才能达到孙子兵法中"不战而屈人之兵"的境界。

不过超对抗不是不对抗,要想获得超对抗的心理,必须有超对抗的准备,想人之所想,备人之所备,出其不意,一举成功。准备中的最关键之处是立意要高。使对方的发言难以超越这个境界,这种心理上的压力,其效果要超过任何一种技巧和对抗,这便是超对抗的力量。

超对抗由对抗而来,而是更高层次的对抗;对抗由对话而来,是更激烈的对话。其实对话心理、对抗心理、超对抗心理之间有着密切的内在联系,是辩论心理发展的几个阶段:对话心理之下的辩手是与评委观众的对话,超对抗心理之下的辩手则是在与真理对话。

(摘自《演讲与口才》1995年第4期,P.18,季翔 文)

论辩中的八项注意

论辩之道,自古奇异纷呈,其风光异彩,从来无可比拟。它不是战争,却又酷似战争;它没有血肉横飞,却又充满了唇枪舌剑、寸土必争之壮观。因此,任何一支辩队,都要遵守"三大纪律,八项注意",这是其魅力所在,也是其取胜的保证。八项注意具体是:

1. 既要充满自信,有战略上敢于蔑视对方,敢于作战,又要防止自以为是、有勇无谋,在战术上不重视对方,盲目冒进。须知天外有天,人上有人。只有棋逢对手,方可乐在其中。"速胜论""盲目乐观""悲观主义"等,都是要不得的。

2. 既要立场坚定,百折不挠,披荆斩棘,勇往直前,一鼓作气,志在必得,又要防止一意孤行、横冲直撞,视而不见,听而不闻的主观盲动。须知知己知彼,才能捕捉战机,才能百战百胜。侥幸心理,孤芳自赏的心理,把可能性当做必然性、现实性的心理,有百害而无一利。

3. 既要居高望远,具有"会当凌绝顶,一览众山小"的博大胸怀,有所发现,有所创造,抓住机遇,不懈进取,又要防止目空一切、傲慢无比,不谦虚、不谨慎,随便切入,动辄打断对方辩友的发言,不讲规矩,不讲道理,霸权作风,缺少涵养,缺少文明礼仪。须知"虚心使人进步,骄傲使人落后""哀兵必胜,骄兵必败",这是颠扑不破的真理。

4. 既要真理在胸,不卑不亢,以理服人,又要防止鱼目混珠,不懂装懂,以偏概全,以假充真,还要防止毫无智者修养,盛气凌人、发烧上火,横眉冷对,立眉竖眼,坐立不稳,指斥对方。须知稳扎稳打,不乱方寸,内刚外柔,巧妙攻防,是为上策。

5. 既要注意思想论点的正确性、深刻性、涵盖面、有序化,又要注意语言表述的条理性、准确性、逻辑性、形象性、幽默性、生动性。吐字要清楚,句子要完整,句间要停顿,语速要适中;前言后语,如行云流水,文理通顺,扼要简明,开门见山、一矢中的,清水见底,泾渭分明。须知论辩之道,针尖麦芒,常常差之毫厘,往往功亏一篑。所以,精益求精、慎之又慎者,算得有志。有志者事竟成。

6. 既要正面立论,并且极尽全面周到、辩证统一,突出重点,不忘非重点,有主有次,相辅相成,强调古今历史,不忘中外现实,远近兼顾,交错纵横,防止形而上学的静止观、一点论、片面性;防止把本来正确的观点孤零零地置于八方树敌、四面楚歌的困境之中;防止产生仅凭一枪一弹,又毕其功于一役的美妙幻想;又要反面驳论,洞若观火,善察空虚,只要有懈可击,就立即出其不意,攻其不备,不给对方喘息的机会。须知大军压境和短兵相接都是战机的需要,机不可失,时不再来,贻误战机,是为大忌。

7. 论辩之道,有攻有防。只防不攻,不成论辩。其要害是不敢作战,死守城池,唯恐打烂了自己的防线;只攻不防,等于蛮干。其症结在于有勇无谋,不会作战。而无谋之勇又何勇之有?它实属只知进攻,不知防御的鲁莽行为。大凡失利者,皆失之于此。所以真正觉悟论辩之道者,必须强化防御意识,必须采取攻守兼备的方略。

8. 论辩之道的高雅风韵,全在于似学术而又不是学术式的争鸣与切磋,即便当做一种高级游戏,也是独属于高知识阶层的,是精致绝妙、出神入化的。显而易见,学术学术,先有其学,而后才有其术;只有学之深广坚实,方有术之高明精到。因而归根结底是真知灼见、知识底蕴、雄才大略的比试和较量。金玉其外,败絮其中,就有失大雅。所以,既要以论辩的方式和满腹经纶征服对方辩友,又要以透辟的理论构建和机动灵活的应变素质取悦于广大听众,造成论辩赛场的正效应,造成有利于己方的人心向背,造成佩服敬仰而又坚强的情绪后盾,造成经久不息的热烈掌声和连连喝彩。此中分量,论辩者不可不知。

(摘自《演讲与口才》1998年第2期,P.29,王锦才 文)

辩论赛比赛规则及评分标准(参考用)

一、比赛流程、时间

1. 立论

正方一辩:开篇立论 时间:3分钟

反方一辩:开篇立论 时间:3分钟

2. 攻辩

正方二辩:选择对方二辩或三辩进行一对一攻辩 时间:1分30秒

反方二辩:选择对方二辩或三辩进行一对一攻辩 时间:1分30秒

正方三辩:选择对方二辩或三辩进行一对一攻辩 时间:1分30秒

反方三辩:选择对方二辩或三辩进行一对一攻辩 时间:1分30秒

(站立完成攻辩,每次提问不超过30秒,回答不超过1分钟)

正方攻辩小结:由正方一辩对本轮攻辩进行小结 时间:1分30秒

反方攻辩小结:由反方一辩对本轮攻辩进行小结 时间:1分30秒

3. 自由辩论

由正方开始发言,双方交替发言,各5分钟。

4. 总结陈词

反方:进行总结陈词 时间:3分30秒

正方:进行总结陈词 时间:3分30秒

二、辩论规则

1. 攻辩规则

(1) 每个队员的发言应包括回答与提问两部分。

回答和提问都应简洁明了(每次提问只限一个问题)。

(2) 对方提出问题时,被问的一方必须回答,不得回避,也不得反驳。

2. 自由辩论规则

(1) 自由辩论发言必须在两队之间交替进行,首先由正方一名队员发言,然后由反方一名队员发言,双方轮流,直到时间用完为止。

(2) 各队耗时累计计算,当一方发言结束,即开始计算另一方用时。

(3) 在总时间内,各队队员的发言次序、次数和用时不限。

(4) 如果一队的时间已经用完,另一队可以放弃发言,也可以轮流发言,直到时间用完为止。放弃发言不影响打分。

3. 辩论中各方不得宣读事先准备的稿件或展示事先准备的图表,但可以出示所引用的书籍或报刊的摘要。

4. 比赛中,辩手不得离开座位,不得打扰对方或本方辩手的发言。

三、评判标准

1. 团体部分

(1) 审题准确把握辩题的内涵和外延,对所持立场能多层次、多角度理解,论点鲜明,对本方难点能有效处理和化解。

(2) 展开对辩题的理解和论述能在广度上展开,在深度上推进,整个辩论过程条理清晰,能给人以层层递推的美感。

(3) 辩驳提问能抓住对方要害,问题简单明了;回答直面问题,有理有据,注重针对辩题正面交锋。

(4) 配合具有团体精神,队员间相互支持配合,论辩衔接流畅、方向统一,攻守兼备,自由辩论时发言错落有致,体现"流动的整体意识"。

(5) 语言普通话标准,语速抑扬顿挫,语言流畅,富于感染力,体现国语的优美。

(6) 辩风比赛中尊重对手,尊重主席、评委和观众,举止得体,显示出良好的道德修养。敢于创新,勇于表现,具有本队特有的风格,并贯穿全局。

(7) 形象着装整齐,仪表大方,体现出良好的风度和气质。

2. 个人部分

由评委根据每位辩手在整场比赛中的表现,给出印象分,可参考:

(1) 陈词流畅,说理透彻,用语得体。

(2) 提问合适,回答中肯,反驳有力,反应机敏,幽默风趣中寓见解。

(3) 台风与辩风。

3. 评分标准

按比赛阶段评分:

(1) 立论陈词:10 分

(2) 攻辩问、驳:10 分×2×2

(3) 攻辩小结:10 分

(4) 自由辩论:10 分

(5) 总结陈词:10 分

综合印象:

(1) 语言风度:10 分

(2) 团体配合、临场反应:10 分

共计 100 分。

评 分 表

比赛阶段		评分标准	总分	正方	反方
比赛阶段评分	立论陈词(10分)	破题准确,理论充分,逻辑合理,论证严密			
	攻辩问、驳(10分)	语言简练,表达流畅,反应迅速			
	攻辩小结(10分×2×2)	符合攻辩实际,内容充实,强化本方论证结果			
	自由辩论(10分)	攻防有序,把握主动,立场鲜明,语言幽默,自如运用辩论技巧			
	总结陈词(10分)	能系统归纳和阐述对方的论证漏洞或错误,全面总结本方论点论据			
综合印象	语言风度(10分)	语言普通话标准,语速抑扬顿挫,语言流畅,富于感染力。形象着装整齐,仪表大方,体现出良好的风度和气质			
	团体配合、临场反应(10分)	配合具有团体精神,队员间相互支持配合,论辩衔接流畅、方向统一,攻守兼备,自由辩论时发言错落有致,体现"流动的整体意识"			
总 分					

辩方	分工	评分标准	评分	备注
正方	一辩			
	二辩	(1)陈词流畅,说理透彻,用语得体(20分)		
	三辩	(2)提问合适,回答中肯,反驳有力,反应机敏,幽默风趣中寓见解(40分)		
	四辩	(3)台风与辩风(40分)		
反方	一辩			
	二辩			
	三辩			
	四辩			

【模块三 各类实用口才的训练】

项目九 谈话口才

【训练目标】

能大方自然地进行交际活动，得体地进行口语交谈。能较灵活自如地运用各类口语的谈话技巧，增强交谈的效果，达到良好的谈话目的。

【训练方法】

学习各类语言的交谈特点及其技巧，设定语境进行各类谈话训练。

【任务设计】

金秋10月是博诚文化发展有限公司的企业文化月，同时又恰逢公司10周年大型庆典。公司的办公室人员担任了本次活动的主要策划和实施。活动中，有很多人和事需要办公室人员的应对和协调。为此，办公室人员在具体工作中进行了各类谈话活动，如邀请及接待社会各界人士到会、组织安排公司人员筹划并参与具体工作等。

第一节 谈话概述

谁都希望自己是个有口才的人,而口才是一个人智慧、能力、素养的综合反映。要使自己的言谈充满魅力,令人钦佩,首先要清楚交谈语言的特点,其次要掌握交谈的语言技巧,并灵活运用交谈的各种形式。

一、谈话的含义及作用

谈话是社交中最根本的言语形式,是指两人或两人以上,为实现交流思想、互通信息、沟通感情、协调行为等目的而采用的口语表达活动。

谈话在工作、生活中起着重要作用,有助于增进人们相互间的了解和友谊,办好事情,提高工作效率,获取知识和信息。

二、谈话的原则和特点

在日常交谈中,首先要注意与人交往的原则,即做到诚恳、尊重、热情、关心、善解人意。交谈中应注意所说内容的观点正确,言之有理,以及内容的丰富多彩,言之有物,并使交谈呈现具体目的:增进友谊、慰藉情绪、获取信息、说服对方。交谈要坦率、真诚,同时要注意分寸。

谈话的特点如下:

1. 广泛性、实用性。谈话活动是人类交往的重要形式之一,几乎每一个人都要进行言语的交流,据统计,人的一生,在全部的表达中,只有10%~20%见诸书面文字,其余的80%~90%都是由口头来表达,一个人一天大约可以说6万~10万个字,在这些口头表达中,除了报告、发言、演讲、节目主持、讲课等公众性或职业性的说话之外,绝大部分的口语表达是用在同事、朋友、家人及其他人之间的谈话。而且其中涉及的内容很多,或者宣传、解释,或者说服教育,或者解决实际问题,或者汇报工作,或者反映情况等。谈话在人类社会生活的舞台上,起到了极为重要的作用。

2. 双向性、互动性。谈话是一种双向的信息沟通。谈话双方或多方平等地加入谈话,既是谈话者,又是收听者,而且收听者随时可能提出新的问题,而谈话者随时都有义务积极组织材料,思考和应对新的问题。

3. 灵活性、变异性。谈话过程中,谈话双方言语互相衔接、互相影响,使谈话很容易从一个转向另一个,谈话者是能动、有思维、有意识的个体,这就决定了谈话的灵活性;而谈话者个体素质的不同,还引出了谈话的变异性。

4. 准确性、明了性。谈话的双向性大大提高了信息的准确性,并使双方交流更直截了当。

三、谈话的模式和类型

(一)模式

1. 闲谈

闲谈是指漫无边际的随意谈说。这是人们日常生活中运用得最普遍的双向言语形式。

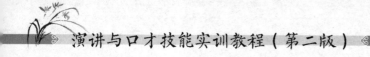

闲谈可融洽人们之间的感情,密切人际关系,变路人为朋友,化陌生为友情,是很好的公关润滑剂。

特点:目的模糊,话题多变,形式自由。

误区:话题难找,随意插话,言过其实,含混啰唆,造作卖弄,争执抬杠,唯我独尊,漫不经心,道人长短,触人隐私,冷落一方。

2. 会谈

会谈是指为了实现某一意图而进行的交谈。它可以使会谈者在短时间内能动地定向传递、获取大量信息。调查、举荐、求助、说服、批评、讨论均属该范畴。

会谈与闲谈有密切的联系,都属于双向交流。闲谈可转化为会谈。

特点:目的明确,内容集中,讲究方式。

(二)谈话的类型

按谈话的形式可分为面对面谈话和电话谈话等类型。

按谈话的内容可分为有特定内容的谈话和无特定内容的谈话等。

按谈话的目的可分为以了解为目的的谈话、以欣赏为目的的谈话和以研究为目的的谈话等。

按谈话的功能可分为交际型谈话(社交)、公务型谈话(公关)和商务型谈话等。

四、谈话的语言特点

1. 短。由于谈话是即时性、同步性的双向交流,因此,对话语言要求短一些,提问要短,答问也要短。所谓"短",就是简明扼要,言简意赅,长话短说,"言半功倍"。莎士比亚说:"简洁是智慧的灵魂,冗长是肤浅的藻饰。"所以谈话中忌讳:八股开场,套话连篇;啰唆重复;喋喋不休;支离破碎,离题万里。

2. 平。谈话的语言还应平朴,即以平易朴素、自然天成的口语、大众化的语言进行交流。平朴体现了"返璞归真"的道理,往往语言修养很高,其说话更明白准确,朴质洗练,得体精当,魅力独具。

3. 快。谈话的语言具有临场性、同步性的要求,所以对话时要思维敏捷、反应迅速、语言明快、对答如流,这也是符合了社会、时代的要求。其快,犹如电闪雷鸣,又似飞鸟出林、惊蛇入草,而非跌跌撞撞无法把握的快。

五、交谈技巧

1. 停顿技巧。谈话中要注意控制节奏,吸引听众的注意力,调节现场的气氛;有时还可以沉默的方式来增强话语的分量,使话语中潜藏的含义进入听众的心中,影响对方。

2. 加速或减速的技巧。语言表达的速度往往具有微妙的影响力,有时通过对语速的控制可以达到良好的语言效果。应加速的地方应是任何人都知道的事情,不太重要的事情,精彩的故事进入高潮时或无法控制的感情等。而对于一些需要特别强调的事情,极为严肃的事情,勉强控制的感情,使人感到疑惑的事情、数据、人名、地名等,可在谈话中减缓说话的速度,以引起人们的注意。

六、谈话的语言风格

"没有任何东西能够像恰到好处的真情流露那样导致崇高,那样引起共鸣。""真者,精诚之至也。不精不诚,不能动人。"(《庄子·渔夫》)"感人心者,莫先乎情。"(白居易《与元九书》)因此,谈话中一定要真诚相待,动之以情、以情感人。

同时,在话语中也要寓理于情、以情达理。"那些巨大的激烈情感,如果没有理智的控制而任其为自己的盲目轻率的冲动所操纵,那就会像一只没有压舱石而漂流不定的船那样陷入危险。"(朗加纳斯)因此,谈话中要在以情动人的基础上,注重摆事实,讲道理,以理服人。善于把激越的情感置于正确的理性思想指导下,把情感的诱发力与思想的感召力有机地化合在一起,使对话的问题有正确的解答,使双方的灵与感都得到升华。

言谈的典雅优美,富于文采,旋律动听,不落俗套,这使对话更具吸引人的魅力,听者也可从中得到艺术的陶冶和美的享受。这是对话的较高境界。

围绕谈话的两个核心问题是巧问和智答。

七、问话

(一)问话的原则

谈话时提问方式要因人而异(交谈对象的年龄、身份、地位、文化修养、性格特征等);问题要严谨明确,具诱发力。

(二)问话的方法

不限制提问,即开放式提问,是指不给回答问题者一个框架,让他不受任何因素的影响,依据自己的经验或理解表达自己的想法或认识。没有任何暗示和限定。该提问方式的优点是:得到的信息多。缺陷是:信息分散,整理起来较麻烦。

选择式提问,是指让调查对象在一个特定的范围内作出选择的提问方式。

是非式提问,是限定调查对象两个答案,肯定或否定。

(三)问话的技巧

问话的技巧有:正面直问,迂回侧问,知故问,"弯弯绕"问,面面俱到地问,假言设问,步步追问(随对方谈话思路,一个接一个引向深入),顺势反问(趁对方回答不准、不对的情势反问,因势利导,促使对方从失误中悟出道理)。

(四)问的忌讳

如把提问变盘问,则会窒息对方交谈愿望;用教训的口吻提问,易使人产生抗拒心理;提问不得体,如涉人隐私、刺人隐痛处,则会导致谈话的失败;提问不合时宜,则会使人尴尬或恼怒。所以,千万别问以下这些烦人的话:

1. 对于别人做的事,勿问为什么那么做。如:

"你为什么做那种事情?"

"你为什么与那种公司做交易?"

"你为什么为那种公司卖命?"

"为什么你每天吃一样的早餐?"

"为什么你开那种车?"

2. 勿做诱导式的提问。如:

"我想教给你存钱的方法,你有兴趣吗?"

"你不想更结实、更健康吗?"

"你对家庭关心吗?有责任感吗?"

"你如何看待毫无同情心的人?"

3. 勿做迫使对方同意的提问。如:

"你不认为我刚才说的事情是对的吗?"

"像我们这样的人能够做到这一点的话,你不认为你的人生很幸福?"

"当然,我并非说'对此你怎么看?'"

"同意还是不同意?"

……

以上的提问不妥当,不能给对方留有足够表达意见的余地。如遇上与你的意见相悖时,还是以这样的问法较好:"你认为我的说法对吗?"

4. 勿提有关对方私生活或有侮辱对方倾向的问题。

5. 勿做令人伤脑筋的提问。如:

"这本词典中你最喜欢哪一个词?"

"你对当今世界怎么看?"

八、回答

回答的方法主要有以下几种:

1. 直言法。直来直去,直陈其言,直抒心曲,明快晓畅。适用于比较接近、互相比较熟悉的人,如父老师长对后生晚辈。

2. 限制法。对蕴含双重含义的问题,不能贸然作答,轻率定论,应以限制作答给人以思考的余地。

3. 概括法。要求把问题总括起来,提纲挈领地归纳成几个方面或几点,择其要者,扼要得当地简略地加以解答。

4. 反问法。对有的浅显的、简单的问题,无须多费口舌,可用反问法。

5. 幽默法。对引起了紧张气氛的问题,进行缓解。

6. 委婉法。灵活的说话法,可给人以含蓄感,也有助于打破僵局,缓解矛盾。

7. 模糊法。对一些不便明说的事情以模糊的说辞进行回答。

8. 暗示法。类同于隐喻。

避免使用伤害别人的语言,如:

1. 侮辱性的语言。

2. 诽谤性的语言。凭空捏造事实,并在一定场合中散布。特点有二:第一,具有主观性,可以说是无中生有;第二,具有违法性,侵犯了他人的人格。否则,有可能导致诉讼的发生。

3. 指责性的语言。易伤害别人的感情。往往是一些质问性的话。

4. 埋怨性的语言。

5. 威胁性的语言。

6. 夸张性的语言。指陈述时故意夸大了别人的缺点、错误,具有较强的破坏性,破坏了别人的声誉,因而给别人造成的伤害也是较为严重的。

7. 反话。往往具有强烈的讽刺意味,因此在交际中容易伤害别人的自尊心。

8. 贬低性的语言。

9. 高傲性的语言。即那些自以为是、高人一等,甚至狂妄自大、目空一切的语言。

10. 武断性的语言。即摆出权威的架势,陈述自己的判断或观点是唯一正确的、不容置疑的语言。

11. 歧义性的语言。即易使人产生误解而造成尴尬的语言。

12. 揭人伤疤的语言。即易伤感情的语言。

九、谈话的艺术

要使谈话有艺术,就要做到:谈吐动人,能准确、生动、灵活地遣词造句;讲好普通话,用自然、和谐的语调;掌握好语速,节奏适当;把握好重音,声音清晰、明亮;还要善于运用、妙用态势语,以丰富动人的态势语言达到此时无声胜有声的境界,如用微笑交流信息,会给人真诚感,但要自然、适度、得体;要善于用眼神来沟通心灵,尤其是目光的直接交流,一个充满热情、具有同情心、为人真挚坦率、爱好广泛并具备人类所应有的全部感情的人,往往能有效地通过眼神传达自己的意图并接受相应的反馈;用优雅自然的手势表情达意,会带给人美感。同时还要巧用距离语言,如人际交往有较为明显的区域:亲密区 0.5 m;个人距离 1 m;社交区 5~6 步;公众区,台上、台下。

第二节 交际型谈话

社会是关系的海洋,有着各种各样人与人的交际往来。有人做过统计:一个人所获得的信息大约有 60% 来自社交活动;所交的朋友 80% 以上是在社交场合初次相识的;知名人士几乎毫无例外地最先是在社交圈子里出名的,有了一定的名气后利用大众传媒扬名往往也必不可少地要借助社交活动。因此,交际谈话在很大程度上决定着人们的行为效果。一个人的说话能力越强,他越能在各种社交场合中表现得左右逢源,不会说话的人往往只能充当社交场合中的失败者。因此,培养和掌握交际口才的技巧,是现代人取得事业成功和获得生活快乐不可缺少的素质。

在进行交际谈话时,要注意设计好谈话方式。一般地,一次谈话只含一个中心;善于捕捉成功的契机;在对谈话内容的处理中,善于把握好话说三分与话说七分的度;善于捕捉不可忽略的间接兴趣点,以引发交谈;交谈中应起伏跌宕。

一、拜访

拜访是访问他人的敬词。

(一) 基本要求

1. 要选择好时机。一般来说,清晨、吃饭、午休、深夜都不宜登门。同时,要考虑主人的心情,在主人心情好的时候,会受到热情的接待,有利于实现自己的目的。拜访别人时,有约在先为好,不宜贸然前往。

2. 要注意自身形象。穿着要得体、讲究,注意仪表、风度。自身形象要给人以美感,绝不能衣着肮脏,蓬头垢面;最好带点礼品给家中的老人和小孩。

3. 进门时不要忘了敲门或打招呼,即便是朋友也不例外。

4. 进门后主动打听主人是否忙着,有没有时间。

5. 言谈举止要得体,这是实现拜访目的的关键。言谈举止是一个人素质的外在体现,它直接影响着主人的情感和对你的不同看法。得体的言谈举止,会使主人产生愉快的情感,这时的他会尽力给你帮助的,反之,你将被冷落或被拒之门外。

6. 要有时间观念,拜访的时间不宜过长。

7. 态度自然。

8. 告别时对主人的款待之情应表示真心的感谢。

(二)技巧

1. 说好寒暄语

寒暄是人们交谈交际的触媒和契机,是人们初次见面的应酬话。良好的寒暄可为交谈创造一种好的氛围。

寒暄语通常由称呼和应酬话两部分组成。具体有以下三种方式:

(1)问候式。如:

过春节就问:"过年好!"

夏天就问:"热不热?"

拜访老师就问:"课多吗?"

(2)夸赞式。易创造出一种愉快和谐的气氛。如:

"你的新衣服真漂亮!"

"你的发型真好看,好优雅啊!"

"这房间的布置很有品位……"

(3)言他式。在交谈未进入正题之前,先谈谈其他事,如天气情况、趣闻、新闻等。

2. 话题要集中

主客寒暄后,客人要适时进言。交谈的时间要尽量短些,话语要尽量浓缩,较少修饰雕琢。话题也不能太散,要尽量避免说些不该说的话。如,一般不要询问女士的年龄,主人的经济收入,或对某些问题穷追不舍。

3. 即兴说些幽默话

幽默的谈吐可活跃气氛。如:

女主人同客人正在客厅交谈,女儿放学回家了,见到客人很乖地叫:"叔叔!"客人随口称赞说:"现在你可以享清福了,女儿都这么大了。"而女主人却抱怨说:"我女儿可体贴我呢!我有成堆的衣服洗不完,她没有一天不跑出去玩。我真有福气。"客人忙说:"是啊,这孩子心好,不愿在家看见妈妈受累。"听到这么新鲜的解释,女主人笑了。

又如:

有一位男子到朋友家拜访,这家有一个两个多月的胖儿子。这位先生很热情地对孩子的父母赞美说:"好健康的小家伙,真可爱,将来肯定有出息,恭喜你们。"可是主人并未露出高兴的表情,反而显得很失望。朋友告诉他:"其实,我一直是想要个女孩儿的。"听了这话,客人知道自己的称赞并未说到他的心坎上。不过,他马上又对主人说:"没关系,等小孩长大了,娶个漂亮孝顺的媳妇,你们不就等于有了一位可爱的女儿吗?"主人的脸上顿时有了笑意。

拜访朋友时,交谈中一旦话不投机,就要善于说上一些幽默话来活跃气氛。

4. 体态语不宜多

人与人交往,不但要察其言,而且要观其行,所以体态语是口才与交际艺术的重要组成部分。主人对客人的印象,来自听觉和视觉两个方面。举止不文明,体态语过多,听人说话时搓手耸肩……这些都会引起主人的不悦,成为实现拜访目的的障碍。

能力训练

1. 利用星期天去拜访你的一位久未联系的年长的朋友或老师。除了礼节性的目的外,最好想好一个副目的。

2. 你去拜访一位名人。进屋后发现主人家喂养了一条小猫。请以此为话题,设计一段2分钟左右的谈话。

二、接待

接待一般包括迎客、交谈和送客三个环节。其技巧如下。

1. 热情迎客,说好见面话

见到熟悉的客人,要会说:"欢迎,请进。""稀客,稀客,哪阵风把您给吹来了?""您真准时。"如果来的是陌生的客人,则说:"请问您是……"

2. 知人善谈

语速、语量要根据来访者的年龄和个人表情达意的需要而定,遣词用语可以因来访者的文化水平、理解程度而异,说话语气据来访者的不同目的而变化,交谈双方的距离以人际关系和性别而定。对老年人用较慢的语速、较大的语量与他交谈,能使他产生被人尊敬的喜悦感;与几岁的儿童交谈,则宜轻言慢语、语调柔和,使小客人产生安全感、信任感;与同龄人交谈,讲究语速快慢适应,语量高低变化富有节奏感,使客人不疲劳、不紧张。如:

一位人口普查员问一位乡村的老太太:"有配偶吗?"老人愣了半天,然后反问:"什么配偶?"普查员只得换一种说法:"就是老伴呗。"老太太这才懂得了配偶的含义。

3. 礼貌送客

学会说分别话,如:"您走好"、"欢迎再来"、"经常来玩"等;送别客人不要急于回转;送别客人回屋时,关门的声音不可太重。

能力训练

1. 称呼是接待工作中必然碰到的,开口讲话先得称呼别人,可在生活中不会称呼别人的情况时有发生。请你从以下几方面各举一例加以分析说明:

(1) 失礼; (2) 粗俗; (3) 不敬; (4) 语病。

2. 某银行人事处来了一个正在找单位的大学生,处长让科长小孙接待,要把目前银行不需要人的情况婉言告知那位大学生。

请你为孙科长设计一段恰到好处的接待话和告知语。

3. 设计一次客人来访时你在家的接待活动。

三、介绍

介绍是指在社交场合中让双方相识,主要有自我介绍、第三者介绍、别人为你介绍、使用名片介绍四种方式。

1. 自我介绍。自我介绍就好比是自我推销。介绍自己时要注意镇定自信,繁简得当,把握好分寸,讲真心话,勇于袒露自己,使对方对自己产生信任感和敬佩感。

2. 第三者介绍。要注意介绍的繁简程度和分寸。介绍时先介绍客人,再介绍主人;先将年轻的、身份低的介绍给年长的、身份高的。介绍时要伸开手掌而不要用手指去指点。在人员较多时,作为被介绍的双方,也可主动地互报自己的姓名、工作单位和其他应该说明的事项,以缓解介绍人的忙乱;在进入交谈后,不要忘记了介绍人,应该时时将一些话题留给介绍人,以免介绍人受冷落。

3. 别人为你介绍。如果有人将你介绍给别人时,你作为被介绍人,应站在另一被介绍人的对面。等介绍完了,应握一下对方的手,并说"您好"、"认识您很高兴"、"久仰久仰"等,也可递上自己的名片,说声"请多关照"、"请多指教"。

4. 使用名片。在使用名片时要将自己的名片放在易于拿出的地方,以免在需要取出时手忙脚乱;出示名片时目光要正视对方,并用双手递上;接到对方名片时,要认真看一下,再郑重地放进口袋。切不可接过名片时连看都不看一下就随意地扔在桌上,那会伤害对方的自尊心;如自己没带名片,要向对方说明情况,并主动作自我介绍。

能力训练 NENGLI XUNLIAN

1. 如果你被邀请参加一次联谊活动,并被要求表演节目,你将如何介绍自己?

2. 假如你主持一项工程竣工仪式,到会的有省、市、县各方面的领导,你将如何把他们介绍给与会者?试选择其中某一位领导,设计介绍语将其介绍给与会者。

3. 学校要选拔若干名学生代表参加市里举办的大专生朗诵比赛。请你把班上有这方面特长的同学向学校作口头推荐。

要求:在符合一般的推荐要求时,尤其应注意针对性和客观性,既不以一丑掩百俊,也不以一俊掩百丑。要注意自己举荐人和自己与学校的从属关系。语气分寸妥当把握。

提示:参加市级朗诵比赛应该具备哪些条件?应侧重哪些能力?据此应如何提炼推荐语言?

4. 试把一位你所熟悉的人(如父亲、母亲、同学、老师……)得体地介绍给大家。

四、聊天

聊天是一种交流思想、分享快乐、分担忧愁的好形式,也是一种较为频繁的社交活动。其技巧主要表现在:

1. 善于寻找话题。一起聊天时,无话可说会令人索然无味,如有善于寻找话题的人加入,便可打破尴尬的局面。寻找的话题有很多,如可从参与聊天的人身上寻找共同点,并由此引出话题,如与同行聊天,可聊聊老本行的事;如与同事聊天,可聊单位的情况;老同学则可回忆同窗共读的趣闻逸事……这样就可使话语投机,越聊越对劲。还可就地取材,如天气、电视、某一本手中的书或报纸……信手拈来,往往可聊得轻松自如。还可循趣入题,先从一个能引起大家关注的题目入手,引导到有更大兴趣的话题,如可投人所好,聊对方的爱好……

2. 善于调节话题。当聊天的话题聊了一段聊不下去时,就要运用良好的应变口才来调节聊天的话题。

3. 善于寓庄于谐。一个有口才的人,总是善于用幽默风趣的语言创造愉快的交谈气氛,并能让你在说笑中明白某件事和某种道理。

案例评析 ANLI PINGXI

纽约有一家高级食品公司的总经理,很想出售面包给纽约一家大旅馆。于是,总经理作了一系列的努力:四年没有间断每周一次的拜访,参加老板所参加的社交活动,在该旅馆开房间。但是,这一切并没有感动"上帝"。后来总经理发现这位老板是旅馆业协会的主席,而且对协会的活动十分感兴趣,从不缺席。他高兴极了,第二天便跟老板"聊"起了协会的有关情况。奇迹终于出现了,过了没几天,老板打电话叫总经理带着面包去议价。

评析:聊天要善于寻找共同的话题,善于从参与聊天者的身上找共同点,并由此引出话题。上述材料中的总经理几经周折,才与那位老板寻到了共同的话题,最后通过循趣入题的聊天,达到了自己的目的。

能力训练 NENGLI XUNLIAN

1. 假如你是一个效益不错的企业的新职工,经常与员工们在一起聊天,了解了工厂的许多情况。一天,总经理在与你聊天时,突然问你:"你是新来的,没有什么偏见,经过这一段时间,你觉得我这个人怎么样?""很好,总经理。"但总经理却固执地说:"你一定要讲真话,我只想听听你的意见,或者从你这里听到别人对我的意见,你不必担心什么。"而这个总经理确实也有一些不足和毛病,员工们也有所议论。这时,你怎样与总经理继续聊下去?

2. 你去朋友家玩。刚巧朋友家来了老家的客人,这时,你该怎么办呢?

如朋友坚持让你留下,你该如何和朋友家的客人攀谈呢?

3. 闲谈的误区有哪些?你觉得自己经常会涉足哪些误区?你准备如何提高自己的闲谈能力?

五、接近

接近的步骤是:寒暄、介绍、寻找进一步话题的突破口。

(一) 技巧

1. 舍弃自我。谈话中要善于弱化交谈者之间的距离,让对方在一种轻松、无距离的状态中进入谈话,往往可以达到良好的交谈效果。

2. 介绍得体。要注意对方的喜好,宜用轻松、友善的口吻,使对方消除紧张和略有戒备的心理,达到顺利接近对方的目的。

3. 寻找共同。共同的爱好或话题往往可缩短彼此的距离。其步骤有三:

(1) 同点推测。这指的是交谈时先不急着发问,而是先分析其人有哪些特点,哪些兴趣或爱好会成为共同的话题。

(2) 同点选择。这指的是在交谈中要注意捕捉对方言谈中流露出的有关信号,如相同的地缘关系、共同的情趣等。

(3) 同点发挥。这指的是交谈中对有关信息可不断借机、借题发挥,如恰如其分的夸奖、出自真诚的关心等。

4. 借助媒介——谈话场合正在发生的事或客观存在物通常是最好的媒介。如:

对方手持报纸,则可以报纸为媒介:"对不起,打扰一下!请问你拿的是什么报纸?有什么重要新闻吗?"这就使得接近对方有了可能。

5. 勤用"我们"。这是简单又有效的接近方法。"我"、"你"太分明,易在对方心理上筑起防线。而用"我们"代替"我"字,缩短了这种距离,使双方更接近。

◆ 案例 ◆

1. 接近不认识的人,可先将自己介绍给对方,继而称赞对方,然后留出话头。如:

"你是五金站(业务科)的杨科长吧?我是百货大楼公关部的徐华。上个月职工篮球赛我看过你们队打球,你们上场的几个人配合挺好,你的个人突破很有一手,高个子队员都防不住。可惜我刚看了三场就出差了,你们队后来的战果怎样?"

2. 对不认识的人的接近语言,可用数据诱人。如拜访青岛某电冰箱厂销售科:

"我是××市百货大楼公关部的徐华。这是我的名片(动作)。贵厂生产的冰箱是全国名牌,能到这里看看十分荣幸。今天来此有两个目的,一是想与你们建立联系,二是提供一个信息。据我们了解,我市的冰箱市场上,海尔冰箱的占有率不到5%,而××冰箱厂正要大力开拓我市冰箱市场,他们厂已与我市一家企业签订了供货合同,我想你们如果对我市冰箱市场有兴趣,我们可以合作。我们百货大楼是我市最大的商业企业,不知你们对我们这块市场有没有兴趣?"

3. 参加会议在空余时与人攀谈,可从大家都关心的事件谈起,如国际国内的重大新闻、体育比赛、某地灾情、趣闻逸事等。如:

"李科长,你刚才听了广播没有,'马家军'又放卫星了。这次比赛的前四名全让他们包了。这个马骏仁也真有两下子。听说他是当兵出身,也根本没当过运动员,也没受过系统训练。当教练却比别人强,你说怪不怪?"(然后转移话题)

4. 对一般认识但无思想交流的人的接近语言,从衣着商品入手,以引出你的一些感慨和看法。如:

"吴科长忙什么呢?你发现没有,现在人们的消费档次越来越高了。前两天有个朋友到我那儿串门,让我欣赏一下她的皮鞋。我一看,皮鞋是不错,样式好,色泽也很好,我就往高猜是300元钱,谁知我那朋友不高兴了,说我给的价还不到鞋的零头钱。你猜怎么着,这鞋是1380元哪。你看人家多气派。"

5. 从一些共同爱好谈起。如可借助爱花人的互通有无,为接近对方打开方便之门。

"王经理,你那几盆花最近有没有开?我家也有几盆,特别是那两盆兰花挺好。你有没有兰花?我给你压一棵吧。"

6. 从孩子谈起——

"李经理,你孩子今年升高中了吧?我看他平时很用功,放假也很少出来玩,学习不错吧!"

如其孩子学习不怎么样,就不要谈学习。

"李经理,你孩子越大越懂事了,每次见到我都主动打招呼,很有礼貌。李经理,你可是教子有方啊。"

7. 与有过一般交流的人的接近语言——主要通过多接触多沟通,增加交往频率。语言要相对贴近一些,内容可从泛泛的谈话加深一个层次。如从关心对方身体谈起,温暖体贴,一般谁都愿意接受。如:

"张科长,前些天听你们工商局的赵局长说你住院了,现在病好了吧?"

"人到中年要多注意身体,特别是像你这样事业型的人,一干起工作就啥都不顾了,那怎么行!"

能力训练

1. ×年×月×日,是×校的校庆日。学校想了解全校同学对校庆安排的意见。于是就派学生干部深入到各个年级各个班级进行调查。如果你作为调查员去本系的一年级××班调查,请问你将从哪几方面入手进行调查?最先提什么问题?

2. 你在候车的时候,发现有一位先生正是上周你去办事的相关单位的办事员。

请问:你认为这次有必要与他接触吗?

如打算和他接触,你将如何接近他,进行相关的沟通和交流?

3. 找两个陌生人各聊天5分钟。然后比较一下这两次谈话,哪一次更成功一些?为什么?把谈话的经过讲述给大家听,并将分析结果对大家进行汇报和交流。

六、应酬话

应酬话是交际往来中的语言交流,主要是道谢话、道歉话、勉励话、告别话。在交际中,要学会说好这类言语。

能力训练

1. 设计一次客户来访时你作为办公室内勤人员在自己部门办公室里的应酬语。

2. 设计你作为公司公关人员在公司的一次大型庆典活动时你接待各方来宾的语言。

七、赞美话

生活在社会中的每个人,都希望他人能肯定自己的优点和长处,从而肯定自己的价值。公关社交中,主动地、适当地赞美别人,是一种促进关系友好的催化剂。有求于人时,先赞美人,事情也容易办成。可赞美的内容很多,如:个人特长、工作成就、发明成功、大作出版、文稿付梓、乔迁新居、提拔晋升、子女聪明荣获奖励等,都是实实在在可以赞美的内容。一份赞美,就可给人一份陶醉,一份温暖。然而,刻板的赞美也会使人怀疑你的真诚,过头的、肉麻的恭维则有可能令人对你心生轻蔑,觉得你不怀好意。赞美要恰到好处,要因人而异,情真意切,合乎时宜,雪中送炭。

赞美的艺术：

1. 正面赞美要谨慎。内容必须可信；切忌恭维太多。若不知如何恭维时，最好保持缄默。要学会适时的"锦上添花"与"雪中送炭"。尤其对于有些人，在急需拉一把时，你若能及时给予赞美，帮助其树立信心，恢复自尊，备受鼓舞，这种"雪中送炭"胜过"雨后送伞"。如：

某单位的一个学历高但缺乏责任心的青年，因出了几次工作事故而自暴自弃，别人也认为他是高分低能的典型。一次，书记和他谈话。书记首先向他问好，他却说："众所周知我不好，已经不可救药了。"书记说："说你不可救药，不仅是对你的否定，更是对我们工作的否定。"在作了一番自责后，书记继续说："我想和你交个朋友。今天我就以朋友的身份和你谈心。你也是老大不小了，孔子说，三十而立，再过两天你就三十了。俗话说，好花开得迟，但再迟也得开呀！现在是你用心施肥的时候了……"这次谈话后，这个青年的工作果真有了一定的起色。

书记是在他最孤立、最没有信心时和他谈话的。而且自责多，批评少。没有千篇一律的大道理，有的是真诚的期待和循循善诱。面对这样的话语，即使是石头也会发热的，何况是人心呢？

2. 对女性直接赞美一般多赞美她的衣着、美貌，注意不要当着一个女性的面赞美其他女性；对男性则更要赞美他的才华、他的事业、他的成功、他的气质等。

而恰如其分的间接赞美的效果有时比直接赞美更好。倘若有人告诉你，某人在你所不在处说了许多关于你的好话，你能不喜形于色吗？如："你真漂亮，难怪小林一直佩服地说：'你总是那么年轻。'"这会让人感到赞美的真心。

又如，"严师出高徒"、"将门出虎子"、"名厂无劣品"、"听说你们学校出了很多高级人才"、"听说你们班学风很好"等。还可以赞美对方的职业、籍贯、民族、习俗、地域、国家等，间接地达到赞美他本人的目的。

3. 把重要的赞美放在最后。赞美别人，要注意把不重要的、有欠缺的方面先提出来，把需要强调的、重要的、显然是优点的内容放最后，这样很有效。如：

"这商品非常好，但价格高了些。"这说法不够妥当。正确的说法应该是："这商品价格高了些，但非常好。"

4. 全心全意地赞美。口中赞美的内容，应给人真诚感。不仅语言上，还应从眼神、表情上也能看到。同时，赞美还必须是随时随地、不分人前人后的持续赞美，而当面赞，背后却数落，那效果必将走向反面。

5. 更新用语，使赞美话新意盎然。时代在进步，我们的赞美语也必须与时俱进，不断更新，才能使受赞美者心旷神怡，如饮甘露。

如赞美男人，"魁梧、英俊"之类已老掉牙了，而应该说："你真帅！""你忒酷，简直酷毙了！"

赞美女孩，用"漂亮、美丽"已经土得掉渣，女孩一听就烦。这时就应该说："美女，你好靓丽呀！""就凭你这身材，走出去回头率绝对高！"

过去，我们常用"吸引力"去赞美某人、某事，现在用语变了："你好有魅力耶。""你的魔力倾倒了无数观众。"吸引力——魅力——魔力，大致相同的赞美意思，用语却在不断地更新换代。

案例评析
ANLI PINGXI

1. 在一个毕业十周年的同学聚会上,A兴奋地说起当年的趣事。他说:

当年我常和C一道在食堂吃饭、打开水。C嘴里嚼着香喷喷的饭菜,眼睛总是盯着漂亮的女生。有一次,他一手拎着灌得满满的热水瓶,一手拎着空饭盒,往宿舍走。突然眼睛瞄准了一个目标,走着走着,也不知是有意还是无意,撞上了佳人。热水瓶差点打翻,佳人怒目以视,还是我帮他解的围呢。C听到A这样说他,指着A的鼻子说:你恶语中伤!另一个同学B马上接过去说:当年C就是一个好学上进的人,他善于观察人生,食堂正是他观察人生的好地方。那次撞上人,是因为他正专注地思考问题。今天,他能成为社会专家和当年的专注是分不开的。

评析:A和B说的是同一个人。A主观臆想他人的行为,渲染他人的窘态,突出自己的作用,无形中伤害了他人的自尊心。C听着与自己相处了几年的同学这样嘲讽已小有成就的自己,怎能不心寒和震怒呢?而B用宽厚的心胸,本着友好的态度善意理解了当年的事件,切合了C需要尊重和友善的心理,达到了熨帖人心的作用。

2. 某大学的一位教师应家乡宜城团县委的邀请,为家乡一千多名青年作题为《在改革大潮中创造有价值的人生》的演讲。这位老师久别回到家乡,看到家乡变美了,变繁荣了,心里非常高兴。当他站在讲台上望着家乡的青年们的时候,觉得他们是那样的可爱,于是情不自禁地以一段赞美之辞开始了演讲:"曾经有人问我,你最喜欢哪首民歌?我脱口答道《回娘家》。是的,宜城是我的娘家,是我母亲的土地。我热爱宜城,赞美宜城,也许首先就因为我们宜城的人外貌美。古代宜城有个叫宋玉的大文豪就说过:'天下最美的人在楚国。楚国最美的人在宜城。'"他这番赞美的话语一下子博得了广大青年的热烈掌声。

评析:诚意地赞美别人应视为人的一种美德,因为通过它可以建立起一个美好温馨的世界。

能力训练
NENGLI XUNLIAN

当你学服装的朋友经过几个晚上的折腾后,终于完成了他的作品。但事实上这件"时装"却不值得恭维——因为太一般了,然而你的朋友却没有意识到这一点,他很得意地拿给你看,内心很希望得到你的赞美。这时,你会怎么说?

八、批评语

"金无足赤,人无完人",每个人都会有过错,但对于过失的性质、危害、根源等,总不如众多的旁观者清。我们需要真诚的赞美,也需要善意的批评。赞美是鼓励,批评是督促,赞美如阳光,批评如雨露,二者缺一不可。一般来说,不到迫不得已,在公关社交场合不要随意批评别人;如非批评不可,也要尽量做到"良药不苦口",气氛尽可能宽松、活泼一些,要以不伤人自尊为原则。

批评人时要心平气和,做到态度诚恳,注意场合和方法。委婉含蓄,巧用幽默;批评宜就事论事,使受批评者知道其缺点、过失,又要维护其尊严、威信。此外批评时多用"我想"、"我以为",而不要打着公众的牌子。批评时以请求协作,不要用强迫、命令的态度,要在友好的气氛中结束批评。

实验显示:对人简单批评,愉快接受或愿意接受的人为5.3%;先批评后表扬,愉快接受或愿意接受的人为34.2%;先表扬后批评,愉快接受或愿意接受的人为60.5%。

因此,批评要具有艺术性,批评时面带微笑,可减少敌意;宜欲扬先抑,先赞扬,后批评;委婉含蓄,巧用幽默;选择良机;批评别人可声东击西;不要当着第三者的面批评对方,要私下里进行;以检讨自己的不足批评别人,批评别人的时候自己首先承担一定责任;要指出批评有利的一面。如:

美国柯立芝总统批评他的秘书打文件的毛病,先说:"你今天穿的这件衣服真漂亮,你真是一位迷人的小姐。"打字员小姐十分高兴。但马上——"你很高兴,是吗?我说的是真话。不过另一方面,我希望你以后对标点符号稍加注意一些,让你打的文件和你的衣服一样漂亮。"又如,在家庭财政发生赤字时,可以这么对太太说:"你一直都是很会安排的,怎么这次搞得入不敷出呢?"

案例评析 ANLI PINGXI

1. 别人打破了你的东西,你批评他太大意时,可以加上:"当然也要怪我把东西放得太靠边上了!"

评析:以检讨自己的不足批评别人。批评别人的时候自己首先承担一定责任。

2. 批评孩子的房间很乱,不妨同时指出:"房间搞整洁了,你就可以在这里招待朋友。另外你想找什么东西也很方便。"

评析:要指出批评有利的一面。

3. 我国作家冯骥才在访问美国时,一位美国朋友带着儿子来饭店拜访冯骥才。

他一边与朋友交谈,一边望着朋友的儿子爬在床上,又叫又跳。他如直接制止,朋友的脸上会不好看,自己也有失身份。于是,他委婉地进行批评、制止,幽默地说:"请你的儿子回到地球上来吧!"朋友会意地笑笑:"好,我和他商量商量!"

评析:这样问题解决了,气氛更友好了。这样的批评可谓是诙谐、幽默,比直接的制止效果要好多了。

4. 有位教师发现有些学生偷着学抽烟,就在班会上说:"今天我不想讲抽烟的坏处,想讲讲抽烟的好处。吸烟有三大好处:第一可防小偷。吸烟会引起深夜咳嗽,小偷怎敢上门?第二,可演包公。从小吸烟,嫩肺熏枯了,长大烟尘满面,黄中带黑,演包公不用化妆了。第三,'永远年轻'。医学统计表明,吸烟历史越长寿命越短,当然他的人寿档案上的年龄是永远年轻啰。"

评析:批评的方式有很多种,其目的是教育人、开导人。显然,这是正话反说。这位老师表面上讲的是"三大好处",骨子里却是三大害处。学生们听起来觉得挺新鲜,自然乐于接受这种善意的批评。

5. 有位政治家在演讲进行到一半时,有个捣蛋分子高声打断了他:"狗屎!垃圾!"很显然,这人要表明"少说空话"或"胡说八道"的意思。可这位政治家只是报以容忍的一笑,安抚地说:"这位先生,请不要着急,我马上就要谈到你所提出的脏乱问题了。"

评析：大智若愚，故意曲解，可化解尴尬。在受辱的情形下，可保持自己的儒雅风度。

6．小李在办公室吃早餐，主任要求他马上收起来。小李竭力为自己辩解："这又不是什么大不了的事，领导又何必小题大做呢？"主任严肃地说："这有关办公室和你个人的工作形象，怎么能说是小事？"小李越说越激动："我知道你一直看我不顺眼，总想挑我的毛病……"主任马上打断他："不要把话扯远了，今天就说在办公室吃早餐。你说在办公室要不要劳动纪律，要不要服务形象？"小李语塞，乖乖地把摊在桌上的食品收起来，以后再也不在办公室吃早餐了。

评析：批评时不要东拉西扯。

7．19世纪意大利著名的作曲家罗西尼家里来了一位作曲家。他拿了一份七拼八凑的乐曲手稿向罗西尼请教。演奏过程中，罗西尼不停地脱帽。那位作曲家奇怪地问："屋里太热了？"罗西尼答："不，我有见到熟人脱帽的习惯。在阁下的曲子里，我碰到了那么多的熟人，不得不连连脱帽。"

评析：罗西尼巧妙地用"那么多熟人"来暗示曲子缺乏新意，抄袭太多。含蓄明确地表示了自己的看法和意见。

8．某校一年级新生军训。一位学生因训练不认真，三次打靶三次剃了"光头"，使全班的团体总分成为全年级倒数第一。打靶回来的路上，班主任一捶这位学生的肩膀，笑着说："嗨，三次你都吃'烧饼'，靶子以外的地方都打中了，也真是不容易呵！"老师不乏幽默的"赞扬"引得了同学们的笑声，连这位学生也忍不住笑了。但笑过之后，抓了半天的后脑勺，很不好意思。

评析：把原来是批评的话，从相反的角度，用表扬的形式表达出来。

9．有位数学老师在讲解例题时，因推导有误导致最终答案不合理，使得学生议论纷纷，老师对此也有所察觉。于是，他不慌不忙地问了一句："同学们，这答案合理吗？"一些学生回答："不合理。"老师追问："那么，错在哪儿？我们不妨来分析一下。"接下来老师在黑板上写下"正解"二字，将讲解继续下去。

评析：将错就错，顺水推舟，救出尴尬的境地。

10．小芳请男友陪她上街，男友说要在家写点东西，让她自己去。小芳生气地说："你这人跟木头似的，一点情调都没有，一天到晚想着那些鬼论文，也没看你有什么出息。"男友火气也挺旺："我写论文没出息，你逛商店就有出息。"男友越说嗓门越高，气话、狠话不断地往外冒。小芳一看形势不对，无心"恋战"，赶紧"降调"："人家想让你多陪陪嘛！再说你在家呆了大半天，请你出去散散步，换换脑筋，就当是我关心你吧！"想不到女友来了这温柔的一招，男友的态度也就随之多云转晴了。

评析：该叫停时且叫停。

能力训练

1．家具厂的锯木车间，新工人小李憋不住烟瘾，在小憩时抽起烟来。这时候厂长来了，大家都望着小李，而小李却没有意识到这里不能抽烟。

如果你是厂长，你会怎么批评他？

2．学校实验室里的一面凸透镜不见了。一天中午，李老师经过操场，却见前两天帮忙搬运实验器材的几位同学正拿着这面凸透镜在做"聚焦"的实验。

现在请你以李老师的身份批评教育这几位学生。

九、安慰语

人总有境况不如意的时候，这时，你就得对别人进行宽慰。具体的方法有：

1. 以"塞翁失马，焉知非福"安慰别人，让别人不要把事情的成败看得过重，凡事退一步，多往好处想。也可劝慰别人把人生旅途中的失意，视作人生的一种磨炼、一个转折点。

2. 以"比上不足，比下有余"安慰别人，让别人明白自己并非最不幸的人，从而渐渐提高对不幸的信心，使其有勇气面对不幸，面对现实。同时也可转移注意力，使其注意更不幸的人，从无形中促进社会人际关系的改进。

3. 以"佯装不知，避开话题"安慰别人。

4. 以"还有更好的"安慰别人。用把希望放在未来来安慰别人。

5. 以善意的谎言安慰别人。如医院对重症、危症病人。

能力训练

1. 朋友得了重病。这天你去看他，发现他脸色很苍白，精神状态也很不好。他见到你，一定让你告诉他病情真相。

这时，你该如何说呢？又该如何安慰和鼓励他呢？

2. 最近，你的同事兼好朋友丁丁在工作上出了差错，受到了上司的严厉批评。他的心情很恶劣，干什么都没精打采的。你看在眼里急在心里。你该如何安慰他？

3. 前两天，你的同学梁黎在公交车上遭遇了小偷，刚买不久的苹果手机和钱包都被偷了，她懊恼极了。你该如何安慰她呢？

十、应急语

应急又叫救急，指的是在一些危急、关键或尴尬的情景下随机应变、解决困境的良好的语言能力。具体是指在一些突发或非常状况下能沉着机敏、随机应变，不动声色、应付尴尬，转移话题、摆脱窘境，急中生智、自圆其说，运用幽默、巧解矛盾。

能力训练

A、B二人在宴会上由于喝多了，为了一点小事争执起来。你作为宴会的主办人该怎样控制这个局面？

十一、拒绝话

拒绝又叫回绝或推辞。这是使对方的要求和建议落空的一种语言行为。这是每个人都应拥有的权利。具体可采用的方法有：

1. 晓之以理，直截了当拒绝。尤其是对一些不能接受的要求，无法承诺的事情，应该直截了当地予以拒绝，不能犹豫，不可含糊，切忌模棱两可，使对方产生误解。但使用时要语气诚恳,要耐心地向对方解释你拒绝的理由,求得对方的谅解。

2. 缓兵之计,委婉拒绝。如:

"这事有一定的难度,你看……"

"××同志也提出过这样的要求,我已经拒绝了,你看这事……"

"这事我一人做不了主,还得研究研究。"

或转移话题,寻找借口拒绝。对那些碍于情面不便马上拒绝的某些要求可用此法。或转移话题,或答非所问,或寻找借口。

3. 诱导否定。即不用"不"字来说"不",使对方陷入自我否定之中,解除了拒绝者的急难。如:

罗斯福在当选美国总统之前,曾在海军里担任过要职。一天,一位记者向他打听海军在加勒比海一个小岛上建立潜艇基地的计划。罗斯福向四周看了看,小声问:"你能保密吗?"那位朋友欣喜地答道:"当然能。"罗斯福笑着说:"你能,我也能。"

4. 暗示拒绝。即用态势语达到拒绝的目的。对那些实在难以启齿的拒绝,可以用一些体态、动作、表情来暗示自己拒绝的意图。如,用身体欠佳、疲劳、倦怠、打哈欠的举止来使对方感到不安;或中断微笑、目光老是往别处看,暗示对他人的要求不感兴趣,或频频看表、看墙上的挂钟,抑或是催家人做饭、倒水,催小孩睡觉、上学,催秘书备车等。

5. 用沉默表示。可以不表态,而以一笑了之。

6. 用拖延表示。如别人有约,你不想去,可往后推延。

7. 用推脱表示。如客人请求换房,你可说:"对不起,这得由值班经理决定,他现在不在。"

有人想找你谈话,你看看表:"对不起,我正要参加一个会,改天行吗?"

8. 用回避表示。如:

朋友请你看了一场电影,但片子很拙劣。出影院后朋友问:"你觉得这部片子怎样?"可以回答:"我更喜欢抒情点的片子。"

你正发烧,又不想告诉朋友让他担心,当朋友关心地问:"你试试体温吧?"你可以说:"不要紧,今天天气不太好。"

9. 用反诘表示。如:

你和别人一起谈论国事。当对方问:"你是否认为物价增长过快?"你可以回答:"那么你认为增长太慢了吗?"

10. 用语气表示。

当别人送礼品给你,而你又不能接受的情况下,你可以客气地回绝:一是说客气话;二是表示受宠若惊,不敢领受;三是强调对方留着它会有更多的用途等。

11. 用外交辞令。

正如外交官常说的:"无可奉告。"

12. 幽默作答。如:

你发现自己每月的工资被孩子零花掉大半,不由得大吃一惊,就决心管紧自己的钱包。正想着,孩子来到你面前:"爸爸,昨晚我做了一个梦,梦见你答应给我一百块钱买衣服。你肯定会成全我的美梦的吧?"

怎么回绝呢?

"那当然,说来真巧。昨晚我梦见把一百块钱给了你呢!"

案例评析 ANLI PINGXI

1. 对一些违反原则的请求、要求或礼物的拒绝语言——

如推销商要把一批伪劣皮鞋销售给百货大楼鞋帽商场,要求该商场经理收下,遭拒绝:"感谢你为我们准备了这么多的皮鞋。如果质量符合要求,我可以考虑收下。但是这批鞋的质量明显不符合要求,虽粗看外观还可以,但内行的人一看就知道,鞋面和鞋底的材料都不是正宗货。如穿上这鞋不出半个月一定坏帮断底。这样的商品我们怎么能收呢?你想想,我说的是不是有道理?"

评析:留一定余地。

如来人还不知趣地坚持推销,则可把话封死:"我们商场的每一个人首先是对商场负责,决不能以损害大家的利益来满足一个人。这件事咱们就谈到这里吧。"

又如,拒绝推销者的贵重礼品:"孙师傅,这台进口相机大概要 2000 元钱吧!相机是不错,可这东西太贵重了。这样吧,你的好意我心领了,但这东西不能收。俗话说:君子之交淡如水嘛。东西你收回,往后生意上的事该办照样办,要是老这样那就难办喽。"

2. 想接受对方的邀请,但因本人有困难不得已的拒绝语言——

某公司邀某百货大楼参加联谊会,然其公关部长因有接待任务不能出席。所以——"感谢你们的盛情邀请,我很想参加这个联谊会,和朋友们一起欢聚欢聚。但很遗憾,明天晚上有××市的客人来,其他人都不认识,只有我和他们见过面,所以总经理要我去接站。这样,明天的联谊会我就不能参加了。以后有机会我们再聚。多谢了。"

拒绝不方便接受的邀请:"谢谢你的邀请。这一阵挺忙,也该放松一下了。可是不巧,我们领导刚布置一个任务,要赶写一份材料急用。我现在正着急哪,准备找个地方藏两天。两天后怎么样,但愿你还有这个兴致。今晚就抱歉了。"

3. 由于双方利益不同而对他人要求的拒绝语言——

拒绝推销员推销的商品(商品并非假冒伪劣,但款式不新,不想接受):"你介绍的这批商品质量还可以,但我今天不想作决定。你这批商品是不愁卖的,我相信你同意这个看法。如果你有耐心等待我们的回答,我们将十分感谢。"

拒绝零售商店经理的请求(拖欠业务部货款想长期不还,影响企业经营,企业决定对少数不讲信誉的零售商店停止批发业务。该店经理闻讯后请求给予照顾,遭到拒绝):"我们认真审查过各单位的拖欠资金情况,公司如果作出决定,一定会考虑你们的利益,但公司的利益也不能长期受到损害。这一点希望你们能够理解。"

4. 对一些难以办到的请求的拒绝语言(要说明情况)——

银行拒绝对百货大楼的贷款:"你们的贷款申请我们看了。你们要扩大营业面积的想法很好,我们很支持。不过现在马上要贷款我们也有困难。这样吧,我们马上与有关单位联系,等有消息马上通知你们。"

能力训练 NENGLI XUNLIAN

1. 老师向你推荐一本书,你不想买。如何拒绝呢?

2. 某人请你代写一篇材料,而你又实在是没有时间。你该如何拒绝呢?

3. 某甲与某乙是大学的要好同学,情同手足。甲家境贫穷,乙经常给予帮助。毕业前夕,乙要补考英语,否则难以毕业。甲的英语成绩很好,于是乙找甲商量,要他替自己考试。甲没有答应,乙对甲说:"你太不够朋友了!"决定从此不再搭理甲。

假如你是甲,怎样跟乙作解释,使两人和好如初?

4. 你被授权采购一批建材。货比三家之后,你决定在一购销部进货。经过几次接触之后,价格、数量和运输等问题都定下来了。这次你大概可以为公司节约10万元的开支。午饭时,对方的主办人悄悄地对你说:"这笔生意你们少付了差不多10万,你可以按谈判的数量付款,但开票时我可以加大8万元。只要你会做,保证没有人知道。怎么样,一回生,两回熟,我们是朋友了。"

面对这种情况,你怎么拒绝?

5. A是个骗子,几乎把所有的朋友都骗过了。一天,他到单位来找我,说是刚下车,要借我刚买的摩托车回家。我知道此人不可靠。于是,……打发了他。

6. 别人打听你的姓名、年龄、籍贯、住址、性格、爱好,如果你不愿意讲出来,你如何处理呢?

十二、说服语

说服,就是用充分的理由,展开信息交流,开导对方以改变他们的信仰、态度或行为。

根据美国D.卡特莱特的大众劝服原理,要使说服获得成功,必须在受者的心理过程中形成同说服意图相适应的特定的认知结构、动机结构和行为结构。因此,说服是一个相互认知、探明动机、促成行动的渐进性的过程。

(一)说服前的准备

1. 掌握信息。即要弄清对方正处于怎样的思想状态,他苦恼的原因、他的思想认识水平等信息,这样,在说服中既说服了别人,又没有损害自己的形象。

2. 摸清情况。即要摸清楚其思想素质属于哪个层次;文化素养及受教育程度;个性气质、社会关系以及个人家庭人员的构成;生平经历,尤其是对他影响较大的事件等。

3. 抓住焦点。把握住与说服对象之间意见分歧的焦点,设想对策,确定方法。

(二)说服的方法

1. 逻辑诱导法。对于那些意见分歧较大的问题,要运用严密有力的逻辑诱导对方自然而然地得出说服者预期的结论。

2. 列举典型事例。用有代表性的例证来使对方信服的方法。

3. 引用名人理论法。名人往往有一种感召力,所以发挥名人效应有时可以减少不必要的话,用名人的言语以加强说服的力量。如,某人对营养品的选择颇为挑剔,但此人较崇拜某名人,那么,"某名人保养得真好,听说他常服用这种品牌的营养液"就对他能产生较大的说服力。

4. 称颂赞赏法。采用正面肯定、巧妙赞扬的方法。人性的一个弱点,就是喜欢听好话,这种说服方法具有很强的说服力。如某一男士不喜欢女友穿短裙,可又不便直说,但有一次,女友穿了一条长裙,于是男士极力夸奖她的美丽,从此女友在不知不觉中接受了对方的意见,再也没有穿过短裙了。

5. 直率表达法。

6. 反客为主说服法。

(三) 说服的技巧

有话直说,切忌拐弯抹角;情理并茂,攻心为上;阐明利害,断对方之退路;先扬后抑,再操欲擒故纵之技;委婉迂回;引导对方进入你所设定的语意中;引经据典;让事实说话;以喻相劝;类比说服。

案例评析
ANLI PINGXI

1. 某小学一次召开家长会,有一个班的部分家长对学校"减负"措施提出意见,说:"作业布置得少,孩子回家常常玩。教学质量如何提高?"班主任在做说服工作时除了讲道理,还举了本校的两个例子:"我们班上的两位学生曾对我说:'我们都是特困生。'我说:'你爸爸是教授,你妈妈是副教授,此话从何说起?'他回答:'睡眠不足,成天犯困。'大家看,这'负'是不是非减不可?""'减负'减什么?我们学校有位学生把11+12的题目做错了,老师叫订正20遍。这位学生先自上而下写20个11,再写20个+,再写20个12,20个等号,最后是20个23。'减负'该减的就是诸如此类的东西,家长有什么不放心的呢?"家长听了,十分信服。

评析:列举典型事例,事实胜于雄辩。所举的事例要真实,最好是劝说人亲身经历的,这样更能赢得赞同。

2. 某所三流中学高中的一个班级的学生都很自卑,意志消沉,感到前途无望。有一次,班主任上班会课,二话不说就要大家做数学题。第一题:"有一艘船,你第一个登船,8岁的同学第二个登船,9岁的同学第三个登船,10岁的同学第四个登船,依次类推,请问这第一个登船的同学几岁?"这也太低估高中生的水平了,全班同学用得意、轻蔑的语调高喊:"7岁!"老师伸出一根手指使劲摇着,然后指遍每一位同学:"你忘了是你第一个登船,你几岁,第一个登船的就是几岁!"第二道题:"一辆客车上坐了10名乘客,在第一站下了3名乘客,上了2名乘客;接下来的一站下了1名上了2名;下一站又上了2名;再下一站下了4名上了2名;再下一站上了3名;下一站又下了5名上了2名,现在请问……"老师的话还没说完,全班同学异口同声地抢答:"这车上还有10名乘客!"老师微笑着摇摇头:"我问的是,这辆车一共停靠了几站?"同学们都傻了。老师:"这两道题的答案是:第一道,有时自己也很重要;第二道,如果你不知道目的,就永远不可能得出正确的答案!每位同学联系自己想一想,在人生的道路上你做得怎样?"同学们深受教育,班风从此日益好转。

评析:设置了有针对性、能把握心理特点并有艺术性的问题,使被劝说者放弃或改变自己原有的态度观点。在有些场合,带有"圈套"性的问题,先误导对方,走一段弯路,再回到本题,更有启发性、诱导力。

3. 一少年认为自己最大的缺点是胆小,很自卑,对生活没有信心。心理医生听了他的诉说,握住他的手说:"这怎么叫缺点呢?分明是优点嘛!你不过非常谨慎罢了,而谨慎的人总是很可靠,很少出乱子。"少年有些疑惑:"那么,勇敢反倒成为缺点了?""不,谨慎是优点,而勇敢是另一种优点;只不过人们更重视勇敢这一种优点罢了,就好像白银与黄金相比,人们更注重黄金。"医生又问:"你喜欢啰唆吗?""不喜欢。""但是,你若看过巴尔扎克的小说,就会发现这位伟大的作家很啰唆……剔除了这些,那就不是巴尔扎克的小说了,你能说那一定是他的缺点吗?"少年"咻咻"地笑了。医生再问:"你讨厌酒鬼吗?"少年说:"那当然。"医生讲了李白斗酒诗百篇的故事,说:"缺点在不同人的身上,会呈现出不同的色彩:有的仅仅是个酒鬼,而李白则是栖身于酒中的诗仙。所谓的缺点,至多不过是个营养不足的优点。如果你是位战士,胆小显然是缺点;如果你是司机,胆小肯定是优点。你与其想办法克服,还不如想办法增长自己的学识和才干,当你拥有较多见识、视野宽广的时候,即使你想做个懦夫,也很困难了。"

评析:针对障碍、症结所在,一步一步有条理、有顺序地分析给对方听,说服对方。因为尽管对方在思想认识上有障碍,有时也是很固执己见或片面看待,但只要劝说耐心细致,逐步引导,便可以使对方回到正确认识的轨道上,乐意接受意见。这位医生以肯定为主,一层一层地对"胆小"进行辩证的分析,说得少年口服心服,摆脱了自卑的阴影。

4. 某单位的小王,兴趣广泛,上进心强,但就是出不了成果,渐渐地他对自己失去了信心。有的同事鼓励他要持之以恒,有的告诫他要专一,有的干脆叫他放弃,弄得他无所适从,总觉得别人的话不对自己的心思。后来有位老主任劝说道:"在这个世界上,歪打正着的事情是经常发生的。人对目标的追求,有时就是这样,无论有没有结果,最后都有一些收获,并且这种收获常以副产品的形式出现。歌德本来是追求一位姑娘的,一年后,人没追到,手上却多了一件副产品——《少年维特之烦恼》;伦琴在实验室里蹲了六年,本来是想找晶体光谱的,结果光谱没有找到,却意外地发现了X射线,除了那根射线,英国政府还给他12万英镑,瑞典诺贝尔奖委员会奖励给他53万美元,他那张印着左手的感光纸,更是副产品的大头,1932年被美国的一位收藏家以120万美元的价格买下。总之,造物主从不让伟大的追求者空手而归。在这个世界上,对追求者而言,是不存在失败的。小王,你不妨自己回顾、总结一下,不会没有一点收获吧?"名人的经历深深地触动了小王的心,一番话说得小王连连点头。

评析:讲述名人的故事来增强劝说的力量,使对方有所触动,改变言行。使用时要注意紧扣话题,自然得体,还要认真考虑被劝说者能否接受。切忌拉大旗做虎皮,以权威吓唬人,否则对方不但不赞同,还会对你产生反感。

5. 小柯交了一个女朋友。两人是一见钟情,在一块总是很快乐。但是有一点令小柯十分不快,那就是每次约会,女友总是姗姗来迟,迟到二三十分钟那是常有的事。有一次约会,竟然迟了将近一小时。小柯几乎要发火了,但转念一想,吵架又有何用。突然,小柯灵机一动,对女友说:"刚才我在等你的时候,遇到一件特别有意思的事情,有一个漂亮的女孩走过来对我说:'好像你的朋友失约了,是不是?我请你喝杯咖啡怎么样?'我当然拒绝了。不过,真想不到世上会有这么大方热情的女孩。"

哈,这话还真灵,在以后的约会中,小柯的女友再也不迟到了。

评析:劝解有效。

6. 有人因奖金太少想与经理吵一架。劝说不妨从对方角度分析利弊得失:"奖金这样分不一定十分合适。不过在一般人眼里,你就成了铁公鸡。少得几个钱对个人影响不大,如果有个坏名声那可不容易去掉。我看你先不要闹,明后天找经理征求一下意见,弄清原因,以后注意就是了。"

评析:从对方的利弊得失来说服更易为对方接受。

7. 19世纪,维也纳上层妇女时兴一种筒高檐宽的帽子。帽格上装饰着五颜六色的羽翎。她们一进入剧场,观众只能看到她们戴的帽子而看不到戏台了。剧场经理只好一再请女士们脱下帽子,可谁也不予理睬。经理灵机一动,说:"年纪大一点的女士可以照顾不脱帽!"话一出口,女士们竟纷纷脱下了帽子。

评析:此为"反向说服"的效力。没有一个女士愿意自己被人认为是年纪老的。经理深谙女士爱美的心理,而有针对性的言语使女士们在"青春美"和"装饰外表美"之间作出选择时,她们必将选择前者。"察而不扰",掌握人们的心理变化规律,切中人们特定情境中特有的心理,方能取得主动,说话才能产生良好的效果。

8. 有位外贸部门的经理说过这么一件事:"日本商人首先提出的成交价格比他们实际准备的成交价格高出一倍左右。这样他们便有了百分之五十的机动权,即使这百分之五十的机动权全部丧失,他们所得的结果仍然是他们预先所期待的数额。为此,我们开始时常常吃亏,后来摸透了他们的脾性,我们便以其人之道还治其人之身,这就比以往主动多了。"

评析:劝说中的让步策略。

9. 苏从哭谏楚庄王。

楚庄王是个精明能干的君主,但他当政初期,却是一位饱食终日、贪图酒色的昏君。众大臣实在看不下去,不断进谏,用尽各种办法,均未打动楚庄王。

苏从是楚国的大夫,为人耿直,不避权贵。他去劝楚庄王的时候,跑进王宫,还没等楚庄王问话,就放声恸哭起来。楚庄王被他哭得心烦意乱,喝一声"蠢货",问他是否来"哭谏",苏从回答"正是"。楚庄王把脸往下一沉:"明知我的法令,还跑来送死,真是太蠢了。"苏从哭着说:"可大王比我更蠢哪!我之蠢,惹上杀身之祸,反落个忠臣的美名,蠢得有理;而王之蠢,是身为一国之主,贪图享乐,不思进取,怎么鞭策臣下?怎么号令诸侯?怎么统帅天下?敌人在争夺霸业,而王却连自己的属国都管不住了,王不比我还蠢吗?且蠢得无理……"说完大哭伏地,以表死志。这番哭谏,披胆沥肝,楚庄王听了很是不安。过了一会儿,他走下座位,扶起苏从,请他入座,对苏从的冒死效力表示感谢。

评析:苏从的劝谏看似简单,却是简洁有力,单刀直入,它与特定的情景结合起来,加上语势犹如震耳霹雳,给了楚庄王极大的震撼,取得了其他劝谏方法难以收到的效果。有话直说,切忌拐弯抹角。

10. 某市剧场门前不许设小摊,唯有一位年近六旬的老妇例外。用剧场管理员的话说:"老太太年岁大,嘴又厉害,不好对付。"某日,市里要检查市容和卫生,剧场管理人员要老太太把摊子拆了,老太太大声嚷道:"天天都让卖,今天却不许卖,难道世道变了吗?"

"世道没变,检查团又来了,影响市容要罚款的。"管理人员加重了语气。

"市容关我屁事!"老太太干脆利索地结束了对话。

管理人员无计可施,只好悻悻而退。附近的管理自行车的一位师傅随后走了过来,哈哈一笑说:"老嫂子,您一大把年纪,没早没晚的,又能挣几个钱呢?检查团来了,真是要罚您一笔,您还能打场官司不成?再说,检查团不会天天来,饭可是要天天吃,生意可是要天天做的呀。"

老太太一听,这分明是在为她着想,立刻收拾起摊子离开了。

评析:显然劝说时以势压人不如以理服人,以理服人不如以情动人。情理并茂,攻心为上。

11. 西方心理学家路赛罗对企图自杀者的如下劝告,堪称"绝其退路"的绝妙例证:

你已经孤注一掷了,生命对于你已不再有吸引力了,因而你选择了自杀。

好的。但在你杀死自己之前,我想告诉你几件事。我曾经是精神病院的医生,亲眼见到过种种自杀者的下场。

自杀不一定成功。你以为你一定能杀死自己吗?请看这位25岁的青年,他试图电死自己,然而他活着,两条胳膊却没有了。

那么跳楼怎么样?去问问约翰。他曾经是一个多么聪明和富有朝气的人,但这是他跳楼之前的事了。如今他的脑子受到了损伤,拄着拐杖,步履蹒跚,永远需要别人的照顾。最糟糕的是他还明白他曾经是一个正常的人。

甚至于一些不太剧烈的方式也会使你成为残废。你想吃安眠药致死吗?看看这个12岁的孩子,他就是因此而得了严重的肝病。你看见过严重的肝病患者吗?你会在全身变黄中慢慢地死去,这条路实在是太痛苦了。

没有万无一失的方法。你想用枪吗?这位28岁的年轻人向自己的脑袋开了枪,现在他拖着一条没用的胳膊,并且丧失了半边的知觉和听觉,这就是你所认为的万无一失的方法。

自杀并不是那么有魅力。你可以设想一位电影女明星是在吞服了过量的安眠药之后,穿着睡衣进入了长眠。但是,在你的设想中忽略了一个事实:随着死亡,她的一切变得僵硬,最后全部美丽化作尘埃。

谁从地板上擦掉你的血迹,刮掉你脑浆?谁把你从上吊的绳索上解下来?谁从河里捞起你肿胀的尸体?你的妈妈?你的妻子?还是你的儿子?这种差事是职业清洁工也会拒绝的,但这种事总得有人去做。

你的那封措辞精当、爱意切切的诀别书是没有用的。那些爱你的人永远也不会从这件悲痛的事情中挣脱出来。他们悲伤,陷入无边的痛苦,同时感到愤怒,因为你只想到自己。

自杀是一种传染病——看看你的家庭成员,儿子、女儿、兄弟、姐妹、妻子,你四岁的儿子正在地毯上玩他的小汽车。如果你今晚杀死了自己,那么十年后他可能也会干同样的事。许多的事实说明自杀常常会导致家庭其他成员走上同样的路。幼小的生命尤其脆弱,他们所受到的刺激会潜伏在他们的心灵之中。

你必须有其他的选择。总会有人在危机中给你帮助,打个电话,找找朋友,看看医生,或者去找警察。

他们会告诉你,生活还是有希望的。这希望之光也许来自明天的一封信,也许来自某位在商店里相遇的好心人。你不知道来自何处——没人知道,但是你所期待的可能就在一分钟、一小时、一天或一个月后突然到来。

你仍然要坚持干这件蠢事吗?一定要干吗?那么好吧,不久我就会在精神病院的监护室里与你相见。届时,我们将照料你所剩下的一切,依然要干所有你干不了的事。

评析:在这里,路赛罗罗列了自杀者自杀的各种可能方式及其后果,而那些可怕的后果,像终生残废、伤害家人、危及后代,是绝大多数人难以接受的,这必然给那些有自杀念头的人以强烈的精神刺激和心灵的震撼,使其麻木的神经产生痛觉。然后,又为自杀者设定了摆脱自杀行为的诸多其他选择,使其走出思维的绝境,立即悬崖勒马。阐明利害,断其绝念。

12. 王斗是战国时期著名的说辩士之一。一次,他去见齐宣王,对齐宣王说:"从前,先君齐桓公有宝五个,现在大王有宝四个。"

齐宣王听了很高兴,谦让着说:"先君仅有五宝,我何有四宝?"

"犬、马、酒、色,这是你与先君相同的,所缺少的唯有贤士而已。"齐宣王听了尴尬之极。王斗又说:"王之爱国爱民,比不上爱一块绉纱,王做帽子,会拿着绉纱自己去找裁缝,不让身边的亲宠胡来。然而治理国家,却又为什么不是亲宠一概不用呢?"

齐宣王略一思索,赶忙称是。不久,齐宣王请出五位贤士治理国家,齐国因此而日渐强盛。

评析:王斗先扬后抑,先说齐宣王有宝四个,引起齐宣王谈话的兴趣,消除了齐宣王的戒备心理,然后话锋一转,指出齐宣王的四宝不过是犬、马、酒、色而已,使其不得不将自己与先君相比。这样,王斗恰到好处地达到了劝谏的目的。

先扬后抑,再操欲擒故纵之技。先是部分地认同对方的一些无关大旨的观点,让对方失去心理均衡,然后话锋陡转,直指对方的弱点,令其措手不及,在无力反击的状态下不得不接受你的说服。

13. 日本某公司总裁遇到一桩极为棘手的生意纠纷,他打算让资深的部门经理张先生去处理,又恐张先生误认为是将他降职使用。于是,这位总裁将张先生请到他的办公室,先把那件棘手的纠纷大概介绍了一番,然后让张先生推荐办理此事的合适人选。张先生一连推荐了几位,总裁都不甚满意。接着总裁探询式地提出了几个人选,张先生又觉得都难以担当此任。最后,不出总裁的料想,张先生主动提出由自己去处理这桩生意上的纠纷。

评析:这是委婉迂回的妙用。总裁不是借权势硬性地、简单地下命令,而是从强调工作的重要性和其他下属的难以胜任入手,婉转地表达了对张先生的能力的信任和肯定,从而使其毛遂自荐,自动地承担了这项工作。

14. 战国时期李斯写的《谏逐客书》,其成功之处就在于李斯没有拘泥于"逐客"这件事本身,也没有为自己喊冤叫屈,而是始终围绕着秦王"跨海内、制诸侯"这一最高的目标,从历史、现实和未来三个方面论述了纳客与逐客的利害关系,以不容置疑的事实说明了只有广纳贤才才能统一天下。正因为李斯把驱逐客卿之事与秦王的雄心大志联系起来,所以就一下子抓住了秦王的心理需求,使秦王及时收回了逐客令,并快马追回了已起程离秦的李斯。

评析:李斯劝谏成功的秘诀就在于他洞悉秦王的性与情以及"跨四海、制诸侯"的这一最大的心病,从而对症下药,以高远的立论、磅礴的语势征服了秦王的心。在说服中引导对方。了解对方的地位、身份、需要、欲求、兴趣、爱好、知识经验、情绪特点以及当时的场合、时机、人文背景等,因势利导,把自己的谏言和整个语境及受劝者的特征最大程度地和谐起来,语锋或曲或直,或软或硬,语意或详或略,或深或浅,引导对方进入你所设定的语意中,以取得说服的最佳效果。

15. 瞿永令的母亲笃信菩萨,一天到晚烧香念经,"阿弥陀佛"之声不绝于耳。一天,母亲在烧香念佛时,瞿永令叫她:"娘,娘,娘。"母亲没有回声。他便不停地叫下去。后来母亲终于生气地对他说:"为什么老叫个不停,让人生烦。"瞿永令说:"我才叫你几声你就烦了,你一天到晚叫阿弥陀佛,菩萨爷会不烦吗?"

评析:类比说服。现身说法,阐明了念经无用的道理。

16. 一位美国记者曾向周恩来提出过这样的一种观点:一个国家向外扩张,是由于该国人口过多。周恩来当即反驳:"我不同意你的这种看法。第一次世界大战以前,英国人口只有 4500 万,不算太多,但是,英国在很长的一个时期内曾经是'日不落'殖民帝国。美国的面积略小于中国,而且美国人口不及中国的五分之一,但美国的军事基地遍布全球,美国的海外驻军达150万。中国的人口虽多,却没有一兵一卒驻在外国的领土上,更没有在外国建立军事基地。可见,一个国家是否向外扩张,并不决定于该国的人口有多少,而决定于该国的社会制度。"

这位美国记者哑口无言。

评析:周恩来采用对比的手段,以正反比照,很鲜明地说明了道理。

17. 战国时期的大军事家孙膑和庞涓同出一师。两人都聪明过人,但老师偏爱孙膑,想把自己呕心沥血写成的兵书传给孙膑。庞涓得知后,说老师偏心。老师没有办法,出了一道智力题:谁能把我从屋里骗到屋外,兵书就归谁。

庞涓争先恐后,摇唇鼓舌,费了九牛二虎之力也没把老师骗到屋外。轮到孙膑。他十分认真地说:"师兄比我聪明十倍,都没把老师骗到屋外,我就更不行了。不过,如果我在屋内,老师在屋外,我一定能把老师骗到屋里来。"老师一脚跨到屋外,方知受骗,却为时已晚。

评析:学会易位思考。孙膑之所以能把老师"说服","请"到屋外,高明之处就在于他在不知不觉中和老师换了个位置,让老师从自己的角度去思考问题,从而放松了心理戒备,中了孙膑预先设下的圈套。而且因为假定之事与所推之理有一种内在的逻辑联系,角色易位才能做到由此及彼,顺理成章,产生较强的说服力。

能力训练

1. 据调查,青少年吸烟在我国已愈来愈成为一种普遍的现象。众所周知,吸烟不仅严重地影响危害吸烟者以及他人的身体健康,而且对环境、社会都有若干直接或间接的负面影响。因此在青少年中提倡戒烟是我们面临的一项迫不及待的任务。现在,如果你的一位朋友染上了严重的烟瘾,请试着讲出一番说辞来劝他戒烟。

2. 小王是你的朋友,可是他上班经常不是迟到就是早退。作为朋友的你,对他说:"小王,你不能这样下去了,我们都是年轻人,应当争口气,为什么总让别人说呢?"可小王却一本正经地说:"走自己的路,让别人说去吧。"

面对这样的朋友,你怎么说服他呢?

3. 某人因上司的轻慢,扬言要辞职。然而这家公司规模大,内部管理科学、严谨,经济效益好,发展前景可观。

作为朋友,你该如何劝阻他呢?

4. 如果你想从你的朋友处借一本他刚买的书,他不同意。想一想,怎样运用先扬后抑的方法说服他。

5. 如果你有一位朋友,性格内向,不善言辞,请你告诉他良好的口才和交际能力对于一个人的成功的重要性并借此说服他积极地培养口才,训练交际能力。

6. "跳槽"现已成为青年流行词,似乎没有跳过几次槽的人就不是人才。如果你有一位朋友,对自己的工作总没有什么恒心,三天两头想跳槽,到现在也没有在任何工作上做出什么成绩。请你试着说服他改变这种工作态度。

7. 你的母亲出于对你的关心,曾不止一次地翻看你的日记,还曾经拆看过你同学的来信。对此,你很苦恼,想与母亲谈谈,那么,你准备怎样谈?

第三节　公务型谈话

一、公务型谈话特点

公务型谈话是因行政关系而生发的谈话。该类谈话受公务活动的制约。下级对上级谈话时，它具有分寸感的特点；上级对下级谈话时，应体现出决策感的主体意识；而与同部门同事谈话时，应遵循责任感的宗旨；在和不同单位或部门平行关系谈话时，应将融洽感作为自己谈话成功的追求点。

二、公务型谈话的技巧

在进行公务型谈话中，可采用以下一些技巧：

否定式，直接遏止对方表达意向的谈话术；
排他式，只给对方留一条路的谈话术；
商榷式，一种外圆内方的谈话术；
表态式，让人感到既"实"又"虚"的谈话术；
概念式，借用"引语"来表达意思的谈话术；
模糊式，巧妙地追求意会的谈话术；
情绪式，求得体面退出的谈话术；
侧击式，点到即止的谈话术；
发挥式，是不断强化以引领谈话方向的谈话术；
反问式，不让对方抓住把柄的聪明的谈话术；
引导式，按部就班将内容推向中心话题的谈话术；
安慰式，淡化谈话结果的谈话术；
介绍式，把倾向埋藏在客观态度中的谈话术；
设喻式，温和、委婉的谈话术；
静听式，是施加心理压力的谈话术；
宣泄式，"先置之死地而后生"的谈话术；
另有硬话软说、明话暗说及潜台词等。

三、公务谈话的辩证法

公务型谈话因其谈话的正规性，同时又要追求谈话的效果，所以不能一味一本正经地展开。因此，其谈话往往体现出谈话内容的严肃性与形式的灵活性相结合，谈话的政治性与谈话人的情感相融合，谈话者的行政关系与人际关系相和谐，谈话的形式要具备时代特点与谈话的环境、背景、气氛相协调的特点。

四、进言的艺术

办公室"说"的工作无处不在。如下属经常要向领导汇报工作或征求意见，要参加会议讨论、接待来宾、接受咨询、调解纠纷、论文报告、同事谈心，要发挥参政议政的作用，巧妙地向领导提出设想和建议，还要有强烈的责任心，对领导在工作中的失误或不足进谏纳言等，都离不开"说"。而且说话是瞬间的事，不像写作那样可以从容地修饰、润色，能否表达得准确、全面、达意，取得预期的效果，说话能力就显得尤为重要了。讲话有一定的特殊性。比如秘书身份的下属，其说话尤其是进言就很有讲究。

作为这一特定的身份，秘书是站在领导之侧，在首长的心目中，他们是一般情况和问题的代言人；在群众的心目中，他们又往往代表和体现着领导的思想、意图，具有一定的影响力。这一特殊的地位决定了秘书在任何情况和任何场合，都必须做到**慎讲、少讲**，还要**能讲、会讲**。

能讲是对秘书讲话的一般层次的要求。汇报情况、报告工作、商量事情以及收集群众反映、做群众工作等，都需要秘书能讲。能讲体现在讲得有层次、有内容、有条理上；体现在逻辑性强、有一定章法、有一定思想内容、符合实际情况上。能讲的最基本要求，就是要力戒假大空和乱发议论。

会讲则是对秘书讲话的更高层次的要求。这一要求规定了秘书什么可以讲，什么不可以讲。也明确了秘书的角色，秘书讲话的内容、标准和要求。所以，秘书的"会讲"要做到"三个区分、两个适应、一个符合"，即：区分不同场合、不同环境、不同位置，讲出适应情况、适应要求，并且符合自己身份的内容。在这一基础上，还要形成独特的个性语言风格，这一风格又要与首长的风格一致起来。就讲话的水平和层次而言，秘书是可以超越领导的，但这种超越，是对某些具体工作思考与谋划的超越，是对领导交办的事务性工作周密思考的超越，而不是"高出领导一筹"，更不是自吹自擂、口若悬河。

说话是一种艺术，向领导进言更是一种艺术。同样的内容，由于表达方式不同，收到的效果会大不一样。善于说话的人，说出的话，领导听了很高兴，乐于接受；不会说话的人，说出的话让领导听了非但不接受还会产生反感。

秘书讲话切忌不分场合，削弱领导的威信。领导的威信和影响力是实施指挥的重要条件。当领导在决策、指挥上出错，或者处理问题欠妥、讲话不当时，秘书应善意地向领导进言。但是，进谏时决不能不分场合、不顾及影响，不能打断领导正在进行的讲话当场批评领导，使领导难堪。不分场合地指责领导，不仅领导接受不了，而且会损害领导和秘书之间的关系。秘书发现了领导的失误，应在非公众的场合私下向领导提出。特别是当领导主动征求秘书的意见时，秘书应坦诚己见。

讲话注意分寸，注意自己的身份，多用商讨语气。尽管秘书与领导在政治上是平等的，但二者的关系毕竟是上下级，所以，秘书向领导进言时要注意自己的身份，掌握好分寸，不能言辞过激、粗声大气、大言不惭、旁若无人，更不能严词指责。而应心平气和地用商量的语气、探讨的口吻说话。较多用"能不能这样"、"可不可以那样"的语句，千万不要把话说死。这样说，领导一定会考虑你的意见和建议。这也是秘书对领导、下级对上级应持的正确态度。

把握尺度，点到为止。当代的领导大多受过高等或中等教育，具有一定的专业知识和文化水平。秘书向他们进言，不管是直说还是绕弯子说，他们一般都能理解你说的意思，因此不必说得过于详细，只要把问题点到，使领导心中有数就行了。当然，领导对你的话非常感兴趣，需要你说得详细具体时，你可以充分发挥，这样有助于领导进一步拓展思路、酝酿处理问题的方案。需要特别指出的是，点到为止并不等于含糊不清、吞吞吐吐、欲言又止。相信领导会知错必改、择善而从。

成功不宣扬,功劳归领导。秘书向领导进言,帮助领导修正或完善决策、避免工作的失误,这是应尽的职责,不值得大加宣扬。否则会影响与领导的关系、与同志的团结,不利于自己的进步。

(一)掌握"说"的技巧

常规工作:直说。事务性的工作如向领导汇报工作、征求意见、会议讨论等,应紧扣谈话主题,一针见血;而不应转弯抹角,迂回曲折,把握不住谈话中心,降低谈话的效率。

涉外事务:慎说。办公室秘书往往以两种身份参与涉外事务,一是主角身份,二是配角身份。无论是哪种身份,讲话的内容、场合、时机都要慎重把握。以主角身份涉外时,对讲话的内容要有预先的估计和周密的思考,言语力求准确、全面、掷地有声,忌拖泥带水、含糊其辞、无逻辑性。配合领导涉外时,要认真听取领导的讲话,对领导讲话中的疏漏和错误要选择合适时机给予补充和纠正,维护本单位的利益,澄清对方误解。对于领导讲话中的错误,则要通过旁敲侧击、迂回点拨的方法,尽量使领导自己发现错误,并亲自纠正。这样既维护了领导权威,讲话也达到了预期的目的。

接受咨询:详说。办公室工作对外是"窗口",对内是"喉舌",经常要接受来自方方面面的咨询,这是一件非常烦琐的工作。在这种情况下,办公室秘书应不厌其烦,耐心地给予解答,必要时在原则问题上有所拓展,让对方更清楚地了解本单位的工作情况,这既是单位的一项形象工程,有时还会收到意想不到的经济和社会效应。

参政议政:巧说。也许你不能参加重要的会议,而你恰恰对某项即将出台的决策有较新颖的建议,这时,你就应该开动脑筋,创造机会,巧妙地向领导陈述你的观点,变建议为领导决策。通常采用的方法是推荐法,就是在闲聊、娱乐或是吃饭时围绕决策话题,以推荐外单位先进经验的方法向领导介绍,并最终引出自己对决策的建议。还有一种比较有效的方法是激励转移法,就是抓住领导意图和自己建议中某些雷同的观点进行褒扬,并适时地提出补充意见,变建议为领导意图,以达到参政议政的目的。

进谏纳言:婉说。再英明的领导在工作中也会出现失误。作为办公室秘书,一定要在苗头出现时,婉转地指出和纠正,以免给领导本人和单位造成不必要的损失。秘书进谏纳言,应尽量把良药裹上"糖衣",微词曲达,循循善诱,使领导愉快地接受你的观点,切不可直来直去,不分场合,这样既不能维护领导的权威,又收不到预期的效果。另外,秘书进言时,要学会掌握时机,领导心情愉快时容易接受意见,情绪烦闷、焦躁时则难于听进"逆耳之言",领导工作繁忙时,注意力难集中,也会影响劝谏的效果。

同事互勉:恳说。秘书在和同事交流时一定要怀着诚恳之心、谦虚之心,以恳切的言辞赢得对方的尊重。例如,同事问你一个很简单的电脑操作问题,你可以说:"这是个共性问题,让我想想。"利用这短瞬时间,对如何用语言表达进行整理,再详细地讲给对方听,这样使对方既觉得问题有代表性、有难度,赢得自尊,又会对你的精辟讲解产生佩服。倘若你随口就说:"这个问题很简单。"然后就给予回答,即使你讲得很好,同事下次有问题也不会请教于你了。同事之间的交流,还要注意的有,如在指出同事缺点、同事受到领导批评后的婉言劝慰、家庭纠纷时的好言相劝等,都需要加强语言的技巧,以营造和谐融洽的办公室人际关系。

(二)办公室常用的语言

如接电话,见表9-1。

表 9-1　接电话的正误说法

错误的说法	正确的说法
你是谁？	您是哪一位？
科长现在不在！	科长刚刚出去！
有什么事吗？	您有什么事情需要办理吗？
可以的话，跟我说吧！	如果方便的话，请告诉。
那件事，我已经知道了。	那件事我已经领会了。
是吗？	是这样的吗？
怎么样？	是这样吗？
那么，可以了。	那么，这样可以吗？
对不起。	给您添麻烦了。

能力训练

1. 假设你是博诚文化发展有限公司的秘书，你发现公司的赵副总作了一个错误决定。你该怎样向领导说明这个情况并努力让他改变决定呢？

2. 小陈是一个很有才华的同事，问题是你的工作要依赖他的工作的完成才能开始，而他又经常延误，这使得你完成工作既仓促又有出错的风险。你很想找他聊聊，碰巧这时他刚好走过来，于是你走近他，对他说……

3. 老板正在办公室因某事而大发雷霆。而这时你正好要拿文件给他看，并要请他签字。事情比较急，老板似乎已安排好下午要外出。这时你该怎么办？而事情必须马上办理，你该怎么对老板说？

4. 老板让你晚上加班，把下星期的工作计划排出来让他看看。但你晚上有一个重要的聚会，你已约好了要参加，你怎样向老板说明这个问题？

第四节　商务型谈话

商务型谈话的目的是为了借贷、交换、买卖或有关的生意利益。

一、商务型谈话的特点

商务型谈话的特点有：

1. 鲜明的求实性。谈话内容必须与推销或引入商品密切相关，为完成既定商务活动的目标服务。

2. 明显的准确性。认真、确切地介绍商品。

3. 灵活的策略性。商务活动中，要想获得商战的胜利，必须有策略。

4. 高超的艺术性。在商务会话中，语言的表达是很微妙的，要做到叙议结合，有情有感，起伏有致，完整清晰。

但在具体的会话中，要注意下列问题并注意处理好：能否使谈话内容对对方有强烈的吸引力；能否准确表达自己生产或经营的产品项目的基本情况；能否根据对方的不同而选择不同的语气；能否表现出一种足够的自信心；能否随机应变、察言观色，把握住对方的心理；能否做到对任何谈话总保持不卑不亢的态度；能否给人一种好感，使人觉得你是一个正直的生意人。

二、商务型谈话的技巧

商务型谈话的技巧有：欲擒故纵式，动之以情式，最后通牒式，让主为客式，网开一面式，故作学究式，说服劝诱式，广告宣传式。

三、有助于商谈成功的语言

有助于商谈成功的语言有：

您。

您会高兴。

会幸福。能够带来幸福，幸福会来临的。

你能够了解。

能够相信，可靠性高。

这样可以省略。

请仔细地考虑。

放心吧！可以放心。

这样是安全的。

可以获得好处。

我想你态度积极一点比较好。您可以更积极一些。

有价值。

这是对的，正确的。

您可以比较。一比就知道。

值得接受。

可以证明。已经被证明。

和金钱有关。

这是较健全的。

这是新的。新型的。

这确是事实。真实无欺。

我可以保证。

我可以引以为豪。

这个挺生动的。

前景比较乐观。

这样是容易的。

四、导致商谈失败的语言

导致商谈失败的语言有：

付款。先付款。

会发生损失。

做决定,让他做决定。

签约。要签约。

这样会成为你要多支付的开支。

价格牌你自己看。

困难。这太困难了!

会失败。

会失去。会丧失。

完了。完蛋了!

买。买不买?

有责任。谁负责任?

受到伤害。

有义务。

不良。恶化。

会成为负担。会负担。

卖。被卖。

这样的做法是不负责任的。

案例评析
ANLI PINGXI

1. 古时有位理发师给宰相理发,修面修到一半时,停下刮刀直着眼注视着宰相的肚皮。宰相见此,心中纳闷,问:"你看我肚皮干什么?"理发师说:"人说'宰相肚里能撑船',我看大人的肚皮并不大,怎么撑船呢?"宰相一听,哈哈大笑:"那是说宰相的气量大,对一些小事从不计较。"理发师听到这话,"扑通"一声跪下:"小人该死,方才修面时不小心把您的眉毛给刮掉了。您大人气量大,还请恕罪。"宰相一听,尽管很生气,也只得装作大度的样子,说道:"算了,拿笔来,把眉毛画上吧。"

评析:婉言认错容易获得谅解。

2. 上司把部下叫来:"请你今天把这些工作干完,好吗?"部下望着那小山般的公文——

A:摇摇头:"这么多,叫我怎么能当天干完。"

(上司则一脸的不快)

B:"今天有这么多的事要处理。我尽量办着看吧。"但到下班时,则报告:"我还没做完呢。"

上司:"确实太多了。明天再干吧!"或"我叫小李来帮你吧。"

评析:委婉地跟上司讲道理,往往能赢得理解。

3. 有个姓刘的先生,性格比较内向。一次,有人跟他开了个玩笑,他便认为是故意出他的丑。于是,他愤愤不平地对一个朋友说他要好好地教训一下这个人。朋友觉得为这点小事发火实在没意思,便对他说:"你可以这样想想,如果他是故意和你过不去,说明他有自己不可告人的想法,你一闹就可能中了人家的计。如果人家是无意的,不过和你开了个玩笑,你一闹事,大家就会认为你心眼小,从而落下笑柄。可见,对这件事,无论人家是有意还是无意,你都没有必要去闹大。否则,受伤害的只能是你自己。"刘先生听了朋友的话,觉得很有道理。于是,便放弃了闹事的想法。

评析:辩证分析说理法。正反的分析都得出同一结论:闹事不好。

4. 某市个体服装店老板老伍的生意越做越大,营业额大幅度上升。税务部门要其补交税款,但他拒不承认营业额的增大。一稽征员多次上门,均被其搪塞过去。

这天,另一稽征员老谭找到他。初次交锋,老谭换了一种策略,以关心的口吻问:"有笔大生意,你做不做?"

"生意人,哪有不做的!啥款式?多少?"

"上次那种西装,两百套。"

"我正想吃进一批西装来换季。开价呢?"

"每套180元。如果全要,可打九折。唉,可惜恐怕你没这个胆量!"

"笑话,我就要全吃!"

"你全吃?我提醒:老规矩,货款必须在两个月内全部付清啊!"

"小看人!两个月,我还卖不出去吗?"

"这可是3万多元哪!"

"算个屁,今年以来,我哪个月不卖两三万的!"

"那好,你就先把这几个月漏的税补交了再说吧!"

"你!……天哪!"

评析:运用的陷阱术是多么的成功啊!

5. 齐景公好射猎,叫烛邹主管禽鸟。有一天,由于管理不慎,禽鸟飞跑了。齐景公大怒,下令要杀掉烛邹。这事很快叫晏子知道了。晏子求见齐景公。齐景公问晏子:"烛邹失职,该不该杀?"晏子回答说:"该杀。他三条罪状,让我一一给指出来,谴责后再杀他,叫死个明白。"齐景公听了正中下怀,欣然答道:"可以,就照你的办。"

于是,把烛邹召到齐景公面前,晏子怒气冲冲地谴责道:"烛邹,你犯了三大罪状:你给君王主管禽鸟而使禽鸟飞跑了,这是其一;你使君王因为禽鸟的事而杀人,这是其二;你使诸侯听见这件事,误认为我君重视鸟而轻视人,这是三。"数落完烛邹的罪状,齐景公却字字句句听得真切,有说不出的一种感觉,赶忙制止说:"不要杀了!"

评析:巧设陷阱引诱对方上钩。

6. 人们都知道林肯的容貌是难看的,他自己也知道这一点。

一次,他和道格拉斯辩论。道格拉斯说他是两面派。林肯说:"现在,让听众来评评看,要是我有另一幅面孔的话,您认为我会戴这幅吗?"

评析:故意曲解,幽默风趣,富有含义,并保持了自己的风度。

7. 一位中学生,自以为看破红尘,认为世人都是虚伪的,并多次在作文和言行中流露出走的想法。有次不顾劝阻,真的出走了。班主任知道后,立即骑车追赶,好不容易找到了他。回校后,班主任针对这位学生存在的糊涂认识,一针见血地指出错误:"你认为人与人之间不存在真实,可是,你临走时给我写信,这说明你对老师的爱是真实的;你信中说要我多送几个同学升学,这也说明你对我们班的爱是真实的;你对父母、姐姐的爱也是真实的。在你的身上存在着这么多的真实的成分,难道别人就会是虚伪的吗?"

老师的话在他心中引起了强烈的震动,他沉痛地垂下了头。

评析:对一些执迷不悟、麻木不仁者,可一针见血地指出其错误。

8. 著名作家狄更斯有次钓鱼。他一边撒钓钩,一边跟身边的一位陌生人攀谈。他告诉人家:"今天我的运气不佳,昨天很走运,在这里一下子就钓到了五条鱼。"陌生人听罢一脸的严肃,马上说:"这里禁止钓鱼。你说你钓了那么多的鱼,要罚款。"

狄更斯急中生智,说:"你知道我是谁吗?我是作家狄更斯,虚构是我的拿手好戏。我刚才说的是一个虚构的故事。"

评析:巧用歪解法,顺利为自己解围。

9. 袁世凯窃取了中华民国临时大总统的权力后,每天做着皇帝梦。有一次竟在白天进入美梦中。一位侍婢正好端来参汤,准备供袁世凯醒后进补。谁知不慎将玉碗打翻在地。婢女自知大祸临头,吓得脸色苍白,浑身打战。因为打翻参汤倒是小事,而这只玉碗是袁世凯在朝鲜王宫获得的"心头肉",过去连太后老佛爷那儿他也不肯拿去孝敬,现在化为碎片,这杀身之罪是很难逃脱了。正当她惶惶不安唯思自尽时,袁世凯醒了,他一看见玉碗被打得粉碎,气得脸色发紫,大吼道:"今天俺非要你的命不可!"

侍婢连忙哭诉道:"不是小人之过,有下情不敢上达。"

袁世凯骂道:"快说快说,看你编的什么鬼话。"

侍婢道:"小人端参汤进来,看见床上躺的不是大总统。"

"混账东西!床上不是俺,能是谁?"

侍婢跪下道:"我说。床上……床上……床上躺着的是一条大金龙!"

袁世凯一听,马上转怒为喜,以为自己真是真龙转世,要登上梦寐以求的皇帝宝座了。顿时,一股喜悦从心中涌起,怒气全消,情不自禁地拿出一沓钞票为侍婢压惊。

评析:美言赞誉,具有以柔化刚的效果,既维护了双方的自尊心,又消除了对抗因素。然使用时必须了解对方的嗜好、习性,乃至脾气和情感,抓住对方的心理弱点,选用对方真正感兴趣的事情进行赞誉,使对方感到非常合心意。

10. 有个调皮鬼冲骑驴的大爷喊:"喂,来块面包吧。"大爷礼貌地说:"谢谢你,我已吃过了。"不料调皮鬼却说:"我没问你,我问的是毛驴呀!"大爷一听,照驴脸"啪啪"打了两巴掌,骂道:"我出门时问你城中有没有朋友,你明明白白地说没有,这会儿怎么又来了个朋友叫你吃面包呢?"说完扬长而去。

评析:言此意彼,借题发挥来化解尴尬。

11. 一次,近代著名学者辜鸿铭正乘车坐在座位上,叠着脚欣赏着窗外的景色。半路上来了几个年轻的外国人,对辜先生身穿长袍马褂、留着小辫的形象品头论足,很是不恭。辜先生不动声色地从怀中掏出一份英文报纸从容地看起来。那几个洋人伸长脖子一看,更乐了,笑得前俯后仰,连声嚷道:"看这个白痴,不懂英文还要看报,把报纸都拿反了!"

待他们嚷够了、笑完了之后,辜鸿铭先生慢条斯理地用流利纯正的英语说道:"英文这玩意儿实在太简单了,不倒过来看,还真没意思。"

一言既出,几个洋人大惊失色、面面相觑,讪讪地离开了。

评析:大智若愚。

12. 林平因上司轻慢，扬言要辞职。然这家公司规模大，内部管理科学、严谨，发展前景可观。作为朋友的张恺予应如何劝阻他呢？

张恺予说："君子报仇十年不晚，我建议你好好地把他们的一切贸易技巧、商业文书和公司组织完全搞通，甚至连怎么修理影印和小故障的方法都学会，然后辞职不干。你用他们做免费学习的地方，什么东西都通了以后，再一走了之，不是既出了气，又有许多收获吗？"

结果，一年后，张恺予说："林平，你可以辞职了。"林平却答曰老板已对他刮目相看，且加官提薪。张恺予会心地笑了。

评析：规劝取得了最好的效果。

13. 请客，先来了两位客人，还有一位迟迟未来。

主人："该来的还不来。"（原意：怎么搞的，是时候了，怎么还不到。）

其中一位客人疑心："莫不是我不该来？"于是起身告辞："对不起，我还有点儿事，少陪了。"

主人送走客人后叹息道："唉！这是怎么弄的，不该走的倒走了。"（原意：我诚心诚意地请他吃饭，他不该没吃就走啊。）

剩下的客人心里很不是滋味："就我们两个客人，他不该走，莫不是该我走。"于是恼怒地说："我该走了！"拂袖而去。

主人："咦，怎么全走了？"

评析：表达模糊导致错误。

综合训练
ZONGHE XUNLIAN

一、问卷调查——交际情况

1. 测定你的交际风格（调查问卷：《测定你的交际风格》，见附录五。）
2. 测测你的交际潜质（调查问卷：《你的交际潜质如何？》，见附录六。）

二、情景活动

根据提供的情景材料，结合生活和工作实际，分团队进行情景剧表演。

要求：自编、自导、自演；团队配合好。

情景材料：

1. 解决工作分歧

某汽车销售公司要举办一场大型客户洽谈会，推广公司的新车。为此，公司办公室和下属工厂办公室的员工临时被抽调到一起，编成了两个组，共同做会议的筹备工作。两组人忙了一周，累得筋疲力尽，还是有一堆工作没有做完。最后，大家因为加班问题发生了分歧，厂办的人主张周五晚上加班，而公司办公室的人主张周六加班。两组人争执不下，互不相让，气氛搞得很紧张。

作为该会议负责人的办公室主任，该如何协调好关系，把工作顺利完美地做好呢？

注：下属工厂办公室成员之所以想周五完成工作，是因为周六有同事要结婚，大家都想去喝喜酒。

2. 与领导谈调动

你是一位推销员，因喜欢其他专业，想调离该单位，但又担心领导不同意。因为，单位领导一直很关心你的成长,送你到外地培训过多次,还派遣你到国外学习过三个月。

你该怎样向领导提出自己的要求呢?

3. 客户座谈会

你是公司的行政助理。公司正在召开一个客户座谈会,由你来主持,参加会议的人员有公司领导、相关部室及二十余客户。会议进行得比较顺利,但在征求客户意见这一环节时,有三个客户提出了不同的意见:一位客户反映公司的售后服务跟不上;第二位客户反映公司产品价格偏高;第三位客户居然反映前台接待小姐不漂亮,影响公司的形象。

你在主持客户座谈会时召集公司有关人员对客户不同意见进行了处理。

4. 接电话的基本礼仪

今天是李敏正式到博诚文化发展有限公司上班的第一天,由于总经理今天上午在自己的办公室召开小型销售会议,总经理安排她帮助接打电话。10点钟左右,有4个电话来找总经理,一个是上海的经销商打来的,一个是总经理太太打来的,一个是公司董事长从香港打来的,还有一个是投诉电话。

李敏按照打电话的基本礼仪如何应对这几个电话?

5. 解决电梯被困问题

一位美国客人在中国的一家宾馆住店,早晨用早餐完毕回房,乘坐电梯时却被困在10楼与11楼之间……经过15分钟的努力,电梯门终于被打开了。出来后他怒气冲天……

你作为陪同他的经理,该如何平息他的怒火呢?

6. 外国客人拿走了客房物品

一位外国客人在退房之前,看到了客房里摆放的景德镇小瓷杯,他虽知客房物品不能私自带走,但由于他非常喜欢收集该类物品,还是拿走了。在办退房手续时,楼上的服务员发现了这一情况,马上和酒店前台联系。

前台人员及大堂经理该如何向客人要回物品又不让客人难堪呢?

7. 污水事件

某印染厂由于污水处理不当造成了社区的污染,社区居民的意见很大。某日社区的居民代表来到工厂要求见厂长,请厂长就此作出表态。

如果你是厂长,你该怎样说呢?

8. 调动这件事

肖倩是海悦酒店管理有限公司的总经理秘书,公司最近在广西北海新接管了一家四星级酒店,据传会从海悦酒店总部的管理人员中抽调部分人员,公司有各种传言。肖倩今天一上班就遇到了自己的旧上级、市场部的汤经理,两人过去关系融洽。许经理开门见山地说:"我们是老同事,今天我想问你,公司要从总店调一部分人去珠海,名单下来了吗?你是总经理身边的红人,不会不知道吧?给点内幕信息?你知道我女朋友杨洁在海悦总店,她要去了北海,我岂不成了孤家寡人,帮帮忙,和总经理说说怎样?"

问题1:这时肖倩应如何作答?

三天后,调动名单下来,里面有杨洁的名字,许经理气鼓鼓地过来,一见肖倩,就把名单往桌上一撂,说:"肖倩,我这次不找你,我找总经理,我要和他谈谈。"

问题2:这时肖倩应如何处理?

问题3:假设后来总经理知道了这件事,要肖倩去找许经理或杨洁谈话,使杨洁能去北海任职,请问肖倩又该与谁谈话更合适,并应该如何谈?

9. 公司来客人了

下午一上班,秘书大许的办公室就来了一批六七个人的来访团队,为首的介绍说是某市运销公司总经理林某,特地带队来大周所在公司考察,此前已经同公司陈总经理联系过了,而且林总和陈总私交很好,两家公司也是业务合作伙伴。但是公司办公室确实也没有接到今天有客人来访的任务(事后证明是陈总忘记了),而此时陈总正在市里陪其他客人吃饭,估计最快也要半小时后才到。许秘书如何做才能既热情接待,又不让客人感觉到因陈总忘记安排而失礼呢?

10. 庆典活动・邀请(调查)

201×年10月×日,是××大学的60周年校庆日。学校对此安排了大型的庆典活动。你班作为参与活动的主要策划和组织班级,你将和班级同学如何策划、安排本次大型活动?需要联系哪些人员?如何进行访问和邀请?中间会有些什么插曲?

在活动之前,想了解全校同学对校庆工作安排的意见,于是就派学生干部深入到各个年级各个班级进行调查。如果你作为调查员去本系一年级××班调查,请问你将从哪几方面入手进行调查?最先提什么问题?如何进行调查活动?

试就以上内容进行此次活动的设计、安排的整体过程进行情景剧表演。

11. 劝谏使用"8"

近些年来,"8"字备受社会各界的青睐,电话号码、手机号码、汽车牌照甚至门牌号码都争用"8",带"8"字的号码全需要加价。

请按照不同语境运用幽默技巧劝说当事人不一定非用这些数字。

12. 说说媒体的"克隆"

全国各地的电视节目,不断推出新的节目,但总存在"克隆"之嫌。

请对此设置情境以幽默的方式和语言进行提醒或告诫。

13. 劝导"××到此一游"

几乎在所有的旅游风景区的不同地方,人们都能看到"××到此一游"的字样。

请想象在旅游胜地发现了这类情形后如何对有这样行为的人进行幽默式的劝导。

14. 表扬

小王、小李、老张都是×项目小组成员。由于小王、小李积极而又具有开拓性的工作,使小组成绩突出。老张德高望重,工作积极,但由于观念陈旧,方法落后,成绩不是很理想。作为项目负责人,你会怎样表扬他们?

15. 说服和批评

某厂有一位年轻的工程师向部门主管请假去打三天猎。由于近期内工作很紧,主管没有答应他的要求。同时主管翻开职工考勤记录,发现该工程师十几天前有迟到30分钟的记录,于是他对工程师咆哮道:"如果你明天继续迟到我就停你的职。"工程师第二天故意迟到了,他被停职,于是,他就无牵无挂地去打猎了。

你怎样评价该主管的行为?他的批评是否妥当?

若换了是你,你会如何处理这一情况呢?

16. 工作谈话

小夏是你的助手,总的来说很能干,但是你发现她总是耽误一些日常性工作,为此你已经与她谈过两次,她表示一定注意不再犯类似错误,努力提高工作效率,但是你发现她没有多大改进,而且在上个星期又耽误了几项日常性的工作。你准备再与她谈一次。

这次你该怎样与她谈呢?

17．接待和安排老总不想见的客人

下午,韩秘书正在清理桌上的文件,忽然看见一位客人径直朝总经理办公室走去。韩秘书赶紧叫住他。客人说:"我是你们林总的初中同学,上周我还跟他打过电话呢。"韩秘书说:"对不起,请稍等一下。"边说边快速地翻了一下预约登记,发现对方没有预约。韩秘书马上拿起电话跟总经理联系。总经理表示:"这个人我不想见,你帮我挡一下。"

韩秘书该怎么处理这件事?

18．进言

某单位来了个新领导,小李是这个单位的秘书,也是新领导的直属部下。最近,某外贸企业来访,全单位都非常重视这次合作,新任领导更是肩挑重任,负责接待工作。但小李发现这个领导并不擅长接待的准备工作,比如会场的布置、鲜花的摆放、迎宾队伍的安排等,虽然他都亲力亲为,但确实做得不周到,也不理想。

如果你是小李,你该如何向这个领导进言呢?

19．劝说挪位

设想你是一家酒店餐饮部的经理,当班的时候,有位粗豪的客人,在一张已预订了的桌子旁坐着,而事实上他既不是预订者,也不是预订者的客人。于是你便走过去说:"对不起,先生,这张桌子已有人订了,您能否换个座?""啊,那没关系,你把他订的这张桌子搬走,另外再搬一张来就行了。"

这时,你怎么回答并劝解这位粗豪的客人呢?

20．老总正忙

上午 9:55,张先生来到了博诚文化发展有限公司的办公室,他和林总经理约好 10:00 见面。而此时,总经理正在与另一位重要客人热烈交谈着,会客室里时不时地传来两人爽朗的笑声。

作为秘书的你,该如何处理这种局面?

公关口才的艺术技巧

1．幽默技巧

快乐的人生、成功的公关交际,需要智慧的幽默。幽默是一个人的学识、才华、智慧、灵感在语言表达中的闪现,幽默是一种修养,是一种智慧。运用幽默的语言,让人轻松愉快,但又意味深长。它可以解除窘迫,能有效地润滑、缓解、化解矛盾,帮助我们走出困境,从而有助于调节、建立良好的公共关系,实现个人目标或集体公关目标。周总理在为著名的女记者斯特朗 80 寿辰致辞时说:"今天,我们为我们的女朋友,美国女作家安娜·路易斯·斯特朗女士庆贺 40 公岁诞辰。——40 公岁,这不是老年,而是中年。斯特朗女士为中国人民和世

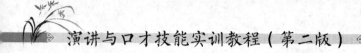

界人民做了大量的工作,写了大量的好文章,但她的精神还很年轻。我们祝愿斯特朗女士继续为人民写大量的文章,祝贺她永远年轻!"周总理的这番贺词幽默诙谐,斯特朗听了眉开眼笑,听众席上也是笑声一片,整个宴会洋溢着欢乐的气氛。

2. 委婉技巧

这是一种语言修养。在公关活动的一些特殊场合,用含而不露、轻松风趣的语言,委婉含蓄地表达自己的意思,可以便于理解接受,便于协调关系,避免直接冲突,避免触犯忌讳,因而可以促进公关活动的顺利进行。具体可用同义词替代,或借用讳语,或意在言外,或烘托暗示,或迂回绕道,或灵活借用。

3. 暗示技巧

采用含蓄的方式,通过语言、行动等手段对他人的心理和行为产生影响,从而使他人接受某一观念,或按照某一方式活动。这是公关活动中人际影响的一种特殊方式。它可以避免语言摩擦,促进人际关系的健康发展;可以避免僵局,协调关系;可以便于理解接受;而且常常具有教育作用。

4. 模糊技巧

语言的模糊性,可以使语言的内容具有弹性。往往可以使人摆脱公关的困境;形象生动,提高修辞效果;拓宽语言空间,促进合作。

交谈的"1、2、3"法则

所谓"1、2、3"法则,简单地说就是讲 1 分钟,听 2 分钟,在听的过程中做 3 次以上的肯定表示。

如今,紧张的生活节奏,激烈的社会竞争和由此带来的精神压力,使人们在很大程度上喜欢自我表白,把别人当做是宣泄情绪和语言的对象,希望被人耐心地倾听。

所以,我们在阐明自己的看法时,要简明扼要,以 1 分钟为限;给对方 2 分钟的时间来表达他的看法,并且在倾听时要积极呼应,通过语言或神态作出赞同的表示,给对方以有效的鼓励,使谈话在融洽的气氛中进行下去。

"1、2、3"法则的真谛就在于倾听。让谈话的双方从对话中获得满足、理解和肯定的权利,从而了解别人、释放善意、建立友谊。

(摘自陈国强编著的《办公室礼仪与口才》,中国经济出版社,2008 年 1 月第 1 版,P.141)

电话交际与沟通

(一) 电话交谈的特点

电话交谈,声音是双方沟通信息和联系感情的唯一使者。电话交谈同样是一种语言表达艺术。电话交谈与面对面的直接交谈相比较,有其自身的特点和要求。

1. 时间性

电话通信是有偿服务,根据使用的时间和距离,需交付一定费用。所以电话交谈比面谈在时间上要求更为严格。它要求通话双方在最短时间内传递最多的信息,提高通话的效率。

2．空间性

电话交谈的双方于同一时间处在不同的空间位置,不可能面对面对交谈。即使是视频电话普及了,双方可以通过屏幕看到对方,但与直接交谈相比,其距离感仍然存在。所以,电话交谈在现有条件下,空间上受到限制,很难借助态势语等无声语言来更充分地表达自己的意思,只能基本上借助口语表达。

3．准确性

电话交谈语言要求表达意思准确无误。相对于面谈,电话交谈几乎依靠声音传递信息,根据一定的逻辑,合理地组织、安排句子以及选用恰当的词语来做到表达上的准确性。

具体地,首先对人、事物、地点、时间、价格等关键性的语言表达要准确,不能含糊其辞。其次,慎用同音词或者是容易造成歧义、影响准确理解内容的词语。再次,句子组织要简短,尽量少用关联词。如果需要应用,也尽量按自然顺序安排。最后,尽量不使用方言。异地交谈,方言有时会在理解上带来很多障碍。要尽量应用对方可以完全准确理解表达内容的语言。语速要适当,不可过快。

4．精练性

电话交谈的语言必须明确、精练、恰当,要以最经济的语言传输出最大的信息量。相比于面谈,电话交谈的时间性更强,电话交谈的口语表达必须消除不必要的重复、各种口头习惯语和与内容不大的修辞。

（二）打电话

打电话,应先向对方问候和进行自我介绍,例如,可说:"您好！我是×××。"如果是找人,比如找小王,可以问:"小王在吗？"如果与对方没有见过面,这时不能判定对方就是自己要找的人时,则不妨把自己的"开场白"多说几句,以便于对方了解自己的身份,或是代为去找希望与之通话的人。如果与对方对于某件事情进行协商,不妨先征求对方的意见:"您现在有空吗？我想和您谈谈××方面的事情,可以吗？"这样,既显出你的礼貌、教养,又尊重受话人的时间要求。

如果对方是新接触的人,并且正忙于工作,这时可以征求对方的意见:"一天中什么时间给您打电话最好？""什么时间容易找到您？""一天里,什么时间您最方便？"通常对方会按照自己的时间安排来告诉你通话的时间。

如果打错了电话,要向对方道歉:"对不起,打错了。""打扰您了。"等等。切勿直接挂断电话,不作任何解释。

打电话时一定要记清电话号码,看清电话号码键盘再拨。如果一时打不通,应当耐心等待和重拨。电话接通后,至少应当等铃声响过六七遍,或是一分钟左右的时间,确信对方无人接听后,方可将电话挂断。

在交谈过程中,要充满热情,不要自始至终采用同一种平淡的语调。声音代表着你的全部,它传达了你的态度及友善程度。此外要用适当的音量讲话,应注意语调的清晰、柔和。语调过高、语气太重,会使对方感到尖刻、严厉、生硬、冷淡;语气太轻、语调太低,会使对方感到你无精打采、有气无力;语调过长显得懒散拖沓;语调过短又显得心不在焉、不负责任。

在谈话中,万一电话中断了,最好能主动再打过去,并且说:"刚才电话断了,请您原谅。"

(三)接电话

接起电话之后,首先要说:"您好!"再问对方具体事宜。当对方指定了某人听电话时,要说一声:"请稍候片刻。"然后把电话交给指定的人。有时对方指名的人物刚巧不在场,此时,你不应该只回答"不在"而把电话挂断,你应该尽快地去找被指名的人。这时,你不妨对他说:"××先生不在场,我现在就去找他,请稍等片刻。"

事情谈完,要说些客套的结束语,如"拜托了"、"麻烦你了"、"打搅您了"、"请多多指教"、"谢谢"、"再见"等礼貌用语。还应注意,要等对方挂上电话之后,发话人再放下话筒。话筒应轻放。

如果你遇到一个在电话里向你喋喋不休的人,而你确有急事要办,武断地放下电话不听又不礼貌,这时可以向对方说:"实在对不起,我现在有个重要的会议,时间已经到了,咱们能不能改日再谈呢?"如果是在家里,你可以说:"真不凑巧,有客人来了,我过一会儿再给您打电话好吗?"

(四)如何处理对方的无理纠缠

遇到这样的情况,对方不怀好意,无理纠缠,一定要机智对待,冷静处理。

如美国的一位女演员自有妙法。她经常接到一些无理的纠缠者的电话,当她明白对方不怀好意之时,便说:"我真高兴你打电话来。你知道,我总是……"咔嚓,电话断了。对方当然想不到她是故意把电话挂断的,还以为出了什么故障,便会立即再打一次。这位女演员便暂时不去接听。所以,她决不会听任突然打电话来的人的摆布。

有时接、打电话需要记,这时则要边听边记,不清楚处要主动发问:"对不起,这一点请您再讲一遍。"尤其是人名、街道名等一定要问清如何写法,防止同音词混淆。涉及数字、电话号码等一定要复述一遍再记下。等全部要点记录完毕,应当向对方复述一遍,得到对方认可后方可挂断电话。

再有,如果打电话的是重要客人、上级、长辈,谈话结束后,要听到对方确实把话筒放下了,自己这方才可以把电话挂掉,以表示对他们的尊重和应有的礼貌。

(摘自佰岗、魏清素主编的《领导者即兴口才技巧与案例全集》,中国言实出版社,2010年9月第1版,P.354-359)

力戒与人交谈中的几种劣习

勿断人话头。有一种人,表面看来待人很热情,很健谈,但他与人交谈时不尊重对方,不认真倾听,总是自以为是,断人话头。

勿改人话题。交谈双方要围绕着一个共同的话题谈下去,待彼此把意思表达得比较充分之后,再转移话题。有的人偏不遵守这个交谈的潜规则,按自己的意愿突然改换话题,使对方反感,甚至无法把交谈进行下去。

勿扫人话兴。有一种人,由于命运之神使他处于某种他自以为最优越的地位,因而处处表现得唯我独尊,与人交谈时总是居高临下,扫人话兴。

勿夺人话机。有一种人,待人亲切和蔼,很爱与人攀谈,但一开口就自卖自夸地说个没完没了,根本不让对方有说话的机会。

在交谈中,既然是与人交谈,必须力戒交谈的劣习,首先有礼貌地、耐心地听取对方的谈话,让人家把话讲完,然后在尊重对方意愿的前提下,再视情况说出自己的意见,这样既可以拓宽交谈的内容,又可营造良好的交谈氛围,增进友谊,为今后的交往打下基础。

办公场合使用手机应注意的问题

要把手机调到静音、震动状态或降低来电音量,手机音量以距离两米就可以听见为宜。

如果有手机来电,最好到走廊或洗手间接听。如必须在办公室接听,也要把说话的声音尽可能地压低。

手机不使用的时候,要放置在适当的位置。正确的放置位置:一是随身携带的公文包里(最正规的位置);二是上衣的内袋里。放在办公桌上,即不雅观,也不安全。

如需发送短信,也不要让人频频听到你的短信提示音,这也是对他人的一种干扰。在自己接待来访和会议、谈判过程中,不要查看手机短信,更不能发送手机短信,这是不尊重对方也是不礼貌的表现。同时,如要发送短信,要注意内容的健康、文明、得体。

手机的彩铃声也要注意场合和得体,慎重选择,不要在办公室等正规的场合发出怪异、搞笑的手机彩铃声,否则容易造成不必要的麻烦和误解。如"有话快说,有屁快放"的手机彩铃就是不合适,未婚的男女使用"爸爸(妈妈),来电话了"的铃音也容易产生误解。

(摘自陈国强编著的《办公室礼仪与口才》,中国经济出版社2008年1月第1版,P.137-138)

聚会上的人际交往术

聚会往往是结识朋友、广积人脉的最好时机,所以,我们要善于把握聚会这个机会,为自己开拓和积攒人脉资源。

我们时常会参加一些聚会,但在聚会上,在场的人不一定都是我们熟知的,可能有领导、朋友、亲人,还可能有不知道身份的陌生人。那么我们应该如何去交际呢?

参加一个聚会,首先要搞清楚参加聚会的人及其身份,如果有不相识的人,可私下了解他的情况,然后再作打算。聚会时也可以找朋友引荐不相识的人。但无论如何,不要羞于和陌生人说话,要大方地打招呼。

如果聚会上有领导,要先和领导打招呼。俗话说,干得好不如说得好。这句话虽是片面的,但在工作中,会做事再加上会说话的人,的确能迅速受到领导的青睐和重用。聚会是私下里和领导沟通的最好时机。让领导认识生活中的你,加深对你的印象,对今后的工作也是很有利的。

聚会上有很多朋友时,可以先和熟悉的朋友打招呼,然后再去找那些对你有"利"的朋友说话,因为在现代生活中,你必须懂得去把握时机,广积人脉,最大限度地接触一些对你有帮助的人。另外,你也绝不要忘记其他的人,俗话说"多个朋友多条路",聚会上的每个人都应该"照顾"到,不要冷落任何一个。

其实,在聚会上如果时间和时机允许,应尽量和所有人说话,只是要注意说话的顺序和内容。

我们要想成就一番事业,强大的人脉关系是不可缺少的,它是一种无形的资产、潜在的财富。聚会是最容易打通人脉的时候,所以,我们要懂得抓住时机,为自己开拓和积攒人脉资源。

(摘自韩宏、穆阳编著的《瞬间打动人心的18堂口才课》,中国纺织出版社,2011年5月第1版,P.217)

怎样驾驭"性格一族"呢?

1. 对自尊心很强的人。要说服他,一可用激将法。很自然地借助对方的竞争对手来进行说服;不直接赞美对方,而赞美与他有关的事物;通过赞美对方进行说服时,将他不认识的"第三者"对他的赞美转告给他。说服对方时,必须附带"因为……"再进一步地补充会更有效;二可用旁敲侧击法。这对怀有不安心理的人一般很有效。

2. 对性格敏感的人。应尽量谈正事、谈大事。可围绕对方所熟悉的专业谈,切记不要涉及对方的情感经历、家庭生活等私生活方面的内容;不要涉及有伤对方自尊心的问题;不要与他发生借贷关系,并要注意放低自己的姿态。

3. 与信赖型的人打交道。务必要诚实,也不要开说谎的玩笑。

4. 与坚忍型的人打交道。要多谈正事,不要扯谈。忠诚老实,不宜扯谎、打埋伏、耍心眼。因这类人为人多正派、诚恳。有条件的话,应给予思想、健康方面的关心和帮助。

5. 与任性型的人打交道。这类人很在意人们对他的尊重,所以要尊重他,但不要言不由衷,要用准确的语言肯定对方的长处,同时应注意,尽量选择对方心情比较愉快时与之交谈。

6. 与情绪型的人打交道。这类人很难驾驭,而又偏偏特别热情,爱交朋友,如果你冷,会让对方觉得你瞧不起他;如果你热,又不知他什么时候因为什么不当心的事而发脾气。所以,要小心维持不远不近、不冷不热的距离。

7. 与忧虑型的人打交道。可以多听对方倾诉苦闷,可能的话多给对方一些乐趣。如关系较为密切,可适当地批评其不健康的精神状态;如其有担心的事,则主动为其撑腰壮胆。不要讥笑、瞧不起对方。

8. 与自信型的人打交道。因这类人每个都是一本成功学的著作,应该好好地去读,对其应该谦恭一些。

9. 与果断型的人打交道。对春风得意的这类人,最好敬而远之,否则你易自取其辱;对方正处于困境的时候应给予关心和帮助。与其交流宜多听,不要与之争吵;即便他在教导你,也要谦恭地表示接受。

幽默中的交叉技法

交叉是以对同一事物的不同认识和理解创造幽默意境的技巧手段,可分为情节交叉和语言交叉。情节交叉以"误会"、"矛盾"、"自嘲"等形式出现,在构成幽默的情节冲突、悬念、情趣方面起着主体框架的作用。语言交叉采用了具有双重意义的修辞格式,如谐音双关、语义双关、词义引申、借喻、反语等,以实现两种互不相干的概念在观赏者意识中的交叉,成为用交叉技巧制造幽默效果的主要语言手段。

1. 误会法

误会法是幽默情节交叉技巧手段最典型的表现形式,即把幽默的情节冲突建立在误会之上,构成幽默作品中人物的思维逻辑和观赏者思维逻辑在同一事物认识上的矛盾、对立和不协调。这些认识上的交叉常常有好几组,彼此间又互相穿插交织,从而使情节冲突愈趋复杂风趣。在情节交叉中,幽默作品中人物出乎意料的误解把观赏者设想的正常思路打断,使观赏者合乎逻辑的期待落空,以致在误会和正解的反复对比中产生了浓郁的幽默感。误会法作为一种常用的喜剧手法,构成了幽默的情节,引发出幽默的喜剧性冲突,进而推动了幽默的喜剧情节的发展。

三个犯人站在一位斜视的法官面前。这位法官瞪着犯人甲问:"你叫什么名字?"犯人乙连忙答道:"我叫阿兰。"法官大怒,喝道:"我没问你!"犯人丙害怕得哭出来:"我可什么也没说呀!"

2. 矛盾法

矛盾法作为幽默情节交叉技巧的具体体现,有答非所问、蓄意歪曲和自相矛盾三种形式。

答非所问是指把对方提出的问题巧妙地引向与原来的思路迥然不同的方向,造成问者和答者两种不同思路的矛盾交叉。答非所问可有自觉和不自觉之分。自觉者,是指答话者出于某种目的,故意作出驴唇不对马嘴的回答,王顾左右而言他,回避对问题的实际回答。不自觉者,系指答话者在无意中形成了答非所问的局面,即对问题的理解错误导致了答复的相左。答非所问是幽默艺术家设计情节冲突时挑起不协调因素相交的手法之一,具有明显的幽默效果。

为了实现不同思路、逻辑的交叉,常常采用蓄意歪曲的手法,即有意漠视某些词语的本义或事物的真相,以造成两种不同理解的映照。歪曲对象可以是人们熟知的口号、故事、事实等,也可以是他人或自己的某一句话语。蓄意歪曲形式通过对原意的歪曲性引申,挖掘出有悖于常理的新意,给人以强烈的不协调感。蓄意歪曲与答非所问的表现手法相同,但前者以疑问对答的形式表现矛盾的交叉,后者则以陈述形式表现不同思想的相悖。

矛盾法最直接的表现形式是自相矛盾,即通过人物的言行不一、言语的前后矛盾和行为的相互抵触,造成幽默情节中不同人物之间及作品中人物与观赏者之间对人物某种品质或性格的不同认识的交叉。自相矛盾是幽默艺术家刻画喜剧性人物形象的重要手法,有着鲜明、强烈的幽默效果。

中国古代著名的寓言故事《韩非子难一·楚人有鬻盾与矛者》:"吾盾之坚,物莫能陷也。"又誉其矛曰:"吾矛之利,于物无不陷也。"或曰:"以子之矛,陷子之盾,何如?"其人弗能应也。夫不可陷之盾与无不陷之矛不可同世而立。

3. 自嘲法

自嘲法是幽默情节交叉技巧的表现形式之一,即在幽默作品中赋予喜剧性人物一种特殊的气质和性格,当人物遭遇挫折难以实现愿望时,以自我解嘲及贬低、歪曲事物或事件的价值和意义来获得精神上的满足和成功,从而形成了与观赏者在对该事物或事件实际价值和意义的正常评价方面的理解交叉。

一卖锅者必以锅底掷地作声,以证明锅之无损。一日不巧,锅一摔就裂了,遂对买者说:"像这种锅,我就不会卖给你了。"

4. 谐音双关

谐音双关是幽默语言交叉技巧中常用的一种修辞格式,即利用词语的同音或近音条件构成双重意义,使字面含义和实际含义产生不协调交叉。谐音双关以语音为纽带,将两个毫不相干的词义联系在一起,使观赏者通过联想领悟艺术家的幽默感。

某人在大街上丢失一块手帕,沿街寻找,边走边问:"你见我帕了吗?"恰遇到一个武士,听了怒道:"我打了多少恶仗,杀了多少人,干吗见了你要怕?!!"

5. 语义双关

语义双关是利用词语的多义性(本义和转义),使语句所表达的内容出现了两种不同的解释,彼此之间产生了双关。有些词语本无多义性,但在特定条件下受上下文影响,也可带有某种双关的含义。语义双关的修辞格式以语义的关联为纽带,利用本义和转义的差距造成幽默语言交叉,产生了含蓄的幽默效果。

有人问鲁迅先生:"你的鼻子为什么是塌的?"

鲁迅答:"是碰壁碰的。"

6. 词义引申

词义引申作为修辞格式,是比喻的特殊运用形式。在幽默语言交叉技巧手段中,词义引申通过词语的本义和转义的人为交叉,产生出丰富的联想和暗示,造成了清晰的幽默感。在这种情况下,词语和语句通常是形式固定的习用形态,其本义或已消失,或已被淡忘、放弃。因此,当业已约定俗成的转义与重新引申出来的本义相交时,就会产生新鲜、独特的幽默意境。

"绳"的本义是绳索,如《易·系辞》:"上古结绳而治,后世圣人易之以书契。"后可引申为"绳墨",如《荀子·劝学》:"木直中绳。"又可引申为"正直",如《淮南子·缪称训》:"行于险者,不得履绳。"还可引申为"惩办",如《史记》:"今上皆重法绳之。"

7. 反语

反语是用相反的词语表达本意,使反语和本意之间形成交叉。在幽默语言交叉技巧中,反语以语义的相互对立为前提,依靠具体语言环境的正反两种语义的联系,把相反的双重意义以辅助性手段(如语言符号和语调等)衬托出来,使观赏者由字面的含义悟及其反面的本意,从而发出会心的微笑。反语是造成含蓄和耐人寻味的幽默意境的重要语言手段之一。

"当三个女子从容地辗转于文明人所发明的枪弹的攒射中的时候,这是怎样的一个惊心动魄的伟大啊!中国军人屠戮妇婴的伟绩,八国联军的惩创学生的武功,不幸全被这几缕血痕抹杀了。"(鲁迅《华盖集续编·纪念刘和珍君》)

项目十 营销口才

【训练目标】

通过对学生的营销口才的训练,指导学生深入实践,自觉把握现代营销活动中的一般规律,掌握营销的特点、技巧和奥秘,通过提高其话语的质量来提高其接近客户和说服客户的能力,使学生面对纷繁复杂的社会,做到行动起来游刃有余,使营销活动得到促成和确认。同时借此提升自己,塑造自己完美的人生。

【训练方法】

根据训练目标,结合社会现实生活,让学生参与营销活动,以培养其兴趣。主要以情境设计为内容,采用角色扮演法和重点强化训练,安排学生扮演不同角色,使之在实地演练中获得真切感受,从而感受营销活动的特点以及所需的基本技巧,提高营销口才水平。

【任务设计】

博诚文化发展有限公司的业务中有一项业务是婚庆礼仪服务。

恰巧本市五星级酒店海悦大酒店将要举办一场玫瑰经典集体婚礼,婚礼对象是本酒店员工和邀请的一些嘉宾,共有20对新人。博诚文化发展有限公司婚庆部的林经理和手下姜小青为此专程去了海悦大酒店,希望能接下这场婚礼的整个庆典服务。

请设计这场婚礼的方案和步骤;设计并模拟林经理和姜小青说服酒店公关部把这项婚庆服务给自己公司来承办的过程。

营销活动是一种经济行为,也是一种社会行为,是指把产品售卖、推销给客户的商务活动。其行为媒介是商品,现实形态是人际交往,主要载体是言语交流,但所处理的,却是人与人之间的相互关系。

推销是营销主体自觉、主动,务求使客户接受的商品售卖活动。一般是指企业在一定的经营环境中,针对其销售对象所采取的一系列的促销手段及活动过程。主要指人员推销。

在销售员应具备的诸多要素中,语言要素特别重要。培养推销人员若有一套完整合适的应对辞令,那对其推销就如虎添翼,一定能达到销售目的。

在营销活动中,口才是重要的,因为在整个营销活动的行为过程中,其行为的核心不外乎是与客户交往和交流,寻找客户、接近客户和说服客户。寻找客户是营销人行动和言语能力得到实际而具体的现场显示;接近客户是口才活动中素质要求更高并具有更强技巧性的工作环节,指借助一定的行动与言语,以其完美的个人面貌和风采的展示,得到客户认同;说服客户是营销活动的最后一个基本环节,也是关系到营销活动成败的关键环节,同时,在此环节,充分展示了自己全面和综合技艺的最好活动区间,而客户也恰恰在一个环节中,可能是最难与之进行交流与沟通的,对话即便已经展开,也可能随时中断,而在这时候,除了其他相应的出色表现之外,营销人的口才,就显得格外重要了,营销活动之所以以言语交流作为核心的交际手段和制胜法宝的职业特征,是因为在说服客户的最关键的当口,会体现得特别显著,正是在这一意义上,有人说"推销的中心是游说","游说的技巧是权变",才会显得非常中肯——此时口才的神妙作用,的确是有可能创造出令人惊讶的奇迹来。

第一节 营销语言的基本要求

语言是传递营销信息的重要媒介。所谓营销语言是指以言语为载体、商务信息为内容,促使销售成功的策略和技巧。它是一种有效的情感刺激物。要使营销语言具有说服力,必须遵循以下的基本要求。

1. 符合现代营销观

现代营销观是将"形象导向"放在首位,即通过销售活动取得消费公众的信任,来达到树立良好的形象的目的,在此前提下,追求长远的利润,而非传统的推销将"利润导向"放在首位,而最后因其不注重买卖双方的信息沟通,"一锤子买卖"、"一次性交易",只能获得短暂的盈利,并容易产生信任危机。所以,在营销活动中,推销语言的运用必须符合现代推销观。

2. 满足营销对象的需求

营销员的崇高职责是为顾客服务。营销技术是"怎样赢得顾客"的技术,而不是强迫顾客的技术。那种"一次性交易"是一种不道德的市场行为,不应提倡。所以营销必须以满足营销对象即消费者的需求为前提,而消费者的需求是多种多样的,营销语言必须抓住这些消费心理,给予适当的语言刺激,以促成营销。

3. 准确传递营销信息

由于营销环境的不同,营销主体与营销对象之间,有时会出现营销信息"传而不通"或"误传信息"的现象。例如美国通用汽车公司向拉丁美洲地区营销"OVA"牌汽车,这个汽车牌号在当地被误译成"不走",通用汽车公司发现及时,改牌号为"Savage"(猛烈)准确地传递了营销信息,从而消除了滞销的危机。可见,在营销过程中,营销信息的准确传递是十分必要的。

4. 营销语言的得体性

营销活动不仅是个买卖过程,而且是处理营销者与客户关系的公关过程。买卖过程中渗透着买卖双方相互交流、沟通与合作,这就决定了营销者必须遵循真诚信任、平等互利的原则。因而必须讲究语言的得体。营销语言的是否得体,直接关系到营销活动的成功与否。

首先要做到营销有的放矢,因情制宜,根据不同的物情、行情、客情,分别对待,有目的地予以推销。如一种灭蟑螂的神笔,该产品刚刚推出时,市场反映平平,然经营销员的三言两语:"这种神笔只要在蟑螂出没的地方,画上一笔,就可见效,省去了投药的麻烦,也免去了有小孩家庭对投药的顾忌。"销售状况大大改善。

其次要实事求是,不卑不亢。营销语言要尽量避免使用赞美式的语言,如"最佳"、"超级"、"绝无仅有"、"世界第一"、"优质耐用"……一类令人难以置信的修饰语,而应代之以实事求是、恰如其分的介绍、评价。因为,商品介绍最重要的不在于营销员说了什么,而在于消费者相信了什么;不在于告诉消费者商品如何至高无上,十全十美,而在于让消费者了解此商品有什么功用。营销语言能否成功也在于此。

最后,还要注意不可向消费者乞求开恩购买产品的话,如:"这些东西给我们公司造成了很大的亏损,老主顾了,帮帮忙,高抬贵手。"

第二节　营销的语言说服

在营销活动中,营销员的口才显得十分重要。俗话说:"货卖一张嘴。"营销员口才的好坏,直接决定着服务的质量,也影响着企业的声誉。北京市模范商业工作者穆载生曾就语言艺术与商品销售关系做过一些试验:使用一般的、平淡的柜台用语,日销售额为500元;使用较文雅、礼貌的柜台用语,日销售额可提高到700元;而使用热情洋溢的艺术化的语言,日销售额可提高到1000元。可见,营销的口才技巧对提高企业的经济效益有着直接的关系。营销活动中口才运用的表现规范应当是:讲技巧,重内容,要质量。

一、营销说服技巧

所谓讲技巧,是指在营销活动中要把话说得适当、得体、对路、巧妙。所谓适当,是指语言表达要适合特定的情境及即时需要,即该说什么、不该说什么,必须很讲究,不能不经过思考冲口而出,信马由缰,任性而为,不计后果。所谓得体,是指话语的表达要符合现场的氛围及人物关系,即该怎么说、不该怎么说,要仔细推敲,不能不看对象,全凭主观,不看形式,只顾内容。所谓对路,是指话语的表达要切合营销的目的及相应要求,即该为何说、不该为何说,一定要选择,不能忘了宗旨,只重过程,不讲结果,否则只能是捡了芝麻,丢了西瓜。

所谓巧妙,是指话语的表达要争取良好的效果及其理想境界。

能将以上几方面完满地统一起来,营销的语言表达就能让人听了感到舒服和愉快,这样既能有助于实务目的的实现,又能改善和营造和谐、融洽的人际关系。

营销的过程,实际上是营销人员运用各种技巧,说服顾客购买其商品或劳务的过程。

（一）摸准心理，有的放矢

从某种意义上来讲，营销活动是一种心理战，要想接近客户，首先要掌握客户的心理，主动迎合客户的心理需求，选择恰当的对话方式，也就是"见什么人，说什么话"。优秀的营销人，是人性的洞悉者。面对随和型的客人要热情、有耐心，要顺水推舟，满足他的自尊心；面对严肃型的客人要真诚、主动，以柔克刚，设法使他们开口；面对慎重型的客人要不厌其烦、耐心解答，不要言语唐突，刺激对方；面对情绪型的客人要摸准心理，通过言行取得对方的信任，消除其心理压力，使他有一种安全感。

一位中年妇女担心一件时装太时髦，穿不出去，售货员说："这件衣服颜色鲜亮，款式新颖，年轻人买得很多。不过，人到中年更需要打扮，人靠衣装呀。这件您穿挺合适的，它起码能使您年轻10岁！"

一位小伙子想买一件金首饰，嫌价高有些犹疑，售货员说："金首饰有保值作用，这种商品的高价与贵是同义语。准备送给新娘子吧？贵重的首饰正可以表达你真诚的爱情，新娘子看了肯定非常喜欢！"

像这样的推销话语，充满了体贴和关爱之情，潜藏着为客户着想的盈盈好意，而且这些话的确都说得很在理，既实事求是，又正好把准了对方其实想买，只是因某种原因有些举棋不定的心理脉搏，所以能迅速地改变客户的心理情境，使之作出积极的选择。

推销商品，往往是在短时间内完成的。在短短的几分钟时间内，你的话能留得住顾客并打动他的心，生意就成了；留不住，一笔买卖就吹了。同时在市场竞争中，如何突出自己，把顾客吸引到自己身边，也需要与众不同的鲜明语言。如集市上，鱼贩子早晨高声叫"新鲜活鱼，两元一斤"，极力突出了"新鲜"二字；下午则变成了"快来买呀！一元两斤"，这是突出了便宜的信息。

（二）以诚立言，以情感人

创造真诚合作的气氛，是营销工作取得成功的基本前提；建立良好的人际关系，则是保持长期业务联系的重要条件。情绪是可以传染的。一个优秀的销售人员总是能把自己的积极情绪很好地传递给客户，用自己的真心、热情去感染客户，以促成交易。世界上最出色的销售人员都是真诚、具有亲和力的，他们很容易和客户建立良好的关系。因为他们懂得，一见面就跟客户谈生意是不礼貌也是不明智的。要注意用真诚、真情的交流建立起与客户之间良好的人际关系。如：

某公司第一次研制出了一种新型电灯泡时，其董事长到各地去进行旅行营销。他对各地的代理商们说："经过多年的苦心研究，本公司终于研制出了一种新型的电灯泡。虽然它还称不上第一流，只能说是第二流，可我仍然要拜托各位，以第一流产品的价格来购买它。"客户大哗，觉得这简直不可思议。董事长又说："大家都知道，目前制造电灯泡可以称第一流的，全国只有一家而已。他们垄断了整个市场，无论怎样抬高价格，大家也不得不买。如果有了同样优良的产品，而价格又比之便宜的话，对大家不是一个福音吗？现在因本公司资金不足，无法在技术上有所突破，如各位肯帮忙，以一流产品的价格购买本公司的二流产品，我就会把利润用于改良技术上，待本公司制造出一流的产品后，原来的灯泡制造业就出现了竞争对手。在彼此大力竞争下，质量必然会提高，价格也必然会降低。那时，对大家均有利。因此，但愿你们能不断地支持、帮助本公司渡过难关，以一流产品的价格，来购买这些二流的产品！"这一席话，赢得了经久不息的掌声，说服的效果极好，大家纷纷很愉快地表示支持。

一年后,该公司所制造的电灯泡,果然以第一流的品质出现,那些代理商也得到了很高的报酬。

此案例给予的启示是多方面的:必须诚恳真挚;必须信守诺言;说而能服;打动人心,保证对方的利益。

(三)提供证据,以理服人

有的问题如果仅凭三寸之舌还是难以让客户明白,那就要采用实物、图片模型来说明或演示,必要时还可请客人亲临现场进行协作操作,以充分展示产品的魅力,这比言辞说明更具有说服力和吸引力。如:一位推销员走进客户的办公室,向主人打过招呼后,指着一块粘满油渍污垢的玻璃,有礼貌地说:"请允许我用带来的清洁剂擦一下。"结果,由于不用水就毫不费力地把玻璃擦得干干净净,从而引起了客户的兴趣,于是生意很快地做成了。

在营销现场,营销人的主动性如果得到创造性的发挥,的确可以产生"供给创造需求"的奇妙作用,"没有需求"的客户在营销人出色的行动与言语的"鼓动"下,甚至会不知不觉地采取购物行动。如:

某女教师赴法国探亲,在女儿的陪同下走进一家商店,在化妆品柜台前徘徊。营销小姐满面笑容地走过来说:"夫人,请让我为您化妆!"女教师忙推辞:"化妆?不,谢谢,我不要。"小姐搬来一张圆凳:"我为您化妆不收费,请坐吧!"仍旧满面笑容地对一个劲地推辞的女教师说:"化好妆后,您买化妆品就更容易了。"女教师只好坐下。小姐一边细心地为女教师化妆,一边轻言细语地说:"黄种人的肤色不宜直接涂抹鲜艳的唇膏,所以我先给夫人抹上一层粉底霜。"在为女教师染眼影时,她又说:"东方人是黑眼珠,眼影最好用暗紫色,这更适合亚洲人的脸形和眼睛,这样看起来更加优雅文静。"女教师的女儿问她应当怎样画眼线,她和气地说:"上下眼圈都要画,上边要比下边粗一倍。"化完妆,她拿来一面镜子,女教师一看,小姐的手艺确实很高,自己经化妆后,显得年轻、精神多了。在小姐的帮助下,女教师选购了称心的化妆品,高高兴兴地走了。

这是一个相当出色的营销实例。从结果看,如果不经过这样巧妙的实施程序,女教师即便原已有购物的需求,也绝对不会有如此完满的结局,也许她最后会空手而归……在其中,营销小姐的操作至少有以下几点高明之处:她始终是营销活动中的主动者,并且对客户的购物过程起到了非常理想的主导作用;她有着强烈的服务意识,而且态度真诚、耐心、细致、周到,给人很温暖的感觉;其言语运作中充满了暗示和诱导的意味,同时又体贴入微,与其行动配合得天衣无缝;同时话语中所传输给客户的信息,不仅含量很大,而且内容丰富;而巧妙的是她自始至终并未直接向客户推销商品,却能最后水到渠成地做成了生意,让双方都皆大欢喜。

(四)设身处地,为人着想

有人说,一句贴心话,招来万户客。在营销活动中,一句贴心话,会使客人"忘记"你是推销员,而是他们的知心朋友;一句贴心话,可以缩短你与客户之间的距离,使他们对你十分信任。这既可为产品打开销路,又交了朋友,帮助了顾客,最终也帮助了自己。

1. 使用有利于销售效果的语言。

使用为顾客着想的言语。一位美国书籍推销商在推销书籍时总是向顾客提出这么三个问题:

"如果我送您这套十分有趣的有关个人效率的书,您会读一下吗?"

"您如果读了后非常喜欢这些书,您会买下它吗?"

"如果您发现对这些书不太有兴趣,您可以把书寄回给我,行吗?"

这些语气设计亲切,措辞谦恭,顾客几乎找不到说"不"的理由。

"您先试一试吗?"请求式的语气,往往很能接近客户。

多用礼貌用语,善解人意,给人尊重感,有助于营销的成功。如:

有一位公司职员,十年来始终开着同一辆汽车,未曾换过一辆。近年来有许多推销员跟他接触过,劝他换辆新车,可他却固执地不肯答应,那是因为那些推销员都说了:"你这种老爷车很容易发生车祸。""像这种老爷车,修理费相当可观吧!"这些话激怒了他。

但是,有一次,有一个中年的推销员到他家拜访,并且说:"我看你那辆车大概还可以再使用半年吧!""现在若要换辆新的,还真有点可惜哩!"结果,他在第二个月就向这位中年推销员订购了汽车。

采用积极的销售语言,如选择性问句,有目的地诱导客户作定向选择。如香港一家冷饮店,推销"可可与鸡蛋",问法不同,结果不同:

"要不要加鸡蛋?"

"请问,您是加一个鸡蛋还是加两个鸡蛋?"

显然,第二种问法进行了定向诱导,这比第一种更能扩大鸡蛋销售量。

2. 把自己的意图渗透给对方,而不和盘托出。

如日本丰田汽车公司的一名推销员在美国底特律汽车市场,面对徘徊犹豫的顾客,以流利的美式英语即兴发挥:

"现在油价这样高,买轿车当然是不合算的。可以说,只有根本不会算账的傻瓜才会买。"

"上个月,我兴冲冲地骑车上班,路上花了整整4个小时!我的妈呀,一到公司我累得大汗淋漓,躺在办公室的沙发里,打我都不想动。可一想,不行啊,被经理看见,非停了我的生意不可。只得拼命支撑,起来工作。好不容易熬到下班,累得我全身骨架像散了一样。当我拖着沉重的脚步走到公司的门口,突然想到还要顶风骑回去,伤心得真想大哭一场。这时,我才明白了一个真理:轿车无论如何不能少,买轿车的傻瓜是非做不可的。而最佳的选择只能是买省油的车。本公司的丰田车是最省油的,而且价格便宜。因此,买丰田轿车的人其实不是傻瓜,而是最聪明的人……"

果然,一席话说得顾客们纷纷称是,争相订购"丰田"。丰田车的销路由此大增。

这位推销员用自己的切身经历诱导顾客做买轿车的"傻瓜",语言恳切,态度诚恳,具有极大的诱惑性和渲染性。

3. 要把你的利益和对方的利益统一起来。

北京有家书画古玩商店。一次来了两位香港顾客。接待他们的营业员凭自己的经验判断他们购物是为了经商。果然这两位顾客说明他们是挑货回港出售的。这位营业员对他们说:"我们一定使您满意。从我们商店买回去的商品赚了钱,我们也高兴。"顾客听了很舒服,心理距离一下子拉近了不少。他们选了一种绿色玉炉,营业员却对他们说:"据我们所知,这种货在香港的销路不太好,我给你们挑一种粉红色的,既便宜,又好销。"顾客见他诚心诚意,又是内行,就信任地委托他选了7000元的商品。客人回港后,只4天就将所购的货物一销而空。随即打电话,托他再挑2万元的商品,迅速发往香港……

营业员能急顾客所急,想顾客所想,就会赢得顾客的心,做成一笔一笔的生意。

二、营销语言的内容

所谓重内容,是指要防止表面上漂亮、形式上精彩而实际上却多是或皆是空话、套话、废话、大话,要有内容且内容具体、实际、在理,要围绕营销和客户的生活来进行。

三、营销语言的质量要求

营销语言的质量要求应是从整体上看。营销人的言语运用,无论从哪个角度来看,都应具有高水准。它应是完全生活化、日常化的,基本上没有特殊的形式要求,也完全不追求表面上的华丽与文雅,最重要的是亲切,自然,有综合实效。

案例评析
ANLI PINGXI

1. 有一天,一位北方客人来到上海绣品商店,他是为好友前来购买绣花被面的。他被其中的一条绣有一对白头翁的被面吸引住了,但又显得有点犹豫,目光盯住这一对白头翁,自言自语地说:"这鸟的姿态很好,就是嘴巴太长了点,以后夫妻要吵嘴。"营业员听到后,笑眯眯地向他介绍道:"您看见了吗?这鸟的头上发白,表明以后夫妻白头偕老。它们的嘴巴伸得老长,是在说悄悄话,是相亲相爱的表示。"这位北方顾客听了,连说:"有道理,有道理!"高兴地为朋友买下了这条绣花被面。

评析:对心存顾虑的顾客,营业员以定向诱导的推销策略使顾客点头称是。

2. 荷兰人很会做生意,最受人欢迎的是一种"凑趣"商店。

荷兰临海多雨,地势低洼。每当突然下雨,行人都在路边避雨,这时,背着袋子的商人总会赶来及时地送上一把雨伞、一双雨靴。这些伞、靴的价格低廉,并且上面总是写着商店的名称。商店不仅扩大了销售,而且也扩大了影响。

海牙是荷兰的一个沿海城市,该市有一个乡村公园。在这里,人们也常发现"凑趣商店"的商人身影。一次,一对情侣正在谈情说爱,"凑趣"商人走来揽生意。听见男的说:"亲爱的,你平时最喜欢吃什么?穿什么?"女的答:"我现在就想吃盐胡桃、猪油饼,想穿淡红色的连衣裙,想戴深红色的宽边帽。""凑趣"商人马上说:"有,小姐请你等7分钟!"那商人马上回身,叫他的同事去办。只有7至8分钟,吃的、穿的、戴的都来了,而且连衣裙、帽子有好几套,供那位小姐挑选。那男士笑了,不得不买。

3. 一个推销员是这样演示他的产品的:

"太太,请您注意听一听。"一面说一面掏出打火机点火。

"您能听到打火机的声音吗?听不清吧?我们的缝纫机发出的声响,和这个打火机的声音一样大。不知您乘火车的感受如何?不好的缝纫机那声音就同火车的声音一样。所以,我们的缝纫机的声音是独一无二的。"

评析:通过演示打火机点火后的声音,说明他们生产的缝纫机的声音小的功能,从而吸引顾客购买。

4. 一位顾客想买车。推销员可以对他说:"这种型号的车,采用了德国进口的发动机、高级弹簧和合金材料,并且大部分零件也是大众公司提供的。启动快、耗油量少,并且最为得意之处就是开起来特别舒服。"然后,让顾客坐进车内,让他自己去试开一下,接着说:"价格很便宜,可以说,同一类型的轿车中没有这么便宜的。怎么样?"

评析:用途示范成交。这时,顾客一方面被你说得早已心动,另一方面又亲自体验了这辆车的特点,也就会毫不犹豫地与你签订订购合同。

5. 若对方是一个粗心的人,你只管随意地说:"喂,今天上市的西瓜可新鲜啦!"也许对方就会购买。

若对方是一个严肃的人,你就不能以太随便的方法对待他,也许你就应该小心地向他建议:"先生,要不要尝一尝今天上市的大西瓜?"也许会引他驻足观赏,考虑是否购买。

评析:因人而异推销。

6. "王师傅,我每箱少收2元钱,给您送10箱,好吗?"

评析:假定成交,给人诱惑力。

7. "小姐好眼力,这套衣服好像就是专为您定做的一样。"

评析:巧妙赞美,体贴愉悦。

8. "您看,您单位的小王、小李买了两只,他们都认识您,您的条件比他们好,更应该买了。"

评析:比较导引,说服力强。

9. "陈总,有些问题想找您好好商量一下,可又看到您现在忙得厉害。我明天上午八点钟来,好吗?"

评析:有礼貌,尊敬对方;能给对方一定的准备时间。

10. 有一位大学生幽默、风趣,他在当推销员后萌发了一个主意。他走进报馆,问:"你们需要一名有才干的编辑吗?""不要!""记者呢?""不要!""印刷厂如有缺额也行?""不,我们现在什么空缺也没有!""那你们一定需要这个东西!"年轻的大学生边说边从皮包里取出一些精美的牌子,上面写着:"额满,暂不雇人!"于是,轻易地促成了推销。

经理看了牌子,立即打电话给老板,把这件事说给他听。然后,经理笑嘻嘻地对他说:"如果你愿意的话,请到我们广告发行部来工作。"

评析:幽默、风趣的推销,柳暗花明。

11. 一对夫妇在服装店试衣服,先生给女士选了一件。可女士却不太满意,一时拿不定主意,想请营业员帮助挑选一件。此时,营业员心里与那位女士有同感,也不满意那位先生所挑选的那一件,于是直言相告:"那件衣服的色彩是有点不适合你。我来帮你挑一件。"于是帮助那位女士选了另外一件。可那位先生心中不悦,借故将那位女士拉走了。

评析:在那位女士开口有请的情况下,营业员若不表态,显然不合适;但直言相告,却使那位先生的自尊心受到了伤害(意味着否定了他的审美观)。此时,不如这样说:"这件也不错,那件或许更适合你。"先肯定对方的意见,然后再委婉地表达出自己的意见。这样既不会惹恼那位先生,又满足了那位女士的请求,同时也表达了自己的意见。

12. 一对颇有名望的外商夫妇,在我国南方某商行选购首饰时,对一枚8万多元的钻戒很感兴趣,但觉得价格昂贵而犹豫不决。——

营业员(1):"夫人,您戴上这枚钻戒就更加漂亮了!"这对夫妇笑笑走了。

营业员(2):"某国总统夫人来店时,也曾看中了这枚钻戒,但她觉得价格昂贵而未买。"这对夫妇听了此话毅然作出决定,当即买下了这枚钻戒。

评析：营业员(1)用了一般的赞美法，没有打动这对夫妇的心；营业员(2)巧妙地用某国总统夫人"也曾看中"但"觉得价格太贵而未买"来暗示：能选中者与总统夫人是"英雄所见略同"，能买下者则比其高出一筹。这一激，确实很妙。

13. 一位客户走进店堂，推销员马上热情地打招呼："先生，买顶游泳帽吧！好好保护您的头发！"客户："笑话！我的头发有几根都数得出来了。"推销员："就是嘛！戴上了游泳帽，别人就数不清楚你头上的头发了！"

评析：推销员的素质似乎不错，热忱、主动，善于随机应变。但缺乏观察、分析、判断的基本功。看起来很关心客户，却既不了解和理解对方，又不善于体贴和尊重人，其关心反倒一再地变成了嘲讽，怎能不事与愿违呢？

14. 一位保险公司的营销员向一位客户说："您投个人寿险吧。这样，如果您的手骨折了，您就能得到 500 美元；如果您的脚扭断了，您就唾手可得 1 万美元；如果您的头破了或者脖子被拧断了——那您就将是城里最富的人了。"没有成功。他于是又向另一位客户说："今天您快快乐乐地过日子，但说不定明天会跌进水沟里呢。保个意外险吧！"客户摇摇头表示不感兴趣。他见力度不够，又更加诚恳地说："您看隔壁那位太太，她才保了 10 元的意外险没几天，就把腿跌断了……"客户打断了他的话："是啊，是啊，我知道。但是，那样的好运气并不多啊！"

评析：也许这位推销员只要换换位，就不难恍然大悟。

综合训练

1. 连续六年荣膺世界华人首富称号的李嘉诚是这个时代杰出的商人之一，他曾在"福布斯"排行榜上排名前 100 位。李嘉诚先生是财富和巨商的化身，他曾说过这样的一句话："你在推销产品的同时，更重要的是推销自己，因为时代需要你推销自己。"

苹果公司的乔布斯，巨人史玉柱，阿里巴巴的马云……他们不仅是成功的企业家，更是成功的推销大师。

请以这些人物的成功经验为例，谈谈你对推销的理解。

2. 一位营销人向一大群客户演示一种钢化玻璃杯。他向大家宣称其优点之一是扔在地上不会破碎。恰巧他却拿起了一只质量不过关的杯子，一扔，碎了。真是大大出乎意料。

此时，若是你，该如何继续进行你的营销活动呢？

3. 有一位顾客到百货大楼买高压锅，初衷是要价廉物美。在琳琅满目的高压锅货架上选中了一只，可准备付款成交时却突然变卦，理由是这种锅看起来容易爆裂而发生事故。为此，售货员与他争辩起来。顾客极为不满。营业部主任见状便走过来对顾客说了一番话，介绍了价格较高的具有双保险安全装置的高压锅。顾客心甘情愿地掏出了更多的钱买了高压锅。

请设计营业部主任的推销语言。

4. 某制鞋厂一位推销员到浙江某市一家百货公司推销皮鞋。在与公司经理洽谈时，推销员先是坐在经理的对面，尚有一桌之隔，后来他干脆站了起来，靠近公司经理，并一会儿拍拍对方的肩膀，一会儿拉拉对方的手，好像是老熟人一样。其实，他们根本没见过面，是第一次打交道。推销员的这些举动，引起了经理的不快，经理断然采取不合作的态度。该经理为何采取不合作的态度？从中你得到了什么启示？换了你,你该如何推销呢？

5. 某保险公司的业务员到一客户公司去寻求业务发展,希望该公司的主管答应投保,但是该公司的所有上司都很忙,无法与他长时间地交谈。当他一看见其中的一位主管人员时,就缠着不放,侃侃而谈,不管对方工作的繁忙。本来,该主管只是看在介绍人的面子上才同意见面的。此时,已大生反感,结果,推销自然不成。

如果你是这位推销员,你该怎么说？

6. 某饮料食品公司最近将向市场推出包装液体茶,其特点是不含糖分和人造色素,有天然茶香味。主要品种有红茶、绿茶和乌龙茶三个品种。有罐装和盒装两种包装形式。质量全部一样。批发价：罐装3元一罐,盒装1元8角一盒。

请根据以上条件,向食品批发市场店主推销产品,要求制定推销的具体步骤和方法。

7. 一位推销员在向一位40多岁的妇女推荐一件时装,因为这件时装实在非常适合这位女士。但顾客提出异议："这件衣服太时髦了,我这年纪怎么穿得出？不要！不要！"

请你设计一段话,说服她购买。

8. 登门推销的三种说法中,你认为哪种最好？为什么？

"先生,您需要高级食品搅拌机吗？"

"先生,我是想问一下您是否愿意购买一只高级食品搅拌机？"

"请问,您家里有高级的食品搅拌机吗？"

9. 请根据所学的知识,评析下面的这个推销员为什么陷于失败。

推销员：你们需要卡车,我们有。

客　户：吨位多少？

推销员：4吨的。

客　户：我们要的是2吨的。

推销员：4吨的有什么不好？万一你们货物太多,2吨怎么够？

客　户：我们也得算经济账啊！这样吧,以后我们需要4吨的卡车时再通知你们。

10. 请根据所学的知识,评析下面这个推销员为什么能取得成功。

推销员：你们平常运货平均重量是多少？

客　户：很难说,一般也就2吨左右吧。

推销员：有时候多,有时候少,对吧？

客　户：是的。

推销员：究竟需要多少吨位的卡车,一方面要看你运什么货,另一方面也要看你的车在什么路上行驶,你说对吗？

客　户：对。不过……

推销员：据我了解,你们的车可能经常要在路况很差的农村地区行驶吧？而且贵地好像是冬季比较长,而你们似乎又主要是在冬季出车,次数远远超过夏季是吧？

客　户：是这样的。

推销员：如果是这样的话,那么汽车的很多部件以及车身所承受的压力是不是比正常情况下要大不少？

客　户：是的。

推销员：所以我觉得你们在买车的时候应该考虑留有余地。

客　　户：你的意思是……

推销员：从长远利益来看,一辆车买得值不值主要看什么呢?

客　　户：当然是它的使用寿命了。

推销员：一辆车总是满负荷甚至超负荷使用,另一辆则从不过载,您觉得哪一辆使用寿命会更长?

客　　户：当然是马力大、载重多的。

推销员：那就对了,所以我建议你们买4吨位的卡车……

11. 有家坐落在旅游名胜地国际机场出口处不远的三星级饭店,常常会遇到因飞机晚点而没有被接机者接走的客人。

这天,天下着滂沱大雨。有几位客人预订了市中心××四星级宾馆的客房,但是在机场出口处并未见到该宾馆的接客车。因为下雨,几位客人就来到了这家饭店的大堂等候……面对这几位客人,如果自己是大堂副理,你会如何反应?

12. 任务设计:综合情景活动:

××市五星级酒店海悦大酒店将要举办一场玫瑰经典集体婚礼,婚礼对象是本酒店员工和邀请的一些嘉宾,共有20对新人。博诚文化发展有限公司婚庆部的林经理和手下姜小青为此专程去了海悦大酒店,希望能接下这场婚礼的整个庆典服务。

请设计林经理和姜小青是怎样说服酒店公关部把这项婚庆服务给自己公司来承办。并请设计这场婚礼的方案和步骤。

推销的口才原则

1. 尽量避免命令式语气,多采用请求式语句

在推销中,顾客问推销员,你们厂生产的牙膏还有没有货,推销员答:"没有了,这个问题下个月再谈。"这会令顾客不舒服而转向别的厂。但若是说:"本厂牙膏已全部订出去了,不过我们已在加班生产,您愿意等几天吗?"则极有可能会挽留住顾客。

2. 少用否定语句,多用肯定语句

对推销人员而言,否定语句应视为其语言使用的禁忌,应尽量避免。在很多场合下,肯定句是可以替代否定句的,且效果往往出人意料。例如:顾客问:"这样的衣料没有红色的吗?"推销员若答"没有",这就是否定句。顾客听后反应自然是既然没了,我就不买了。但若答:"目前只剩下蓝色和黄色的了,这两种颜色都很好看。"便成为一种肯定的回答。虽然两种回答都承认没有红色衣料,但否定似乎是拒绝,而肯定给人一种温和的感觉。

3. 要用请求式的肯定语句说出拒绝的话

当顾客提出"降价"要求时,推销员说"办不到",那么会立即挫伤顾客的心境而打消购买欲望。如果推销员对顾客的要求经过分析后,认为是无理要求应该拒绝的话,可以说"对不起,我们的商品不二价,价钱是实实在在的,绝不会多要你一元钱。"这实际上是用肯定的语句请顾客体谅。做到拒绝顾客而又不使之反感,才称得上是掌握推销语言的技巧。

4. 要一边说话,一边看顾客的反应

推销员切忌演说式的独白,而应一边说一边看顾客的反应,提一些问题,了解顾客需求以确定自己的说话方式。英国心理学家奥格登说:"说话的意义并不像字典上所查的那么固定,因为现实情况的差别,话语便会呈现不同含义。"

同样道理,不同推销员对不同顾客谈话,虽语句一样,由于顾客的理解力、想象力不同就会产生不同结果,所以推销员要时常用话试探顾客的反应。

5. 要用负正法讲话

为了了解负正法,试看下例,并比较其效果:

(1)"价钱虽然高一点,但东西很牢固。"

(2)"东西虽然很牢固,但是价钱稍微高了一点。"

这两句话除了前后颠倒外,其余都相同,但是人们听了却有截然不同的感受,一般认为(1)较好,为什么?因为二者侧重点不同,(1)把重点放在"牢固"上,顾客理解这东西是坚固才定这么贵的,于是认定其质量好,而增强购买欲。即:

① 价钱虽高一点,但是东西牢固。缺点→优点=优点。

② 东西虽然牢固,但是价钱高一点。优点→缺点=缺点。

先说缺点,再重点说说优点的推销法,即负正法。在推销中往往效果很好。

6. 言辞生动,声音悦耳

(1)言辞符合时代。

时代不断进步,推销员必须跟上时代,以现代流行的言语同顾客讲话才能打动顾客。如20世纪50年代,人们的称呼都是"同志",以后又变为"师傅",现在则称"先生"、"女士"。

(2)注意说话中的停顿和重点。

调查表明,谈话中的停顿、重点、语调和讲话速度对于成功的推销非常重要。在说话停顿时,顾客自然会对前后谈话的内容进行回顾。当你需要强调谈话的某些重点时,停顿是非常有效的(注意,在报价时是例外)。推销员还可以使用加强语气来强调某些重要问题,这比一长串形容词的效果好。

(3)声音悦耳。

声音优美动听,抑扬顿挫,起伏有致,这样的声音能吸引人。

可以试着用录音机把自己的声音录下来,如发现自己的声音比想象的要更无力和含糊不清,那就得进行声音的训练。推销口才不仅要讲究说话的内容,也要注重其语言的形式。

推销的口才细节

对于事关重大的一些讲话,只要对细节稍加变动,就会影响洽谈效果,因此要注意讲话的细节问题:

首先,要注意禁忌的话题,如日常的销售活动中,要对以下几个话题多加注意:客户隐私,敏感话题,不雅话题,少用专业语,不要质疑客户,禁说批评话语。

其次,推销时不妨比较以下不同的说法,采用有效的说法:

1. 把"我认为"改为"您是否认为"有助于达成交易。即应当避免以"我"为中心的语句。尽可能用以"您"为中心的词句。

2. "您已经了解了很多情况,现在可以下决心了吧"比"现在我向您证明"效果好。
3. "我相信您已经认识到"比"你可能还没有考虑到"更能赢得顾客。
4. 在洽谈过程中针对顾客情况,强调产品,两条优点比泛泛地罗列所有优点的效果好。
5. 在一句话中同时介绍产品的几种优点,比逐一介绍产品的优点的效果差。
6. 在推销中不要谈竞争产品的情况,更不要把你的产品同竞争产品相比较。
7. 要了解到顾客说他相信这些,其实他相信的东西比承认的少。
8. 对顾客表现出过分热情,往往会适得其反,影响达成交易。

推销过程中口才是重要的,但并非能解决一切问题,关键在于其所说之事、所言之物都须入情入理。作为一门学问,推销已形成一套系统的理论和方法,从对市场的分析、消费者心理的揣测到推销员自我素质的培养,皆着力于让推销员在推销过程中有的放矢,言之有物。作为一门艺术,推销更可使人探寻无穷奥秘,获得百般乐趣。

推销员语言注意点

推销辞令的展开主要有四个步骤:
第一,开口说话阶段,要善用寒暄,说好开场白,获得顾客好感;
第二,商谈前半段,应用各种吸引法,立即引起顾客对推销品的注意;
第三,商谈后阶段,必须针对顾客不同性质的拒绝采用不同的方法努力做好说服工作;
第四,结束商谈阶段,注意抓住有利时机,从速成交。
具体在语言上要注意:

◆ 注意称呼得体。艺术恰当的称呼能引起客户的重视。如对有头衔的客户,就要用尊重的声调说出客户的姓及头衔,如某经理、某主任;对于上了年纪的客户,则应热情乖巧地称呼老伯、阿姨等;对于上班族的职业男女则称呼为先生、小姐等。在称呼人时仪态大方,不卑不亢。在确定了称呼后,还要在推销过程中不断提及,前后保持称呼的一致,在语调上注意增强感染力。

◆ 注意把握分寸。对产品的评价在产品的功能、价值、质量方面要正确,掌握分寸,进退有度。如对药品的可以说:"该产品对某某确有奇效,您不妨试一试。"而不宜过白、过于夸张。

◆ 注意适时激发。客户购买产品的目的是为了满足某种需要,对于不同的需要应使用不同的语言去激发。如推销防盗门则应着重激发客户的安全需要,应不失时机地使用诸如保险、耐用、经过检测、防腐、稳固、可靠等语言辞汇,来激发客户保护身体、保护财产不受损失的安全需要,继而产生购买欲望。

◆ 注意突出重点。在推销过程中,要让客户明白产品的特别之处,要言简意赅,突出重点,而不要长篇大论,言不达意。在突出产品性能时,一是注意加强语气,注意声调;二是注意选择适当的词汇,最好是选择有鲜明感的词汇。如推销口红,则可以说:"即使嘴唇十分干裂,使用了这支口红后,同样可以增添高贵靓丽的神采。"

◆ 注意否定要巧。在推销过程中,否定的词汇及口气容易造成客户的反感对立情绪,从而破坏气氛,带有否定意义的反问句也会导致同样的结果。如:"不好、不会、不可能、不见得、不要这样"等语汇切勿在推销辞中出现。如实在是不可避免要否定客户的观点,可以尽量使用肯定的语气,如将"不能"改成"应该",将"你的说法不对"改成"我认为……"尽量将客户拉到和自己同一面来,而不要对立。

◆ 注意道别艺术。推销结果不管成交与否,终了时要和客户说一声再见。如果已说服顾客,推销成功,向客户要说"谢谢",这样会给客户留下深刻的印象,同时为下一轮的推销创造契机;若推销失败,要自找台阶,自留后路,说上一句"生意不在情谊在,有机会我再来拜访您"。若是因为推销方式不佳而造成的,则可以向客户说"对不起,占用了您宝贵的时间,我没能把产品的优点完全表达出来。如果您有机会,相信您会进一步了解我们的产品的。"一个艺术的再见方式,正是下一次推销机遇的开始。

(摘自郭汉尧的《推销员语言应注意的几个问题》,《演讲与口才》1998年第3期,P.12)

成为超级销售高手

货卖一张嘴,全凭舌上功。在现实生活中,越是出色的销售人员,口才往往越好。

首先,要了解销售人员必须要搞清的几个问题:

"我是谁?"

"我准备说什么?"

"我谈的事情对客户有什么好处?"

"如何证明我讲的是真的?"

"客户为什么要买我的产品?"

这样我们就可以根据销售中的这几个基本问题,有针对性地训练我们的口才。

首先,一个好的销售人员必须要有勇气和信心。

其次,我们在说话时态度要真诚、恳切,这样才能获得客户的信任,从而购买你的产品。很多时候,与客户良好的关系的建立往往取决于你的态度。

最后,说话时要简明扼要,富有逻辑性。啰唆是销售人员的一大禁忌。尤其不要反复重复一个问题,或者毫无章法地乱说一气。

1. 切忌直奔主题

当你向客户推销产品时,千万不能一上来就提出购买要求,要学会旁敲侧击地介绍自己的产品。当引起客户兴趣时,并与之建立起一定的信任关系后,才能提出购买要求。成功的推销员要懂得安排自己的说话顺序,抓住客户的心理,不要张嘴就谈业务,这样很容易招人反感。要一个一流的推销员,就要切忌直奔主题。

2. 不要向客户施加压力

销售人员永远要遵循"顾客永远是对的"的原则。从客户的角度看待问题,理解客户的难处,客户说"不"肯定有他的理由,不能为了自己的利益而给顾客施压。给客户和自己都留有余地,不仅能获得客户的好感,还可能有意外的收获。

3. 用问题挖掘客户的需求

与单纯的陈述相比,提问更能快速地了解和获取客户的需求。所以,一个好的销售人员,一定要懂得用语言的技巧挖掘客户的需求。销售中的提问有开放式和封闭式。开放式的提问可以获得很多有用的信息,封闭式的问题可以较为准确地锁定客户的需求。提问时要注意问题的明确性、具体性,少问客户无法回答的问题,多给客户一点时间去思考问题。当客户有不同的需求和关切点时,切记不要"想当然",把自己的想法强加于人。

4. 描述产品要采用生动的话语

如此才能激起顾客的购买欲望。

5. 多谈价值,少谈价格

在与客户交谈中,价格是一个负面因素。出色的销售人员会尽量不提产品的价格。在销售过程中,如果没有把产品的价值展现给客户,客户又怎么能看到价值所在呢?所以,要熟悉自己产品的价值,对产品价值进行深度研究,把产品价值尽可能多地展现在客户面前,印入客户心中,最后才是谈价钱。这样,你的客户不会一听到价格就跑了。

6. 只卖好处,不卖产品

人们在购买中,往往很少对产品本身感兴趣,感兴趣的往往是对产品带来的好处。所以,在销售过程中要适当总结自己的产品能给顾客带来什么样的好处,能帮顾客解决哪些问题,而不是一味地卖产品。

7. 以情感人,赢得更多的客户

情绪是可以传染的,一个优秀的销售人员总是能把自己的积极情绪很好地传递给客户,用自己的真心、热情去感染客户,以促成交易。

(摘自韩宏、穆阳编著的《瞬间打动人心的18堂口才课》,中国纺织出版社,2011年5月第1版,P.192)

项目十一 求职、应聘口才

【训练目标】

运用得体有效的语言表达,在职业的大世界中,找到自己的位置,谋求到自己如意的职业。反应敏捷,语意准确,措辞贴切。

【训练方法】

设定情境进行对答训练。

要求设置有一定难度的障碍,使交流有一定的波澜。

【任务设计】

博诚文化发展有限公司因公司发展需要,最近需要招聘一批人员,其中有办公室文秘1人,业务部门3人,后勤服务人员2人,共6人。该项目由公司的人力资源部承担。人力资源部的叶经理负责设计、策划了招聘方案,并安排了招聘考试的整个过程。树人经贸职业学院文秘专业的三年级学生向纯妍前去应聘了办公室文秘的岗位,万达工商大学营销专业的张翔应聘了业务部营销员的岗位,两人均进入了面试。

试就面试阶段模拟进行对两名学生的面试问、答过程。

随着市场经济体制的建立和发展,我国人才市场已全面开放,求职人员进入了人才市场,这既是机遇又是挑战。富兰克林说:"有事可做的人就有了自己的产业,而只有从事天性擅长的职业,才会给他带来利益和荣誉。站着的农夫要比跪着的贵族高大得多!"无论你的能力如何,都面临着求职、面试、应聘等问题,需要蓄积与展现你的能力。而这些展示的好坏,在很大程度上取决于你是否具有相应的口才。

职业生涯是事业的生涯,是指一个人一生连续担负的工作职业和工作职务的发展道路。职业生涯设计要求你根据自身的兴趣、性格将自己定位在一个最能发挥自己长处的位置,以最大限度地实现自我价值。即在性格的土壤上种植职业生涯。

在一个人的职业生涯中,应当经常考虑以下三个问题:我想往哪方面发展?我能往哪方面发展?我应该往哪方面发展?

第一节 求职面试前的准备及行动

一、求职资料的准备

当代社会,竞争激烈,要"百战不殆",就必须做到"知己知彼"。这一军事策略,不仅为中外众多军事家所推崇,作为一种智慧,一种制胜方略,它同样适用于求职时的洽谈。

"知己",是指你去求职应聘,就应该知道:自己在整个人才市场中所处的位置,自己有什么特长可以发挥,自己能做什么和不能做什么,自己最需要什么,自己有哪些有利和不利的因素及自己准备如何处理。

而"知彼",是指你需要去了解:对方经营什么,效益如何?今后的发展前景如何?该企业的管理水平、员工的福利待遇的情况,以及在同行业中所处的地位和作用。掌握的信息越多,成功的希望就越大。倘若对招聘单位的业务情况一无所知,在面试中就难以与主考官沟通,成功的希望就难以想象了。

除上述资料的准备外,求职者自身的资料也是必不可少的,如个人的学历证明、身份证、成果材料及证明材料、求职信等的复印件等。

二、求职的心理准备

每一个求职者在求职前都有一个良好的愿望:能找到一个理想的工作。但真的到了人才市场,表现却不尽如人意,或缺乏自知,或毫无目标,或准备不足,或不够独立,或不愿吃苦,最后令用人单位失望,自己更是沮丧。因此,要做好求职前的心理准备,主要包括两个方面:

1. 确立正确的择业观念。时下,人才市场火暴,就业形势过于严峻。大学生们敢于面对市场挑战,但过于理想主义,出现了一些不良心态。如对自身判断失误,自我感觉过分良好,把自己当成人才市场的精英,出言不逊、居高临下,结果是"竹篮打水一场空",有的眼睛只盯着党政机关;有的眼睛只盯着大城市和沿海发达地区,不愿选择有发展潜力的乡镇和偏远地区……这些不正确的择业观念,在很大程度上影响着求职者在人才市场作出正确的选择,必须走出这些择业观上的心态误区,把握住每一次机遇。

2. 要有健康的心理状态。面对用人单位的提问,要沉着应付,不慌不忙,千万不能有自卑的心理,要让自己知道能否被录用,起决定作用的应该是自己的情况和对方的标准是否一致,至于其他因素不值得我们过多地考虑。这样,你就能在心理上坦然、态度上自然,能力和水平就能得到充分的发挥。

三、求职的着装准备

穿上与你谋求的工作相适应的服装——让人感到你适合这一工作。一般来说,求职者的着装应与社会时尚相吻合,既高雅端庄,又大方得体;且不可穿奇装异服,因为这样容易引起年纪较大的招聘者的反感。另外要特别注意服装的整洁,千万不能给人造成"不修边幅"的印象。有些小节问题,也要讲究,如皮鞋是否光亮,纽扣是否扣好,衣服上是否有油渍……因为这些不讲究,会给人不拘小节、不懂礼貌,甚至会让人产生你工作是否会认真、扎实的疑惑。可见,求职前对自己的衣着一定要有所讲究。如果能考虑通过服饰来表现自己的个性风格,并使这种表现符合主试人的欣赏习惯,那效果自然就更佳。

四、其他准备

1. 准时——守时且对这事感兴趣。
2. 提前填好有关表格,字迹清晰端正。
3. 面带微笑;握手,稳重有力。
4. 进入办公室后落座,坐相端正——给人注意姿势感。
5. 说话要吸引对方注意。眼睛不可望别处,答话要清晰、自然、直截了当。
6. 陈述自己的专长时要直爽。
7. 别故意装老练,不宜说笑话以化解紧张。
8. 如果能表达出对某项工作的兴趣最好,并指出为什么特别适合。
9. 热情,而不要天马行空乱谈一气。
10. 如有必要,可介绍自己以前的工作经验,尤其是讲述自己从中学到了什么,包括社交能力、销售技巧和理财能力等。
11. 不要一开始就讨论报酬,而当对方提到时自己才提,如对方明确已录用你却又未谈及此项,你可以问自己这份工作的报酬。
12. 约见结束,不要忘了握手并表示感谢。

第二节　求职面试的注意点

一、了解用人单位

你要使招聘者相信,你对该单位有兴趣,对工作认真,有能力,有责任感。具体表现在对话中,你对用人单位的历史、现状、规模、业务、产品、服务等了如指掌,说得出该单位的优点特点,甚至知道有关部门领导的姓名。而这一切,能直接得到良好的效果,缩短与招聘者之间的心理距离。

还要加强给对方的印象。如有可能,可以对该单位的状况进行客观评价。但要谨慎适度,不要过于理想化。要慎于评价该单位的艰辛和苦辣,并以积极的态度提出建议。这样做往往会赢得对方的好感。

而且,"知己知彼"在面试中,同样能令你谈出自己满意的薪金。如:

一家外资的数码公司招聘一名技术开发人员。在面试时考官直接对前来求职的小平说:"你应聘我公司的那个职位,按照我们公司的薪金制度,基本工资每月只有3500元,有问题吗?"小平笑了笑说:"尽管这个薪金不算太高,但据我所知,贵公司对高级人才有另一套薪金制度——每月奖金最高大概在3000元左右,每年还可以发16个月的工资,工作一年后工资翻番。我本人拥有研究生学历,又有三年的工作经验,完全符合高级人才的标准。我希望自己能享受这套薪金制度的最高标准,如果那样的话,我非常愿意从事这项工作。"考官笑了笑说:"看来你是有备而来啊。我们的薪金制度的确是这样,你也符合高级人才的标准。欢迎你加盟本公司!"

小平在前来面试前已经了解了该公司的薪金制度,算是知道对方的情况。而对自身的情况,更是能恰当地把握自己的长处——自己的研究生学历,丰富的工作经历,这些都是与用人单位讨价还价的重要筹码。根据自己事先了解的情况,小平准确地提出了自己的期望待遇——即高级人才的最高标准。虽然这个要求看似不低,但实际上也是符合了公司规定和小平自身情况的,对于这样一个睿智的人才,公司又怎能不喜爱呢?小平得到满意的薪金也就在情理之中了。

二、了解招聘者的类型

要说服招聘者,取得求职的成功,必须慎于识别招聘者的类型,然后调整自己的应答方式。招聘者一般有五种类型:

1. 简洁明快型。这类人面谈时简洁明快,不说套话,也希望回答得简明扼要,对这种人最好的回答方法是思维敏捷、条理清晰,与提问无关的话不要讲,使他觉得你跟他一样是个很干练的人,通常他们的问话变化不大,比较刻板,如果能从先面试过的人那儿打听一下,早有准备,就更好了。

2. 温和亲切型。这类招聘者往往是年龄较大的人,待人热情,与他谈话有如与朋友一般亲切,可以毫不拘束,遇到这类人要突出自己在人际交往中的能力,显出善于与别人合作的精神。但同时也决不能忘记自己是被考察者,任何疏忽大意、信口开河都会被淘汰。

3. 师长型。这类招聘者自信能凭第一印象就看出求职者的全貌。他喜欢指导别人应该如何如何,会不客气地指出你的不足之处,但这并不意味着你不能被聘用。遇到这类招聘者,第一印象是很重要的,特别要注意谦虚谨慎,最好是多听少说,如果你能表现出对他的尊重和受益匪浅,他会对你有好感。

4. 专家型。这类招聘者往往是某方面的专家,很重视你对专业知识掌握的深度和广度,并且要求你回答问题要概念准确、逻辑性强。对问题常常刨根问底,穷追不舍。你必须实事求是地讲出自己的看法,要有理有据,切忌不懂装懂,贻笑大方。

5. 豁达豪放型。这类招聘者往往是一些老板经理,他们谈笑风生,东拉西扯,提出一些古怪的问题来考察你的应变能力。遇到这类招聘者你要尽力回答得巧妙,把你的机智、论辩甚至幽默的才能表现出来,这样,会得到他的赏识。

总之,在面试中,不能是个被动者,应沉着冷静。关键在一见面后,靠第一印象,分清招聘者的类别,利用对方的特点,化被动为主动,积极应战。

第三节　面谈时的禁忌

不抽烟、不喝酒;别把自信和自满混为一谈;别攀龙附凤;别嚼口香糖;别带人一起去面谈;别开玩笑;别用面谈者听不懂的方言、行语及形容词进行面谈,别用太夸张的语言,如"太妙了"、"超级"等。

求职面试时应了解招聘者可能提到的问题,并认真地加以准备,这对于求职的成功十分重要。

在招聘场合中,常有这样的开放性的问题(如果你是面试求职者,可以试着回答以下的这些问题):

你了解我们单位吗?
谈谈你的情况好吗?
你为什么想来我们这儿工作?你对我们这个行业的发展做过什么预测?
你对我们单位的规章制度有什么看法?
你的人际关系如何?
你有什么业余爱好?
你的主要缺点是什么?
你有什么特长?
我们单位工作压力大,竞争激烈,你能否承受得了?
举例某项工作如何做?
与工作有关的理论知识学得如何?
遇到困难如何处理?
从现在开始,到公司工作五年后,有什么打算?
你希望的待遇是什么?
怎样干好这个新工作?
你上一次的工作怎么样?
你采取什么方法制订小组计划?
你如何统筹安排时间?
你对工作业绩怎样看?
你理想中的工作是什么样的?
你过去的经验为这个新工作准备了什么条件?
针对以上的问题,回答一定要注意技巧性。如:

对于"谈谈你的情况好吗",几乎所有负责面试者都喜欢这样问,是因为这样,才能使他们获得有关你内在的感觉。他们认为如果你无法清晰地表达自己,就谈不上更好地说明其他事情。因此,当你回答这个问题时,心中应牢记如下几点:能肯定自己的特性;以实例证明你的言论,尤其举出一些特殊的例子,并强调过去的成就;尽量使你的回答适应该工作所需的资格;简明扼要,一般不超过两到三分钟的时间;说完后,随时询问负责面试的人,是否还需要知道其他的事。

对于问及"你为什么想来我们这儿工作",千万别将个人考虑因素融入答案之中,而应当与对方讨论你很喜欢该公司的行销哲学或其他的事情,然后解释你为什么喜欢。同时,可以谈谈该公司的产品以及你如何认为这些产品将有可观的未来,这样,给主考官留下深刻的印象,认为你与这份工作才是理想的配搭。

再如对问题"你的主要缺点是什么",你应能清楚地认识到人无完人,自己难免有缺点和不足,但是,你应给予对方的信息是这些缺点无损你的工作能力。事实上,有些"安全"的缺点,不妨说出来:你对工作不负责任不肯出力的人最缺乏耐心,有时候你对分外的工作干涉得太多,有时候你不知道认输。

对于问题"我们单位工作压力大,竞争激烈,你能否承受得了",要注意回答的技巧,别操之过急,脱口便是:"是的,我承受得了。"应先请主考官描述一下他所指的压力是什么,或许这种压力对你而言是很沉重的,或许你并不希望承受这份压力。如果是,还是别直接说出来,而要告诉对方,你在压力下表现得多么杰出;告诉对方,压力对你绝不构成问题,你有许多方法承受压力。如果举出一两个实例支持你的论点将更好。例如,有一个前来应聘的人,当主考官问他这个问题时,他只是含笑着说:"我觉得没有压力会很无聊。"

如对于"从现在开始,到公司工作五年后,有什么打算"的提问,你首先应理解其含义,即你是否在本公司工作一段时间后,然后跳槽到别的公司里?这本来是很难预料的,一切要看事态的发展而定,最好还是闪烁其词:"我喜欢的工作会永远做下去的。"相信没有人会因此责怪你。

对于"你希望的待遇是什么",可以通过回答设法询问有关部门工作的更详细的情况。你可以说:"只有我更了解我的工作性质与分量后,才能讨论待遇问题。"如主考官坚持,你便将目前的想法告诉对方,并以弹性的字眼描述:"希望年薪大约××××元左右,不过完全可以商量。"

一般面试时可能提到的问题归纳起来主要有三种类型:

1. 主考官要了解你在自我介绍材料中写过的但不详细的内容,如你为某公司推销过产品。主考官就可能询问你,为哪家公司推销过什么产品?你怎么推销的?一共销售了多少?工作了多长时间?有些什么体会?……

再如:你在材料中介绍过你当过学生会干部。主考官就可能问你具体当什么干部?当过多长时间?都组织过什么活动?最成功的是哪次?有没有失败?为什么?

总之,这类问题都属于补充说明性质的。所以要求在面试前,把自我介绍材料中凡是写到的,都要想好还要补充什么内容,都要想好用哪些事实能够证明自己写的都是真的。如果主考官问到时回答不上来,就会让人觉得你写的材料有水分,给人以不诚实的印象。

2. 主考官想了解你自我介绍材料中没有讲到的情况,如:你的家庭情况,父母的职业,你的做人准则,喜欢读的书,愿意接近的人,爱看的电视节目。感到好的广告设计,对用人单位的了解,对国内外关注的事件……对这类问题,如实回答就是了。

3. 考察你思维敏捷和应变能力。这类问题没有严格的正确与错误的回答标准,只要看你的灵活和机敏程度。例如:"你喜欢家乡,还是喜欢北京?""如果几个用人单位都想录用你,你将根据什么来决定一个要去的单位?"这一类问题有时会使你觉得很难回答。其实只要你不紧张,尽量使精神放松,就会有话答对,甚至,可以表现出你的机灵和幽默,显示出你的才华。因为,在日常生活中,大家只要放松了,不管什么话题,都能聊得热火朝天。因此,关键是要从容、自信,思路要放开。

第四节　求职应聘应对技巧

当一走进面试现场,就意味着一场新的较量即将开始。这既是智慧的较量,更是口才的较量,如何应对,是求职是否成功的关键。具体可采用以下几种求职应对技巧。

一、体现高度,亮出自己

"请介绍一下你的基本情况,好吗?"这往往是主考官对求职者提出的第一个问题。主考官想通过这样的问题,了解求职者的学识、能力、性格、兴趣、特长等方面的情况,并以此留下深刻的第一印象,决定是否录用。所以,作为求职者,必须精心回答好主考官提出的第一个问题,亮出自己的底子,为应聘打下良好的基础。

在回答"谈谈你自己"的问题时,应该以简洁的语言介绍你的姓名、年龄、工作履历及特长等。但要注意,不必强调你的学校或单位是否有名气,而应该突出你的学习成绩和实际的工作业绩。因为对方着重的是你的能力。

"你有什么优势或特长",回答此类问题要真实具体,令人信服。如:

某师范学校的语文组亟待聘用一位语文教师,此时有三位大学中文系的学生前来应聘,并决定第二天面试,其中两位早早就休息了。而另一位女生却没有休息。她找到语文组的一位教师打听情况,她对这位语文教师说:"请问老师,语文组一般设有哪些课程?"老师告诉她,语文组设有语音、语法修辞、文选三门课,现在急需语音老师。第二天面试时,校领导请三位同学自报特长。一位说他对现代文学很感兴趣,并且有论文发表过;另一位说,他对现代文学很感兴趣,而且擅长散文创作,已有六七篇散文见报了。那位女生则操着一口流利的普通话说:"我喜欢现代汉语,尤其是语音部分。我希望能够为推广普通话尽自己的一份力量。"听了三位同学的自我介绍,结果校领导几乎一致通过,录取了这位女大学生。

该女生的一番介绍说得用人单位心动不已,为自己找到了一份理想的工作。她的成功之处就是能客观地分析自己,更了解市场的需求,站得高,看得远,把自己的特长和优势与用人单位的需求紧密地联系在一起,体现高度,亮出自己,所以她必然会取得成功。

二、选准角度,注意措辞

(一) 选准角度,注意措辞的原则

求职者对即将进行的面试,应遵循谦虚务实、与人为善、留有余地的原则,这样方能使用人单位满意。

所谓谦虚务实的原则,指的是抛弃哗众取宠的词句,学会老老实实用事实和数字说话。在谈到专业工作和学习经历时,多用通俗语言,少用专业术语,这可避免给人一种莫名其妙的感觉;相反,对于将要从事的专业,面对内行的主考官,在回答问题时适当地、同时十分准确地用点专业术语;在谈及数据时,如能把末尾的几位数字也准确地说出来,可给人一种严密细致的印象。如：

某厂长已六十有三了,按年龄应退休了。一天,市长到该厂考察,该厂长在汇报时,不看任何文字材料,一口气汇报了厂里十年来一年年的经济数据。市长把这些数据一一记了下来,过后悄悄地要秘书到厂财会室核对一下,结果不差分毫。市长离厂后就建议："这位厂长还不算老,脑子很好使,可再任一届。"

招聘人才也是如此,对一些关键数据能记得准确,毫无疑问对求职者也是一样的。

所谓与人为善的原则,具体包括：不用反驳的口气答问。遇到与主考官的观点相左时,可以用"对于这种看法,我似乎还没意识到……""我听到的也有另外的说法……"等缓和的口气来解析。

即便是跳槽了,也不能辱骂你原来工作单位的领导和同事;在回答有关人际关系的问题时应尽量化干戈为玉帛。

所谓留有余地的原则,是指把有把握的事情适当留有余地,也可以让人对你产生非常扎实可靠的印象。

求职应聘中,往往在谈及薪金问题时,可能会遇到提出薪金要求却不能被用人单位接受的情况。如果能在洽谈薪金时为自己先留好后路,那既可以在用人单位允许的限度内最大限度地提出薪金要求,又不会失去工作,正可谓"进可攻,退可守"。

学旅游专业的张小姐毕业后来到一家大型的旅游会展公司面试,在业内人士看来,这是一家非常有名气和实力的公司。在面试中,张小姐表现得非常出色,但当面试官问及她期望的薪资时,她提出了一个较高的薪金要求。担心面试官不能接受,她便强调说："薪金不是最重要的,重要的是我希望能在公司学习、工作。"由于她提出的薪金和该公司能提供给新员工的薪金差距较大,面试官明确表示：这样的薪金要求,本公司不能接受,但既然张小姐认为薪金不是最重要的,不妨再商讨一下双方都可以接受的金额。张小姐的"缓兵之计"很快地缓和了谈判局势,使即将结束的面试得到转机,也使张小姐最后求职成功。

在提出薪金标准之前,张小姐巧妙地为自己留好了后路,她表示薪金并不是最重要的,能在公司里学习和工作才是最重要的。这样一来,即使后面的考官对她提出的薪金不能接受,她也可以再提出降低薪金标准,这可以避免失去工作。果然,考官拒绝了她的薪金要求,当面试即将陷入僵局时,张小姐在前面为自己留出后路的作用就体现出来了。最终通过张小姐的退让缓和了气氛,又不失风度,既得到了喜爱的工作,又给考官留下了不错的印象。

(二)选择角度,注意措辞的答问技巧

首先要学会巧问。

所谓巧问,就是要用委婉的方式,逐渐表达自己的愿望。

如在人才市场有不少求职者是这样提问的："你们单位今年招几个人?""你们单位要女生吗?""你们单位要外地女生吗?"这种提问正好给用人单位一个顺水推舟的机会。正确的提问方式应选准角度,进行巧问。如：你是一个女大学毕业生,可以问："女大学生到你们单位工作的多吗?"如果用人单位说多,正合你意;如果说不多,你可以展示特长,争取机会。

同时要学会妙答。如：

某公司举行招聘营销人员的面试,主考官有意提了一个问题,想试试参加面试人员的反应能力,结果：

第一个回答："我看到了马路、汽车、房子、田野。"

第二个回答:"我看到了田野那边的山、河流、海滩。"

第三个回答:"我好像还看到了我的朋友、亲人在那里为我祝福,希望我成功。"

第四个回答:"我除了看到前面几个看到的这些外,似乎还看到了窗外有好多人、好多车,在排队等购我们公司的产品。我想,我如果被聘用的话,我会和你们一道把这种预想变成事实的。"

最后一个人的回答,使主考官非常满意,他当然被录取了。

更多的时候,智答能给自己争取机会。如:

某外贸公司招聘6名业务员,通过笔试面试后还剩下34人,公司领导决定让这些人到酒家举行宴会。这34人的心里当然十分清楚,这次赴宴实际上是最后的面试。宴会上,不少人主动向总经理和主试人敬酒。请看他们的表现:

有的出言不凡:"××经理,你只要录用我,两年之间,我保证给你赚几十万。"这种轻言取信、戏言赚钱的话语,容易给人言过其实、不可重用的感觉。

有的苦苦哀求:"搞外贸是我多年的愿望,这次我是志在必得,就请××经理关照了。"

有的甚至说:"××经理,这次我是横下一条心来应聘的,我已向原单位辞职了……"

这时,总经理站起来说话了:"这次招聘,感谢大家前来,但招聘的名额有限,招聘方式方法也难免有些问题,不如你们意的地方还要请各位包涵包涵喽!"

这时,一小伙子端着酒杯大大方方地走到这位总经理的面前致辞:"××经理,有道是不以成败论英雄。不管结果如何,我们通过这次相识,今后就是朋友了。我为能结识您这样的朋友而感到荣幸。我是立志搞外贸的,十分愿意为贵公司效力。但如果因名额有限不能效力贵公司,我也不会气馁,我相信总有做外贸工作的机会。如果我成不了你的助手,也有可能争取成为你的对手。不管助手还是对手,我们都会是未来外贸战线上的朋友。因此,我要敬你一杯!"

不难看出,前几位应聘者的祝酒词都显得粗俗肤浅,而最后这位,借总经理请大家包涵这句话为由头,说出这样一段言语得体、柔中有刚的话来,特别是"成不了你的助手,也有可能争取成为你的对手"的意思的传达,绵里藏针,使总经理看出此人的心计,因此会作出以免人才跑到竞争对手那里去的决定。

三、增强信度,推销自己

面试如战场,对求职者的自信心是一个严峻的挑战。大部分的求职者面试失败的主要原因,是事先没有建立信心,而并非他们无法胜任工作。如:

中国留学生小刘来美国学经济管理,他想以半工半读的方式完成学业。于是,他来到一家纺织公司求职,业务主管在了解了他的有关情况和工作简历后,向他提出了一个与他从事的工作无关的小问题:你会使用打字机吗?这位留学生诚实地告诉业务主管,说自己不会用,于是作为主考官的业务部主任婉言拒绝了他。

面试败北的小刘又来到一家食品公司求职,这家公司的经理也同样向他提出了类似的问题。"我不会,因为我是学经济的,我只能干与企业管理有关的工作。"他进一步用类似的方法推销自己。食品公司的经理不再说什么了,他又一次失去了机会。

后来,小刘遇到一位在美国工作时间较长的朋友,他向这位朋友讲了前两次求职失败的经过。这位朋友笑过之后告诉他:"人家提这样的问题,并不一定真让你干这项工作,只是考验你,看你是否有自信心。况且学打字并不难,你也可以边干边学。下次人家如果再问这样的问题,你若认为他所提出的工作经过努力,能够干好,你就应该勇敢地回答'我能干!'"

果然,他照这位朋友说的去做,第三次求职取得了成功。

增强信度,推销自己才会成功。作为一个求职者,在面试中强化自信心是很重要的。谦逊固然是一种美德,但在面试中,如果自己明明很拿手的工作,只说"差不多"、"马马虎虎"、"还凑合",那是很难让人看出您的自信心的。有位心理咨询专家的话是很值得求职者细细品味的:"你要推销的第一个对象,是你自己。你越是对自己有信心,越能表现出一种自信的气概。"如果每个求职者前往求职时,拿出足够的自信心和主动推销自己的勇气,那一定会获得成功。

四、表现风度,超越自我

在市场经济条件下,工作交往日益频繁,同时,人们对交往者的风度气质越来越重视。同样,用人单位对于求职人员也有相应的要求。不仅要求求职者具有外在美,而且要展示内在气质,即在听到用人单位夸奖时,头脑冷静;在被婉言谢绝时,要道声"谢谢";遭到直言拒绝时,不要出言不逊;在可能受聘时,不要欣喜若狂。总之,始终保持一颗平常心,在用人单位面前树立乐观向上、豁达大度的形象。这种形象的树立,是求职者自身胆、识、才、情的集中表露。

2005年华南师大生物系本科毕业生小杜到天马高新技术开发公司应聘,面试结束时,人事部经理对她说:"你回答得不错,遗憾的是我们优先选用研究生,本科生我们一般是不考虑的。你请回吧。"

小杜依依不舍地环顾四周,动情地说:"谢谢各位老师给我这次面试的机会!我非常非常想加盟贵公司,你们的开拓创新精神太令我震撼了,以50万元资金注册,仅三年打拼,就跃升至两亿多元资产,新产品已进入国际市场,前途无量。我无缘参与天马公司的创新事业,十分遗憾!我衷心祝愿贵公司在创新路上如天马行空,一往无前!再见!"

第二天,小杜接到了天马公司的电话:她被录用了!原来天马公司的吴总听了她最后的告别语,非常赏识,拍板破格录用了她。小杜抓住天马公司最辉煌的业绩——三年里由50万跃升至两亿多资产,抓住了天马公司最宝贵的精神——开拓创新,大加赞美,羡慕之情、献身之意溢于言表,感动了吴总,使得自己绝处逢生,应聘成功。

五、把握"温度",谈吐得体

对于求职者而言,面试交谈时也有个把握"温度"的问题,话说急了有失风度,话讲得太慢容易被人误解,正确的交谈速度是快慢相间,快中有慢、慢中有快。

有两名刚毕业的大学生同到一家公司应聘。从外表来看,甲西装革履,颇有点风度,乙则相貌平平,穿着朴素。按理说来甲在面试中应占优势。但结果适得其反,乙被录取了。原来,甲自持自己口才好,不等主考官说完便滔滔不绝大发意见,中间不让人插话。而乙在交谈时,语速平稳,平静而又十分得体地叙述了自己的见解。主考官说,他从乙的叙述中,看到他礼貌、自信和稳重的品质,看到了他潜在的创造力。而甲语速过快,给他的感觉是有些轻浮,不扎实,干工作不会有实干精神。

所以面试时以什么风格、"温度"与主考官对话,要慎重选择。

案例评析

1. 日本的一些大公司在招聘人才进行的面试时，专门就说话能力规定了若干不予录用的条文。其中有：

应聘者声若蚊子者，不予录用；

说话没有抑扬顿挫者，不予录用；

交谈时，不得要领者，不予录用；

交谈时，不能干脆利落回答问题者，不予录用；

说话无生气者，不予录用；

说话颠三倒四者、不知所云者，不予录用；

评析：这些规定反映了这样一个事实：说话与事业的关系极为密切，这是胜任本职工作最重要的条件之一。

2. 毕业于上海某名牌大学的婧君，英语口语流利，普通话标准。为找一份适合自己发展的工作，她来到一家进出口贸易公司应聘业务员。在面试时，她拿出自己的简历，并用标准普通话不时夹进几句英语与考官对话。此时，她的自我感觉良好。可是，当主考官的话题一转，问她贸易中的一些专业问题时，她哑然了。面对窘迫的她，主考官没有继续提问下去只是很注意地看着她说："下星期我们公司有项重要的活动希望你能参加，因为你很漂亮。"她一听这话就被打蒙了："难道漂亮的姑娘只能充当礼仪小姐的角色？"

婧君没有因这次求职失利而气馁，第二天，她又来到这家公司，敲开了总经理室的门。令她颇感意外的是，面前的总经理竟是那天的主考官。她直言不讳地说："当临时的礼仪小姐，不是我的选择。我愿为贵公司当一名免费的市场调研员，请您给我机会。"她的直率和胆量使总经理很为钦佩，该公司在新加坡的办事处正好急需一份国内的市场调研报告，总经理就把这项工作交给了她，并坦诚地告诉她："虽然你不是我公司的正式员工，但出色地完成这项工作，我会很高兴地录用你。"

婧君果然不负众望，利用平时掌握的电脑操作技能，收集了大量数据和信息，然后分类整理，不到一个星期的时间就完成了一份令总经理大为赞赏的市场调研报告。

不久，婧君就成为该公司的一名正式员工，并被派往新加坡的办事处工作。

评析：在求职的大门口，青春加学历并不一定是择业的敲门砖，而亮出你的真才，才是启开就业大门的金钥匙。婧君就是靠内在的气质，即胜不骄、败不馁的大将风度，一种依靠真才实学追求完美人生的顽强拼搏精神，表现了风度，超越自我，使她获得了成功。

3. 你是不是看中了我们单位的待遇高？

——对职工来说，希望效益好。效益好来自科学的管理体制。待遇好的单位不难找，但真正管理有方的单位并不太多。

评析：暗度陈仓，极其巧妙地不露痕迹地赞扬了该企业。

4. 原单位为什么解雇你？

——不是解雇。是我辞职。因为我认为原单位任人唯亲，我不想在那里虚度光阴。

评析：引出别的话题。

5. 原单位在规模、声誉、效益、待遇远胜于我们，你为何要来我们这里？

——一个人的价值不仅仅体现在工资待遇上,一个人的成功靠的不是树大好乘凉,只要有用武之地,不管在什么地方都能体现自己的价值和成功。

评析:避其锋芒,却表明了自信和抱负。

6. 一位年轻人到某广告公司去应聘。招聘考官答复他说:"年轻人,你来晚了,我们不需要你!"

年轻人从容地说:"那么,你们一定需要这个——"随即他拿出一块制作好的纸牌,只见上面写着几个大字:"名额已满!谢谢合作!"

公司当场很爽快地录用了他。

评析:在分明让人绝望的情况下,他却几乎是不费吹灰之力把自己推销了出去,关键在于他心理技巧掌握得相当成熟而精妙——因为他懂得:推销自己最关键的环节,是满足对方的需要,尤其是对方当时最迫切的需要。

7. 你的缺点是什么?

——我有很多缺点,但我相信我的这些缺点不会影响我的优点。

如果把这个职位交给你,你有什么样的工作计划?

——如有很熟练的相关工作经验和对这个单位状况的分析,可说出自己的 ABC;否则,则说:"我只有在接手这个职位后,才能根据实际情况制订相应的工作计划。"

评析:给人不尚空谈、注重实际的稳重感。

8. 1934 年,纽约华尔街风暴席卷伦敦,到处是一片废墟,荒凉、萧条的景象惨不忍睹。精神颓废的人们排着长队在市政府前等待着可怜的面包和牛奶。忽然,一个衣衫褴褛的年轻人径直走出队列,坦然地走进了席尔斯百货公司。"先生,您不介意和我谈 3 分钟吧!"年轻人礼貌而谦虚地说。总裁罗森华先是一惊,随后点点头。3 分钟过去了,30 分钟过去了,1 个小时过去了……最后,罗森华先生握着年轻人的手说:"你的勇气打动了我,我决定聘用你。"后来,这位年轻人成了席尔斯公司的驻亚洲分公司的经理。

评析:在人生的跑道上,第一步的领先很可能意味着最终的胜利。所以,要敢于亮出自己。

9.(1)在一个高校毕业生就业分配供需见面会上,一位来自某重点大学的毕业生吴某是这样去应聘的:他走到一家摊位前,把简历往负责招聘的人面前一放,既无称呼,又没作自我介绍,开口的第一句话就是:"你这里要我吗?"问得招聘人一惊:这年轻人如此缺乏基本的社交礼节?尽管这家单位求贤若渴,但依然对他摇了摇头,而这位大学生也很干脆,他理直气壮地说:"此处不留人,自有留人处。"于是,他十分高傲地走到另外一个摊位前,又是如法演示,结果可想而知,又遭到冷遇。这一天,他四处碰壁,自己却浑然不觉,还连连感叹:"如今这社会是怎么了?怎么连名牌大学的毕业生都不想要了?大学生就业实在太难了!"

(2)上海某大学金融专业应届毕业生小陈来到人才市场,渴望找份适合自己专业的工作。但她面临的是上海金融专业的大学生已经不再像以前那样抢手,甚至出现供过于求的现象。怎么办呢?小陈没有灰心,她认真思考着这迈向社会的第一步该怎么走。想好自荐的方式后,她鼓起勇气来到一用人单位的摊位前,很有礼貌地说:"请问这里是××单位吗?我可不可以向您介绍一下我的情况?"得到肯定的回答后,她面带微笑,从容不迫地向对方介绍了自己所学的专业及所取得的成绩,还着重介绍了别人所没有的社会经验:她曾经为一家大公司搞过产品促销活动,参加过各种形式的社会实践,同时她还谈到她写的有关金融方面的调查报告,还在大学生征文中获得过金奖……她的一番介绍说得用人单位动了心,小陈很快被该单位录用了。

评析:两者的自身条件各有所长,前者粗俗无礼,缺少起码的社交经验,不知道如何与人讲话,怎样与人打交道,找不到与人沟通的桥梁,所以尽管他可能专业很优秀,大学的牌子也很响亮,却无法引起人们的注意,只能四处碰壁,以失败告终。而后者既能够客观地分析自己,又了解市场需求,善于扬长避短,在社交礼节、口才和技巧上都运用得当,所以能够化劣势为优势,成功地得到了走向社会的"通行证"。

10."同学们以前常说:'窗外的世界精彩,里面的我们很无奈。'你们如果选我当文娱委员,我一定会改变它为'窗外的世界精彩,窗内的生活也多彩'。当我全面实施我的'施政纲领'时,'请为我喝彩'!"

评析:这一段竞选文娱委员的演讲词,在介绍了自己的任职条件并阐述了施政措施之后,抓住同学们渴望改变枯燥的学习生活现状的心理特点,充满信心地作出了承诺。通过"无奈"和"多彩"的鲜明对比,让同学们受到了极大的鼓舞。如此自我的推销,产生了强烈的现场效应。

11.某经营机构招收女性秘书,要求才高貌美。一丑女前去应聘。总经理问她:"难道你没有看清楚我们的招聘条件吗?"丑女答:"看到了。"总经理问:"那你为什么还要来应聘?"该女答:"你如果聘用了我,既别出心裁,又显出人格的高尚,因为出绯闻的总在漂亮的女秘书身上。何况,正是我貌不如人,会更努力地工作。"最后,丑女达到了自己的应聘目的。

12.某电视台招聘记者,小魏前去应聘。面试中,考官指出:"你说你爱好写作,可是我看了你填的报考表,在'自我评价'栏中居然出现了三处语法错误,现在既没有多余的表格,也不准涂改,你怎么办?"小魏听罢吃了一惊,心想填表时自己是字斟句酌的,怎么会有三处错误呢? 但时间不允许多想,他当机立断,回答说:"为了弥补失误,我可以在表后附一张更正声明:'某某地方出现了三处语法错误,实属填表人的粗心,特此更正,并向各位致歉。'不过……"他停顿了一下说:"在发出这份更正说明之前,我想知道是哪些错误,因为不能无的放矢,错误地发出一份更正说明,我不愿意犯这种错误。"

评析:机智反问,滴水不漏。他的机智应对令考官们笑了。其实他的报考表并没有错误,这不过是考官设的一个圈套,用以考察他的自信心和反应能力。从表达角度看,他的得分主要在于后半部分的补充说明。这一段内容的表达十分完满,滴水不漏,印证了他机敏全面、认真仔细、一丝不苟的品格,赢得了好评。

13.在一次外企的面试中,双方交谈得很投机,看来希望不小。接近尾声时,考官看了看表,问:"可不可以邀请您一同吃晚饭?"

考生机智地回答:"如果作为同事,我愿意接受您的邀请。"

评析:原来考官的客气也是一道考题,而且其中也深藏了陷阱。如果考生痛快地接受,则有可能被视作巴结;如干脆拒绝,则又显得不那么礼貌。而考生的回答,由于他预设了一个前提条件,所以他的回答十分得体到位。

综合训练

一、问卷调查——测测你的职场情商

（调查问卷：《你的职场情商有多高？》，见附录七）

二、演讲

1. 请以"我很（丑、怕羞……）……可是我很优秀"为题，进行求职面试演讲。

2. 董思阳 15 岁开始推销自己，半工半读，成了一个 2 平方米店铺的小老板。18 岁进一步推销自己。在成功学大师陈安之先生的课上开始阐述自己的经商理念，向各企业家推销自己。21 岁向世界推销自己，成了一家上市公司的总裁。

请以董思阳的成功经历为例，以"推销自己"为题进行演讲。

三、实践问答

微软是世界著名企业，每年都会在世界各地招聘一批精英人物进入公司。应聘微软据说有 5 个经典问题，请你根据相关提示尝试着对这些问题进行回答：

1. 为什么下水道的窨井盖是圆形的？（着眼于考察一个人对事物的观察、分析能力）

2. 请问北京共有多少加油站？（或者：需要多少个加油站才合适？）（考察应聘者的分析、判断能力，以及预测和推测市场的能力。）

3. 你和你的导师（或上司，或同事）发生分歧后怎么办？（考察应聘者是否具有团结精神、协同能力。）

4. 给你一个极困难的问题，你该如何去解决它？（考察应聘者的智力和意志力，即在激烈竞争中求职者的心态、胆量、勇气、不怕失败的意志力——也被称为激情测试）

5. 你对什么感兴趣？或，你有过怎样的成功经历？（这是一个如何将特殊技能与激情相结合的"情绪感染"的问题。）

四、情景训练

1. 模拟面试：下面是一家贸易公司到某院校面试的情景。

招聘方：某贸易公司人事部经理，简称 A。

应聘方：某院校应届毕业生，简称 B。

A：请问你叫什么名字？

B：

A：B 同学，请问你为何要来本公司求职？

B：

A：贸易的范围很广，如果你被分派到仓库工作，那是需要体力又不能很好发挥专长的，你是如何看待的？

B：

A：为什么呢？

B：

A：从你的履历得知，你在读书时经常迟到。在本公司上班是绝对不允许迟到的，你有没有问题？

B：

A：你有没有应征其他公司？
B：
A：如果本公司录用你，怎么办？
B：

2．分析以下面试者失败的原因并进行情景对话。

（1）面试官：据我了解，你似乎挺有赚钱的本事。对吗？

面试者：是的。我觉得自己颇有一些赚钱的新招。因为我读的是××名牌大学的××专业，又曾在××企业的推销部门兼职，所以，对赚钱，我还是挺有把握的。

面试官：噢，原来你是××名牌大学的高才生。不过，我们单位较小，层次较低，目前暂时不要名牌大学的毕业生，很抱歉。

（2）面试官：从你的简历得知，你的英语已过了国家六级水平，真是不简单呀！

面试者：您过奖了。其实我周围很多同学都已达到了这个水平，我也是一般而已。况且，我还有很多不足，譬如，我的电脑水平老是跟不上，很多同学都过了二级，我还是停留在初级水平上；还有一些专业课也掌握得很不好，让我头痛得很。有时，我觉得自己很没用。

面试官：原来你对自己很没有信心。

（3）面试官：你认为和什么样的人合作最困难呢？

面试者：我不喜欢和太认真的人合作。

3．设想你刚辞去一份工作，期望谋求一份更能发挥你才能的工作。当你前往一家公司应聘时，招聘人员向你提出"你为什么要离开现在的老板？为什么辞去现有的工作？"面对这个问题，你将如何回答？

4．一大学生到人才交流中心求职。跟用人单位说："大学期间我学习非常刻苦，学习成绩在班上一直名列前茅。我当过班长、系学生会主席、系团总支书记，工作很出色。我在学生当中很有号召力，威信高，简直可以说是一呼百应。"用人单位听后印象欠佳。试分析这是为什么？

如果你是这位同学，你打算怎样作介绍？

5．应聘者在面试时可能遇到这样的提问："你有什么优点？你的弱点又是什么？"

你该如何答问？

你在应聘时，常会遇到这样的提问：你为何要换一种职业？

你将作怎样的回答？

6．设想你对做一位宾馆公关部的经理向往已久，现在有了这样的一个机会，但你的竞争对手如林。在面试时，你如何推销自己？

7．某公司人事科长到学校招聘文职人员。

应聘要求：身体健康，品貌端庄，为人正直热忱。大专文秘专业毕业。要求能熟练使用普通话交谈，懂英语，能掌握机关的事务文书、公文的写作。能写得一手好字，会用电脑，懂中、英文打字，有一定的处理行政事务的能力。

招聘对话——

科长：今天我们到贵校选聘文秘人员，得到学校领导的大力支持。刚刚看过大家的档案材料，对你们我是充满信心的。现在我想听听你们的意见。请你介绍：学了什么，哪些是当秘书的本钱？你有什么长处？

学生：

科长：文秘的工作范围很杂。特别是到了基层单位，既要求坐得下，又要求跑得了，还要不怕麻烦，有时还要加班熬夜赶文章，有时还要挨骂受委屈，而对这些问题你有什么看法？

学生：

科长：我们单位下层工厂较多，工人的素质不高，职工中不良的习气也很多，抽烟喝酒、打牌赌博谈女人都有，你刚出校门，怎样才能和广大工人打成一片又能保持自己的良好形象呢？

学生：

科长：这次我们来主要是招聘文职人员的。但到公司后，可能会根据需要，临时变动，如果要你搞外勤，到基层工厂去，也可能会长期住在那里，你怎么适应呢？

学生：

科长：在单位里，变动工作是经常的事。我在公司的工作就曾变动过三次，每次的变动，都要求我们重新去适应、去学习，不知你对此会有何感受？

学生：

科长：我们公司规定，新职工要订聘用合同，至少为公司服务5年，如中途离职，户口要转回原籍，不知你怎么看？

学生：

科长：写作是办公室秘书的基本功，但作为企业的秘书，你认为写作是不是最重要的？

学生：

8．请你在面试前对以下8个问题尝试作出回答。

（1）你最喜欢什么样的老板？什么样的工作？最不喜欢什么样的老板？什么样的工作？

（2）你为什么要选择我们的企业？你有何特长？

（3）谈谈你的优点和缺点吧。

（4）你认为要你去干这份工作是大材小用还是小材大用？你有十足的把握干好吗？

（5）你怎么有这么长的时间没有工作呢？或你怎么至今还没有工作呢？

（6）你觉得你在哪些方面还需要提高？

（7）你最讨厌什么样的性格？最讨厌什么样的人？

（8）你如果没被聘用怎么办？

9．一位女士到一家公司来应聘，考官是一位中年男经理。一见面，经理就直摇头，自言自语地说："怎么又是一个女的。"他简单问了几句就要结束谈话，略带傲慢地说："我对你的学历和其他都感到满意，但我却无法说服自己，让你得到本公司业务经理这个职位。因为，本公司需要一位能力强的实干家，而不是一位娇小姐。"如你就是这位女士，听了这番话你应如何说服这位傲慢的男经理？请展开这次面谈。

10．假定某4S店招聘一名汽车营销服务人员，你和3名同一专业毕业的本科生一起参与应聘。面试时，你准备怎样先声夺人，亮出自己？

五、综合情景活动

博诚文化发展有限公司为公司发展需要，最近需要招聘一批人员，其中需要办公室文秘1人，业务部门3人，后勤服务人员2人，共6人。该项目由公司的人力资源部承担。人力资源部的叶经理负责设计、策划了招聘方案,并安排了招聘考试的整个过程。树人经贸职业学院文秘专业的三年级学生向纯妍前去应聘了办公室文秘的岗位,万达工商大学营销专业的张翔应聘了业务部营销员的岗位,两人均进入了面试,并在面试中。

试进行对这两位学生的模拟面试的过程。

自我介绍——打好你的第一张牌

自我介绍,相当于商品广告,让你在有限的时间里,针对"客户"的需要,将自己最美好的一面,毫无保留地呈现出来,从而成功地实现自我推销。

自我介绍是面试实战中非常关键的一步。

1. 自我介绍时要注意的几个问题

(1) 讲好普通话,用好词。普通话力求标准,尽量避免讲错字念错音,方言最好不要使用。发音要清晰,声音自然和谐,音量适中,语速不可太快,切忌以背诵的方式介绍自己,恰当使用语气词、口头语。准确选用词语,使讲话更加精练。给考官以愉悦的听觉享受,是你成功的第一步。

(2) 有充分的信心。自信是最吸引人的手段。你的自信是让考官和别人对你有信心的基础。

(3) 要表现出很尊重对方。一般可以称呼姓氏加职位,千万不能直呼其名或无称呼直接的"那个"或"你",这是很不礼貌的。

(4) 对过去要有正确的认识。公司选用的是现在的你,但是他想用的却是将来的你。所以不要抖落一个与你的将来毫不相干的过去。所以,最简单的方法:以现在为出发点,以将来为目标,以过去为证实,找到过去与将来的联系点,收集过去的资料,再按目标主次排列。关于对未来的自我设计,你的回答必须要具体、合理,并符合你现在的身份。

(5) 要学会投其所好。自我介绍包括许多内容,其中有你的优点、技能、突出成就、专业知识、学术背景等。在短短的2~3分钟内,所列的自我强项最好还是要与该公司招聘职位相关才好。但有一点必须谨记所列的强项必须要突出自己会对该公司作出一定的贡献,这样才会有说服力。

(6) 讲话要简练,符合逻辑,层次分明,重点突出。要使自己的优势很自然地逐步显露,不要一上来就急于罗列自己的优点。自我介绍的内容次序亦很重要,能否抓住听众的注意力,全在于讲话的编排方式。所以,排在头位的,应是你最想别人听到的事情。而这些事情,一般都是你最得意之作。如介绍自己的学历,只需介绍自己的最高学历即可。

(7) 附加适当的身体语言。身体语言是很有说服力的一门无声语言,尤其是眼神的接触。这不但吸引听众倾听自己的讲话,也可向别人传达自己的大方与自信。所以,在自我介绍时要面带微笑,目光交流、坐姿端正,用适当的身体语言来配合自己的自我介绍,会让你显得更为突出。

(8) 表情得体。情绪,作为个人的重要素养,如果在自我介绍中起伏波动,就会产生负面影响。自我介绍时切忌面无表情,语调生硬,有些人情绪起伏太过明显,例如,在谈及自己的优点时眉飞色舞、兴奋不已,而在谈论自己的缺点时无精打采、萎靡不振。

(9)自我介绍要用事实说话,要严密,切忌使用含糊的字眼。坚持用事实说话,少夸张、少用虚词、感叹词之类,要符合常规。注意这部分内容应与个人简历、报名材料上的有关内容相一致。自我介绍对突出业绩的介绍要精练,要点到为止,这样会显得谦虚。必要的时候要为主考官设置一些案例伏笔,这样可以引起主考官对你进行提问,然后你再将早已准备的内容娓娓道来。

(10)对于你的自我介绍,考官既可能就其中的某一点向你提出问题,也可能继续下面已经安排好的问题。这时考官会说:"我们十分欣赏你的能力……"或"你的自我介绍很精彩"等。那么千万别漏掉了一声"谢谢",因为它将是你最大方得体的应答。

2. 自我介绍的内容

(1)个人单独面试基本上都是从开场问候开始的。开场问候是很重要的,它是你留给面试官的第一印象,决定了整个面试的基调。所以,进门应该面带微笑,不是过分殷勤与谄媚,更不要拘谨或过分谦让。

(2)报出自己的姓名和身份。也许面试官已经从你刚进门的问候或是你的报名表、简历等材料中了解了你的相关信息,但在自我介绍时,仍请你主动提及,因为这是礼貌的需要,还可以加深考官对你的印象。

(3)简单地介绍一下你的学历、工作经历等基本个人情况。最好要向考官提供关于你个人情况的基本的、完整的信息,如:学历、工作经历、家庭概况、兴趣爱好、理想与抱负等。

(4)最后要着重结合你的职业理想,强调你与这个岗位的符合性,这一点相当重要。可以谈谈你对应聘公司或职务的认识和了解,说明你选择这个公司或职务的强烈愿望。原先有工作单位的应试者应解释清楚自己放弃原来的工作而作出新的职业选择的原因。你还可以谈谈自己如被录取,那么将怎样尽职尽责工作,并不断根据需要完善和发展自己等。

(摘自苏豫编著的《办公室里的口才课》,北京工业大学出版社,2011年6月第1版 P.46-49)

怎样让你的求职信一下子打动招聘方?

求职信是传递求职信息、表达求职意愿的"使者"。写得好,很能吸引招聘方,从而赢得面试机会。下面的这封求职信发出后一周,写信人就接到了收信人IBM公司销售部莱文先生的面试通知。该信信文如下:

IBM公司销售部

尊敬的莱文先生:

爱迪思·温特丝小姐告诉我贵公司缺一名秘书,我想申请这个职位。

我知道您需要一名速写很快,又能处理大量信件的秘书。我毕业于富特黑专科学校,专学速写。毕业后先后在一家干货零售公司、一家保险公司做过秘书。

我的英文书写速度每分钟145个字。在我现在的工作中,我每天要处理40到60封信件。不论是在富特黑专科学校求学时,还是在现在的工作中,我都训练自己不用他人指导而独立处理日常信件。

我在现在的西南人寿保险公司工作也干得不错,但我最近刚拿了学位,想干一份有挑战性、收获不菲的工作。爱迪思·温特丝小姐对工作的热情,更让我确信我会喜欢这份工作。内附的简历有助您作决定。

如果您方便,每天下午我都有时间来洛杉矶面谈,愿我有机会来与您面谈!

真诚的劳拉·爱德蒙

这份求职信做到了:

一是真实感人,首先求职者态度真诚,其次内容真实,再次,真实的在该公司工作很好的中间人的穿针引线。

二是朴实自然。信文没有虚泛的议论和抒情的渲染,也没有炫耀性的语句、华丽的辞藻,只是围绕招聘单位的需求,集中讲自己的相关条件、能力、工作经历,以事实说话,以能力说话,朴实自然。

时尚的求职方式

在社会发展突飞猛进的今天,求职已不仅仅局限于以往传统陈旧的模式。时下,正流行着"时尚风",求职者用时尚的方式推销着自己:

"跑楼"

案例:徐云是北京某名牌大学刚毕业的研究生。她没有去招聘会应聘,而是选择了最直接、最大胆的方式——"跑楼"。她在北京联系了一些单位之后,抱着几十份简历,穿梭于北京高档写字楼之间,选择自己喜欢的公司投递简历。不到半个月,她便加盟了一家自己很喜欢的公司。

评析:"跑楼"是在与一些单位实现沟通好的情况下,在大公司云集的写字楼之间穿梭,向用人单位推销自己的求职方式。名牌大学的研究生竟用这种方式找工作?徐云有自己的见解——这样求职最直接、最有效,既能在最短时间内见到老板,给他们留下第一印象,又可以根据自己的所见所闻判断公司的实际情况,一举两得,事半功倍。

"霸王面"

案例:林锋一有时间就去一些猎头公司的网站搜索适合自己的工作。一天,他终于找到了一个适合自己的职位,于是,毫不犹豫地"毛遂自荐",主动去请猎头公司的负责人对他进行面试。猎头公司的负责人虽然对他的突然来访感到意外,但还是被他的勇气和真诚所感动。经过初步面试,该公司觉得林锋有学识、有能力,更重要的是有胆识、有魄力,于是录用了他。

评析:"霸王面"指的是未经招聘人员同意,就主动找上门应聘的求职方式。与"跑楼"不同的是,"霸王面"往往事先没有预约,让考官没有准备。这是需要很大勇气的求职方式,也需要求职者具备足够的实力和坚定的信心。王斌之所以如愿以偿,就是因为他坚信自己适合该公司,于是才直接要求有关人员的面试。当然,这样的方式要把握好分寸,切不可惹人生厌。

"博客"

案例:路小青日前在某求职博客网站做了一个自己的求职博客,将自己的简历都放在上面,还配上照片,并记录下自己的生活感悟。博客开设不到一个月,已经有几十家单位与她联系,希望她能前去就职。最终,刘菲选择了一家广告公司的文职工作。

评析：博客求职主要有两种方式：一是在求职简历中加上个人博客链接,供考官浏览；二是在专业网站上将自己的简历做成"求职博客",挂在网站上供用人单位浏览。求职博客不仅包括常规的个人信息,更有个人特长展示、心情故事、照片、文章等。这为考官提供了更加丰富的信息源,使之能够更加深入、多方面地了解求职者。目前,最火爆的求职博客网站有：中国教育在线求职博客和强国求职博客等。

"求职俱乐部"

案例：俞炀日前与几位好朋友一起组建了一个"求职俱乐部"。大家请老师做职业指导、相互交流经验、形成信息网络、增加自信心。这个俱乐部培训结束不到两个月,几个人都找到了工作,俞炀本人则在参加俱乐部活动后一周便找到了自己满意的工作。

评析：求职俱乐部是一种从加拿大引进的最新求职方式,也称"求职沙龙",其形式可紧可松。单个求职者单枪匹马在人才市场上找工作,往往不如一群求职者共同学习、互相帮助、互通信息更容易。目前国内已经出现了一些小型的求职沙龙,还有一些个人通过网上联络的方式结成临时求职俱乐部。此外,新出现的团队求职方式,也是几个志同道合的人一同应聘,带有求职俱乐部的特征。

项目十二 谈判口才

【训练目标】

通过谈判训练,能深入实践,自觉把握现代谈判活动(尤其是商务谈判活动)的一般规律,掌握谈判的技巧和奥秘,提高谈判交际能力,以适应社会发展需要,面对纷繁复杂的社会交往而游刃有余,学会以谈判的方式来谋求更好的合作。

【训练方法】

根据训练目标,结合社会现实生活,参与谈判,以培养其兴趣,内容主要以商务谈判为主,设计一系列情境题,采用角色扮演法和重点强化训练,安排学生扮演不同角色,使之在实地演练中获得真切感受,掌握谈判所需的基本技巧,从而提高谈判口才水平。

【任务设计】

博诚文化发展有限公司婚庆部的林经理和手下姜小青谈下了承办玫瑰经典集体婚礼这项业务。但在价格等问题上,公司和酒店双方还存在一定的分歧,因此,这次,林经理和姜小青又专程赶往海悦大酒店,和酒店公关部商谈承包这次活动的相关费用和具体的细节。

请设计林经理的谈判方案和步骤;并设计、模拟林经理和姜小青与酒店公关部进行谈判的过程。

美国著名谈判专家赫伯·柯汉说：现实世界是一张巨大的谈判桌，每个人都可能成为谈判者。谈判是人类社会生活的重要组成部分，人们在交往、改善关系、协商问题、谋求利益时，就要进行谈判。谈判几乎无时不有、无处不在。大到国家之间为解决领土争端，小到集贸市场顾客与卖主的讨价还价——人们的生活、工作离不开沟通、协调、谈判。那么，怎样进行谈判？如何使谈判获得成功？这需要了解并把握奇妙而实用的谈判艺术。

第一节　谈判的含义及特点

美国谈判学会会长尼尔仑伯格："只要人们是为了改变相互关系而交换观点，只要是人们为了取得一致而磋商协议，他们就是在进行谈判。"

谈判前，双方都有所欲、有所求，彼此间存在着切身的利益冲突；协商后，各得其所，满足了双方的需要。这正如那个很有名的谈判传说：兄妹俩分吃蛋糕，两个人都想吃大的一份，争执不下。父亲出面调停，让哥哥切（拥有了切割权），但必须让妹妹先挑（拥有了挑选权）。结果皆大欢喜。

谈判有三大要素：谈判者、谈判情报和谈判时间。谈判者是谈判的主体，谈判者要有广博的知识、丰富的阅历、深厚的专业知识，要有敏锐的观察力、清晰的谈判力、良好的竞争力和勇敢的冒险精神，要自制、善忍耐。谈判情报是谈判的核心，谈判的方式、策略和结果都取决于谈判前对情况的调查与谈判中对情报的吸取、分析与处理。谈判时间的把握对谈判的成败是很重要的，时间的确定与时段的运用直接影响到谈判的结果。

第二节　谈判的类型

按性质划分，谈判的类型有一般性谈判、专门性谈判、外交性谈判等。

一般性谈判，是指人际交往中的谈判。它的特点是随意灵活，处处存在。

专门性谈判，是指各个专业领域中的洽谈，它是一种有准备的正式谈判。如商贸洽谈。

外交性谈判，是指国与国之间的政治、军事、科技、文化等方面的谈判。往往准备充分，秩序谨严，功用巨大。

按内容划分，谈判的类型有外交谈判、政治谈判、经济谈判、经济谈判、军事谈判、文化谈判、科技谈判。

按谈判的主题划分，谈判的类型有单一性谈判和综合性谈判。前者是指谈判的主题只有一个，其目标单一，时间较短；后者是指主题由多个议题所构成，议题交叉，时间较长。

第三节　谈判的原则

谈判应遵循以下原则：

1. 谈判前须做好充分的详答准备。

2. 对原则范围内可以明确答复的应明晰地从容作答。
3. 对一些不便回答或不值得回答的问题,最好采取"王顾左右而言他"的做法。
4. 含糊不清的问题,不能随意作答。
5. 对应答的问题,须分解作答,不能笼统地答复。
6. 善于运用转折语,委婉巧妙地提供给对方一些实际上不能抱任何希望的答案。

第四节　谈判的口才技巧

谈判是一项系统工程,一般大型谈判通常分五个阶段:准备阶段,开局阶段,交流阶段,磋商阶段,签约阶段。

从本质上说,谈判就是谈话的过程,由听、说、问、答几方面构成。谈判中双方坦诚相见,简明叙述;积极倾听,察言观色;投石问路,争取主动;巧妙应答,反客为主;寻求大同,妥协让步;互惠互利,达成协议。

谈判是一种斗智斗勇的谈话方式,它需要一些最基本的技巧。在谈判中,如何恰到好处、得心应手地掌握和运用谈判的口才技巧,对促成谈判成功至关重要。

谈判是"谈"出来的,无论是观点的表达、意见的交换,还是看法的磋商都离不开"谈",谈判的成败在很大程度上取决于谈判的口才表达技巧。

一、探测虚实的技巧

要想使谈判达到理想的目标,获得满意的效果,必须尽可能地了解谈判对手,这是保证谈判获得成功的必不可少的因素。

谈判中的探测依靠机敏、弹性、巧妙的语言。探测的方法很多,主要有条件预测、事实预测和假定预测。

条件探测,即给予两个以上的条件,探测对方对其中的哪一个有兴趣。如:

某矿山的一个公司,为购置紧俏的重型汽车,向生产厂家提出:"假如我方购买10辆汽车,其中6辆制造所用的钢材原料,由我方按国家规定价格拨给贵厂,折合后的剩余金额用于购买其余4辆车,不足的金额于本月电汇贵厂,贵厂如何考虑?能不能马上供货?或者若能供给10辆车,我们再买贵厂一部分仓库积压的备件,怎么样?"

事实探测,即提出一个有待证实的事实,让对方回答"是"或"不是"。如:

日本松下电器公司的创始人松下先生在初次交易谈判中,碰到这么一件事:他上东京找批发商谈判,意欲推销他的产品。批发商和蔼可亲地说:"我们是第一次打交道吧?以前我好像没有见过您。"

这是明显的探测语,批发商想要知道面前的对手是生意新手还是老手。

假定探测,即用话放出一个"空气球",看对方如何回答。如:

"听说近来消费者写信投诉过贵厂这一产品的质量问题,不知反映最多的是哪方面的毛病?"

这是一种假设的问题,先用了"听说"表示不一定,又用了"近年来"这样时间跨度比较长的词语,而且,这样笼统地谈质量,一般是比较难以否认的。可是对方又不得不回答,这就达到了弄清产品质量的目的。如《巧设"陷阱"探虚实》：

公共汽车上，一位女乘务员捡到了一只提包。她打开提包看了看，然后对乘客们喊道："这是哪位的提包？里边还装有5000块钱呢。"乘客们相互看着，沉默着。忽然一个小伙子从座位上站起来彬彬有礼地说："大姐，那提包是我的，包里的钱是我刚从邮局取来的稿费。"

女乘务员："您认准了，这提包真是您的？"

小伙子肯定地说："没错儿。"

"那您提包里的手枪又是怎么回事？"

"啊！手枪……那……那……这包不是……不是我的。"

女乘务员拍拍提包说："里边是玩具手枪……"

评析：显然这小伙子不是提包的主人。机智的女乘务员先不说"玩具手枪"，而说更具有概括性的"手枪"，这样，小伙子怕惹麻烦赶紧否认，正好达到了女乘务员探测虚实的目的：原来，那手枪不是真家伙，只是一把玩具手枪而已。

二、善于发问的技巧

谈判过程是语言交流的过程。如何巧妙地发问，这是参与谈判时经常遇到的难题。有经验的谈判者总是密切注意与细心观察对方的言谈举止，分析对方的心理状态及变化，适时、适当、得体地发问，从而成功地驾驭谈判过程。常用的谈判发问方式有五种。

（一）直接提问

直截了当地向对方提出你方所想了解的问题与信息。要求语言准确、具体、有的放矢。如：

"贵公司给予我们最优惠的价格是多少？你们厂的产品类别有多少？"

这类提问方向性明确，获得的答复也明确。

（二）一般性的提问

商榷性，对答案没有严格的限制，范围可大可小。如：

"合同有效期暂定一年是不是短了些？"

"送货上门有什么困难吗？"

"过期的食品如何处理？"

这种提问意在加强与对方的沟通，以便共同商讨问题、解决问题。如：

某著名律师与其伙伴外出办事。早餐之后，其伙伴上街买报纸，5分钟后竟空手而归，一边还摇着头喃喃低语地咒骂着什么人。律师问其缘故，他说："撞见鬼了！我走到街对面的报摊，拿了1份报纸，递过去10块钱给卖报人，卖报人不找零钱给我，反而抽走了我挟在腋下的报纸。我大吃一惊，卖报人还怒气冲冲地说，他不是在上班时间专门替人换零钱的人。"律师深谙谈判学，他决定实地演示一次。于是，嘱咐伙伴在街的这一面看着，自己走过去，想试试这位卖报人是不是"顽固的怪人"。等到卖报人做完一笔生意之后，律师温和地说："先生，对不起！不知道您是否肯帮助我解决这个难题？我是外地人，想买份报纸，可是只有这10元的票子，您看我该怎么办才好？"卖报人毫不犹豫地抽了一份报纸给律师，还说："拿去吧，等你有了零钱再给我。"

这里恰当的问话创设了良好的氛围。

(三) 诱导性的发问

这是在归纳、总结双方的发言内容之后,紧接而来的启发性提问,具有强烈的即兴色彩。如:

"这样做你们不是也获利15％吗?"

"难道还有比这更理想的方案吗?"

这种发问意在将对方的思路与想法引导到于己有利的立场上来,常用反诘句式。其结果是常常诱使对方说出肯定性的答案。

(四) 征询性的发问

当对方与己方的看法已趋一致时,为了使对方同意自己观点而设计的一种求同发问。如:

"我们的建议想必你方一定会同意吧?"

"对于协议内容,你们还有什么补充呢?"

这种发问语气友好、亲切,一般在妥协阶段运用较多。

(五) 连贯性的发问

在对方的发言过程中不断插问,或接连不断地向对方提出承上启下的问题,促使对方按发问者的思路讲下去。如:

"情况真像你说的那样,你打算怎么办呢?"

"这样行吗?"

"后来呢?"

这种发问,语言要真切、简短、明快,不能拖泥带水,并略带好奇与惊讶,令对方情不自禁地回答你的一个接一个的问题。

无论采取何种发问形式,都应考虑四种因素:提什么问题,如何表述问题,何时进行发问,对方会产生什么反应。具体注意的事项有:

1. 要注意发问的时机。应该选择对方最适宜答复问题的时候才发问。

2. 按平常的语速发问。太急速容易使对方认为你是不耐烦或持审问的态度;太缓慢的发问,容易使对方感到沉闷,无时间观念。

3. 事先应拟定发问的腹稿,以便提高发问的效能。

4. 对初次见面的谈判对手,在谈判刚开始时,应先取得同意后再问,这是一种礼节。

5. 由广泛的问题入手再转向专门性的询问,将有助于缩短沟通的时间。这样可以在对方回答广泛的问题时,注意其所提供的有关专门性问题的答案。

6. 所有的问句应有一中心议题,并且尽量根据前一个问题的答案构造问句。

7. 提出敏感性问题时,应该说明一下发问的理由,以示对人的尊重。

8. 杜绝使用威胁性的发问、讽刺性的发问,也应该避免盘问式的发问和审问式的发问。

三、巧妙应答的技巧

"问"和"答"是矛盾的统一。答复是对提问的反馈。其应答的技巧往往在于给对方提供的是一些等于没有答案的答复。如以下的答复:

例1 "在答复您的问题之前,我想先听听贵方的观点。"

其应答技巧在于用对方再次叙述的时间来争取自己的思考时间。

例2　"很抱歉,对您所提及的问题,我并无第一手资料可作答复,但我所了解的粗略印象是……"

这属于模糊应答,主要是为了避开实质性问题。

例3　"我不太清楚您所说的含义是什么,是否请您把这个问题再说一遍。"

针对一些不值得回答的问题,让对方先自己澄清,或许再次说的时候,也就寻到了答案。

例4　"我们的价格是高了点儿,但是我们的产品在关键部位使用了优质进口零件,增加了产品的使用寿命。"

用"是……但是……"逆转式语句,让对方先觉得是尊重他的意见,然后话锋一转,提出自己的想法,这就退一步而进两步。

但在谈判中要具体问题具体分析和解决。一般在回答问题时,要明确和理解问题的实质,包括对方提问中的弦外之音、言外之意,在未完全理解、"吃透"之前,千万不要轻率回答。要掌握回答问题的要点,把握好哪些问题需要全面、细致地回答,要做到心中有数;并要善于拒绝,即便是不同意对方的意见时,也不要直接选用"不"这个具有强烈对抗色彩的字眼。即使对方对你态度粗暴,你也要和颜悦色地用肯定的句型来表达否定的意思。如对方情绪激动、措辞逆耳时,也不要指责其"你这样发火是没有道理的",而应换之肯定句说"我完全理解你的心情"。这等于婉转地暗示说"但是我并不赞成你这么做"。

最后,在拒绝时不要伤害对方的自尊心,使对方难堪。为此可采用先肯定、宽慰,再委婉地否定,阐明自己的难处,做到既拒绝了对方,又使对方欣然接受。如《美国姑娘巧应答》:

那是在美国经济大萧条时期,有位17岁的姑娘,好不容易才找到了一份在高级珠宝店当售货员的工作。在圣诞节前的一天,店里来了一位30岁左右的贫民顾客,他的衣服破烂不堪,一脸的悲哀、愤怒,他用一种不可企及的目光,盯着那些高级首饰。

这时,电话铃响了,姑娘要去接电话。一不小心,把一个碟子碰翻,六枚精美绝伦的钻石戒指落到地上。慌忙中她捡起了其中的五枚,但第六枚却怎么也找不着。这时,她看到那个30岁的男子正向门口走去。顿时,她醒悟到了戒指在哪儿。当男子的手将要触及门柄时,姑娘柔声叫道:

"对不起,先生!"

那男子转过身来,两人相视无言,足足有一分钟。

"什么事?"他再次问。

"先生,这是我头一回工作,现在找个事儿做很难,你说是不是?"姑娘神色黯然地说。

男子长久地审视着她,终于,一丝柔和的微笑浮现在他的脸上。

"是的,的确如此。"他回答,"但是我能肯定,你在这里会干得不错。"

停了一下,他向前一步,把手伸给她:

"我可以为您祝福吗?"

姑娘立刻也伸出手,两只手紧紧地握在一起,她用低低的但十分柔和的声音说:

"也祝你好运!"

他转过身,慢慢走向门口。

姑娘目送着他的身影消失在门外,转身走向柜台,把手中握着的第六枚戒指放回原处。

四、迎合心理的技巧

谈判实际上是一场"心理战"。了解对方的喜好和顾虑，在有利于自己利益的前提下，迎合对方的心理，这也是谈判语言的技巧之一。对方的心理是复杂的，如怕不守信用，怕价格继续上涨，怕质量没有保证，怕维修困难……了解这些，用语言消除这些心理障碍，是促成谈判成功的关键因素。如：

在某汽车制造厂召开的年度订货会上，汽车制造厂的销售科长向100多位用户代表明确地表示："我厂产品的质量经国家鉴定为一级品，由于钢材原材料涨价和职工工资上涨等因素，成本已大大高于原销售价格。但是，考虑到顾客是老用户，我们决定：凡是在本订货会期间签订订货合同的，每辆汽车的价格按27万元计价；在此会后订货的，每辆汽车的价格为28万元。我代表厂方，言而有信。"当时，在我国价格体制改革和各类商品价格多有调整的形势下，使这个普普通通的发言极富诱惑力。于是，这次年度订货会的成交额达到了创纪录的水平，其中仅某矿山一家便签订了每年订货10辆、连续三年的保值合同。

本例就是迎合了购买者的心理，如商品价格频频上涨，晚买不如早买、多买比少买好、签订货合同比不签订货合同好。更何况还有"优惠"、"保值"等诱人的内容，所以谈判获得了成功。

谈判中的互惠互利原则是一条不可动摇的原则，也是任何谈判活动要想取得成功而绝不可加以忽视的在其实利层面上的可靠保证。聪明的谈判人通过运用这一策略，完全可以创造出奇迹来。如：

有一位玻璃制造商，不过是个小老板。一次，他得知阿根廷欲购买2000万美元的丁烷气体，就打起了主意。他弄清了阿根廷牛肉过剩，就去对政府说：如果你们向我买2000万美元的丁烷气体，我就向你们买2000万美元的牛肉。成交。他又弄清了西班牙一家造船厂因为缺少订货而濒于倒闭，又去对西班牙人说：如果你们向我买2000万美元的牛肉，我就向你们订购一艘价值2000万美元的超级油轮。成交。然后他向美国太阳石油公司说：如果你们租用我正在西班牙建造的价值2000万美元的超级油轮，我就向你们购买2000万美元的丁烷气体。成交。于是，一个石油生意的门外汉，简直不费吹灰之力似的，就战胜了非常强大的竞争对手英国石油公司和壳牌石油公司，成功地做成了一笔2000万美元的石油交易，令人嗟叹。

此中的奥妙是有针对性地满足了对方的利益需要，会产生一种必然的心理效应；而通过这一心理效应，又可以帮助自己顺利地实现利益需要。因此，摸清对方的需要，满足对方的需要，并不是一种利益上的让步和单纯的付出，其实质是互利互惠双赢双胜，这是谈判的最理想的境界。

沉默是话语中短暂的间隙，是超越语言力量的一种高超的传播方式，也常常是工于内秀的谈判口才谋略技巧的表现形式。恰到好处的沉默能收到"此时无声胜有声"的效果。如：

有位著名的谈判专家一次替他的邻居向保险公司交涉赔偿事宜。谈判在专家的客厅里进行。

理赔员先发表了意见："先生，我知道您是交涉专家，一向都是针对巨额款项的谈判，恐怕我无法承受您的要价，我们公司若是只出100美元的赔偿金，您觉得如何？"

专家表情严肃地沉默着。根据以往经验，不论对方提出的条件如何，都应表示出不满意,此时,沉默就派上了用场。因为对方提出第一个条件后,总是意味着可以提出第二个、第三个……

理赔员果然沉不住气了:"抱歉,请勿介意我刚才的提议,再加一些,200美元如何?"

良久的沉默以后,谈判家开腔了:"抱歉,无法接受。"

理赔员继续说:"好吧,那么300美元如何?"

专家过了一会儿,才说:"300美元?嗯……我不知道。"

理赔员显得有些慌了,他说:"好吧,400美元。"

又是踌躇了好一会儿,专家才缓缓说道:"400美元?嗯……我不知道。"

"就赔500美元吧!"

就这样,谈判专家只是重复他良久的沉默,重复着他的痛苦表情,重复着说不厌的那句缓慢的话。最后,这件理赔案终于在950美元的条件下达成协议,而邻居原本只希望要300美元!

五、舍小求大的技巧

谈判中有一条原则,叫做"统筹计算",在许多综合性谈判中,议题往往有好几个,具体争论点可能会很多。善于谈判的人不是处处都"以牙还牙",寸步不让,而是做到让少得多,让小得大,这才是聪明又高明的谈判家。对谈判中一些无关紧要的问题,最好不要争论。如:

在第二次世界大战结束后不久,美方卡耐基等与英方史密斯等举行了一次会谈。谈判还没有进入正题时,英国的一位先生说:"'谋事在人,成事在天'这句话出自《圣经》。"卡耐基纠正说:"这个成语不是出自《圣经》,而出自莎士比亚的《哈姆雷特》。"结果争得面红耳赤。美方的葛孟在桌下用脚踢了卡耐基一下,说:"卡耐基,你弄错了,英国朋友说得对,这个成语出自《圣经》。"在回去的路上,葛孟说卡耐基因小失大,争一个成语,丢下了谈判的主题,破坏了气氛,这是得不偿失。他又说:"真正赢得优势,取得胜利的方法绝不是这种争论,这样的驳论有时能获得优越感,但是却永远得不到好感。"

从根本上说,以上两人的争论,都是凭意气用事,忘了谈判的"统筹"原则和舍小求大的技巧。

甲方与乙方谈一批复印机的交易,买方提出:"每台价格可否下降30美元?"卖方回答说:"这样大幅度的降价我实在无权决定,这样吧,价格上请你们让一下,我再给你们每台增配一盒碳粉,好吗?"

这是卖方以复印机范围外的补偿来委婉拒绝对方关于复印机减价的要求。

六、让步策略的技巧

在谈判中,要使自己的目的得以实现,利益得以维持,就要运用有关策略,这些策略的实施,靠的就是语言艺术。让步,是谈判过程中的重要环节。任何一种谈判,都是双方在作出一定程度的让步后达成协议的。如:

你要急于出售某商品,并决定将最低价格降到现定价的60%。面对客户的询问,你不能一次降低到位,应该实施"逐步让步策略"或"牙膏策略"。表述语言如下——

第一回合:降到80%,这可以了吧?

第二回合:你看着这商品的质量多好,不好再降价了。要不,看在老顾客的面子上,降到70%,行了吧?

第三回合:这就很难谈啦!——好吧?赔本降到60%,再也不能降了!

这三个回合,用语都不同,先是"可以了吧",其次是"不好再降价了","行了吧",最后是"好吧","再也不能降了"。语言本身就贯彻和体现了"逐步让步策略"。

在这样的谈判中,谈判者应注意:

1. 让步的速度。不要太快,因为双方等得愈久,愈会珍惜获得让步(这种等待是要让对方明显感到是有希望的),不至于得寸进尺。

2. 让步的数额。同等级的让步是不必要的。如他让你40%,你可让他30%。如果他说"你应该也让40%",你可以说"我无法负担40%"来婉言拒绝。

3. 让步的性质。不作无谓的让步,即每次让步都要从对方那儿获得某些益处。但在一些细小或枝节问题上,可首先主动让步。当然,有时甚至可以做些对自己没有损害的让步。让步后如果发现考虑欠周,不应置之不理,应果断收回,因为这只是"意向"还不是协议。如:

在一次谈判中,谈判双方在一套设备价格问题上发生了尖锐对抗。买方对这套设备的报价是10万元,而卖方的要价是20万元。在第一轮报价后,双方按照常规都预计最后的成交范围为14万元左右。同时,他们也都估计到,要实现这个目标非经过长时间的讨价还价不可。

接下来,谈判双方进行讨价还价。那么,让步的幅度和节奏应如何掌握呢?有以下几种方式。

第一种方式:买方由于急于得到这套设备,便直截了当地向对方提出:"刚才我们报价似乎太低,根据现在的实际情况,看来14万元比较合适。(买方从10万元一下就让步到14万元,步子太快了。)"

第二种方式:买方:"刚才我们报价10万元,现在增加到10.5万元,你们看怎么样?"(这样的让步又显得太慢,卖方会以为买方没有诚意,同他们开玩笑。)

合适的让步方式是步步为营。

第一轮:买方报价10万元,卖方报价20万元。

第二轮:买方报价11.4万元,卖方报价17.5万元。

第三轮:买方报价12.7万元,卖方报价16万元。

第四轮:买方报价13.5万元,卖方报价14.7万元。

这样经过双方的讨价还价,最后可能以14万元左右的价格成交。

案例评析
ANLI PINGXI

1. 我国某公司与外商进行关于销售领带的贸易谈判。在谈判中,中方报价每条领带5美元,外商提出领带价格能否下调。中方表示,订购数量若超过10万条,可考虑将每条领带的单价降为4美元,外商当即拍板订购10万条。双方成交,皆大欢喜。

评析:在谈判中,中方考虑外商的要求,把降低商品的价格与增加订货数量有机地联系在一起,从而给双方洽谈成功带来了机会。结果,外商如愿购进了价廉物美的领带,中方有条件地让价,以退为进,一次外销领带10万条。

2. 一位教士问他的上司:"我在祈祷时可以抽烟吗?"坚持教规的上司否决了这位教士

的请求。而另一位教士也去问这位上司："我在抽烟时可以祈祷吗?"结果,他的请求却得到了上司的批准。

评析:同样是在祈祷时抽烟,可前者的要求遭到了拒绝,而后者的却获得了许可。这是因为后者提问题的角度比较考究,表明他抽烟时仍想到祈祷,多虔诚啊!

3. 我国某公司同外商洽谈重复进口DW产品。我方知道,在国际市场未发生变化的情况下,要对方降价是很困难的。于是,我方在谈判一开始就在对方上次200吨货物延期交货的问题上大做文章。我方说:"由于你们上次延期交货使我方失去了几次展销良机,从而导致我方遭受了重大的经济损失。"对方听罢,先对延期交货问题作了解释,然后表示了自己的歉意。于是,我方提出希望对方这次能减价10%来弥补我方上次的损失。在对方同意后,我方进一步提出订购500吨的要求。最后,双方以比上次便宜10%的价格签订了订购500吨的协议。

评析:买方先抓住对方延期缴获的失误进行佯攻,然后趁机削价,从而节省了一大笔开支。

4. 一次,外商向我某单位购买香料油,出价每公斤40美元,我方开价48美元。这时,对方急了:

"不,不,你们怎么能指望我们出45美元以上的价呢?"情急之中,对方露馅了。我方立即抓住他的话,巧妙地反问:

"这么说,您是愿意以45美元成交?"

外商见露了底,只得说:"可以考虑。"

谈判结果,以每公斤45美元的价格成交。

这一成交数字比我方原定的要高出数美元。

评析:耐心听,是交谈的一个重要条件。商贸谈判时,要锣鼓听音,听话听音;而且要听出破绽,抓住要害,以子之矛,攻子之盾。在这场谈判中,由于我方及时抓住了对方脱口说出的底价,乘胜追击,从而大功告成。

5. 在一次广交会上,某台商与华东某市的负责人进行了短时间的接触。交谈间,台商无意中流露了欲往该地投资的意向,但因对该市的交通条件怀有疑虑,这个意向表达得很不明确。如何才能打消台商的疑虑呢?该市的负责人回到宾馆后思索良久。这时,一张不经意间掏出的汽车票吸引了他的注意力。望着这张交通票据,几番推敲,该负责人胸有成竹地拨通了该市驻广州办事处的电话。两天后,那位台商收到了该负责人托人转交的礼物——一本精美的记事簿和一份邀请对方来该市考察的信函。台商随手打开记事簿一看,不禁又惊又喜。原来,记事簿上竟贴满了从该市发向邻近大中城市的汽车运输票据与船运票据。在票据的旁边,还用文字对行车干道的等级及轮船码头的吨位都作了详细的注释。在记事簿的最后一页,则是该市负责人亲手绘制的一幅本地区的交通线路图。在图旁,该负责人还补充了这么一句话:"若需火车运输,向西沿×××国道行进100公里就是铁路干线。若需乘飞机往来,在邻近的某大城市,一个大型飞机场的扩建工程也即将竣工。"望着这份特殊的礼品,台商深深体会到了对方的一片苦心和满腔诚意。就这样,巧妙的迂回为该地区拉来了一位投资大户。

评析:一份特殊的礼物——一本精美的记事簿和一份邀请函,竟迎来了一位台湾投资商,这正是谈判装配能够迎合心理技巧的妙用。

6. "我不明白"

谈判桌上,日本航空界的三位绅士击败了美国一家企业的一大帮精明能干的人。谈判从早上8点开始,美国公司的谈判人员开始介绍本公司的产品,他们利用了图表、图案、报表,并用三个幻灯放映机打在屏幕上图文并茂,持之有据,来表示他们的开价合情合理,品质优良超群,这一推销性的介绍过程整整持续了两个半小时。在这两个半小时过程中,三位日本商人一直安静地坐在谈判桌旁,一言不发。

介绍结束了,美国方面的一位主管充满期待,自负地打开了房间里的灯,转身望着那三位不为所动的日本人说:"你们认为如何?"

有位日本人礼貌地笑笑,回答说:"我们不明白。"

那位主管的脸顿时失去了血色:"你们不明白?这是什么意思?你们不明白什么?"

另一个日本人也礼貌地笑笑,回答说:"这一切。"

那位主管的心脏几乎要停止跳动,他问:"从什么时候开始。"

第三个日本人也礼貌地笑笑,回答道:"从电灯关了开始。"

那位主管倚墙而立,松开了昂贵的领带,气馁地呻吟道:"那么……你们希望我们怎么办?"

三个日本人一齐回答:"你们可以重放一次吗?"

……

谁赢了?是那帮精明强干、准备充分以抗击一切进攻的美国人,还是自称什么都不懂的日本人?谁再能有最初的热忱和信心,重复一次两个半小时的推销性介绍呢?

评析:美国著名报人兼作家吉莉·古柏在谈到其成功之道时说:"唯一的原则就是尽量表现绝望无助,以得到别人的帮助。"训练自己偶尔或在需要的时候说:"我不知道。""我不明白。""我不懂你的意思。""请帮助我。""我需要你帮我解决这个问题,因为我不知道怎么办。"这些话会使你变强,帮你战胜强者。

无知不是福气,但在谈判中,无知有时是个可供选择的手段。谁有勇气说"我不懂,我不知道",谁就会占据有利的地位。国外著名学者弗兰西斯·培根在他的《谈判论》中也表达了类似的看法。你若在谈判中试用一下那些日本绅士的方法,将使你的对手陷入同"驴子"讨价还价的境地。

综合训练
ZONGHE XUNLIAN

1. 你准备给一个健康组织卖集体保险,你同一家生产割草机的公司的人力资源部副总经理约好见面。当秘书把你领进副总经理的办公室后,你惊讶地发现公司的总经理也想来听听你的介绍。这是二对一的谈判,情况不太妙,但是你坚持了下来,进展还算顺利。于是,你觉得就要成交了。突然总经理生气了。他对副总经理说:"看呀,我就不相信这些人能给我们一个严肃的报价,对不起,我还有事。"然后,他冲出去。副总经理说:"他经常这个样子,但我真的喜欢你提出的计划。我觉得我们可以接着谈。如果你的价格再调整一些,我想我们可以又成交。说实话,你为什么不让我跟他说说,看能为你做点什么呢?"显然,你可注意到他们对你使用的是黑脸/白脸的计策。你应如何应付,继续这场谈判,又不被他们左右?试模拟这场谈判。

2. 商谈中,在商务人员进行建议和努力说明之后,客户有时会说:"知道了,我考虑看看。"或者说:"我考虑好了再跟你联系,请你等我消息吧!"这是一种拒绝表示,意思几乎就相当于"我并不想购买"。但商务洽谈往往就是从被拒开始的。作为一名商务人员,正确的做法应该是迎着这种拒绝顽强地走下去,抓住"让我考虑一下"这句话好好地加以利用,充分发挥自己的韧性,努力达到商谈到成功。你应如何接续他的话?

3. 某渔行老板极善于经营,因而生意兴旺。其邻居是个穷鞋匠,他无钱买鱼吃,便每天中午带着大米饼,到渔行里来,边吃大饼,边闻鱼香。老板很吝啬,便打起了主意。一天,鞋匠正在补鞋,渔行老板走过来,交给他一张纸条,上面写着他去渔行闻鱼香的次数。鞋匠一看,心下已明白,却故作不解。最后借助语言技巧与渔行老板针锋相对,变被动为主动,赢得了这场谈判的胜利。试模拟这场谈话。

4. 吴君在百货公司买了一套西服,后来他发现衣服会掉色,把白衬衫的领子都染黑了,于是他回到那家公司,找以前给他的那个店员,打算把这情形告诉他,在他没有讲明之前,那店员就插嘴道:"这样的衣服我这里卖过几十套,还是第一次听见有人不满意。"若是这样说也罢了,但他的语气使人难受,竟说吴君故意用不诚实的手段与他捣乱。在争执的时候,又走来了一位店员说:"所有的黑色衣服开始都有点掉色,那没有办法,这个价钱的自然不会太好,都是颜料的关系。"到这时候,吴君几乎冒火了。他说:"第一个店员怀疑我的诚实,第二个店员暗示我买的次等货。"吴君恼了起来,正要骂他们,突然部门主任走来,一番话使吴君由恼怒变成了满意的顾客。试模拟主任和吴君的对话。

5. 某广告公司了解到,它所代理的一则商品广告,并没有如约按时在与它签订了协议的某电视台播出。于是,该公司派代表前去谈判解决。然而,一到了电视台总编室,说及此事,对方一口否认:"没有漏,我们把你们的广告排好的。"但又补了一句:"或许播映室漏播了。"那人还说了一句含义颇为微妙的话:"电视上的时间段,对我们来讲是钱又不是钱!"广告公司的代表只好又来到播映室,这里的人同样承认漏播了,还当场翻出了那几天的节目表,向这位代表说:"你看我们都排好的,怎么会不播呢?"尽管这话本身毫无说服力,根本不成其为没有漏播的理由和证据,但该代表知道,看样子要他们承认漏播了广告是不可能的。因为他们心里清楚,如果承认的话,不但等于承认自己出了责任事故,而且由此引发出来的后果,很可能会是难以收拾的。但他也清楚地意识到,出于面子和利益的考虑,想要电视台低头认错,恐怕难以做到;何况因为没有录像,广告公司并无证据证明电视台的漏播,而且他们的广告播放费也早已汇给了电视台。所以当初他只想争取让电视台聊作弥补,重新播出广告就结束谈判。想不到……

试想,该代表应采取怎样的策略和口才获得应有的补偿呢?请具体设计情景进行谈判活动。

6. 设想你是一名顾客,在一家大商场相中了一件标价为2800元的羊绒大衣,你不知此大衣是否货真价实,请你设计一段探测虚实的话询问营业员。

7. 设想你是一家酒店餐饮部的经理,在当班的时候,有位粗豪的客人,在一张已预订了的桌子旁坐着,而事实上他既不是预订者,也不是预订者的客人。于是你便走过去说:"对不起,先生,这张桌子已有人订了,您能否换个座?""啊,那没关系,你把他订的这张桌子搬走,另外再搬一张来就行了。"这时,你怎么回答这位粗豪的客人?

8. 某公司待遇苛刻,下级职员苦不堪言,身为老板的也承认。但是,为了自身的利益,他自然不愿主动调整。如你的职位是经理之职,部下推你去跟老板谈判,提高待遇。试模拟这场谈判,由两人分别扮演老板和经理的角色,尤其作为经理的你应如何赢得这场谈判。

假如你是老板的话,你如何言说能尽可能妥善地处理好这个问题呢?

9. 桃丝因她良好的工作业绩,想加薪水。你作为她的主管上司,碍于公司目前的财务状况,无法满足她的这一要求。试模拟这场谈判,由两人分别扮演上司和桃丝的角色,尤其作为上司应如何赢得这场谈判。

10. 一位到广州出差的老年人,在街头货摊上买了几件衣服。付款时,卖衣服的女青年见他包里有几百元美钞,便产生了邪念,趁他不注意,把钱包塞进了衣服堆里。老年人发现钱包丢了,十分着急。货摊此时只有他们两人,他确信此事与姑娘有关,但当他问姑娘时,姑娘却很强硬:"噢,你说是我拿了?那你去叫警察啊!"这位老年人没去叫警察,也没有直接指责对方偷了钱包,而是通过委婉含蓄的暗示开导,使姑娘回心转意,拿出了钱。试模拟这场谈判。

11. "嗨,棉毛衫,每件4元!"一汉子高声吆喝,吸引了一位女青年从其摊位上挑了一件。她付了款,转身欲走,那汉子急忙拦住说:"哎,还差6元。"

女青年大感不解:"每件4元,我只要了一件,不是已经付给你4元了吗?"

那汉子狡猾地一笑:"哪里呦,我喊的是每件10元。"

女青年愤然道:"我明明听的是4元,现在你又说是10元,不是存心欺骗吗?"

那汉子眼睛一瞪大吼道:"谁欺骗你了?我喊的就是10元!"

女青年有些惶恐,瑟瑟地说道:"10元,那我不要了,把钱退给我吧。"

那汉子更了不得,气势汹汹地指着女青年:"你要耍我?今天还没有开张,你就要触我的霉头?休想!说要,就得要!快点再补6元来!"

那神情,似乎要把女青年一口吞下。

设置以上情境,继续这场生活中的谈判。

12. 省电视台的一档名牌节目欲招聘节目主持人,报名者有上百人。几轮考试过后,三位竞聘者脱颖而出,准备进行最后的角逐,争夺唯一的入选名额。

主持决赛考试的是台长,考试题目看似很简单,回答起来却不容易——"你是怎样评价进入决赛的另外两名对手的?"

复赛前两名的选手分别出场,两人的回答风格很相似:在简单地肯定了对手几句后,话锋一转,开始咄咄逼人地指陈对手的种种不足,并大量列举相比之下自己所具有的优势。

轮到她回答了,她侃侃而谈,把对手的优点一一地条分缕析起来,认真得像个小学生,语气里洋溢着钦佩和赞赏。在她的评述中,仿佛那两位对手实在是太优秀了,最后胜出的也应该是他们。

台长禁不住问:"难道你没有感觉到他们身上的不足之处吗?"请继续这场面谈。注意第三名选手回答的技巧和台长问的技巧。

13. 某公园的一家餐馆生意兴隆,侍应小姐非常出色。闲人孔力不信,纠合几个球友前往寻事,狂饮之余,大肆喧哗。恰逢秋风乍起,一片枯叶落入杯中。孔力问:"小姐,这算是一道什么菜呀?"如你是这位小姐该怎么回答,机智地把这难应付的事情处理得非常得体?

14. 两位美国人到欧洲,跟街头画家买画。第一个美国人问画家:"这幅卖多少钱?"画家说:"15 块美金。"说完看看美国人,没反应。心里想:"这个价钱他该吃得下来。"于是接着说:"15 块是黑白的,如果你要彩色的是 20 块。"还没反应,他又说:"如果你连框都带回去 30 块。"结果这个美国人彩色连框带回去,30 块。

第二个美国人去,画家也是说 15。这个美国人立刻发话:"隔壁才卖 12 你怎么卖 15 块?画又没画得比人家好!"画家一看,立刻改口说:"这样好了,15 块本来是黑白的,您这样说 15 块算你彩色好了。"美国人继续骂:"我刚刚问的就是彩色的谁问你黑白的?"结果他 15 块,连彩色带框带回去。

为什么会这样呢?

15. 专家卡皮为一家工厂检修机器,事先商定酬金为 1000 英镑。检查后,卡皮只用榔头对准主轴承敲了一下,机器即运转正常了。厂方代表反悔:"难道只敲一下,就值 1000 英镑?"卡皮应如何机智地斥责厂方代表的反悔,并拿到这 1000 英镑?

16. 根据以下材料进行模拟谈判。

谈判主题:卖掉原来的房子。

谈判目标:搬到其他城市买新房。

你的现况:想马上卖掉原来的房子,凑出 18 万买新房的钱。

对方现况:买主出 15 万买你的房。

谈判诉求:你是坚持要 18 万,还是接受对方 15 万的出价,或是与对方再还一下价。

17. 道格拉斯太太在一家服装店的大拍卖时买了一件外套,回家后却发现衬里破了一个洞。第二天,她把外套拿到店里,要求店员退货,店员却说本店有规定:拍卖物品,概不退换。请模拟这场谈判。

18. 设想你是一个食品批发商,目前在市场上欲购买几百斤鲜蛋,市场上统一规定一斤鸡蛋 3.8 元,而卖主喊价 4.5 元一斤,你如何讨价还价?如何采取让步策略,使双方达成共识,获得较为理想的价格?

19. 说服欠债还债

一位商人是某公司的顾客,有一笔 3000 元的账他却不同意付,显然他是忘记了,因此会计部门一再去信催他来付清,他一怒就乘火车亲自赶来,跑进经理的办公室,他说不但不偿还那笔欠款,而且从今往后不再买公司一块钱的东西。那位经理该如何对付这位商人,不失礼貌地让他认识到自己的错,还清欠款,又让他反而多订货物?试模拟这场谈判,由两人分别扮演商人和经理的角色,尤其作为经理应如何赢得这场谈判。

20. 综合情景活动

博诚文化发展有限公司婚庆部的林经理和手下姜小青谈下了承办玫瑰经典集体婚礼这项业务。但在价格等问题上,公司和酒店双方还存在一定的分歧。因此,这次,林经理带着助手姜小青又专程赶往海悦大酒店,和酒店公关部商谈承包这次活动的相关费用和具体的细节。

请设计林经理的谈判方案和步骤;并设计、模拟林经理和姜小青与酒店公关部进行谈判的过程。

知识拓展

谈判语言七忌

1. 忌欺诈隐骗

有些人把商务谈判视为对立性的你死我活的竞争，在具体洽谈时，不顾客观事实，欺、诈、隐、骗，依靠谎言或"大话"求得自身的谈判优势。如一位业务员同一家商店进行推销洽谈，业务员为了促销，在介绍产品质量时声称已经获得"省优"和"部优"，商店看样后认为有一定市场，于是双方达成买卖意向。商店后来了解到这种商品既非"省优"也不是"部优"，产品虽适销，但商店也怕上当受骗，于是未予签订合同，一桩生意告吹。可见欺骗性的语言一旦被对方识破，不仅会破坏谈判双方的友好关系，使谈判蒙上阴影或导致谈判破裂，而且也会给企业的信誉带来极大损失。所以说，谈判语言应坚持从实际出发，应给对方诚实、可以信赖的感觉。

2. 忌盛气凌人

有的谈判者由于自身地位、资历"高人一等"或谈判实力"强人一筹"，在谈判中往往颐指气使，说话居高临下，盛气凌人。有一位大公司的业务经理在同另一家企业谈判出售产品时，发现对手是几位年轻人，随口便道："你们中间谁管事？谁能决定问题？把你们的经理找来！"一位年轻人从容答道："我就是经理，我很荣幸能与您洽谈，希望得到您的指教。"年轻人的话软中带硬，出乎这位业务经理的意料。这位业务经理本想摆摆谱，没想到谈判刚开始就吃了一个小小的败仗。盛气凌人的行为易伤对方感情，使对方产生对抗或报复心理。所以，参加商务谈判的人员，不管自身的行政级别多高，年龄多大，所代表的企业实力多强，只要和对方坐在谈判桌前，就应坚持平等原则，平等相待，平等协商，等价交换。

3. 忌道听途说

有的谈判者由于与社会接触面大，外联多，各种信息来源渠道广，在谈判时往往利用一些未经证实的信息，如"据说"、"据传"等作为向对方讨价还价的依据，缺乏确凿的实际材料，其结果很容易使对方抓住你的谈话漏洞或把柄向你进攻。就个人形象来讲，也会使对方感到你不认真、不严谨、不严肃，不值得充分信赖。在一次业务洽谈中，某买方代表为了迫使对方降价，信口便说："据说你们单位的产品返修率一直高于同类产品，能否给我们在维修费用上再提高2个百分点？"卖方回答："这说明您对我们的产品并不了解，据最近统计，我们的产品返修率仅为0.1%，大大低于同类产品，我们不但不能提高维修费，正设想在原来的基础上降下1个百分点。"买方遭到迎头痛击。

4. 忌攻势过猛

有的谈判者在谈判桌上争强好胜，一切从"能压住对方"出发，说话锋利刻薄，频繁地向对方发动攻势，在一些细枝末节上也不甘示弱，有些人还以揭人隐私为快。一位年轻采购员在采购某商品时，自认为生产厂家有求于零售商店，在洽谈交易条件时不断向对方发动攻势："第一，产品必须实行代销；第二，厂家必须对产品实行'三包'；第三，厂家必须送货上门；第四……"最后对方说："上述条件我方均可以破例接受，鉴于我方产品在市场上的优势地位，我方只有一个条件，即贵方必须保证设专柜销售本厂产品并保证高质量的售后服务，否则我们将寻找新的合作伙伴。"结果使采购员很被动。

在谈判中攻势过猛的做法极容易伤害对方自尊心。遇到生性懦弱的人可能一时得逞;遇到涵养较深的人,尽管暂时忍让,让你尽情表演,但他欲擒故纵,到关键时刻将迫使你付出代价;遇到强硬、进攻性很强的对手,小的进攻就会惹起更大的反击,反而对自己不利。因此,在谈判中说话应该委婉,尊重对方的意见和隐私,不要过早锋芒毕露、表现出急切的样子,避免言语过急过猛、伤害对方。

5. 忌含糊不清

有的谈判者由于事前缺乏对双方谈判条件的具体分析,加之自身不善表达,当阐述自身立场、观点或回答对方提出的某些问题时,或者语塞,或者含含糊糊、模棱两可,或者前言不搭后语、相互矛盾。如:"我们这种产品出厂价是每吨 1000 元上下。""运输费用应该由我们负担,但你们也应该负担一部分。""同行业的盈利水平大约是 15%,我们可以低于这个水平出售。"等等。这些模棱两可的语言容易给对方留下一种"不痛快"、"素质不高"的感觉,也容易被对方钻空子,使自己陷入被动挨打的境地。所以,谈判者事前应做好充分的思想准备和语言准备,对谈判条件进行认真的分析,把握住自身的优势和劣势,对谈判的最终目标和重要交易条件做到心中有数。同时做一些必要的假设,把对方可能提出的问题和可能出现的争议想在前面。这样,在谈判中不管出现何种复杂局面,都可以随机应变,清楚地说明自己的观点,准确明了地回答对方的提问。尤其是在签订谈判协议时,能够把握关键,使合同条款订得具体、完善、明确、严谨。

6. 忌枯燥呆板

有些人在谈判时非常紧张,如临战场。因此说话时表情呆板,过分地讲究针对性和逻辑性。这对谈判是很不利的。商务谈判不同于某些对立性强的军事、政治谈判,它是一种合作性交往,应该在一种积极、友好、轻松、融洽的气氛中进行。因此,谈判者在正式谈判开始前应善于建立一种良好的谈判气氛,比如随便谈谈双方的经历,谈谈对方感兴趣的社会热点、趣闻轶事、典故等,使谈判自然地进入正题;在正式谈判过程中也应恰当地运用一些比喻,善于开一些小玩笑,使说话生动、形象、诙谐、幽默、有感染力。通过活泼的语言创造并维持一种良好的谈判气氛,这对整个谈判格局及前景会起到重要的促进作用。

7. 忌以我为主

在人际交往中说话以我为主、以我为中心,这是有些人的通病,在商务谈判中表现更突出。在洽谈时,有些人随意打断对方谈话,抢话说;有些人在对方说话时左顾右盼,或不屑一顾;有些人自己说话时滔滔不绝,不考虑对方的反应和感受;尤其当洽谈某些交易条件时,只站在自己的立场上,过分强调自身的需要,不为对方着想。如当一场谈判开局时,一方夸夸其谈,离题万里,无法进入正题,另一方打断对方说:"行了,我没有时间听你的天方夜谭,还是来真格的吧!"这种做法极不礼貌,极容易引起对方反感。所以,谈判者应学会倾听别人谈话的艺术,对别人的谈话应表现出浓厚的兴趣,多进行一些角色互换,语言应委婉,留有商量的余地。这样既表明自己有修养,容易赢得对方的喜爱,同时也能更好地了解对方,摸清对方的底细和意图,一举多得。

相关链接
XIANGGUAN LIANJIE

一

参加洽谈会应注意的事项

洽谈会是存在某种关系的各方,为了保持接触、建立联系、进而合作,达成交易、拟定协议、签署合同、要求索赔,或是为了处理争端、消除分歧,而坐在一起进行面对面协商,以求达成某种程度上的妥协的会晤。根据洽谈会举行的地点的不同,可以分为客座洽谈、主座洽谈、客主座轮流洽谈以及第三地点洽谈。

出席洽谈的人员在仪表上必须有严格的要求和统一的规定。男士一律应当理发、剃须、吹齐头发,不准蓬头乱发,不准留胡子或留大鬓角。女士则应选择端正、素雅的发型,并且化淡妆,但是不可做过于摩登或超前的发型,不可染彩色头发和化艳妆,或使用香气过于浓烈的化妆品。在着装上讲究简约、高雅、规范、正式。男士应穿深色三件套西装和白衬衫、打素色或条纹式领带、配深色袜子和黑色系带皮鞋。女士则须穿深色西装套裙和白衬衫,配肉色长筒或连裤式丝袜和黑色高跟或半高跟皮鞋。

崔伟刚刚参加过本厂与某公司的一次洽谈会,目的是达成一项长期供货协议。按道理说,由于事先进行了充分的沟通并有过愉快的合作经验,这次洽谈的成功几率很高,甚至可以说是十拿九稳。但出乎大家意料的是,在洽谈会上,对方负责人一句话就推翻了此前达成的初步意向,双方不欢而散,对于发生这种意外的原因,崔伟虽然有所察觉,但又不便明说。

原来,洽谈会当天,厂长或许是因为觉得把握比较大,洽谈会只是走过场,心态放松,身穿T恤,脚蹬旅游鞋就登场了。他的助理更是离谱,身着紧身衣,领口开得别人不好意思看,手镯、项链、耳环全副武装,让人眼花缭乱。对方的经理和助手则是一身正装,对比鲜明。一见面,对方经理的脸色顿时阴沉下来。会谈开始后,经理的态度非常冷淡,当双方因为一个细节发生无关大局的分歧时,他便一举推翻了先前达成的共识,洽谈会也陷入了僵局。崔伟碰巧听到对方经理在对下属说:"他们太自以为是了,这身打扮来谈判,说好听的是不重视谈判对手,说不好听的,是素质低。跟他们合作,谁放心啊?"

但在洽谈会上,不乏这样的人:男的穿夹克衫、牛仔裤、短袖衬衫、T恤衫,配旅游鞋或凉鞋;女的则穿紧身装、透视装、低胸装、露背装、超短装、牛仔装、运动装或休闲装,并浑身上下戴满各式首饰,从耳垂一直"武装"到脚脖子。这身打扮的人,留给他人的印象,不是不尊重自己、不尊重别人、不重视洽谈、自以为了不起,就是没有一点教养。在着装上失礼于人,有时会带来严重的负面影响。

在洽谈过程中,要以礼待人,尊重对手,要排除一切干扰,始终如一地对自己的洽谈对手讲究礼貌,时时、处处、事事表现得对对方不失真诚的敬意。在洽谈会,能够面带微笑、态度友好、语言文明礼貌、举止彬彬有礼的人,有助于消除对手的反感、漠视和抵触心理。与此相反,假如在洽谈的过程中举止粗鲁、态度刁蛮、表情冷漠、语言失礼,不知道尊重和体谅对手,则会大大加强对方的防卫性和攻击性,无形之中伤害或得罪对方,为自己不自觉地增添了阻力和障碍。

(摘自陈国强编著的《办公室礼仪与口才》,中国经济出版社,2008年1月版,P.103)

五种谈判术

（一）环境造势谈判术

环境造势在外交活动中颇有用场，它往往能给人施加设定的心理影响，从而推动谈判按预定目标进行。1969年美国西文石油公司董事长哈默，为了他在利比亚的石油利益——每天的开采量和价格，而同利比亚政府谈判。他的谈判对手是利比亚的第二号人物贾卢德。一天，贾卢德在谈判时，竟带去一支机关枪，"粗心大意"地把枪口朝着哈默。精于谈判的哈默明白，这是贾卢德利用环境造势。这种傲慢实际上是表明了贾卢德内心的虚弱。贾卢德辱骂哈默，但哈默却平静地站起身来，将双手放在年轻的贾卢德身上，表现出父辈对年轻人的谅解态度，终于双方签订了协议。这次谈判，主方以环境造势争取精神控制与客方缓和气氛变被动为主动的外交较量，双方各有所获，但都不是彻底成功或彻底失败：哈默保住了他在利比亚的开采特权，而利比亚得以将税率增加8%，每桶油价多收30美分。

外交上的环境造势包括内部环境和外部环境。然而1987年夏，南非矿业工会与业主的谈判则主要是外部环境造势。矿业工会与业主在为提高矿工工资30%的谈判中所使用的环境是不断扩大和蔓延的罢工浪潮，以及在谈判地的示威游行，业主代表则不断利用宣布开除罢工工人和关闭部分矿山相威胁。这场矿山工人为争取福利而进行的斗争，严重地打击了南非已经脆弱的经济，这次激烈的谈判最后以双方都作出了一定的让步而告终。

环境造势不单有剑拔弩张、杀气腾腾，显示实力之为，在企业社交活动和商业谈判中，除为了显示实力引起对方注意"过了这个村，没了这家店"等情形外，更多的是造就和谐、欢悦、心安理得的气氛，诸如陪同观光、宴请、跳舞等。

与环境造势相关的还有谈判地点的选择，座次的排列，语言的使用等，这些对于外交都是十分重要的因素。

关于地点：最好选择在己方。人类是一种有领域感的动物，和自己所拥有的事物有着不可分割的联系。熟悉的房间、挂像、沙发、地毯以及熟悉的过道和洗手间，就某种意义上来讲，都是无言的谈判"伙伴"，是一种力量，使你产生群胆。在陌生的环境中谈判，会使人孤单，使人分心、压抑，有时还会使人震撼。有人说"家即是堡垒"，就是因为熟悉的环境能产生极大的力量。假如不得不离开"家"去谈判，除非万不得已在对方所在地谈判，否则应选择"中立"的地方。在下述情况下，可以考虑到对方所在地进行谈判：

1. 需要到那里看一看，通过实地实物的观察，感受对方的力量；
2. 我方希望谈判拉长，变"短跑"为"马拉松"，多跑几次对方场所，还可以联络感情；
3. 即使在对方"领地"谈判，也已是胜券在握。

关于座次：座次的安排代表着许多意义，座次是环境造势中的具体因素。皇帝的座次高高在上，造成高贵、权威、尊君抑臣之势；有客来访，如果主人高座，客人低就，将造成一种不平等之感，虽然无意，但客观效果是很不礼貌的。所以集体谈判，双方最好面向而坐，各方的助手分居主谈判的两侧。这样能迅速传递信息和有效控制自己的队伍，并加强本阵营"战时"的团结。由于座次安排代表着某种意义，你可以透过座次排列及其微妙变化，判断对方的权威与否。也可以对己方座次安排，有计划地掩藏本阵营的主宰人物，让他在谈判中"观战"、"幕后操纵"谈判。

关于谈判语言：语言也是环境造势的一部分，越是重要的、艰难的谈判，越应尽可能地使用自己最熟悉的语言。这样做有助于自身临场发挥而不至于因言语问题斟字酌句分散精力。在这一点上，法国人特别懂得它的益处，使用本国语言的态度也最强硬。在对手不能接受共同使用己方最熟悉的语言时，要善于利用自己的翻译，自己的翻译能给你思考的时间，还可以帮助您修补"破损的篱笆"。

（二）因人而异谈判术

"见人说人话，见鬼说鬼话"，通常是贬义，用来骂"当面一套，背后一套"之人。但在外交谈判中，面对不同的对象以变应变却是高招。因人而异，见机而变，一把钥匙开一把锁，是谈判大师的标志之一。同时，与不同国家、不同地区的对手谈判，应使用不同的对策。因此，对各国各地区贸易伙伴的谈判特点应有所了解，要懂得"入国问禁，入境问俗"的道理。

比如，美国人很自信，喜欢单刀直入打"速决战"，迅速把谈判引向实质阶段。主张一个问题一个问题地谈，解决了上一个问题再谈下一个，以便最终解决全盘问题。只要报价得当，两三个回合，就可拍板。如果时间太长，就会对美国公司失去吸引力。他们一般也不搞请客送礼，谈判时间可以在吃早点的时候开始，边吃边谈。他们非常赞赏那些精于论价还价，为争取经济利益而施展手法的人，并把实际物质利益上的成功作为获胜的标志。

德国人的谈判特点是准备工作充分，喜欢明确表示希望做成交易，准确地确定交易的形式，详细地规定谈判的议题，然后准备一份涉及所有议题的报价表。这份报价表一旦提出，讨价还价的可能性就不在了，因为他们不太热衷于让步的方式。

法国人在贸易谈判中有三个主要特点：立场极为坚定，坚持在谈判中使用法语，明显地偏爱横向式谈判。这就是说，先谈原则再谈具体问题，先为协议勾画出一个轮廓，然后再达成协议，最后确立协议上的各个方面。他们都有戴高乐式的依靠坚定的"不"字以谋取利益的高超本领。

英国人的特点则是在业务上有些松松垮垮。他们的谈判往往准备不充分，但谈判人和善、友好、好交际、容易相处。他们对建设性意见反应积极。

印度人喜欢讨价还价，而且完全是市场上你争我吵的那种讨价还价的方式，如果不这样，他们会认为这称不上是一次成功的谈判。

在中东地区的人的眼里，信誉第一重要，来访者必须先赢得他们的信任。他们特别重视谈判的开端，往往会在交际阶段花费许多时间，经过长时间的、广泛的、友好的会谈，增进彼此之间的敬意，也许会出现双方共同接受的成交的可能性。于是似乎是在一般的社交场合，一笔生意竟然做成了。

日本人则善于打"蘑菇战"。他们在实施拖延战术的过程中，会想方设法地了解你真正的意图，他们在回答问题时常用的词语是"可能"、"或许"。你若急于求成他就压价，能把你磨得筋疲力尽，有时能拖到临上飞机前才能接受你的价格，有人把忍耐称为日本人的一种美德，不过，日本人的这一招是十分厉害的，往往使他的贸易伙伴猝不及防，又怕又敬。

苏丹人谈生意，也是打"蘑菇"，总是一味地讨价还价，再好的货物也一样要降价，是表示自己有面子，受尊重，再好的货物若不略微降价，也难成交。另外，苏丹人的生活步调缓慢，从谈判到成交需要一段时间，很可能等到真正成交时，货物成本已经上涨了许多，使本来有利可图的生意变成了亏本买卖。所以，在双方谈判报出价格时要把时间因素算进去。

瑞典商人一般对一项贸易决定也是相当缓慢的。因为瑞典国内市场规模较小，几乎每个人彼此都认识,一旦犯了错误,可能会身败名裂。所以下决心时不得不非常谨慎。瑞典人有较强的自尊心,但也很讲道理,跟他们谈判最恰当的办法是用旁敲侧击的方式向他们提供建议,引导他们快速作出决定。只要你能在"理"上站住脚,就能获得成功。

在贸易谈判中,不同国家和地区的商人都有着不同的风格和做法。有的是与某个国家和民族的生活习惯有关,有的做法纯属是为了达到某种目的而玩弄的谈判技巧,如果不加以提防就会上当。例如日本施展的所谓"蘑菇战",从表面上看是在拖延时间,而实际上他们是在寻找恰当的时机,乘人不备,出奇制胜,最后还赢得了时间。

(三)擒"王"谈判术

"射人先射马,擒贼先擒王。"谈判是不流血的战争,为了赢得胜利,切莫忘了抓住对方的关键人物。中美谈判前,毛泽东说:"同美国打交道要找尼克松。"为什么?第一他是总统,有决策权;第二他一贯反共,在美国无须避嫌。同关键人物特别是权威人物直接谈判,可以减少中间环节,直接突破。对于"擒王谈判术"的哲学理论,大凡有经验的谈判者都是乐于躬行的。当遇到对方的权威人物时,他们便会认为这是天赐良机,会为能直接进攻对方的最后一道防线、最后一个堡垒而振奋,他们清楚,此时谈判,得寸为寸,得尺为尺。因此,他们会把全部兵力(精力)投进去,争取快成功、成大功。值得注意的是,商业谈判的真正权威,不会像陆口临江亭的鲁肃、渑池会上的秦王、西安事变中的蒋介石那样都是知名"挂牌"的,在很多情况下,需要分析、扑捉,先识后"擒"。谈判对手如果是拍胸脯、夸海口,你当心受骗;一般来说,真权威不需要把"权威"二字挂在嘴上,他的一言一行都在显现出他的力量。为了做到分清真假"猴王",你必须学会察言观色;必须学会咨询,到"灵霄殿"——权威机关去核实,到西天——职能机关去了解;你还可以询问对方交过手的人,让他们谈感受,了解谁是权威,这同抓住关键人物谈判同等重要,你一旦心中有数麻烦自然少多了。

(四)"糊涂"谈判术

清代诗人郑板桥诗云"聪明难,糊涂难,由聪明而转入糊涂更难"。所谓糊涂外交,是指管理者以假乱真——装糊涂,大事清楚,小事糊涂,故意犯错误,心理取胜的外交术。这种策略是建立在清晰、自觉、主动的基础上的由聪明而至糊涂的出奇制胜术。刘备在"曹操煮酒论英雄"中装糊涂,给对方一种朦胧,使自己的利益在朦胧中得以保护。在军事斗争中装糊涂,示假隐真,可以调动"敌人"。经常因酒误事的莽张飞,在曹军名将张郃的寨前"每日饮酒,饮至大醉,坐于山前辱骂",孔明派人送成都佳酿五十瓮到军中,张飞更是"大开旗鼓而饮",张郃认为有机可乘,当夜下山抢寨,来到寨前遥望张飞大明灯烛正在帐中饮酒。便一马当先,大喝一声杀入军中,一枪刺倒,却是一个草人。结果反被张飞打败。

这种装糊涂故意犯错误的外交术,常常让爱耍小聪明的对手真犯错误。比如,有的人在谈判中,故意丢失文件、便条、备忘录,让你捡读研究;故意传播小道消息(小道消息的传播速度通常快过官方消息),使你如获至宝,按他"规定"的路子,改变策略;有的人故意算错账,在你漫不经心时浑水摸鱼;有的人故意在合同条款上遗漏惩罚条款,为违约打下伏笔等。装糊涂的最大特征是"故意",形式是"疏忽",结果总是别人吃亏。

(五)基辛格穿梭谈判术

曾经做过美国国务卿的基辛格是世界公认的国际谈判大师,他在退出政界以后仍在商界谈判中施展他的天才。基辛格最会使用"一对多"的战术。他先告诉对手A一个"机密",又告诉对手B一个"机密",再告诉对手C一个"机密"。他深信对手A、B、C之间会互相封锁消息,而且要在很长时间以后才会相互公布各自掌握的所谓的"机密"。在这之前,基辛格已通过穿梭谈判达到了自己预期的目的。

就像布什总统的国务卿贝克在海湾战争时期赴海湾各国发动一场穿梭谈判旋风一样,尼克松总统的国务卿基辛格在中东问题的斡旋中采取了典型的穿梭谈判法。当时,美国关心的是整个中东石油产区的交通要道霍尔木兹海峡的安全不受苏联威胁,巴列维国王主政的伊朗关心的是本国军事力量的强大,而沙特阿拉伯国国王费萨尔关心的是美元作为沙特阿拉伯财政的依靠。基辛格向巴列维保证,美国向伊朗提供一切必要的先进武器,只要伊朗阻止苏联势力南下威胁霍尔木兹海峡,而伊朗为了大量购买美国武器,准备提高石油出口价格,双方达成协议。基辛格又向沙特阿拉伯允诺,美国在财政上支持沙特,但要求沙特在海湾地区支持美元作为各国储备货币体系,费萨尔国王同意支持美元储备体系,却要求美国制止伊朗的石油提价行为,基辛格一口答应,双方又达成协议。过了几个星期,基辛格又抵达德黑兰,他继续同巴列维讨论加强该地区军事力量问题,却对伊朗连续提高石油价格的问题只字不提。过了好久,沙特国王费萨尔才明白了基辛格的两面派手法,可这时,伊朗的军备计划已经实施,美国的预期目标已经达到,至于中东各国经济军事力量均衡被打破将造成严重后果,那已是下一步的议题了。

（摘编自 http://www.bokee.net/company/weblog_viewEntry/592756.html）

如何与不同血型的人谈判?

◆ 如何与多血质型人谈判

多血质型人在外交谈判中的特点为:富有讨价还价的能力;该出手时就出手;态度热忱,外向奔放;对业务兢兢业业。

由于他们的气质有乐于吸收新事物、新思想,重实际功利,勇于冒险、创新,守信,重视效率等特点,在谈判中会形成如此的风格。

他们认为自己的商品好,质量好,理所应当要高价,他们不会便宜,也不会等顾客上门,他们会积极地采用各种方法进行宣传,以便使买方知道他们的商品,了解他们的商品,最后买他们的商品。

多血质型的人有时间观念,在他们看来,时间也是商品。由于他们的时间观念很强,因此谈判时,他们非常注意效率。他们喜欢井然有序,不喜欢在事先没有任何联系的情况下突然闯进来的人。他们在谈判前必须要事先预约。在谈判时,从不讲废话,直接进入谈判正题。

他们有团体意识和成功愿望。谈判前,重视建立人际关系。他们重视对谈判对手的信任,而不重视条文。因此,让他们信任很重要。

多血质型的人喜欢创造信任气氛的谈判形式。他们对谈判程序和进度持温和的态度。

多血质型人在拖延战术时,会设法了解谈判对手的意图。你若急于求成,他就会拼命杀价,把你磨得筋疲力尽,有时到你临走时才接受你的条件。

所以,谈判者最好不要透露真实想法,以免被谈判对手紧抓不放。

◆ 如何与胆汁质型人谈判

胆汁质型人的谈判风格与众不同。他们认为,谈判时要现实,能得多少就要抓住多少。

在商业上,即使谈判对手是一个亿万富翁,也难保证会有变化。人、社会、自然,在不断地发生着各种变化,只有抓住各种利益才是最实际的。

他们谈判时不会承认自己有失误,表示愿意负责,直到确信己方有误时才负起责任来处理。为了使谈判顺利进行,他们信奉在谈判中的是与不是要清楚地表示,同时表示出我方的态度,面对面地让对方了解我方的诚意。因此,他们认为在谈判中,最好与对方面对面地交谈,不用电话,因为电话交易模糊,对方也看不到我方的态度。

他们的长处在于,他们在摸底阶段很坦率,在谈判中能提出具有建设性的意见。在提条件阶段精于讨价还价。在和他们谈判时,应该对他们坦诚,采取灵活和积极的态度。

在谈判中,他们先对市场调查,搜集信息,做到知彼知己,百战不殆。

他们喜欢谈判场合良好的气氛。因此同他们谈判除了业务外,还可以聊聊生活或社会新闻等,以产生亲密和谐的氛围,使谈判顺利进行,谋求双方的利益均衡。

◆ 如何与抑郁质型人谈判

抑郁质型人的谈判特点是准备工作做得充分而完善。抑郁质型的人多明确表示他希望做成交易,断定交易形式,规定谈判议题,备份涉及议题的报表。在谈判中,他们的陈述和报价清楚、明确和果断。

他们不太爱采取让步的形式,他们的谈判方式表明,他们考虑问题周到,准备充分,但是灵活性和妥协性较缺乏。

经验丰富的谈判人员如果运用这种谈判谋略,威力就会很大,其威力在报价阶段最为明显。他们一旦提出了报价,讨价还价余地就会缩小。

与抑郁质型的人打交道,最好在他们报价前先摸底,并作出你的陈述,这样,可以阐明立场。但要做得快速,因为他们在谈判前做了思想准备,他们会迅速地把谈判引入磋商阶段。

他们尊崇合同、条约、协议,信守其中的各项规定。他们要求协议上的字句要准确。他们认为,不管发生了什么,都不能毁约。他们很难背信弃约,如果背信弃约的话,也会追查到底,承担后果。

◆ 如何与黏液质型人谈判

黏液质型人的谈判特点是不刻意追求,一副无所谓的样子,沉默少语,讲话时慢条斯理。他们的谈判准备往往不充分,不周到。他们在开场陈述时坦率,愿意使对方得到他们的立场、要求和信息等。

黏液质型人谈判时和善友好,容易相处。他们在谈判过程中经常提出建设性意见,对谈判对手提出的建设性方案能积极反应。

在谈判桌上,黏液质型人与对手建立人际关系的方式很独特,开始时保持一定距离,而后慢慢接近融洽。因此,在谈判中你千万不要操之过急。

如果他态度强硬,当对方要他作出让步时,注意不要使他丢了面子。同样,我们从原来的立场后退,也不必硬撑。谈判达成的协议,必须是他认为保全了面子或增了光的协议。

黏液质型人谈判时,很高兴对方对他的家庭有兴趣。你送一件小小的并不高级的礼物,意义也很重大。因为对黏液质型人来说,礼物是送给自己的,而订货单是集体所得,对他的价值就不大。黏液质型人的讨价还价也是非常出名的。

项目十三　管理口才

【训练目标】

通过对学生的管理口才能力的训练，要求学生了解现代企业管理的语言特点，熟练掌握现代管理的语言技巧，使学生面对纷繁复杂的社会，运用有效口才，游刃有余地管理、协调和处理工作，提高管理能力，同时借此提升自己，塑造完美人生。

【训练方法】

把握理论要点简要介绍，重在各项说法的实训。根据训练目标，结合社会现实生活，课堂互动、情景教学，采用角色扮演法和重点强化训练，安排学生扮演不同角色，让学生体验、参与管理活动，积极发挥学生的主观能动性，使之在实地演练中获得真切感受，以培养其兴趣，提高管理口才水平。

【任务设计】

企业综合活动情景剧场：

博诚文化发展有限公司将在10月18日这天举办公司成立10周年庆典。办公室和企划部负责组织安排这次大型庆典活动。为此，办公室和企划部的所有人员都行动起来，策划和组织安排了这次活动。

西方管理学界有句名言,"管理即管人"。对于任何一个组织来说,管理的主体是人,人是成功的关键因素,管理就是如何做人的工作。所以,所有的管理问题归根到底都是沟通问题,"管理就是通过他人把事情办妥",管理在很大程度上是一种处理人际关系的艺术,这就意味着语言沟通在处理人际关系过程中的重要意义。

沟通课程是美国工商管理硕士(MBA)的重要学习科目,其重点就在于如何进行商业沟通,如何构思写作和发言的内容,如何运用语言技巧适应不同对象使沟通达到最佳效果。美国著名企业家认为"成功在于沟通"。通过沟通,可以增强员工信心,可以把团队的目标深入到每位成员心中,集合每个人的力量,将之引向整个团队最终追求的目标。对于企业来说,言路畅通,可以让企业充满活力。沟通是企业成功之本,上能通,下情可致;下不隐,上令必达。有效、适宜的沟通交流,对一个组织的氛围和生产力会产生有益、积极的影响。美国前总统克林顿因此提出"口才就是领导力"的口号。沟通开启管理之门,口才成就领导之翼,成功语言表达标志领导的半个职业生命。现代管理者应具备的多方面能力素质如预测、决策能力,组织、协调能力,人际交往能力,改革创新能力,思想政治工作能力等的发挥都离不开语言,口语表达能力是一个管理者前提性的能力素养,因口才而体现出来的风度与魅力已成为优秀管理者的成功元素。

第一节 管理口才的含义及意义

一、管理口才的含义

沟通的有效性对领导力和企业发展的影响十分明显。国内外事业有成的企业无不视沟通为管理的真谛。管理者的工作就是说话。管理口才就是指管理者通过话语达成良好工作目的,推进日程,相互了解和学习,加强联系。

二、管理口才的意义

有效对话正是成功交流的秘诀,它使管理者能收获更多信任,取得更多成果,同时还能建立或保持和同级、上级以及下属的良好关系。

(一)管理的精神感召力

现代信息社会,企业管理的本质和核心是沟通,管理的难度和问题也就是沟通的难度和问题。管理上有一个著名的"双50%"的说法,即经理人50%以上的时间用在了沟通上,如开会、谈判、指示、评估。可是,现实中人与人之间常常隔着一道道无形的"墙",妨碍着彼此,因此,工作中50%以上的障碍也是在沟通中产生的。美国普林斯顿大学曾对10 000份人事档案进行分析,结果显示:智能、专业技术、经验只占成功因素的25%,其余75%取决于良好的人际沟通。管理过程中,无论是计划、组织、指挥、决策、协调、激励、控制,无不要求管理人员具有良好的语言沟通技能。沟通是现代管理的一种有效工具。企业要实现高速运转有赖于有效沟通,沟通能准确传递经营思路、经营目标,沟通能化解矛盾,澄清疑虑,消除误会;沟通能凝聚出士气和斗志,营造出和谐温馨、信息畅通的工作氛围,真正达到上下同心、共同前进。有效沟通可以大大提高不同层次管理者的管理能力,能帮助一个企业以及企业中层次不同的管理者切实提高自身的管理能力。有效的语言沟通在管理中起到"灵魂"作用。

（二）管理者的常态

如何激励人、激发员工潜力是企业上升的重要因素。管理的意义就在于及时激发他人跟管理者一起工作，实现共同目标。管理能力就是指借助语言的感召力来吸引、激发他人共同奋斗的能力。

美国有一家公司的总经理为增强员工之间的相互沟通与交流，创造性地把公司餐厅四人用小圆桌全换成长方形大长桌，这项重大的变革使公司经营得到了大幅度的改善。哈佛商学院的调查资料表明，在同一个企业中，中级领导大约有60％的时间在与人沟通中，高级领导则高达80％。企业的决策和行动过程就是语言沟通交流的过程。管理核心就是语言沟通。特别典型的是企业家在创业阶段，主要依赖个人感召力以吸引他人投其麾下并用有效语言表达的方式激励员工朝着自己的既定目标努力，以实现他们以前认为不可能实现的目标。英特尔公司的前任CEO安迪·格鲁夫说："领导公司成功的方法是沟通、沟通、再沟通。"语言沟通是管理者的"常态"。

第二节　管理语言的形式、内容和特征

一、管理语言的形式

美国社会学家和传播学家拉斯韦尔认为沟通就是"什么人说什么，由什么路线传至什么人，达到什么结果"。人们常用口头语言进行沟通。按照发生的不同方式，组织管理中的口头语言沟通形式又可分为大型会议、演说、小组会议、讨论、正式交谈、私人交谈、征询、访谈、闲聊、传话（捎口信）、传闻等多种具体形式。

二、管理语言的内容

管理者需传送的信息一般有以下内容：
1. 工作指示；
2. 工作内容；
3. 相关的政策、程序、规章等；
4. 员工绩效反馈；
5. 员工自愿参加的各种活动。

形式多样的语言沟通，可以使下级部门和团队成员及时了解组织的目标和领导意图，增加员工对所在团队的向心力与归属感；可以协调组织内部各个层次的活动，加强组织原则和纪律性，使组织机器正常运转。

优秀的管理者，通过对话总能促进相互了解和学习，加强联系，推进工作进程。

三、管理口才的语言特征

管理者因其特定身份的权威性，更是承担着相应的责任。要想使自己向下沟通的渠道畅通，工作执行有效，就要充分发挥这种权威性与责任感。语言沟通既要注重有效性，又要

讲究艺术性,切忌不看对象,装腔作势;不明实情,脱离群众。这其中蕴含着管理沟通的基本原理和语言特征,需要管理者领悟与把握。

(一)原则性与灵活性相结合

现代企事业单位的行政管理,承担着管理的权利与义务。

原则性是指管理者不能用自己的话语否定上级或集体的决定与意见,不能随便表态答复问题或作出许诺;不能想当然地评价某人、某事;不随意传播小道消息或泄露机密。灵活性是指以管理制度的基本原则作指导,联系本地区、本单位的实际,执行政策、传达指示要抓住实质,融会贯通,用自己的话、个性的语言加以宣传,而不是照本宣科;答复问题灵活委婉,而非人云亦云;表扬批评要举一反三,不能过分机械呆板。

管理工作并非总是提供答案。好的管理者往往并不急于解决问题,在他似乎总是不停的提问"如果……会出现什么情况呢?""为什么我们不……呢?"及"怎么样才能……"中的看似不经意,正是给人以很好的启发。

而对某些已清楚的事实或想法,出于策略考虑,也可故意使用含义广泛的模糊语言,从而使管理者的话语具有某种弹性,以收到良好效果。如,有的单位领导为了纠正某种不良倾向,又不至于使矛盾激化,常常使用原则性的模糊语言:"我发现了一个对我们大家都有利的机会,在建立高绩效组织的工作中,我们也许可以成为一个先锋团队,每个人的能力都会得到展示,我想我们大家都要珍惜这样的机会……"

(二)理论性与生动性相结合

管理者的风度、话语的果断、遇到问题时从容自如的分析及熟悉程度以及对某些关键事情的决策等都是其丰富内涵的体现。富有理论性乃至哲理性的语言也往往由于不同的表达每次都能引起人们兴趣。管理者在谈话中运用哲理性语言,可以起到精辟、深邃和简练的效果,可以使自己的言辞更有力量。

1. 警策型。这类语言辞面平常,却寓意深邃,使人可以从中领悟到很多深刻的意义。这类名言大多源自经典著作。如《老子》:"祸兮福所倚;福兮祸所伏。"《论语》:"名不正,则言不顺;言不顺,则事不成。""其身正,不令而行。其身不正,虽令不从。"顾诚诗:"黑夜给了我黑色的眼睛,我却用它寻找光明。"爱迪生说:"站在山的旁边,就看不到山。"歌德有言:"光线充足的地方,影子也特别黑。"

2. 忠告型。这类语言亲切动人,让人顿悟。如:"谦虚使人进步,骄傲使人落后。""知之为知之,不知为不知,是知也。""从伟大到可笑,只有一步之遥。"

3. 总结型。这类话语高屋建瓴。如毛泽东总结中国革命领导经验时说:"领导者的责任,归结起来,主要是出主意、用干部两件事。"邓小平在1962年共青团全国代表大会上讲话时敏锐地提出:"生产关系究竟以什么形式为最好,恐怕要采取这样一种态度,就是哪种形式在哪个地方能够比较容易比较快地恢复和发展农业生产,就采取哪种形式;群众愿意采取哪种形式,就应该采取哪种形式……刘伯承同志经常讲一句四川话'白猫、黑猫,只要抓住老鼠就是好猫',这是说的打仗。我们之所以能够打败蒋介石,就是不讲规矩,不按老路子打,一切看情况……过去我也讲过,我们的运动太多,统统是运动,而且统统是全国性的,看来这是搞不通的。"

沟通中,管理者针对不同对象,善于运用不同的语言表达方式,让听话者听懂、理解并接受:

1. 生动形象，通俗易懂。
2. 朴素自然，亲切感人。
3. 节奏明快，音韵优美。

（三）权威性与幽默感相结合

管理者一般阅历丰富，有自己独特的气质，与人接触可能易给人一种敬畏感。所以，管理者讲话，适当增加点幽默感，不但能活跃气氛，提高语言的艺术魅力，而且还可为其风度增添风采。幽默讲话往往与机智相伴。尤其在一些特殊和临时变化的状况发生时，非常需要及时答复处理，随机应变。这时，将随机性与幽默性结合起来，既可延缓时间，伺机应变，又能缓解紧张气氛，避免尴尬局面，回避敏感问题，还可以显示管理者的豁然大度，赢得群众好感。

当然，管理者的讲话机智幽默，是风趣敏捷的表现。但幽默感并不是随随便便、油嘴滑舌的俏皮话。管理者幽默讲话机敏而不俗气，诙谐而不油滑，轻松而不轻浮，含蓄而富有哲理，使人在愉快中受到启迪，在轻松中感受教益。

（四）民族性与时代性相结合

管理者的许多话是说给员工听的，是要在员工身上发生作用的。因此，管理者的话语中适当选择一些传统的、民众喜闻乐见的谚语、格言、成语、反语、惯用语、歇后语等，不仅能使讲话更加生动深刻，而且易为听众接受。同时，管理者要有较强的时代感，语言要有时代气息，少讲老话、套话，善于搜集信息，掌握新概念，紧跟社会节拍，把握全局，根据不同对象，选用不同的语言，适当使用新名词、新术语、谚语及外来词语，让话语更富时代感，从而充满活力和生机，以吸引人。

第三节　管理的口才艺术

在人际交往中，谁都希望给人留下好印象，因而会表现出很强的自尊心。在这种心态的支配下，对方会因你让他下不了台，而产生比平时更强烈的抵触情绪，甚至结下终生的怨恨。同样，也会因你为他提供了"台阶"，使他保住了面子，而对你更为感谢。

杰克·韦尔奇担任美国通用电气公司总裁的时候，公司有一项需要马上处理的工作：免除查尔斯的计算部门主管之职。

在电器方法，查尔斯是个天才。但经过一段时间的考核，公司认为他并不太适合担任计算部门的主管之职。直接免他的职，似乎不妥。况且，查尔斯是个极好面子的人。那么，该如何跟他谈呢？

于是，韦尔奇决定亲自处理这件事情。一天，他把查尔斯叫到办公室，说："查尔斯先生，现在有一个通用电气公司顾问工程师的职务，我暂时找不到合适的人，准备由你来担任，好吗？"

查尔斯一听，高兴地说："没问题，只要是公司决定的，我很乐意接受。"

对于这一调动，查尔斯十分高兴。他知道，公司觉得他担任部门主管不称职，但对韦尔奇处理这一问题的方式颇感满意。最终，韦尔奇巧妙地调动了这位"大牌明星"的工作，而没有发生任何不愉快的事情。

韦尔奇的本意是免除查尔斯的计算部门主管之职，但因问题比较敏感，如果采取开门见山、直奔主题的方式，会让对方面子上过不去。所以，他绕了个弯子，说查尔斯正是自己要找的最佳人选，借此言彼，心照不宣，让查尔斯听着顺耳，得以体面地"顺坡下驴"，最终收到皆大欢喜的理想效果。

给人一个台阶，是为人处世应遵循的原则之一；给人一个台阶，往往会赢得友谊，得到信赖；给人一个台阶，往往是拥有朋友的开始，也是自己成功的开始，何乐而不为呢？[①]

据有关研究表明：知识丰富、自信、诚意、心态开放，逻辑性强、幽默、机智；发音清晰、语调平和、仪态风度好等都是有效沟通的特质，并形成管理者特有的影响力、魅力。管理者不仅要把工作设计成为生产产出过程，更应设计成为人和人交流、协作、沟通，实现人类深层的交往需要及个性、心理满足的过程。管理者必须了解人，了解人的观点、态度和价值，努力帮助员工在工作中实现其价值。实现这一目标的根本途径必须是面对面的语言沟通。没有沟通就没有了解，没有了解就没有全面、整体、有效及平衡的管理过程。

一、沟通的思路技巧

一把坚实的大锁挂在铁门上，一根铁杆费了九牛二虎之力，但还是无法将它撬开。钥匙来了，它瘦小的身子钻进锁孔，只轻轻一转，那大锁就"啪"的一声打开了。铁杆奇怪地问："为什么我费了那么大力气也撬不开，而你却轻而易举地就把它打开了呢？"钥匙说："因为我最了解他的心。"

管理者的才能不是表现在直接告诉别人如何完成工作的方法，而是要用心去启发人，使其发挥能力自己想方设法尽善尽美地完成它。而实际管理工作中，许多管理者往往过于重视自身的带头示范作用，却忽略跟员工的语言沟通和对员工的启发激励，所以，结果往往是自己干得很辛苦，而员工却无动于衷。

管理者应有计划地与员工沟通，做好思想工作。

（一）平易近人，贴近下属

员工面对上司，有各式各样的心理状态：试探、戒备、恐惧、对立、轻视、佩服、懊丧、激动、喜悦等。因此，上级的讲话应以平等的姿态寻求沟通，使下属敞开心扉。

管理者的艺术有充满激情的演讲，但核心还是在于真正地倾听和细心地提问。谈话的感情沟通，才是有效沟通的基础。好的领导者应该具备"作为一个听者所拥有的非凡技能"和一针见血提出问题的能力。聆听能体察下属心境和了解工作情况，为准确分析反馈信息、调整管理方式提供客观依据。

（二）换位思考，以心换心

站在他人立场感受和分析问题，能给人为他人着想的感觉，常常具有极强的说服力。管理者应尽量避免摆架子，多用商量的口吻，如把"我不同意"改成"你再考虑考虑怎么办会更好"。如让人写文稿，把大意讲了以后，要再问一下："你看这样写是不是妥当？"看到需要修改的地方，应该说："如果这样写，你看怎么样？"

（三）营造氛围，笼络感情

遇到难题难以开口或难以处理的问题时，要注意先营造良好氛围，笼络感情。如谈话之

[①] 摘编自林雪征的《留个台阶给人下》，《演讲与口才》2010年第3期，P.23。

初,要特别重视开场白的作用,不妨先与下级聊上几句家常,感情上接近了,自然容易消除拘束感。然后,再设法进一步将对方引向"客气"的处境上。比如可以这样说:"当然,我明知会挨骂,还是要说……""冒着你会不愉快的危险……"等类似的话,让对方不仅不好意思责怪,反而会觉得上司也挺为难的,这样就容易把对方"俘虏"过来。

即使面对孤高自傲的下属,先强调其能力满足其自尊,也会比较容易"俘虏"他。因为无论什么人,总希望获得别人的信赖和尊敬。

(四)巧妙暗示,心照不宣

暗示是人际关系的一种特殊方式,含蓄、巧妙地向对方发出某种信息,以此来影响对方的心理,使其自觉不自觉地接受一定的意见、信念,或改变其行动。所以,管理工作中,并不是每句话都必须直说的,有时以暗示代直言,更能产生"心照不宣"、"心有灵犀"的效果。

二、美言一句三冬暖——褒奖的语言艺术

哈佛图书馆有这样的一段名言:"如果你经常批评别人,何不试着赞美别人?开始批评之前,最好先略加赞美。如果你想要更受人欢迎,尽量多赞美,少批评。"

一个有魅力、有影响力的领导一定要懂得欣赏下属的优点,肯定他们的努力,并帮助他们提高能力,这样团队才能取得更大的进步。

(一)褒奖的原则

1. 及时。及时夸奖能快马加鞭更好地激励员工;而迟到的褒奖会失去原有味道,激不起兴奋与激动,甚至会走向反面。

2. 诚恳。真诚的赞美让人感动。

3. 具体。见微知著的赞美使受奖者引起感情共鸣。

4. 奖罚不能同时。又奖又罚会使原有的夸奖失去意义。表扬、批评不能混为一谈。

(二)褒奖的技巧

1. 善于发现他人优点,尤其要拿来作为自己在实践中效仿的榜样。

2. 谨慎细致勘察别人的优点并赞美,让你的赞同、赞美更显价值。

3. 适当的褒奖方式,动人又动心。

4. 温和、礼貌、善解人意的赞美暖人心。

三、忠言不逆耳——批评的语言艺术

管理中适当的批评也是一种激励手段。管理者及时的指出、适当的批评,能使其不至于出现更大的偏差而影响全局工作。这不仅能防止错误的再度发生,而且能帮助下属排除心理障碍,更好地树立信心。懂得批评艺术的管理者是受下属敬爱的管理者。

(一)批评的原则

批评要从全局角度考虑,不能伤害员工的自尊心。管理学上有一个"木桶原理",其原理指的是决定木桶容积大小的不是最长的那块木板,而是最短的那块木板。运用到实际工作中,员工就是那些组成木桶的木块,团队竞争力就是木桶的容积。在灵活运用其他激励制度的同时,管理者更应该站在客观立场,认真把握批评的尺度和方式,才能提携后进、保证团队的整体竞争力。因此,批评要谨慎。原则上应做到:实事求是;能不公开批评就不公开批评;自责在先;对事不对人;因人而异;选择恰当的时机;批评要适度——用语要讲究,切不可

气势汹汹,也不可为了怕伤脸面而嘻嘻哈哈不了了之,轻重有度;要做内行(建议)式的批评。

(二)批评的技巧

"良药苦口,忠言逆耳。"一般情况下,人们对于旁人的忠言或劝告总是感觉难以接受。如何让"良药不苦口,忠言不逆耳",从而避免被批评者的不愉快情绪呢?从管理学角度看,批评既是一种方法,更是一种艺术。

1. "三明治策略",批评夹在赞美中间,通过适度的赞美以达到更好的批评教育的目的。

2. 保全下级的脸面。如老板不希望员工在非吸烟区吸烟,可对那些拿着烟的员工另递烟并说上一句"年轻人,如果你们愿意到外边去吸烟,我将非常感谢",效果肯定理想。由此,员工会认识到自己的错误,又不会觉得没面子,并因此更敬重自己的老板。

3. 打一个棒子,给个甜枣。这是在你的下属所犯的错误已到了令人忍无可忍的地步、你愤怒的火山再也压抑不住的情况时,你不妨狠狠给他一个教训,特别是在众目睽睽之下。这电闪雷鸣的一击给给你的部下留下深刻印象,但这能更好地树立管理者的权威。当然,这位受到批评的下属肯定心有不满或怨恨。所以,在事过之后一定不要忘记及时安慰,解开下属的这个心结。

4. 先自我批评。有经验的管理者在未开口批评之前,先检查自己所持态度是否积极,如有敌意,存心找麻烦,言语之中必然会反映出来。情绪中常常无好话,既理不清,也讲不明;尤其容易因冲动而失去理性。像对峙已久的上司下属,在情绪中作出情绪性、冲动性的"决定",这很容易让事态不可挽回,令人后悔。因为这种情绪有极强的传染力,一旦对方感觉到了这一点,立刻会抛开批评内容,计较起态度来,这种互为影响的情绪会把批评带入僵局。所以,承认自己的过失是沟通的消融剂和前提基础,可解冻、改善与转化沟通的问题。

5. 内行(建议)式批评。忠告也好,批评也好,都要明确目的,都是为了帮助教育人,使其按正确的方向发展进行。如果不能起到这个作用,批评的目的就没有达到。管理工作中,大多数上司在批评时,往往是把重点放在指责下属"错"的地方,却不能满意地指明"对"应该怎么做。这实际上成了废话,在下属看来,更多感受到的是个人的不满意。因此,最好的批评应该是探讨式的。站在对方的立场上分析错误的原因,寻求正确的做法。

6. 暗示式批评。采用声东击西的办法,让别人慢慢察觉自己的过失,这与模糊式批评有异曲同工之妙。这种批评既照顾了别人的面子,又指出了问题所在。并且在表述上有较大的回旋余地。这样就可以避免直接点名批评的一些负面效应。

可以借用"第三者"的口吻来表述自己的批评意见。因为在一般人的观念里,总认为"第三者"所说的话较具体客观,较为公正。而采用名言、俗话或楷模来作为正确做法的标榜,暗示下属的错误,则可以使其自觉并真切感受到上司的大度与关爱。

(三)批评的禁忌

批评忌讳捕风捉影,无中生有;言辞尖刻,恶语伤人;喋喋不休,穷追猛打;姑息迁就,抛弃原则;不分场合,随便发威;吹毛求疵,过于挑剔;口舌不严,随处传扬;婆婆妈妈,无休无止。

批评话语要力求明确简明,如果多次批评仍然没有解决问题,那就应该考虑原因、使用其他方式了。

四、能听善说——沟通无障碍

上下级沟通首先要会"听"。管理者在沟通过程中,要善于聆听,主动听取意见。听对方讲话要专心致志,要善解人意,心领神会;不要心不在焉,不要心存成见。听话过程中,不打断对方讲话,不急于评价;自己讲话在表明某个意思后,最好能稍作停顿,并向对方投以征询的目光,使对方有发言的机会,给下属尊重的感觉。

与管理决策层进行信息交流,有两种表现形式:一是层层传递,即依据一定的组织原则和组织程序逐级向上反映;二是越级反映,是与决策者的直接对话。

向上沟通的管理意义在于员工可以直接把自己的意见向领导反映;管理者则可以更深入地了解企业的经营状况,与下属形成良好的关系,提高管理水平。现代管理方式强调信息反馈,增加员工参与管理的机会。

现实职场的向上沟通存在两种毛病:

一是沟通频率过高。有的人为了得到上司的欣赏与信任,或让领导更多地了解自己的工作业绩,有事没事,有空没空,经常往领导办公室跑,既影响自己工作的进展,又给领导造成干扰和低效率。

二是沟通频率过低。很多下属以为自己干好本职工作即可,至于是否向领导汇报工作进展情况,则根本不重要。理由是不汇报工作也已经圆满完成了。由此造成的结果是应当按照要求汇报时也不汇报,使领导对基层具体工作失去了必要的信息反馈。

跟上级说话,要尊重,要慎重,但不能一味附和。"抬轿子"、"吹喇叭"等,只能有损自己人格,却得不到重视和尊敬,倒很可能引起上级的反感和轻视。

(一) 与上司沟通的技巧

首先,巧妙赞美,与上级搞好关系。赞美上司的责任心、赞美上司的决策能力、赞美上司的才能、仁爱和贤明,赞美上司的成就都会使上司很满足,使其满意自己在下级心目中的地位。赞美是与上司保持良好关系的金钥匙。

其次,选择好与上级谈话的有利时机。个人私事就不要在上级埋头处理大事时去打扰他,而应选择适当时机反映。

再次,了解上级个性,见机行事,多"引水",少"开渠"。对上司进谏不要直接点破上司错误所在,或越俎代庖地替上司作出所谓的正确决策,而要用引导工作、提供资料、征询意见的方式,跟上司探讨其决策、意见本身与工作实际的吻合情况,使上司在参考提供的资料信息后,水到渠成地作出正确决策。戴尔·卡耐基曾经说过:"如果你仅仅提出建议,而让别人自己去得出结论,让他觉得这个想法是自己的,这样不更聪明吗?"许多实践也表明,人们对于自己得出的看法,往往比别人强加给他的看法更加坚信不疑。包括要想使自己的看法变成上司的想法,聪明的下属,在许多时候应仅仅做好引导工作、提供资料、征询意见,至于结论最好留给上司自己去定夺。

(二) 如何对上司说"不"

对上司说"不",最重要的是首先要注意维护上司的尊严,不让上司陷入被动和难堪。

选择适合对上司说"不"的场合;不当众指出上司的错误;即便当众对上司说"不"时,也不能当场迫使上司表态,简单地试图让上司否定自己前边的决定。多"桌下",少"桌面",寻求与上司单独相处的机会并在适合做个人单独交谈的场合对上司提出不同意见。

讲话力求简明扼要,用简单明了的词句表明自己的意思,语调要婉转,态度也要从容不迫,使沟通能在良好的氛围中进行。

一位美国教授曾深刻剖析了人性的一个弱点:"我们有时会在毫无抗拒或被热情淹没的情形下改变自己的想法,但是如果是有人说我们错了,反而会使我们迁怒对方,更固执己见。我们会毫无根据地形成自己的想法,但当有人不同意我们的想法时,反而会全心全意维护我们的想法。显然不是那些想法对我们珍贵,而是我们的自尊心受到了威胁……'我的'这个简单的词,是做人处世关系中最重要的,妥善运用这两个字才是智慧之源。"

(三) 善于表达有益意见

与上级沟通,不仅要会听,还得会说,善于表达自己的意见。在保持独立人格的前提下,不卑不亢,从工作出发,摆事实、讲道理。西方企业老板最不喜欢唯唯诺诺、一味沉默的员工,特别是那种开会时三缄其口、就算问到他头上也只是说"我没有意见"的人。没意见只能说明他对公司的事情根本不关心,只有把公司当成自己的公司的人,才是一个优秀的员工,因为这实质上是一种商业意识:小则个人,大则公司,只有懂得为自己争取权益的人,才会实实在在地为公司去争取利益。

表达自己意见要诚恳谦虚,注意提不同意见的方法:

1. **客观辨证论理法**。要辩证地观照客观事物。比如在讨论加班时间的安排时,不妨多听听需加班几方的各自理由和建议,最后不妨这样说:"刚才××提的建议有一定道理,也是一种方法,我以为这方案还是……值得大家考虑考虑。"先肯定对方,再提出不同的意见,既显公正和客观,也容易让人接受。假如生硬地直说决断,很容易形成紧张气氛,给人难堪而迫使人家不肯放弃自己的意见。

2. **循循善诱商榷法**。尽量用商讨或询问的口吻,不命令或使用过于绝对的语气。当要表达不同意见时,先可用较温和的口吻说:"你的意见是这样,我觉得是不是也可以那样呢?说不定那样会更好呢?你再想想。"或者说:"我们能不能换一个角度来考虑?你看那样行不行?"

3. **左右为难征询法**。当自己的意见与对方的意见分歧较大时,在说出来之前,不妨先表现出明显的不好意思和为难状,让对方心理有所准备,从而通过对方自己来劝你说出来:"讲吧,没有关系的,有什么不同意见就直说吧。"接下去则可以水到渠成地告诉对方:"我们一直合作很好,我这个人也很直率,你也非常痛快,我就不客气了。"这是一种退让,它给对方的是一种宽慰,一种暂时的有利,但这使自己的进击有了基础,最后达成问题的解决。

4. **分析利弊权衡法**。先暂时同意对方观点,然后顺着对方观点推导其所产生的可能的不良后果,在此基础上,再提出自己的意见。要提出不同意见,肯定是因为对别人的建议不满意。而对方弊病在哪呢?所以,首先得好好思考一番,尽可能多找一些问题,找到的毛病越多,否定起来就越容易,一旦对方的意见被否定了,自己的意见被人接受的可能性就增加了,不破不立。但分析别人的问题和弊病要实事求是,要有理有据,不能无中生有,更不能任意扩大。

5. **旁征博引借助法**。借助他人的观点和做法来替代自己的不同意见比通过自己直接说出不同意见效果要好。尤其在面对老师、长辈或上级的不同意见时,可借助同类型、也是对方熟悉的或已明确的事例来替代自己的意见。如可这样说:"小林他们碰到过这种事,他们就是这样处理的,结果不错,我们是不是可以借鉴?"

总之,上下级之间要达成良好的语言沟通,就要少说批评的话,批评只是一种阻力,多说鼓励的话,鼓励才是基本动力;少说抱怨的话,抱怨只会带来记恨;多说宽容的话,宽容才会增加了解;少说拒绝的话,拒绝只会形成陌路,多说关怀的话,关怀才能获得友谊;少说讽刺的话,讽刺显得轻视卑微;少说命令的话,命令只是强行接受,多说商量的话,商量才是质优的管理者。

案例评析 ANLI PINGXI

1. ××模具厂生产一款新产品,将其部分零件委托一家小厂制造。当该小厂将零件的半成品呈示总厂时,不料全不合总厂要求。由于迫在眉睫,总厂技术负责人只得令其尽快重新制造,但小厂负责人认为他完全是按总厂的规格制造的,不想再重新制造,双方僵持了许久。遇见这种局面,总厂厂长在问明原委后,便对小厂负责人说:"我想这件事完全是由于公司方面设计不周所致,而且还令你吃了亏,实在抱歉。今天幸好是由于你们帮忙,才让我们发现竟然有这样的缺点。只是事到如今,任务总是要完成的,你们不妨将它制造得更完美一点,这样对你我双方都有好处。"那位小厂负责人听后,欣然应允。

评析:批评中,先自己承担责任,并给出合理建议,给对方留出空间,对方的主动承担相关责任也就顺理成章了。

2. 某丝织厂缫丝车间女工小乔创造了该厂接线头操作的最高纪录,引起了厂长的极大兴趣。此刻,厂长身旁的生产科长随即建议说:"厂长,我们是否召开一个技能操作现场会,让小乔现身说法介绍操作经验,这样,就能以点带面,大幅度提高生产效益。"厂长心头一喜,当即采纳并对生产科长的建议大加赞赏。

评析:管理中的建议,不妨先阐述合理的理由和预想效果,这会令上司更容易接受。

3. 在广岛市举行的国政报告会上,日本法务大臣柳田稔就9月份出任法务大臣一职表示意外。接着,他说道:"做法务大臣很容易,在国会答辩中只要记住两句话就可以了。一句话就是'对个别案例我保留意见'。当你不懂的时候,说这句话就能摆脱当时的困境。再有就是'我们正在依据法律和证据进行妥善处理'。"

此外,他还表示,从政20多年,从未接触过法律相关事务:"也许大家不理解为什么是我来担任法务大臣,其实对这件事最难以理解的是我自己。"

这番话,令在野党纷纷指着柳田稔"藐视国会",同时也导致民众对内阁大臣产生了严重的不信任。柳田稔不得不写下了辞职信,为自己的不当言论买单。

评析:身在上层,在公众场合更应谨言慎行,可柳田稔却完全忽视其分量,说出如此轻率的话语,实与一个神圣官员的形象完全相违背,因此,民众会对其能力产生怀疑,遭民众反对并被严厉追究责任也是情理之中。

4. 远洋集团因发展需要,欲辞退几名勤杂工,得到消息的几位勤杂工来到了人事部经理郑正的办公室。郑正先请大家坐下,给每个人倒了杯水,然后说:"几位,公司进行升级整改,勤杂人员用不了这么多人,公司决定,下个月解除跟几位老兄的工作合同。"其中一个在公司干了好几年的老李说:"郑经理,是不是我们干得不行啊?"其他几个人也跟着说。郑正笑笑说:"老李,不是这么回事!可以说,你们几位是我见过的最诚实肯干的勤杂人员。这活又脏又累,到了你们几位手里,却干得干净利落。像6月8号那次卸货,30多吨货,你们几位只用了半天时间就搞定了！但是，咱们公司上了传送带，全自动，所以这些活计就都由机器来负责了。我跟公司申请，给大家一些补偿，这一个月，你们再找找新的单位，我想，凭你们肯吃苦的优点，一定会找到更好的单位的。如果一个月后，还没有找到新东家，我再帮你们想办法，大家记下我的电话号码……"一番话说得几个人心里热乎乎的，老李他们激动地说："公司为我们想得真周到，我们会永远记得公司。"他们愉快地接受了辞退决定。

评析：这次辞退谈话，郑正先是开门见山，说明了公司辞退他们的决定，坦荡诚恳。在老李表达了不愿意离去的想法后，他又耐心解释，裁员确实是实际需要。积极为员工考虑，还说为他们申请了补贴，并举出实例夸赞了他们肯吃苦的优点，让几位勤杂人员对找新工作充满了信心。最后还承诺，如果一个月后找不到工作，他会帮大家想办法，几位勤杂人员深受感动。辞退员工时承诺可给人一颗定心丸。**真心承诺作保障，让人心里热乎乎。**

5. 林夏学的是临床医学专业，是学校的高才生。到医院后，她被安排到市场部做业务推广，工资比较低，几天跑下来，累得都不想吃饭，她决定辞职。

医院人力资源部的许安部长首先问："你将来的理想是什么？"林夏笑了笑说："我很现实，只希望能多挣点钱孝敬。"许部长说："其实大家都渴望收入不断增长，但是这要看能不能抓住机会，如果你能在市场部做好自己的工作，收入是不成问题的。咱医院肾病专科新招了几位专家，斥巨资引进了大型仪器，这个科室很快就会做起来的。你们最近不是做了关于肾病的市场调查吗？"林夏点点头说："调查的结果比较理想，现在已经有病人和我们联系了，这个科室确实挺有前景的。"许部长顺水推舟地说："你说得很对，现在虽然很辛苦，但只要坚持下去，很快就会获得丰厚的回报。"林夏又回到了工作岗位。

评析：面对对薪资待遇不满的高才生林夏，许部长在劝导过程中强调这项工作的发展前景非常广阔，用不了多久，她的薪资待遇就会得到极大的提高。在许部长的巧言引导下，林夏终于认识到自己的薪资待遇具有非常大的上升空间，留下不走也在情理之中。

6. 高级技工张超最近被几家公司挖墙脚，他想以此为由抬高自己在现有单位的身价。于是敲响了经理办公室的门。经理听明白他的来意，略加思索，说："我知道你的技术这几年得到了锻炼，已经是很高水平。但是我想问你，你出来工作，只是为了钱吗？"张超摇头，说："当然不是，我更在乎我的学习、成长和发展。"经理笑了："这就对了，你关心自己发展，我就继续和你谈，否则只在乎钱的人我们也不留了。你想，你现在单位的人脉基础以及业绩口碑如何？"张超说："都不错，我在这里干得挺好的。"经理接着分析："好，现在挖你去的企业到底实力如何你知道吗？你看到的是他现在给你的待遇，这个待遇能不能维持？这个待遇能不能发展了？你在这里的努力我们看得见，企业在发展，你保持现在的工作态度，不出两年肯定会在职务上有所提升。但你到其他企业可能就不是这样。第一，你的人脉要重新培养，这需要一个过程；第二，你是被挖去的，人家老板怎么看你？会重用你吗？培养了你你再走怎么办？这两条就决定了你在那里的未来发展阻力之大，而留在这里，坚持干下去，待遇和发展都是可以预期的。现在你自己作决定吧。"张超满脸通红："领导，我犯糊涂了，我这就回去争取在咱们这干出更好的样子。"

评析：经理没有和张超在是否涨薪的问题上过多地讨价还价，而是表明态度，注重员工的发展，这样避开了意见碰撞而把正确的职场发展哲学教给了张超。这不只是谈薪之道，也是职场成功之道，张超觉得在原单位发展更有利于自己，当然就潜心去干工作，不谈涨薪了。

综合训练

1. 情景训练

张笑是博诚文化发展有限公司后勤处仓库的保管员。近段时间她总感觉事事不顺,每天单调乏味的保管工作,脾气变得越来越烦躁,同事之间的关系也越来越紧张,因物品保管上的不当,经常受到了科长的批评,刚毕业时的宏伟理想好像离得越来越远。她开始怀疑自己是不是选错工作,但也不知道该去做什么。不久,张笑向部门经理申请提出要调换一个部门,到别的岗位去适应适应。经理做她的思想工作,劝说她因为她的性格比较内向,建议她还是继续留在仓库工作。

又工作了一段时间,张笑感觉还是没有改变原来的状态。偶尔同学聚会时听说自己的一位女同学在上海的一家房地产公司做售楼小姐,收益很好,她也很想去做。于是,她向公司提出了辞职申请。

请两位同学模拟人力资源部经理与张笑的离职约见。

2. 综合情景剧场

根据提供的材料,结合生活实际,分团队进行情景剧表演。

要求:自编、自导、自演。

情景材料:

博诚文化发展有限公司将在10月18日这天举办公司成立10周年庆典。办公室、企划部、公关部负责组织安排这次大型庆典活动,公司宁红副总经理为这次活动的分管直接领导。为此,办公室、企划部和公关部的所有人员都行动起来,策划和组织安排了这次活动。企划部主要负责庆典活动方案的策划和设计,办公室主要负责各部门、各方人士的协调、安排和活动方案的整体执行,公关部主要负责活动的执行。

具体环节:

企划部:负责策划案设计、制订;期间与分管领导和办公室主任共同讨论方案,完善及最后确定方案。

办公室:负责对方案的执行;分配、组织、安排、协调各部门对任务的执行;监督会务活动安排及会务进行过程中相关细节的具体落实执行;会议程序的执行。

公关部:负责邀请各界人士和相关部门的人员参加;庆典活动中对各方人员的邀请和接待;活动开展中的应酬……

提示:建议根据部门分工情况成立三个团队,分解项目内容进行整个情景活动。

情景活动中,建议增添一些小插曲,让情节曲折生动,情景更加充满情趣,有看点。

知识拓展

一

如何处理工作中的"关键对话"?

所谓"关键对话",是指那些事关重大,参与对话的人存在意见分歧,并且情绪激动的对话。如当你工作上与某个同事发生分歧,激烈争执,甚至双方情绪失控的时候,你们之间的对话就属于关键对话;当你宣布某项处理决定时,被处分的下属感到不满、不服,当面为自己申辩,并指责你的决定有失公正……这样的对话场合一旦处理不好,场面失控,后果是非常严重的。它会导致同事关系的恶化,自己的威信降低,工作环境和办公室氛围紧张、压抑。

一旦关键对话发生,人们通常会有两种表现:保持沉默或对他人使用语言暴力。

所以,要成功处理关键对话,前提要清楚"自己真正想要的东西"。然后要敏锐观察,是在什么时候,是什么使一次谈话演变成了"事关重大、意见分歧、情绪激动"的关键对话。

具体处理好"关键对话"的方法有:

1. 道歉。当你犯了错误,伤害了别人,就要在适当的时候向别人道歉。

2. 对比。如果别人误会了你的意思,就要通过对比的方法来消除这种误解。强调的重点就是"不是什么",然后说明你的意思是"什么"。

3. 要把具体的策略和真正的目的分离开来。因为当人们发生争执时,冲突的往往是具体的策略,而真正的目的是一致的,一旦把两者分离开来,问题就迎刃而解了。

4. 如果双方的目标确实存在分歧,无法达成一致,就要努力创造一个更有意义的目标,超越彼此的分歧,为当事人之间的妥协与让步找到根据,像良好的同事关系等。

做一个说话高明的管理者

根据哈佛沟通专家的建议,要做一个高尚、有人缘、口才好的上司,我们不妨从以下几个方面入手:

1. 分配任务时,把"你们"改成"我们"。
2. 把"我不同意"换成"你再考虑考虑怎么办会更好"。
3. 把模糊的计划,具体到每个人的利益上。
4. 保持平等的姿态。
5. 要想让人服,先得让人说。
6. 豁达大度,幽默诙谐。

(摘自肖冉编著的《哈佛沟通课》,龙门书局 2011 年 6 月第 1 版,P.195)

赢得人心的说话术

作为管理者要想成功地笼络人心,要根据员工的性格、心理采取不同的方法。只要你以身作则,将心比心,就一定能获得人心。

在演说中,反复使用"我们"、"大家"等字眼,使听众产生"命运共同体"的感觉,凭着演说,就能将听众紧密地联系一起。

1. 说话时要少点官味,多点人情味。在平日里说话要注意自己的语气、语调,不要打官腔,卖关子,多说些关心体恤员工的话,让他们感到你的尊重和关心,这样才能拉近和员工的距离。

2. 特殊重视。在和员工单独接触时,可以对其说些肯定、赞美的话,让员工感到你是非常重视他的,这样,员工在工作中才能更加卖力。

3. 向着员工说话。在同上级讨论问题时，要多为员工考虑，让员工知道即使你是领导了，也总是以员工的利益为先，是和他们站在同一条战线上的。

4. 吐露小秘密。很多员工都希望了解领导的不同侧面，如果你想得到某位员工的信任，不妨吐露点小秘密，令他觉得你格外信任他，当他是自己人，同样也能达到取得人心的效果。

当然，作为管理者要想获得人心，最主要的是要有出色的能力，这样才能使员工从心底里佩服你。

（摘自韩宏、穆阳编著的《瞬间打动人心的18堂口才课》，中国纺织出版社2011年5月第1版，P.189）

减去"但是"，拯救一家公司

千万不要让赞美、表扬的语言变调，成为批评的语言。尤其是管理上，完美的表达十分重要。

哈罗德·孔茨是美国当代最著名的管理学家和演说家之一。1936年哈罗德大学毕业后进入了曼哈顿的一家电器公司工作，这家公司连连走下坡。哈罗德经过一段时间的了解，发现公司的产品没有问题，老板是一个比较有商业头脑的人，公司内部的管理也算是井井有条，那问题究竟出在哪里呢？

有一次，老板到车间巡察。他在一位快手员工的旁边观察了一会儿，说："我对你的工作速度非常满意，但是如果你能再仔细一点，你的表现肯定会更好！"随后，拍了拍他的肩膀，说了一句"好好干"就走到别处去了。那位原本以为会得到表扬的员工则沮丧地站在那儿，不知所措。几天后，销售部开始统计销售的状况，这个月的业绩非常不错，正在大家开心的时候，老板说："我对大家的表现非常满意，但是如果工作方法也能加以改进，业绩一定会上升得更好！"老板离开后，销售部主任非常不开心，他对着手下的销售员们发起了牢骚，我们努力创造出了好业绩，但老板居然还批评我们！销售员都表示非常不理解甚至非常气愤。此情此景，让哈罗德明白了一些什么。他跑到老板的办公室，对老板说："我找到公司业绩每况愈下的病因了，那都是你不正确的表达方式所致！"

老板惊讶地看着哈罗德，哈罗德郑重地说："请问老板，前两天您对您的那位员工说的话以及刚才您又对销售部同事们说的话，究竟是不是在批评他们？"

"怎么可能？我看见了他们的表现好，非常高兴，我只是在表扬他们的同时，鼓励和提醒他们要更加仔细，更加注意改进工作方法！"老板说。

哈罗德说："我们在批评他人的时候，为了能够使对方接受，通常会先表扬对方，然后再转到想批评的关键处，例如我想批评我的孩子走路太慢，我就会说'你走路很稳这是好的，但是你如果能注意一下速度应该会更好'，这时的表扬只是批评的引子，而重点则是批评。同样的道理，您对员工们说'我对大家的表现非常满意，但是如果你们工作方法上有一些进步，业绩一定会上升得更好'，尽管您是想在表扬的同时，鼓励和提醒大家要注意推销的方式，可'但是'这两个字却把您的鼓励变成了批评，伤害了员工们！现在，您不妨把'但是'这两个字去掉试试看？"

"我对大家的表现非常满意，如果工作方法也加以改进，业绩一定会上升得更好……"听了哈罗德的话,老板默念了几遍后,高兴地说:"对,因为'但是'会把前面的表扬给否定掉,而去掉了'但是',就变成了是在表扬基础上再加一点鼓励和提醒!效果真不一样了!"从那以后,老板改变了自己的表达方式,而员工们果然也能清晰准确地听到了老板的心里声音了。工作也变得更加热情和积极,公司的各个环节都开始好转,并最终发展成了一家国际大公司。后来,老板每次在谈到自己公司时都会面带感激地说:"这完全归功于哈罗德,是他教会了我在管理上要有完美的表达,而这也间接地挽救了我的公司!"

(摘自陈亦权的《减去"但是"拯救一家公司》,《演讲与口才》2012年第3期,P.56)

卓越培训师的基本能力

培训师是21世纪最为亮眼的职业之一。

一个成功的培训,核心在于是否有一个出色的培训师,培训师之于培训就像指挥家之于乐队演奏,指挥官于万马丛中指挥战斗,他就是核心。一个卓越的培训师至少有四个基本能力:理解力、学习力、表达力和评估力。

(一)理解力

理解力是指培训师是否有能力去准确地理解和掌握培训的内容与理论,这与培训师自身的知识底蕴、知识体架构和知识的积累密切相关。

就培训师个人知识的获得来说,一般来自两个方面:一方面通过亲自实践获得大量感性知识,然后通过思考上升为理性知识,这些构成了培训师知识的一小部分来源;另一方面则是直接把人类在长期实践中积累起来的知识继承过来,把社会的知识转化为个人的知识,这是培训师知识的主要来源。

有深厚的观察力做基础,然后以同理心,设身处地站在对方的角度设想,再辅以因时制宜的应变力,就能达到提高理解力的效果。

提高理解力,可从以下几方面着手训练:

重视他人的感情、需求和愿望。

学会耐心地听他人的意见。即使自己不赞同,也要先听对方说完,问清楚自己不懂的地方后再下定论。

在路上、餐厅、公共汽车上,随时随地观察别人的表情动作,推测其心理状态。

不是光凭外表来看一个人,更重要的是知道那人基本内心状态,而这可经由双方的交谈得知。

看电视、录影带时关掉声音,想象剧中人物说什么,注意观察他们的口型变化和情绪变化。

和别人讨论事情时,遇到对方意见与自己的完全不同时,要设身处地地站在对方的角度思考其中的原因。

弄清楚为什么自己在某些状况下会有特定的反应,了解自己的行为背景,将更有助于理解别人。

如果你讨厌一个人,请先找出充分且合理的理由。

欲判断一个人,请先多收集他个人资料,弄清他为人处事的准则,有助于与其交流时自己作出正确的判断和合理的反应。

不要忘记人都会有情绪失控的时候,也会受到心境的影响,所以,要尽量做到不受干扰地去判断。

(二)学习力

选择了培训师这个职业,便注定了这一生要持续地"补水"、"充电",使之永不枯竭。学习便成了培训师永恒的主题。

在如今知识经济时代,一个培训师唯一的可持续的优势,就在于其善于利用自身的知识能力,能更快、更好地把知识运用到实际培训中,这需要培训师有超强的学习力。

学习力就是学习的能力,宽泛地讲,学习力是一种适应生存环境、不断累积吸收和运用知识,使自己变得更高效、更智慧、更强大的能力。因此,也可以将学习力理解为竞争力和生存力——它是生命进化的关键能力,而这种能力是宇宙赋予我们的。

未来的培训市场,是属于那些热爱生活、乐于创造和通过向他人学习来增强自己聪明才智的培训师。

1. 终生学习。持续学习要谦虚,在任何一个人的身上都有值得自己学习的地方。而且持续学习是一种意识,更是一种意志。努力地向人学习,认真地把读书作为常态。

2. 自觉学习。经常反省、检讨自己的心结在哪里,盲点是什么,有哪些瓶颈需要突破,这是自我精进的关键。培训师在日常的工作和学习中,要将客观上的消极被动转变为主观上的积极主动,将学习看作是一种生存、生活的需要,当做人生路途中的一种精神食粮的汲取。当做是精彩生活、点缀生命而学。这样,我们的学习才是有动力的学习,才是自觉的学习。

3. 分享学习。和人分享学习,自己将会拥有越多。培训师是思想和知识的传播者,培训师不仅要把自己的知识与人分享,也要谦虚地接受他人的知识,只有如此,才能让自己快速地成长。

4. 快乐学习。终生学习就要快乐学习,开放心胸并建立正确的思维模式,透过学习让自己完成心理准备,应对各种挑战及挫折。学习不应该成为心灵上的一种负担,不要压抑自己寻找快乐的心,时时寻找快乐,你就会在学习的路上披荆斩棘,攻无不克!

5. 国际化学习。无国界管理的时代,不论商品、技术、金钱、资讯,还是人才等,皆跨越国界,因此,身为现代培训师,学习的空间也应向国际化扩展,开创全球化学习生涯。

(三)表达力

这是培训师将培训内容有效地传达给听众的能力。培训师的表达是否到位,直接影响到授课的效果和听众是否完全理解培训师所应该要传授的知识。从严格意义上说,优秀培训师的表达力不仅体现在好口才上,而且还需要一定的表演能力。

(四)评估力

培训师有三种:

第一种是只用嘴讲的,不过脑,可称为"传话筒"。他们其实自己在心里都不相信自己所讲的,这一类的培训师很平庸,缺乏现场感染力。

第二种是用脑讲的,比较适用于讲一些"术"的层面上的东西,我们称之为"授业型",比如一些构架体系,或单纯的技术方面的知识。听众能够学到的,更多地在于技术层面,如技术和方法。

第三种是用心来讲的,可称之为"传道型",善于用戏剧式的手段激发、调动起现场听众的情绪,通过情绪的激烈碰撞让听众产生顿悟。这类培训师启迪听众调整自己的状态,达到自知、自觉、自察。

培训师自我评估表

评估方向	评估内容
声音	发音是否清晰准确,语速是否快慢适中,语气是否恰当,话语是否流畅
培训内容	理论与方法是否正确,表达是否切题,表达是否具有感染力和震撼力
形象与身体语言	外表审视、手势审视、姿态审视、表情审视、目光审视。
需要基本素质	演说能力,沟通能力,扎实的基础知识,丰富的实际工作经验,良好的心理素质,良好的专业形象,专业娴熟的授课技巧,良好的道德素养,丰富的感情自我控制能力,较强的备课能力,现代培训技术的掌握
职业化的心态	对工作的热爱,谦虚的态度,尊重听众的态度,对工作负责的态度

培训师除了要具备以上的基本素养之外,还要学会定位自己在培训过程中的角色。一个合格的培训师不应该是以自我为中心,去单向的传播信息,而应作为一个引导者,控制课堂的节奏和气氛,为听众们抛砖引玉,引起听众的共同兴趣,并使之产生共鸣和热烈的讨论。最后,帮助听众剥茧抽丝,理顺思路,找到规律,这样,每个听众就会各有所需地把课堂内容留在脑海中,使其能运用于今后的工作。

当然,一个成功的培训师还包含了方方面面的因素,包括前期的客户需求分析、教材的撰写、上课的形式、座位的编排、课后的跟踪等。所以,每一个培训都是一个系统的工程,是为企业解决问题的"手术"。况且成人教育不同于青少年的教育,知识教育不同于技能教育,这又决定了好的培训必须具备严谨性、艺术性和实效性。

(摘自陈志嵘编著的《TTT杰出培训师——培训师演说技能训练》,中国发展出版社,2011年1月第1版)

附 录

一、"口才"问卷调查

1. 你认为口才在社会活动中重要吗？_____
   a. 重要　　　　b. 较重要　　　　c. 一般　　　　d. 不重要
2. 在以下的口才项目中，你认为哪一项最重要？_____
   a. 朗诵　　　　b. 演讲　　　　c. 谈话　　　　d. 辩论　　　　e. 谈判
3. 你以为在社交活动中，口才最主要应体现一个人什么样的内涵？_____
   a. 真诚　　　　b. 渊博　　　　c. 灵敏
4. 你对自己的口才有信心吗？
   a. 有　　　　　b. 没有
5. 你认为提高口才，关键在于_____。
   a. 教师指导下的经常性的训练
   b. 实际活动中的锻炼
   c. 自己的不断揣摩、感悟
6. 你对自己在大庭广众之下进行言语活动有何感受？_____
   a. 热衷　　　　b. 有兴趣　　　　c. 一般　　　　d. 恐惧

二、测测你的说话能力

_____年___月___日

（请仔细阅读每一题的内容，客观、实事求是地做以下的题目，做完题目后根据标准统计总得分。）

第一部分测试： 共有30题，"4"、"3"、"2"、"1"、"0"分别代表你与上述情况相似的程度，"4"表示这一叙述非常类似你的情况，"0"则表示一点也不像你的情况，依此类推评分。

1. 人们常称赞我口才好，非常会说话。
2. 我总是能很自然地和初次见面的人侃侃而谈。
3. 我曾仔细地分析与研究自己的说话方式，以及谈话时的优缺点。
4. 我曾很认真地思考要用什么方式增进我的表达能力与说话技巧。
5. 我非常喜欢待在说话场合，并且总是能清楚地表达我的看法与意见。
6. 我在谈话时，总是让人觉得我很有诚意。
7. 在谈话的过程中，我总是能找出一些话题，让相谈甚欢。
8. 有我的场合，很少会有尴尬的冷场，因为我很会引导谈话。
9. 我总是很认真地聆听对方说什么。
10. 我在谈话的过程中，总是很容易吸引别人的注意力。

11. 我总是能察觉谈话对方的情绪，并选择最适当的谈话内容和方法。
12. 每次说话时，我总是很有自信地、不疾不徐地说出我要说的话。
13. 每次说话我总能清楚地知道自己要说什么，也清楚地让别人明白我要表达的意思。
14. 我说话时，总是非常有组织和条理，不会东说一句，西说一句。
15. 说话时，我总是注意到自己的表情、眼神、肢体语言、声音和语调。
16. 人们总是说当我在谈话时，很能设身处地地为对方着想。
17. 我总是能和别人畅谈各种话题。
18. 在叙述故事或经历时，我总是会用各种手势与表情来加强表达的效果。
19. 我常常运用我良好的说话能力留给别人深刻的印象。
20. 我觉得我的"口才"是我极大的优势之一。
21. 无论在班上还是在办公室，人们总是很习惯由我代表发言或起来说话。
22. 因为我的幽默感，所以有我在的地方总是充满欢笑。
23. 我很清楚什么样的说话特质会受人欢迎，而我也拥有这些特质。
24. 我总是能在任何时间、任何地点自然轻松地赞美我身边的每一个人。
25. 我可以从别人的肢体语言中了解他的想法。
26. 我是个非常有说服力的人。
27. 当我讲话时，自然会有一种魅力散发出来。
28. 我说话时，有很独特的个人风格。
29. 当我站在众人面前作报告或演说时，总是觉得轻松和自在。
30. 我有很强的分析与归纳能力。

第二部分测试：共有10题，每个问句有4个答案。请根据每个问题，在4个答案中选出最符合您状况的一个，要求单选，所以请您必须慎重考虑，选出和您情况最契合的一个。

1. 当别人谈到我的表达能力与口才时：_____
   a. 总说我是个口才相当好、很会说话的人。
   b. 觉得还不错，可以将意见与看法清楚表达。
   c. 比以前有进步，但是还要多加油。
   d. 总是说口才是我最大的弱点，应该努力加强。

2. 当我在表达快乐或哀伤等情绪的时候，周围的人：_____
   a. 很容易受到我的情绪感染并跟我产生同样的情绪。
   b. 或多或少会受我的影响，而且影响的程度不轻。
   c. 受到我的影响，但影响的程度很小。
   d. 完全不会受到我的影响。

3. 当我有机会要开始谈话时，我会_____
   a. 想清楚谈话的目标以及自己要说的话，然后找机会说出来。
   b. 大概想一下要说什么话后说出来。
   c. 想到什么就说什么，没机会就不说了。
   d. 尽可能地避免在别人面前开口说话。

4. 当我被临时指派上台说话时，我会觉得_____
   a. 哇！太棒了，一定要借这机会好好表现一下。

b. 还不错,刚好给自己练习的机会。

c. 糟糕,我一定会紧张得不得了。

d. 找尽理由与借口逃避,因为我最怕的就是上台演说。

5. 当我在一个陌生的社交场合的时候,我通常_____

 a. 主动地去认识新朋友,并向他们做自我介绍。

 b. 必要时,才向别人认识并介绍自己。

 c. 能避免就避免,顶多就是点头微笑。

 d. 躲在角落里,不跟别人接触。

6. 每次在重要的场合说话,我都_____

 a. 表现得非常得体,也总是知道什么时候要说什么话。

 b. 应对得还不错,不会出现什么大的错误。

 c. 勉强上阵,然后发现自己的说话技巧真是该好好加强了。

 d. 常常手足无措,恨不得找个地方躲起来。

7. 当我在说服别人某件事或某个观念时_____

 a. 别人总是很容易把注意力放在我的身上,而且在不知不觉中被我说服。

 b. 花了一番工夫,别人才会被我说服。

 c. 常常会说服不了对方,而跟对方发生争执。

 d. 常常在不自觉中,反而被对方给说服。

8. 关于如何自我训练,以提升我的口才,我_____

 a. 知道该怎么做,而且已经采取行动了。

 b. 大概知道该怎么做,但还没有开始行动。

 c. 知道要加强,但是并不清楚要怎么进行。

 d. 从来没有警觉与想过这个问题。

9. 当我在和别人谈话时,我总是_____

 a. 很能设身处地地替对方着想,发挥"同情心"。

 b. 尽可能地注意对方,并且表现得很专心的样子。

 c. 常常没有耐心听下去,或是常常不能专心。

 d. 常常顾着自己说话,而忽略对方的感受。

10. 对于谈论我不熟悉的话题时,我通常_____

 a. 先听听别人怎么说,然后很快地便能举一反三,说出自己的看法。

 b. 要一段时间,才能渐渐抓住主题,发表一些看法。

 c. 直到一定要我说话,我才发表意见。

 d. 绝对不发表任何意见,以免出丑。

三、检测非言语交际习惯

在下面的练习中,测试一下作为非言语交际者的你做得如何。

答案:4——总是这样;3——通常是;2——有时;1——从不。

——我在听人讲话时保持不动,不摇晃身体不摆动自己的脚,或者表现出不安定。

——我直视讲话者,对目光交流感到舒服。

——我关心的是讲话者说什么,而不是担心我如何看或者自己的感觉如何。
——欣赏别人讲话时,我很容易笑或者显示出活泼的面部表情。
——当我听时,我能完全控制自己的身体。
——我以点头来鼓励讲话者随便说或者以一种支持、友好的方式来听他们的讲话。
——我说的要比听的多得多。
——我常发现自己装模作样地听,而实际上是在想别的事儿。
——在别人讲话时,我习惯于考虑自己接下来要说的话。
——我是一个挑剔的倾听者(我对我喜欢的或重要的说话者更关注)。
——在我必须听一位唠唠叨叨的人讲话时,我的脑子就会"开小差"。
——我经常打断那些说话不简单明了的人的话。
请记住每个人都曾面对这些障碍中的某一些,而并非只有你一人如此。

四、测测你的倾听力

你善于倾听吗?乐于倾听吗?请根据 MBA、MPA 必修公共课程——《沟通》所设计的"听话技巧测验表"进行自我测试。

听话技巧测验表

		几乎都是	常常	偶尔	很少	几乎从不
	1. 你喜欢听别人说话吗?	5	4	3	1	1
	2. 你会鼓励别人说话吗?	5	4	3	1	1
	3. 你不喜欢的人在说话时,你也注意听吗?	5	4	3	1	1
	4. 无论说话人是男是女,年长年幼,你都注意听吗?	5	4	3	1	1
	5. 朋友、熟人、陌生人说话时,你都注意听吗?	5	4	3	1	1
	6. 你是否会目中无人或心不在焉?	5	4	3	2	1
	7. 你是否注视说话者?	5	4	3	2	1
	8. 你是否忽略足以使你分心的事物?	5	4	3	2	1
	9. 你是否用微笑、点头以及使用不同的方法鼓励他人说话?	5	4	3	2	1
态度	10. 你是否深入考虑说话人所说的话?	5	4	3	2	1
	11. 你是否试着指出说话者所说的意思?	5	4	3	2	1
	12. 你是否让说话者说完他的话?	5	4	3	2	1
	13. 你是否试着指出他为何说那些话?	5	4	3	2	1
	14. 当说话者犹豫时,你是否鼓励他继续说下去?	5	4	3	2	1
	15. 你是否复述他的话,弄清楚后再发问?	5	4	3	2	1
	16. 在说话者讲完之前,你是否避免批评他?	5	4	3	2	1
	17. 无论说话者的态度和用词如何,你都注意听吗?	5	4	3	2	1
	18. 若你事先知道说话者要说什么,你也会注意听吗?	5	4	3	2	1
	19. 你是否询问说话者有关他所用字词的意思?	5	4	3	2	1
	20. 为了请他更完整地解释他的意见,你是否询问?	5	4	3	2	1

把你的得分加起来,如果你是——
(1) 90~100,你是一个优秀的听话者;
(2) 80~89,你是一个很好的倾听者;
(3) 61~79,你是勇于改进、尚算良好的倾听者;
(4) 50~60,在有效倾听方面,你确实需要再训练;

(5) 50分以下,你注意听别人说话吗?

五、测定你的交际风格

按照从1到5的标准,分出每个句子的等级:
1＝总是这样
2＝几乎总是这样
3＝有时如此
4＝很少如此
5＝从来没有

——如果一位谈话者在谈论一个乏味的话题,我尽力忍受而不出声。
——在讲演之前,我先演练一下(做笔记,记要点,在朋友或镜子前做练习)。
——我听到"我懂你的意思"比听到"我同意你的观点"时更感到满意。
——当被别人打断时,我会保持安静,耐心等待。
——当我在谈话总感到愤怒或紧张时,我就讲得很少。
——我愿意寻求朋友们的帮助。
——几乎在任何的谈话中,我都发现提问题是非常容易的事。
——即使从那些最爱唠叨、最不讨人喜欢的人那里,我也学到了某些东西。
——别人说服我比我说服别人的时候要多。

六、你的交际潜质如何?

酒吧里弥漫着淡淡的怀旧气息,你喜欢坐着静静地喝酒。不过,你最喜欢坐到酒吧的什么地方呢?

A. 吧台旁,高凳上。
B. 酒吧间围在一起的沙发。
C. 两人小圆桌。
D. 窗边的单人椅子。

测评结果分析:

A. 你是思考者。你有很多问题要去思考,要解决很多事情,有很多时候是自找麻烦。相反地,你很善于交际,只是会常戴着另一副"面具",你不太愿意跟朋友分享你的内心世界。

B. 你是应酬者。你善于应酬,结交各阶层的人。你感情真挚,城府不深,喜欢谈义气。但是又有圆滑世故的优点。你不算什么大人物,但却是不可缺少的人物。

C. 你的朋友不算太多,但是都是很知心的,你跟他们每一个都是莫逆之交,敞开心扉,畅所欲言。因为你觉得,没有第三人在场,你们才能够谈得痛快、自在。

D. 你交友甚少,但是你却不会孤独。在你眼中,任何一位都可以是你的朋友,可以是手中的红茶、桌上的点心、窗外的一道风景线。

(摘自《演讲与口才》2011年第4期,P.33)

七、你的职场情商有多高?

李明和另一个部门的一个年轻女孩合作完成了一项任务,每次遇到意见不合的时候,那个女孩就会表现出很不高兴的样子,有时甚至会在办公室大发脾气。如果你是李明,你该怎么办?

  A. 严厉地告诫她,让她知道你不是好欺负的。

  B. 和她单独谈一下,要她注意分寸。

  C. 不和她计较,冷静地和她一起讨论、分析。

测评结果分析:

  A. 你现在的职业成熟度不是很高!解决工作分歧,说服和沟通最有效;遇事冷静平和,才会彰显出你的成熟和分量,尊重和提拔随之而来。

  B. 你的职业成熟度还不错,在和她沟通的时候多注意方式、方法,当出现摩擦的时候,尽量用你的情绪来带动她。有涵养,职业成熟度高的你一定会最终赢得老板、同事的尊敬。

  C. 你的职业成熟度蛮高!你明白,一味地争吵绝对不是解决问题的良策。只有做到和同事很好沟通,才能化解矛盾、冲突。你能很好地适应职场规则。

(摘自《演讲与口才》2012年第3期,P.33)

参考文献

[1] 楼益龄. 商务口才[M]. 北京：华艺出版社,1995.
[2] 朱蓓. 实用口才训练教程[M]. 广州：广东高等教育出版社,1997.
[3] 乌坤明. 朗读知识与技巧[M]. 长春：吉林文史出版社,1997.
[4] 罗莉. 文艺作品遍播[M]. 北京：北京广播学院出版社,1997.
[5] 李军华,朱文妮. 口才艺术品评[M]. 武汉：华中理工大学出版社,1997.
[6] 李元授,李次授. 演讲艺术品评[M]. 武汉：华中理工大学出版社,1997.
[7] 未艾,晓芳. 论辩艺术品评[M]. 武汉：华中理工大学出版社,1997.
[8] 李荣建,宋和平. 谈判艺术品评[M]. 武汉：华中理工大学出版社,1997.
[9] 赵传栋. 论辩原理[M]. 上海：复旦大学出版社,1997.
[10] 欧阳友权,朱秀丽. 实用口才训练[M]. 长沙：中南大学出版社,1998.
[11] 赵菊春. 口才实用全书[M]. 北京：中国物价出版社,1998.
[12] 谢伦浩. 即兴说话技巧[M]. 北京：中国社会出版社,1999.
[13] 杨狄. 大中专生口才训练与求职面试[M]. 北京：中国物资出版社,1999.
[14] 何欣,姜健. 口语表达学[M]. 长春：吉林人民出版社,2002.
[15] 陈荣杰. 案例式谈判学[M]. 呼和浩特：内蒙古人民出版社,2000.
[16] 刘伯奎,王燕. 口才与演讲——技能训练[M]. 北京：中国人民大学出版社,2002.
[17] 薛智. 青年论辩说服能力训练教程[M]. 北京：中国青年出版社,2002.
[18] 唐慎言,唐祥明. 百分百说话技巧[M]. 北京：中国纺织出版社,2002.
[19] 欧阳友权. 社交公关口才[M]. 长沙：湖南人民出版社,2002.
[20] 沈健. 大学生求职训练[M]. 北京：中国发展出版社,2003.
[21] 唐树芝. 口才与演讲[M]. 北京：高等教育出版社,2004.
[22] 金幼华. 实用口语技能训练[M]. 杭州：浙江大学出版社,2006.
[23] 许利平. 职业口才训练教程[M]. 北京：北京交通大学出版社,2007.
[24] 陈国强. 办公室礼仪与口才[M]. 北京：中国经济出版社,2008.
[25] 佰岗,魏清素. 领导者即兴口才技巧与案例全集[M]. 北京：中国言实出版社,2010.
[26] 陈志嵘. TTT杰出培训师——培训师演说技能训练[M]. 北京：中国发展出版社,2011.
[27] 韩宏,穆阳. 瞬间打动人心的18堂口才课[M]. 北京：中国纺织出版社,2011.
[28] 苏豫. 办公室里的口才课[M]. 北京：北京工业大学出版社,2011.
[29] 张洁,霍烺白. 朗诵指导与作品精选[M]. 北京：中国传媒大学出版社,2011.
[30] 肖冉. 哈佛沟通课[M]. 北京：龙门书局,2011.
[31] 傅春丹. 演讲与口才案例教程[M]. 北京：中国水利水电出版社,2011.
[32] 胡伟,邹秋珍. 演讲与口才[M]. 北京：清华大学出版社,2011.
[33] 邵守义. 演讲与口才[J]. 吉林：演讲与口才杂志社,1993—2012.